总 主 编　丁伟志　郭永才

# 中国哲学社会科学发展历程回忆

## 续编 2 集

主　编　刘培育　杲文川

中国社会科学出版社

**图书在版编目（CIP）数据**

中国哲学社会科学发展历程回忆：续编.2集/刘培育，呆文川主编.—北京：中国社会科学出版社，2022.4

（中国社会科学院老学者文库）

ISBN 978 – 7 – 5203 – 9168 – 9

Ⅰ.①中…　Ⅱ.①刘…②呆…　Ⅲ.①哲学社会科学—发展—概况—中国　Ⅳ.①C12

中国版本图书馆 CIP 数据核字（2021）第 187513 号

| | |
|---|---|
| 出 版 人 | 赵剑英 |
| 责任编辑 | 黄燕生　孙　萍 |
| 责任校对 | 闫　萃 |
| 责任印制 | 戴　宽 |

| | |
|---|---|
| 出　　　版 | 中国社会科学出版社 |
| 社　　　址 | 北京鼓楼西大街甲 158 号 |
| 邮　　　编 | 100720 |
| 网　　　址 | http://www.csspw.cn |
| 发 行 部 | 010 – 84083685 |
| 门 市 部 | 010 – 84029450 |
| 经　　　销 | 新华书店及其他书店 |

| | |
|---|---|
| 印刷装订 | 北京君升印刷有限公司 |
| 版　　　次 | 2022 年 4 月第 1 版 |
| 印　　　次 | 2022 年 4 月第 1 次印刷 |

| | |
|---|---|
| 开　　　本 | 710 × 1000　1/16 |
| 印　　　张 | 28.75 |
| 插　　　页 | 2 |
| 字　　　数 | 486 千字 |
| 定　　　价 | 158.00 元 |

凡购买中国社会科学出版社图书，如有质量问题请与本社营销中心联系调换
电话:010 – 84083683

# 中国哲学社会科学发展历程回忆·续编2集
## 编 委 会

# 目 录

## 文 学

## 历 史 学

## 哲 学

# 经 济 学

# 法　学　政治学　社会学

# 国　际　学

## 综　合

文　学

# 毛星恩师带我做"田野"

## 贺学君

我是 1978 年春天调到文学所民间文学研究室的。由于年纪最小，大家都给予我热情的关心和照顾，让我备感这个集体的温暖，对它充满感情。

在我学术成长的道路上，由于工作关系，对我帮助和影响最大的是毛星老。毛老是文学所的前辈，也是民间文学研究方面的领军人物，我刚踏入民间文学研究之路就得到他的直接指点，并有机会多次跟随他做田野，真是人生幸事。他的言行、作风以及田野经验一直伴随我的学术成长，直至退休后从事"非遗"保护工作。

事情得从 1979 年说起。这年春天，文学所恢复工作后主持的第一次全国文学研究工作会议，在昆明市翠湖宾馆举行。毛老负责民间文学片，讨论的重点是关于民间文学史写作，我担任会议记录和资料分发工作，经常见到他。他两眼炯炯有神，带有四川口音的发言好像不具什么煽动力，但是代表们听得是那么认真，好多人在做着笔记。毛老用亲自调研的丰富资料在说话，又具有理论的高度，生动严谨，富有启迪。我明白，那是毛老的思想和智慧深深吸引了大家。

参加会议前，我们室编了一本《马恩列斯毛论民间文学》的小册子。记得毛老让我到当时的"东风市场"内西北角的旧书店里买来一些马恩列斯的旧书，他亲自从中选出有关的论述，剪贴编辑。毛主席的书当时大家都有，我还记得帮助抄写过。为什么不剪贴要抄写，是否因为那时对领袖的书还不敢拆剪之故，我已经搞不清了。清样印出来后我和何凯歌（老所长何其芳之子）来回校对了三次。这本小册子是会上所发的重要资料之一，是理论方面的指导。

　　会上决定，组织撰写中国各少数民族民间文学史的任务由文学所民间室承担。当时的室主任虽是贾老（贾芝），但是由于他在民研会担任着领导职务，"民间文学史"的写作、组织工作实际便落到了毛老的身上。后来大约由于我是室内年纪最轻的一个，一些与各地作者联系、稿件收发等具体事务就让我来做。这样我与毛老有了较多的接触，逐步有了较为深入的了解。我深感，这本《中国少数民族民间文学史》（后来改称《中国少数民族文学》）是毛老实事求是工作作风在学术研究上的结晶，也是他科学严谨学术态度的体现。

　　在开始的时候，毛老并不准备接受这个任务。记得他老说自己没有能力来做，一再表示拒绝；当无奈接下任务后，每次会议上，还总要设法推托；当然最后是推托不了的（当时大家的组织观念、事业心、责任心都很强，更何况毛老是从延安来的"老革命"）。那段时间，我总见他在发愁。我给他送卡片或稿纸时，他常对我这个初学者絮叨的是："你说以口头文学为主的少数民族文学如何写史？对有的民族历史如何分段？各种题材之间的关系？……"说实在的，当时我是十分懵懂的，潜意识反应的是：到底是老革命，那么有学问还如此谦虚。真是不识他的"愁"滋味。后来，自己有了多年的研究实践，才知道那真是一件可让人愁白了头的工作，更何况对他这样一个做任何事情都是极为严肃认真的人！

　　可能毛老意识到，既然推不掉，"愁"又愁不出"文学史"，就只有横下一条心，尽自己一切努力去做。他开始全力以赴了。他把参与工作的研究人员按民族地区进行分片，包干负责，拿出了撰写方案，让大家各自做案头准备。紧接着，他身体力行，开始了以撰写少数民族文学史为主题的调研工作。首先，再次奔赴少数民族最为集中的云南。我不知他到底去了多少个地方，多少民族居住处，仅我跟着去的就有云南西双版纳、贵州镇宁以及海南岛等地。就是从那时起，我开始懂得田野作业的艰苦和它对民间文学研究工作者的重要性。毛老是我学术上的一位恩师，是我田野作业的领路人。

　　我跟毛老去西双版纳，是 1980 年 4 月在云南召开座谈会时决定的。会上对于傣族民间文学，有许多说法。毛老认为傣族口头文学十分丰富，尤其有众多的长歌，自有它的原因，有它生长发展的土壤。如果不去那块土地，就不能有真实的感受，不能深入了解它实际状况，也就不能获得可靠的理论认识。

那时没有到思茅的飞机，我们是坐那种头上顶着大气包的长途汽车去的，路上整整走了4天，同行的还有刘魁立先生。云南宣传部的李赞绪同志帮我们买好票，一早把我们送到车站。车上座位很紧张，男男女女，老老小小满满一车人，脚前、过道上，全是竹篓、包裹，还有许多鸡鸭和蔬菜瓜果。为了照顾我们，李同志通过司机，让我们坐在前面1—3号的位置。毛老坐1号，与司机平排，只是中间隔着一个像土堆似的发动机。刘先生坐2号，我是3号。现在才知道其实1号位置是最不安全也是最难受的。发动机经常需要打开大大的翻盖"透气"，即使不打开，那热气也烤得让人受不了。4月的云南已经是热得可以，而且越往南开就越热。后来听毛老说，靠里的那条左腿都快烤出痱子了。途中，我们随着司机的吆喝下车"方便"、到路边小餐馆吃饭、到小店住宿，像是过着军营的生活。

由于没有经验，又是临时决定走的，我们事先没有一点准备（有经验的旅客都自备干粮），次日一早司机便急催着上路，也难得有时间去抢购，我们只好饿着肚子挨到中午。夜晚住宿前，我想无论如何得设法买点干粮。但仔细一看，这原是一个孤零零的小店，四周除了在清风中摇曳的凤尾竹和挂在天边发着清光的月亮，并没有其他人家，只好作罢。

第三天途中"放松"时，我见到不远处有个商店，也没来得及与司机打招呼，便飞跑过去想买些饼干之类的点心。但因为用的是全国粮票，找来换去很费时间，急得司机大呼小叫。我已顾不上这些，一心只想着买"救急粮"！当我把自带的麦乳精倒在漱口杯中，冲上热水，用牙刷柄搅匀，连同"抢购"来的点心塞到坐在前面的毛老手中时，发现毛老的眼中充满惊奇，而我则感到了欣慰。但转眼间杯子和点心传到了刘先生手中，旋即又落到我的手里。我一看，他们两位竟连三分之一杯都没有喝了。艰苦的旅途中大家就是这样相互关心着，谦让着。不知怎的，我忽然想起了"上甘岭"……

进入思茅，还不能说到了傣族人民的居住地，毛老又提出向版纳的允景洪出发。在那里征鹏同志接待我们。听了他的许多介绍，还吃了从他家门口树上摘来的新鲜木瓜和菠萝蜜，毛老当即决定去橄榄坝，因为那里才是傣族同胞的聚居地。

第二天一早，先是坐船顺澜沧江南下，上岸后，再坐带斗的手扶拖拉机。《版纳报》的记者艾诺是当地人，为我们做向导。中午到橄榄坝，吃了一顿极富傣族民族特色的家常饭菜，先让我们的口和肚子感受了傣族的文化。乡领导特地拿出周总理泼水节时用过的银碗盛酒叫我们品尝。他们教会我们识别棕榈、油棕、芭蕉树和其他许多热带植物，告诉我们傣族男子为什么要纹身，西双版纳是"黎明之城"的意思，带我们看他们村口百年的大榕树、打水的水井、河里的独木小舟、没有修复过的旧缅寺……对于傣族同胞的热情好客，我们的感受也在行进中一天比一天加深。我们还拜访了当地德高望重的长者，听他讲述傣族著名的故事，实际是他们村寨的历史，讲缅寺与和尚、和尚与歌手、男孩与和尚……他们的风俗习惯（那时刚"拨乱反正"，我听到寺庙、和尚时还很有点不习惯，但正是这次访问，让我朦胧感到傣族文学是与和尚、与佛教有着密切关系的）。黄昏时，我们匆匆赶去参加一家的"贺新房"仪式。只见在"筚"的伴奏下，"赞哈"（歌手）优美的歌声，引来大家阵阵的喝彩。从艾诺快速的翻译中我们明白了歌词的内容，也同时被感动着。歌手们的对歌演唱一潮高过一潮，我们身临其境，感受到傣族民众的智慧和才情，原来许多好歌就是在这样的即兴比赛中产生的。这时，因为连着几天的奔波，我已经是十分困倦，而毛老却依然精神十足，多次劝他休息都被挡了回来，"贪婪"地还要再听一会儿。当地人讲，像这样的对歌有时可以对上几天几夜。我们怕毛老太累，最后强把他劝下楼来。

那一晚，我们分别被安排在傣族同胞的家中过夜，真实体验了竹楼生活的美妙。在蒙眬的睡眠中，我一直听到从新落成竹楼里飘来的歌声。好像还没有睡沉，公鸡已经打鸣了。我们在昏暗中洗漱，匆匆又开始下一站的旅程。后来听刘先生说，那一夜他和毛老基本没有睡着，辗转反侧，一直在回味着傣族同胞的歌声。后来，我以这次活动的经历，写了一篇《傣族"贺新房"习俗拾零》，在毛老的督促下一次又一次地反复修改，每修改完一次，我就想赶快拿出去发表，毛老总对我说"再放放"。正是这放一放，使我开始尝到了修改的甜头，并一直坚持至今。一年多后，这篇修改了多遍的文章，被钟老（钟敬文）推荐在香港《秋水》杂志发表。钟老对我说，你这篇文章我看了，连一个标点都不需要修改。我深知，这是毛老严格要求的结果。是毛老带领我学习做田野，也是毛老教我懂得应该如何严肃地做学问。在后来的学涯中，每念及此，我的心中总是充满着对毛老的敬爱和感谢。

跟着毛老做田野印象难忘的，还有一次是去海南岛彝族地区。出发前我问毛老需要做什么准备，我原以为他一定会告诉我带好带足生活上的必需用品之类。然而关于这些他只字未提，好像版纳之行中挨饿的事根本没有发生过。他让我仔细查看海南岛的地图，县、乡名称以及分布，看地方志、以前人类学家对那里的调查报告，他说自然环境影响着人们的许多习俗、住房、饮食、性格脾气乃至文学、娱乐等，还让我特别注意被贬在那里的唐代宰相李德裕、宋代苏轼、胡铨和女性英雄冼夫人的资料。让我一定带好照相机和录音机（那时民间室很受重视，给我们配备的有录音机、照相机和充足的调研经费）。我在建筑史中对海南岛的船型住房有了初步的概念，在历史、传记中对李德裕等人的生平有了新的认识，在人类学家的报告中对黎族同胞的重要习俗有了初步印象。这样，出发前心中就要比前次多了点"底气"。

在海南的那几天，除了开始参加民族学院的会议外，以后就由学院的一位领导（彝族、副院长）和年轻的民间文学教师郭小东专程陪同，并配了一辆越野吉普，带着我们到处跑。毛老提出拜访老歌手、著名民间女歌手王妚大。当时，她正在感冒，见毛老老远从北京来看望，激动得下床，一口气唱了好几首歌。这位歌手早已作古，但她的歌声还珍藏在我的录音带中（希望懂黎语的同志能把它翻译出来）。我们去看黎族同胞如何在山上进行刀耕火种，看洼地居民的船型房、平地居民的石板房、山地居民的茅草房，看舂米的石臼、喂猪的木槽……晚上，听他们的对歌比赛。村口拉起大电灯，男女老少全围了过来，男女歌手即兴创作表演，兴致极高，我们的录音带和电池都出现了"危机"。毛老在听歌时还不时向周围的老人问这问那。由于语言的问题，副院长就成为最忙的翻译。那一夜又是强行把毛老劝下歌场的。

我们在浅浅的小河中看倒在那里的石碑，到东乐县自称是李德裕后代的南只纳村，听他们讲关于前辈的故事，看他们在山上原来用来供奉李德裕神像的寺庙。感到那个村确实与别的村不一样：一排排白墙、黑瓦，朝南的平房整整齐齐，瓦房中间搭着棚架，挂满瓜果，门前是一条一脚可跨的小下水沟，每家后门放着木制的猪食盆，一切是那么的规正有序。传说这是李德裕教给后代的。从毛老与村民的交谈中，我才开始意识到汉族对那里的文学、习俗变化发生过的作用，逐渐明白了在调查中有哪些是需要特别关注和深入的重点。

那次海南岛之行，毛老有两件事一直让我记忆犹新。一次是看石板房。他希望我把石板瓦片拍下来。当时天已灰黑，我感到不能照相。毛老就说，你用手量一下石板瓦片有多宽。我一量，足足有二拃宽三拃多长（我的一拃近六寸），厚度才不到5公分，心中油然萌生对黎族同胞智巧能干的崇敬之情，也理解了毛老的良苦用心。另一次，是在村子访问时，发现村边零星分布着一些小巧一点的茅草房，我自作聪明，问也不问，便认定它是存粮仓库。后经毛老的有意追问，才知那是成年姑娘谈情说爱会情人的地方——叫"布拢闺"（女性公房）。还了解到他们有用鼻箫传情的习俗。后来我在《浙江民俗》上发表的《"布拢闺"和鼻箫》就是那次考察的结果。毛老细心调查不耻下问的精神，令我惭愧不已，也使我在以后调研中确立了虚心求教、穷追到底的行为准则。

在黎族同胞的家中，毛老与他们围坐一起用一支麦管喝着同一坛酒，大声说笑。那时，我感到平时一脸严肃的毛老，好像换了一个人，他已经完全融入在民众的欢乐之中。所以大家认为他一点也不像一个应该有架子的大学者、大领导，而是一个快乐的好老头。就我所知毛老去过的版纳，艾诺家乡的人一到北京就会与毛老联系，毛老就会去看望他们，如不能亲自去时，就会让女儿毛晓平代为看望；毛老在家中宴请过海南岛来的朋友，还约我去作陪。当时一切供应还都用票证，毛老家的孩子又多，但是他对来客总是尽力做好接待，让人感到温暖亲切。当时我获得的启示是：只有把调研对象视为朋友，拉近与他们的距离，融入其中，这样你的调研才有可能真正深入。这启示，成为我以后调研中始终遵循的指导思想。

在海南岛还有一些让我一直不能忘怀的小事。毛老来到民族学院，让那里的老师、年轻学子激动兴奋不已。他们利用一切时间"缝隙"，挤到毛老居住的招待所，向毛老请教各种问题，有民间文学，也有文艺理论，还有要毛老为他们成立的民间文学小组题词。这样毛老在中午常常就得不到休息，晚上也要接待到很晚。记得在北京临行前，毛老夫人贾经琪老师郑重委托我，帮助照顾好毛老。我感到自己的责任，有时就不得不"挡驾"，劝学生们早点回去。毛老坚决不同意我这样做，说"这样好的交流机会我还不愿意放弃"。我也没有良策，只好请经琪老师原谅了。后来学校也感到这样不行，提出请毛老给学生做次讲座，讲什么都可以。毛老感到学生们好不容易有次机会，应该讲些他们最希望了解的，对他们最有帮助的内容才好。由于临时安排，时间很紧，毛老就跟我说，辛苦一下，利用中午休息时间去学生处走访了解，看看他们有什么需要。毛老根据我的"情报"，讲座很有针对性，大受欢迎，他自己的感觉也很好。记得那时半天的讲座报酬只是 8 元人民币。毛老认真育人、认真做事的作风给了我极大的教育，在以后的工作和学习中，务实认真成为我不懈追求的目标。

随着各地"文学史"写作的进展，为更好集中精力，毛老从家中搬到了陶然亭（东门内北边的小平房，那里是公园管理人员的办公室和休息处）住，吃饭到马路对面一个部队工厂。但没几天他就自己联系到公园食堂吃饭了，他说地方近一点，方便一点，当然伙食要差些了。他每天在那间小屋里看书，写他好像永远也写不完的笔记。

在这间小屋里他正式认真提出：当前条件不成熟，先写各民族文学（概况），等条件成熟再写"史"。正是这样实事求是的态度，严谨的学风，有了三卷本的《中国少数民族文学》，也正是这部《中国少数民族文学》，为各少数民族以后写"史"奠定了良好的基础。书中"前言"表达了毛老多年来对民间文学理论上的思考，许多精到、独特的见解体现了他的学术水准。学界对"三卷本"给予很高的评价，直至今日还是大家频繁使用的重要著作。该书从体例、内容、选材，到叙述方式，都浸透着毛老的智慧和心血。地方上后来写"史"的一批作者，也正是在这次写作中获得经验成长起来的。我也在阅读、编撰的过程中得到了最基本的学术训练。在跟毛老作"三卷本"的过程中，我学到的不仅是学问，更重要的是懂得作为一名科研人员应该具备的学术态度，以及对田野作业重要性的真切认识。

本来说好，下次再由我陪毛老去西藏的。去西藏是毛老多年来的心愿，后来因为他在政协会议期间发了心脏病，以后再也没能去做田野，西藏成了他永远的遗憾。我也因各种原因失去多次机会，原先的"小贺"现也退休数年，身体也是越来越不抵用，看来西藏也将要成为我永远的遗憾了。但退休后，"非遗"保护工作，让我有机会到了青海、甘肃等地海拔 3000 多米高的藏民地区，考察了藏医、藏戏、民俗，也算是弥补了一点遗憾。现在无论在调研、督导中我始终提醒自己认真做"田野"，不耻下问；对调研对象先和他们做朋友；对于要去讲课的地方和问题要先做了解，做到心中有数，更具针对性。目前对于自己的工作我仍充满热情，有种自豪、自觉和责任感，这些都是在民间室毛老留给我的传统。

　　从基础做起，为学术研究铺好地基，是毛老对我的要求和希望。当时我十分想考研究生，甚至把不到六个月的儿子送到上海母亲处。毛老考虑，读书固然好，但当时室里也需要年轻人参与工作，"文化大革命"前是一批老同志，1978 年进来读书的研究生是以后的接班人，中间却是断档，他认为我是"文化大革命"前已经读了三年的大学生，有一定的基础，只要一步一个脚印好好做，从实习研究员做起，也是一条很好的治学道路。他表示可以给我帮助——他从来不喜欢说"指导"别人，这也是他始终不招研究生的原因。当大家央求他招研究生时，他总说，我自己还没有学好怎么带学生，不能误人子弟。但是他鼓励我去一切可以听课的地方听课。

　　1979 年，在他的支持下，我参加了北师大民间文学暑期学习班，以及民俗学的各种讲座。通过学习，对自己所要从事研究的专业有了较为系统的知识。毛老鼓励我坚持为《年鉴》写稿，他认为对于新手来说，这是最好的学习方式。通过写《年鉴》，一是可以对民间文学的各种体裁有所熟悉了解；二是阅读别人的论文对研究有所认识和启发。他还说大量阅读作品，在阅读中会发现自己想要说的话。当时《民间文学年鉴》是个新领域，我没有可以参考的范本。听毛老的话踏踏实实从一篇篇文章读起，从一张张卡片做起。那时也没有电脑可以方便搜索，只好老老实实地一本一本杂志，一本一本书查过去。这样每年总在搜索可以找到的一切有关文章，做出数百张卡片后，写下这一年的综述。每年，我都感到自己在民间文学的海洋中游弋，既有学到新知的兴奋，又有一时不懂的困惑。但也正是在克服困惑的过程中逐渐走进了这个学科的大门。

　　当然在这个过程中我也动摇过，想过打退堂鼓。因为《年鉴》被认为不是论文，影响评职称，也被有的人看不起。我曾想：花同样的精力或者不要那么多的精力，我也可以写出论文，何必每年给大家作嫁衣？毛老反对我这样的想法，他说文学所的几个大学者都在图书馆资料室里干过，越干得认真的人，学问越大。你只要坚持下去，一定会受益无穷的。几年后我真的发现故事和传说在定义上的重要区别，发现植物故事可以与动物故事一样开辟专题，在写《年鉴》的同时，我找到自己可以写专著的题目，完成了《中国四大传说》一书。对学科发展史也有了一定的了解，我真有了"受益无穷"的体会。毛老所说年轻人进入研究前，先做几年资料真是一个打基础的好方法。但是一定要老老实实做，切不可蜻蜓点水，投机取巧，更不可以此搞什么关系，败坏学术风气。

　　毛老在学术上的作风、品格，体现了文学所的优秀传统。我想我们只有把这些好传统一代一代传承下去，才是对曾关爱帮助自己成长的集体最好的回报，也才是对老一辈学者最好的纪念。

　　　　　　　　　　（贺学君，中国社会科学院文学研究所研究员）

# 民间文学:经世致用与自在自为

户晓辉

中国社会科学院（原中国科学院哲学社会科学学部）文学所民间文学室成立于 1953 年。经过半个多世纪几代学者的共同努力，民间文学室逐渐形成了自己的学术传统。它在不知不觉中熏染着我们，在潜移默化中感召着我们，成为我们这个小集体凝聚力和拼搏精神的一个重要源泉。

众所周知，中国古代一直有收集民歌、民谣以观世风之变的传统，这种"政府行为"虽然还不能使民间文学的收集工作成为现代学科意义上的研究，但至少开辟了中国民间文学"经世致用"的主导传统。如果说1918 年 2 月在北京大学兴起的歌谣征集活动标志着中国现代民间文学家研究的发端，那么，从"五四"时期开始的几代学者也主要把"经世致用"看作现代民间文学学科的一个主要研究动机，这在民间文学室也不例外。作为文学所成立时设立的第一批科室之一，民间文学室无疑是民间文学研究作为"经国之大业"被纳入国家学术体制的一个象征。事实上，在中华人民共和国民族国家文学的建设过程中，民间文学室的确发挥了举足轻重的作用，民间文学研究也成为文学所的传统优势学科。1958—1983年间，由民间文学室牵头并参与中国少数民族文学史的调查和编写工作，就是中国当代民间文学研究史上的一件大事，"这是我国过去从来不曾进行过的工作"，它"不但对文学和学术大有贡献，而且还有重要的政治意义"。① 在 20 多年里，民间文学室以少数民族文学史的编写工作为重心，

---

① 何其芳：《少数民族文学史编写中的问题——1961 年 4 月 17 日在中国科学院文学研究所召开的少数民族文学史讨论会上的发言》，《文学评论》1961 年第 5 期。

编辑、出版了大量民间故事、民歌、传说和叙事诗,发表了一批引人注目的研究专著,使一代学者成为知名的专家。

不过,"五四"以来的几代学者之所以能够把中国古代的采风传统发展为现代意义上的民间文学学科,是因为他们所倚重的不仅是学问的"经世致用",更在于他们在这个悠久的传统之外,为现代民间文学研究注入了一个至关重要又不可或缺的维度,即他们逐渐看到了民间文学研究自身的价值和意义。标举"科学方法"并身体力行的著名学者顾颉刚先生对孟姜女故事的研究,就是一个极好的范例。同样,当何其芳先生1953年年初在马列主义学院筹备成立文学所并邀请贾芝和孙剑冰两位先生来组建该所的民间文学组时,他不仅为民间文学研究在国家学术中占有一席之地奠定了基础,更为民间文学研究在"经国大业"之外发展为一项"不朽盛事"(学科)树立了标杆。在文学所初创之时,他作为所长亲自确定了"谦虚的、刻苦的、实事求是的"学风,并在后来经常告诫所里的学者:心浮气躁的人不能搞研究,只有细心的人才能担此大任。可以说,文学所后来的几代领导集体能够顶住外部的压力、一直重视民间文学室的建设和发展,与何其芳、郑振铎等第一代"掌门人"所奠定的这种纯学术传统有很大的关联。举一个简单的例子:20世纪80—90年代之交,国内许多大学纷纷将民间文学教研室撤销或合并,民间文学研究也逐渐步入低谷,但文学所民间文学室却一如既往。至今,在全国各地社会科学院的文学所中,只有中国社会科学院文学所还保留着民间文学室。究其原因,当民间文学研究仅仅作为"经世致用"之学而存在时,它在学科体制中的地位就必然下滑。文学所民间文学室因为有"双线交织"的学术传统,才能够立于不败之地。在民间文学室的传统中,民间文学研究不仅由于直接能够"经世致用"才有其存在的必要,更由于研究本身有其独立的学术价值而能够自在而自为。换言之,该传统的潜台词是:民间文学要超越成为一门"经世致用"之学,必须是在它对自己的"合法性"(学科"自主"的理由、依据和目的)做出了充分而可靠的论证以后,而不是在此之前。这种"合法性"必须是从学科自身的内部出发来"论证"的,而不是由任何个人或组织从外部"赋予"它的。

正是在这种学术传统的影响下,民间文学室的几代学者才能够在数十年的时间里"体用并举",在"经世致用"的同时,一直致力于民间文学各种体裁和基本理论的思考与研究,取得了一系列在国内领先的学术成果。20 世纪 80 年代以来，民间文学室集体编著的三卷本《中国少数民族文学》（毛星主编，湖南人民出版社 1993 年版）和《中华民间文学史》（祁连休、程蔷主编，河北教育出版社 1999 年版）都是曾引起国内学术界广泛关注的重要著作。近年来，该室较有影响的代表著述有祁连休的《智谋与妙趣——中国机智人物故事研究》（河北教育出版社 2001 年版）、吕微的《神话何为——神圣叙事的传承与阐释》（社会科学文献出版社 2001 年版）、程蔷的《中国识宝传说研究》（上海文艺出版社 1986 年版）、马昌仪的《古本山海经图说》（山东画报出版社 2001 年版）、贺学君的《中国四大传说》（浙江教育出版社 1989 年版）、安德明的《天人之际的在野党对话——甘肃天水地区的农事禳灾研究》（中国社会科学出版社 2003 年版）、邹明华的《专名与传说的真实性问题》（《文学评论》2003 年第 6 期）、户晓辉的《现代性与民间文学》（社会科学文献出版社 2004 年版）、施爱东的《故事的无序生长及其最优策略》（《民俗研究》2005 年第 3 期）、乌日古木勒的《蒙古突厥史诗人生仪礼原型》（民族出版社 2007 年版）、张田英的《童话的魅力》（译著，社会科学文献出版社 1995 年版）等。

进入 21 世纪，在基础理论研究方面，民间文学室的新一代学者进一步认识到：长期以来，多数学者在强大的传统惯性的影响下，忙于构建经世致用的"大厦"而忽视了民间文学自身的"地基"建设，从而给学科带来了"沙上建房"的根本危机。要摆脱这一困境，就必须改变世界范围内的民间文学研究一直为民族主义和经验主义所笼罩的局面，为学科引入世界主义的眼光和先验的维度。因此，我们试图在以往的"经验民间文学研究"和"应用民间文学研究"之外，开启"纯粹民间文学"（探讨民间文学的本体论或存在论）方向，以使学科拥有立足之本，避免研究对象仅仅随时代发展和文化迁移而变幻不定，使学科基本概念的讨论和认识从表达意见式的简单定义走向深入的学术探究，使学科的基本问题具有普遍的标准和价值尺度，从而改变学科自身的无根基状态，并期望以此向民间文学研究既"自在自为"，又能够"经百世之一世，致无用之大用"的学术理想迈进。

通过学术传统来看，民间文学室在全国各高校民间文学教研室纷纷撤销、合并的风潮中能够持身自守，是一件大有深意的事情。民间文学室的幸运不仅在于有郑振铎、何其芳这样具有远见卓识的老所长所奠定的体制基础，更在于有他们作为一流学者所开创的学术传统。民间文学室的研究人员有幸亲炙这一珍贵的传统，并有心将它发扬光大。尽管在如今的国家学科体制中，民间文学是一门小学科，但小学科的冷板凳上未必不能做出大学问，因为问学的路径和境界不以学科大小而论，学问只有精粗高下之分而没有中外古今之别。民间文学学者将以向人类一切优秀文化遗产学习的勇气，显示出这个学术集体重新思考学科基本问题和普遍难题的底气和胆识。当此之时，我们仿佛又一次听到了民间文学室那位杰出的初创者的召唤：

> 地上有花。天上有星星。人——有着心灵。我知道没有什么东西能够永远坚固，在自然的运行中一切消逝如朝露，但那些发过光的东西是如此可珍，而且在它们自己的光辉里获得了永恒。……年轻的同志们，我们一起到野外去吧，在那柔和的蓝色的天空下，我想对你们谈说种种纯洁的事情。(何其芳：《我想谈说种种纯洁的事情》，1942年3月15日)

（户晓辉，中国社会科学院文学研究所研究员）

# 历史的一页

## ——对《鲁迅研究》的记忆

### 毛晓平

　　我是 1980 年夏天到文学所鲁迅研究室的。当时的室主任是王士菁，室里有十来个人。那时《鲁迅研究》编辑部已经成立，由濮良沛负责，当时第 1 辑已付梓印刷。我到鲁研室不久便到了《鲁迅研究》编辑部，从第 2 辑开始参加编辑部的工作，直到 1990 年《鲁迅研究》停刊。

　　《鲁迅研究》创刊于 1980 年，创刊的原因既是为了在新时期更好地发扬鲁迅精神，将"四人帮"对鲁迅的歪曲在学术上加以修正，同时也是为了即将到来的鲁迅百周年诞辰纪念活动。创刊的第 1 辑没有发表创刊词，只是用了宋庆龄的题词："学习鲁迅，研究鲁迅，做人民大众的牛，同心同德，为建设社会主义现代化强国而奋斗。"同时刊登了周扬《学习鲁迅，沿着鲁迅的战斗方向继续前进》的文章。该文是周扬 1979 年 5 月 8 日在鲁迅研究学会筹备会议上的讲话。他提出："加强鲁迅研究工作者之间的联系和团结，促进研究成果和经验的交流"，可以看作《鲁迅研究》的办刊方针。

　　《鲁迅研究》编辑部成立适逢鲁迅百周年诞辰。鲁迅百周年诞辰纪念会分为纪念会和学术讨论会两部分，纪念会由文化部、中国文联负责，学术讨论会由鲁迅研究学会负责。为筹备鲁迅百周年诞辰学术讨论会，编辑部倾全力投入其中，这也是编辑部成立后的第一件大事。筹备工作自 1980 年 3 月开始，编辑部先后在北京、扬州、大连召开了三次撰稿会，为向大会提交较高水平的论文做了认真的准备。这次学术讨论会是对我国

60 年来鲁迅研究工作的一个总结，同时也是"文化大革命"后新时期鲁迅研究新的开端。我到编辑部的第一项工作就是参加这次筹备工作，先后参加了大连的撰稿会及后期的准备工作。在此期间结识了许多鲁迅研究的前辈及中青年鲁迅研究者，受益匪浅。

**图1 《鲁迅研究》**

　　1981 年鲁迅诞辰 100 周年，除了盛大的纪念活动外，也是鲁迅研究的井喷时期，《鲁迅研究》第 2—5 辑就同时出版于这一年，出版时间分别为 2 月、6 月、7 月、12 月。如此密集的辑刊出版，表明了新时期学者们在鲁迅研究领域所取得的丰富学术成果和收获。除了《鲁迅研究》，当时全国各地刊物发表的鲁迅研究的文章之多也是空前的。《鲁迅研究》第 6 辑是鲁迅诞辰百周年学术讨论会的专辑，刊载了梅益的开幕词，李何林、陈涌、王瑶、钟敬文、唐弢等为大会提交的文章，真正是名家荟萃。其中李何林关于鲁迅的思想，陈涌有关鲁迅现实主义与浪漫主义问题，王瑶有关《故事新编》的散论，钟敬文《作为民间文艺学者的鲁迅》及唐弢对于鲁迅小说现实主义的探讨，不论是在鲁迅思想还是作品方面都提出了自己的观点，打开了鲁迅研究蓬勃发展的新局面。

　　《鲁迅研究》自创刊起发表的论文既有老专家们的长期的专门的研究成果，也有中年一代颇具功力的研究文章，同时也有初出茅庐的青年学生的论文，在鲁迅研究界影响很大，被视为代表着鲁研界最高水平的研究刊物。

**图2 2001 年纪念鲁迅诞辰 120 周年学术讨论会**

《鲁迅研究》作为鲁迅研究学会的会刊，在注重发表学术性、理论性成果的同时，也始终致力于鲁迅研究队伍的构建。十年间，刊物不仅发表了许多老一辈学者的文章，而且刊载了众多中青年学者富有新意和创见的研究成果。如孙玉石对鲁迅诗人气质（《野草》）的研究，王得后对鲁迅"立人"观点的阐述，对当时的鲁迅研究都起到了推进的作用；而当年的青年学者杨义关于鲁迅小说与外国文学的关系，王富仁有关《呐喊》《彷徨》的研究，余凤高对鲁迅与弗洛伊德关系的探讨，郑欣淼有关鲁迅与宗教的文章显示了鲁迅研究界雄厚的实力；更为年轻的汪晖、陈平原等的文章则体现了年青一代的研究水平和特点，他们日后都成为卓有成就的学者。

《鲁迅研究》共出了 14 辑（这中间曾出了两年双月刊，1983 年、1984年），为 32 开本，每辑三四十万字，封面由赵友兰设计。记得第 1 辑出版后，封面上宋体的"鲁迅研究"四个字放在田字形的红字格中，衬着淡雅的灰底色，绿色的书脊，别具风采。大家都非常喜欢，争相传阅，纷纷赞扬。除了第 1 辑由上海文艺出版社出版外，其他各辑都是中国社会科学出版社出版发行的。第 1 辑至第 8 辑均分为平装、精装两种，以后的各期没有再出精装本。栏目设计上也由开始的鲁迅思想、作品研究两部分扩充了不少，增加了如鲁迅与古典文学研究、与外国文学研究、青年论坛、争鸣园地、国外鲁迅研究、笔谈、史料研究、述评、书评等。1986 年，鲁迅逝世50 周年时编辑了"鲁迅与中外文化"专辑（第 12 辑），这也是当年在北京召开的纪念鲁迅逝世 50 周年国际学术讨论会的学术论文集。

1983 年为了普及鲁迅研究，进一步提高鲁迅研究水平，适应当时鲁迅研究的需要，编辑部对《鲁迅研究》进行了改版。由不定期丛刊改为双月刊，每双月 15 日出版。刊物改版词里说："为了适应鲁迅研究工作迅速发展的需要，促使鲁迅研究工作更进一步繁荣起来；为了把鲁迅的宝贵文化遗产交给青年一代，促使鲁迅的革命精神在青年人中间更加发扬起来；为了使鲁迅研究工作在我国社会主义精神文明建设过程中发挥应有的切实的作用，中国鲁迅研究学会的会刊《鲁迅研究》决定由丛刊改为双月刊，并准备进行一些改革。"并刊登了周扬的题词："《鲁迅研究》改为双月刊，有益于及时交流学术成果，有益于鲁迅的科学态度和革命精神的更广的传播。"

改版后的《鲁迅研究》除了发表有分量的学者的文章，更为重视鲁迅研究的普及性及对青年学生的关注。1983 年第 1 期特别刊出"向青年的征文启事"，增设了"青年园地"栏目，并在北京召开了大学生座谈会，加强了与青年的联系。刊物先后发表了汪晖《略论"黄金时节"的性质——鲁迅与阿尔跋绥夫观点的比较》、陈平原《鲁迅的〈故事新编〉与布莱希特的"史诗戏剧"》、林岗《阿 Q 与传统文化心理》等论文，在当时都引起了较大的反响。新增设的"作家谈鲁迅"栏目，刊载了陈学昭、刘绍棠、鲁彦周等人谈鲁迅的文章。"学者采访"栏目，先后发表了对陈涌、唐弢、林辰、王瑶、孙昌熙、田仲济、许杰、李何林等老一辈鲁迅研究专家的访谈。所有这些，都丰富了刊物的内容，使刊物不仅具有学术的严肃性，也增添了蓬勃向上的活跃性。在此期间，丛刊的编辑也继续进行，陆续出版了第 7、8 两辑。

20 世纪 80 年代是学术振兴和活跃的年代，国外研究方法的大量介绍和引进，使国内学界也发生着极大的变化。刘再复的《性格组合论》及有关文学主体性的文章，在文学界引起了大的反响，打开了一个新的研究视角，新方法论的研究和应用由此成为热点。当时有新三论、老三论之说。反映在鲁迅研究界，则是发表在双月刊 1984 年第 1 期上的林兴宅的《论阿 Q 性格系统》一文。该文采用系统论的观点分析、论述阿 Q 的性格，是当时学术界热议的新方法论的实践成果，给人耳目一新的感觉，在当时鲁研界乃至整个文学研究界曾经引起轰动，以至那一期刊物供不应求，很快脱销。

　　《鲁迅研究》在1982年第二届编委会后曾经公布过主编、编委名单，主编为王士菁，副主编为林非、刘再复。编委有（按姓氏笔画排列）马良春、王瑶、王士菁、王得后、王景山、戈宝权、乐黛云、刘再复、孙玉石、李何林、杨占生、严家炎、陈涌、陈漱渝、林辰、林非、林志浩、郭预衡、袁良骏、唐弢。编委会每年召开一次，每次编委会都针对刊物提出指导性意见，集思广益，为刊物的发展群策群力。编辑部人员不多，一般为四五个人。参加过编辑部工作的有李宗英、王骏骥、张梦阳、高鸣鸾、毛晓平、安明明、赵存茂、董必严、赵庆培、曾光涛等，袁良骏曾为编辑部后期负责人。这些人现在也都退休了。

　　编辑部刚成立时，居无定所，条件较差。初到鲁迅研究室，由于中国社会科学院大楼翻建，文学所暂时迁至日坛路6号原《人民日报》的一个印刷厂内。鲁研室在一个昏暗狭窄的房间里，白天都需要开着灯。编辑部则是在后面的一个活动板房，里外两间。以后又曾迁往劲松9区一住宅楼内，直至1984年才迁回中国社会科学院大楼。当时鲁研室是新建的一个室，编辑部也是新组建的，没有自己的图书，甚至连工具书都没有。我去时仅有王信捐献的一部1956年人文版的《鲁迅全集》、一部《鲁迅译文集》和《鲁迅日记》，这些成了我们手头的工具书，时常查阅。王信那套《鲁迅全集》在他阅读时随手用铅笔记下的感想没有抹去，每一页都密密麻麻地写着随感，我们笑称为王信版《鲁迅全集》。虽然后来有了1981版《鲁迅全集》，这套书仍被我们不时翻阅，是查找文章出处的必用书。这部全集至今还保留着，也算是弥足珍贵。

　　《鲁迅研究》自1980年创刊到1990年停刊，经历了整整十个年头。光阴如梭，转眼文学所迎来了它的60周年华诞。在其一个甲子的历史中，《鲁迅研究》仅仅存在了十年。作为全国第一个专门的鲁迅研究期刊，记录了那十年鲁迅研究的概貌。十年的时间物是人非，而《鲁迅研究》十年的业绩也成为文学所历史的一页（原作写于2012年冬）。

（毛晓平，中国社会科学院文学研究所副编审）

历 史 学

# 改革开放四十年史学解放一瞥

## 居之芬

改革开放 40 多年，中国变化可谓"沧海桑田"！作为史学工作者，观察与描述这一变化，最好从自身所从事的史学研究领域，即从我在近代史所从事的中国近现代和抗日战争史研究领域看其变化与成就大体有以下几方面：

## 一 全面开放中国共产党根据地史研究

"文化大革命"及之前 30 年，中国共产党根据地史研究多涉及延安、陕甘宁边区和江西中央根据地，对广大华北、华中、华南敌后抗日根据地的研究基本是"空白"。从 20 世纪 80 年代初起，中央到地方各级档案馆的档案开放，是从开放中共各根据地的大宗档案文献开始的。因为中国共产党首先要写好并完善自己的党史、革命史与中华人民共和国创建史，且当时许多中华人民共和国开国元勋与将领已是八九十岁的耄耋老人，为抢救这些活的历史证人与证言，也需要开放档案，作为口述史料的佐证。

此时，从中央到地方都成立了中共党史研究室和党史资料征集办公室；中国科学院"哲学社会科学部"也独立出来，成立了中国社会科学院；各省市地方社会科学院也在 80 年代初陆续健全并首开地方史志研究……①

---

① 西北五省区编纂领导小组等编：《陕甘宁边区抗日民主根据地》文献卷上，《前言》；居之芬：《从晋察冀看中共八路军在敌后发展壮大的缘由》，《河北师范大学学报》（社会科学版）2016 年第 1 期。

发掘、整理、编辑中共各根据地史料的工作，由中央党史资料征集办公室统管；从80年代初至90年代初约10年时间，从二次国内革命战争的苏区，到抗日战争的华北、华中、华南（包括海南）、陕甘宁等共十几个根据地史料的编辑出版大部由地方党史办与档案馆合作承办；也有部分省市党史办力量薄弱，委托地方院校或社科院承办。我于1981年初进河北社会科学院历史所，恰逢省档案馆与省社科院历史所正合作整理与有序开放馆藏的大宗晋察冀抗日根据地档案，并编辑出版《晋察冀抗日根据地历史文献选编》，使我从事历史研究之初，就获得直接阅览大宗原始档案的便利。

首次接触浩瀚的、上万卷晋察冀抗日根据地档案文献，有小牛闯进大菜园的感觉：真实的历史（即使是革命史党史）太丰富精彩了！对晋察冀抗日根据地文献近10年的深入整理研究，使我认识了中国共产党八路军的力量与根基所在，认识了他们为什么能在华北和华中广大敌后获得成功：在经历了1927—1937年十年国共分裂和内战的第二次国内革命战争，特别是震撼世界的长征的血与火的洗礼，中国共产党已找到并形成了自己坚强可靠的领袖与领导核心；到抗日战争时，他们已成长为成熟、聪慧、英勇善战的英雄了。他们结合中国实际创造性地实施了共产国际的"反法西斯统一战线"政策，政治上实行建立"三三制"抗日统一战线民主政权的政策，对境内各级政权进行了彻底的民主改造；财经上下大力实行孙中山主张而国民党未实施的减租减息和有免征点及最高累进率的"统一累进税"，减轻了人民负担、扩大了税收负担面，使边区始终有稳定的财税收入；从政治、经济上调动了95%以上各阶层人民团结抗战与发展生产的积极性。他们又把动员起来的广大小农经济及时组织到各类运销生产合作社里，大搞合作运销贸易、生产救灾，促进境内工农业生产发展，做到即使在最困难时期，也能改善民生、保障军需。他们在民众充分动员的基础上，在近代中国首次实施了"义务兵役"和"预备役兵役"制，保障了敌后抗战的充足兵源；创造了藏粮于民、藏兵于民的后勤保障体系，使部队无论走到哪里都能从百姓那里得到粮食、衣被供给，兵员补充和伤病员保护救治……并创造了地雷战、地道战、麻雀战、水上游击战等多种世界游击战争史上的奇观！正因为他们进行了如此艰苦细致的民众动员组织工作，才使他们能在远离大后方几乎得不到任何外援的艰苦环境下，在广大敌后民众中真正扎下根，并迅速发展壮大起来。这就是他们为什么能战胜一切敌人赢得抗日战争胜利、继而赢得解放战争胜利的根源。①

## 二　全面开放沦陷区日伪统制掠夺史研究

1991 年全国根据地史研究接近尾声，对其周围沦陷区日伪统治掠夺史的研究渐入高潮。"文化大革命"及之前 30 年，对抗战时期沦陷区的研究一直是"空白"。1991 年初，中国抗日战争史学会成立，9 月第一届年会（抗日战争史学术研讨会）在辽宁省沈阳召开。因当时东北三省成立了"东北沦陷 14 年史编委会"，对东北三省沦陷 14 年史、关东军与伪满洲国统治史的研究已全面展开；出版了多套、计千万字的东北沦陷区日伪档案文献集和口述史料辑；对关东军与伪满政权各方面研究的专著也陆续出版。对全国抗日战争，特别是沦陷区日伪统治史的研究，起了很好示范和推动作用。②

不久，由于在天津档案馆发现了国民政府河北平津敌伪产业处理局接收敌产的大宗档案文献，对华北沦陷区的研究，包括对日本华北方面军在华北扶植建立的伪"蒙古联合自治政府""华北政务委员会"，两个伪政权及主要头目、日本在华北实施军事讨伐、政治统治与经济掠夺的研究也全面展开。③

在华中，从 20 世纪 80 年代到 21 世纪初，复旦大学历史系与南京第二历史档案馆，对汪伪政权进行了长达 20 余年的史料发掘与研究，出版了多卷本的汪伪政权史料辑与系列研究专著。④ 同时北京师范大学与中国

---

① 谢忠厚：《论晋察冀抗日根据地的历史经验》、居之芬：《抗战时期外国人对中国共产党的考察及其历史价值》、刘大年：《"九一八"事变 60 周年国际学术讨论会开幕词》，载中国抗日战争史学会编《抗日战争与中国历史——"九一八"事变 60 周年国际学术讨论会文集》，辽宁出版社 1994 年版；张同乐：《华北沦陷区日伪政权研究综述》，载杨青、王晓编《近十年来抗日战争史研究述评选编》，中共党史出版社 2005 年版。

② 京中：《抗日战争史研究述略》，载《抗日战争研究》编辑部编《抗日战争胜利 50 周年纪念集》，近代史研究杂志社 1995 年版；蔡德金、李惠贤：《汪精卫伪国民政府纪事》，中国社会科学出版社 1982 年版；闻少华：《周佛海评传》，武汉出版社 1990 年版。

③ 居之芬、张利民：《日本在华北经济统制掠夺史》，天津古籍出版社 1997 年版；居之芬：《日本对华北劳工统制掠夺史》，中共党史出版社 2007 年版。

④ 京中：《抗日战争史研究述略》，载《抗日战争研究》编辑部编《抗日战争胜利 50 周年纪念集》，近代史研究杂志社 1995 年版；蔡德金、李惠贤：《汪精卫伪国民政府纪事》，中国社会科学出版社 1982 年版；闻少华：《周佛海评传》，武汉出版社 1990 年版。

社会科学院近代史研究所的教授也分别撰写出版了汪伪政权主要头目的专题人物评传。① 90 年代末到 21 世纪初,复旦大学历史系又开始发掘利用国民政府苏浙皖赣敌伪产业处理局接收日本在华中敌产的档案文献,开始对日本华中派遣军指挥下的"华中振兴株式会社"对华中沦陷区各主要企业矿山资源的统治掠夺进行全面研究。

与此同时,中共广东省委党史办与海南省政协文史办在 90 年代末至 21 世纪初先后开始有计划地收集编撰日本华南派遣军与日本海军驻海南岛警备司令部在华南沦陷区——广东省与海南岛的罪行档案与口述史料辑;② 并于 21 世纪初先后出版了由广东省委党史办和海南大学撰写的《日军侵粤述略》与《日军侵占海南岛研究》。③

1992 年我在天津档案馆发现了国民政府河北平津敌伪产业处理局接收敌产的大宗档案文献,加上其附带的报刊书籍有 1.5 万—3 万卷。在国家社科基金项目和院所领导支持下,我组织团队与天津档案馆合作,对这批珍贵档案文献进行了系统发掘、整理与研究。

经过 5 年研究,我发现日本战时对华北有计划的经济统治掠夺规模之大令人震撼:因华北(战时包括伪蒙疆政权地区)拥有居东亚首位的煤炭、海盐、羊毛、皮革;居关内首位的铁矿石、铝矾土、棉花等日本国内急缺的重要战略物资及丰富的劳力资源;④ 日本战时始终把华北看作其不可或缺的"重要战略资源供给地",及战时基本生存圈"日满华自给自足经济共同体"和"大东亚共荣圈"的核心与骨干部位。日本决定在华北成立类似伪满洲"满铁"的大型国策会社——"华北开发公司",对华北所有国防基础产业和重要资源产业实施投资控股和垄断经营。因耗资巨

---

① 京中:《抗日战争史研究述略》,载《抗日战争研究》编辑部编《抗日战争胜利 50 周年纪念集》,近代史研究杂志社 1995 年版;蔡德金、李惠贤:《汪精卫伪国民政府纪事》,中国社会科学出版社 1982 年版;闻少华:《周佛海评传》,武汉出版社 1990 年版。

② 《海南文史资料》1995 年 8 月第 11 辑、2005 年 8 月第 20 辑。官丽珍:《对和平与人道的肆虐——1937 至 1945 年日军侵粤述略》,中共党史出版社 2001 年版;张兴吉:《日本侵占海南岛罪行研究》,海南出版社 2004 年版。

③ 《海南文史资料》1995 年 8 月第 11 辑、2005 年 8 月第 20 辑;官丽珍:《对和平与人道的肆虐——1937 至 1945 年日军侵粤述略》,中共党史出版社 2001 年 7 月版;张兴吉:《日本侵占海南岛罪行研究》,海南出版社 2004 年版。

④ 居之芬、张利民:《日本在华北经济统制掠夺史》,天津古籍出版社 1997 年 5 月版;居之芬:《日本对华北劳工统制掠夺史》,中共党史出版社 2007 年版。

大、除日本政府以在华北霸占中国的企业、矿山和资金折价入股外，采取了"官商合办"国内资本总动员措施，动员国内全体财阀和大小财团踊跃参股分红。8 年中，华北开发公司规模迅速膨胀，从成立初期的十余家子公司、3.5 亿日元资本，扩展到 1942 年的 33 家子公司、10.8 亿日元资本；到 1945 年 8 月战争结束时，其总资产已膨胀到 700 余亿日元、子公司膨胀到 70 余个！去除战争后期通货膨胀因素，其规模扩充之大也令人震惊。华北开发公司统治了华北沦陷区经济的所有部门企业，采取"杀鸡取卵""竭泽而渔"的方式疯狂掠取华北的重要战略资源为其不断扩大的东亚与太平洋战争服务。所以其在华北产出的煤铁盐棉等战略资源 80%—100% 用于对日满输出或日本人本地消费。[①] 因其不计后果地劫掠资源，造成日占区矿山资源枯竭、事故不断、劳工伤亡惨重。我又用 10 年，专做日本在中国各占领区劫掠残害中国劳工的调查。通过调查我发现，日本与纳粹德国一样，在二战期间有组织、有计划地在各占领区劫掠奴役中国强制劳工总数达 1500 余万人，死亡伤残率达 1/3，即 500 余万人。其中劳工死亡严重地区是伪满洲、伪蒙疆政权地区、日本本土，太平洋战争爆发后 4 年年均死亡率在 20% 以上。而在日本海军统治的海南岛和日军的中国战俘集中营残害尤甚，劳工死亡率均在 30% 以上！[②]

## 三　全面开放抗日战争研究的国际交流与合作

随着中国抗日战争史特别是对二战期间日本在华各占领区军事、政治、经济、文化侵略罪行全方位披露与研究成果的大量涌现，有关各国与海外华人对中国抗战史研究开始关注与交流。

从 90 年代中国抗日战争史学会成立之初起，就曾多次邀请与中国抗战有关的苏、美、英、日等各国学者来华交流研究成果。2000 年后这种交流与合作得到迅猛发展。

2000 年初，美籍华人"日本侵华研究会"广泛邀请国内大专院校、

---

① 居之芬、张利民：《日本在华北经济统制掠夺史》，天津古籍出版社 1997 年 5 月版；居之芬：《日本对华北劳工统制掠夺史》，中共党史出版社 2007 年版。

② 居之芬、张利民：《日本在华北经济统制掠夺史》，天津古籍出版社 1997 年 5 月版；居之芬：《日本对华北劳工统制掠夺史》，中共党史出版社 2007 年版。

科研院所对日本侵华罪行研究各有成就的数十位学者赴美加州旧金山召开中日关系国际学术研讨会。他们受德国政府对二战期间受纳粹迫害的欧洲劳工进行道歉赔偿的鼓励，要动员组织国内有关学者及受害劳工揭发与控诉日本二战期间劫掠残害中国强制劳工罪行，在美国发起对日本政府的索赔诉讼斗争，以扩大中国抗日战争及日本侵华罪行在美国社会的影响。

从 2002 年起，为了让中日及西方学界能相互交流对二战期间抗日战争的研究成果，促其理解与合作，以美国学者傅高义为首的哈佛大学东亚研究中心用 7 年时间，每两年一次，先后组织了四次有关抗日战争的国际研讨会：第一届在 2002 年 7 月波士顿美国哈佛大学东亚研究中心召开，主题是"1937—1945 年战时中国各地区"；第二届 2004 年在美国夏威夷岛召开，主题是"战时的军事战役"；第三届 2006 年在日本箱根召开，主题是"战时的教育、文化与社会发展"；第四届 2008 年在中国召开，主题是"战时国际关系"。与会研究人员由最初的中、日、美、加（加拿大）四国学者扩展到中、日、美、加、英、俄六国学者。这是一项很有意义的工程，参会的学者虽不算多，每届仅有三四十人，但都是各国在二战抗日战争史的某个领域有深入和独到研究的学者，会议研讨气氛热烈，与会者感到很开眼界。本人受邀参加了在哈佛大学东亚中心举办的第一届研讨会，提交了《论太平洋战争爆发后日本强掳虐待中国强制劳工的罪行》论文，该文以翔实的证据与系统的论述引起与会学者的高度关注，对日本学者触动很大，并受到美国、加拿大学者的认可与好评。

与此同时，中日学界的直接交流合作也频繁起来。2005 年后，以中国社会科学院近代史所所长、中国抗日战争史学会会长步平为首，联络中日韩三国研究二战史的专家学者，组织发起中日韩三国共同撰写出版了《东亚三国近现代史》。

随着 90 年代苏联解体，苏联保存的大批有关共产国际和中国在苏档案的大量解密和公布，对中苏关系史的研究也得到长足发展。

## 四　全面开放海峡两岸抗日战争史的研究与交流

因改革开放后中国大陆对中华民国史的重视及大部头多卷本的《中华民国史》和资料汇编在大陆陆续编写出版；自 90 年代末起，大陆官方与民间打破禁区，对抗战期间国民党正面战场的重视、肯定与研究成果的大量涌现；特别是 2005 年台湾国民党主席连战率团首访大陆与时任中共中央总书记的胡锦涛同志会面，开启了海峡两岸交流与共同研究抗日战争史的先河。从 2007 年至 2017 年由国共两方合作召开的海峡两岸抗日战争史研讨会，每两年举办一次，至今已举办了 6 次。本人参加了在大陆召开的 3 届研讨会及 2015 年初冬（11 月末—12 月初）在台湾召开的第五届海峡两岸抗战史暨纪念抗战胜利 70 周年学术研讨会。台湾方面对这次会议很重视，不仅主办方"中正文教基金会"董事全部出席参加评议；台湾"国史馆"、"党史馆"、"中研院"、档案局及台湾著名大学均有负责人与教授、研究员参会；还请来了在台国民党抗战老兵 97 岁的郝柏村（曾任台湾地区行政管理机构负责人）为我们演讲。大陆方面由中国抗战纪念馆副馆长、抗战史学会副秘书长带队，中共党研室、军科院、中国社会科学院近代史研究所、北京大学、南开大学、南京大学等著名院校科研院所负责人及研究员、教授 20 余人出席。

总的来讲，台湾方面对国民党抗战史的书写很充分，仅官方、军方、"国史馆"方面出版的抗战史就有四五部、数千万字。大陆方面已把抗日战争看作全民族抗战，不仅对敌后战场抗战进行了全方位的研究书写，对国民党正面战场的各方面及抗战期间全国的各项专史，也进行了全面、深层次的史料发掘、整理、研究与书写，代表了全民族抗战史研究的方向。全面客观地反映中国抗日战争史已成为海峡两岸研究者的共同愿望。囿于历史原因，有些问题一时还难以达成共识，尚需时日讨论磨合，关键是要有一种爱国与实事求是的立场和态度。

（居之芬，中国社会科学院近代史研究所编审）

# 跟随李学勤先生编纂《国家历史地图集》

## 彭邦炯

一

1983 年年末，我完成《甲骨文合集释文》后不久，时任先秦史室主任的李学勤先生找我说，所里决定我和齐文心参加《国家大地图集·历史地图卷》（后定名《国家历史地图集》）的编纂工作。这是一项国家重点科研项目，本来是历史所历史地理组的事，估计是他们组没有人搞甲骨金文。我与齐先生在编纂《合集》过程中，写过一些甲骨金文地名的研究文章，所以把我们两人选上了。

《国家历史地图集》编委会成立于 1982 年，主任委员是前学部副主任（今同中国社会科学院副院长）张友渔，副主任委员兼总编辑是复旦大学教授谭其骧，秘书长是学部科研局的高德，下分 20 多个专题图组。《图集》的要求是：全面呈现我国从史前时期到 1949 年之间的历史自然地理和人文地理的发展过程，计划全《图集》编图 1300 多幅。历史所的"先秦专题图组"是 20 个专题图组之一，由李学勤先生担任编纂组长，其中又分为三个小图组，商周图组是三个小图组中的一个，成员除我和齐文心外，后又增加了新来的研究生曲英杰和郑超；另两个小图组是陈可畏、史为乐，成员就是他们史地组八大员。

我们商周图组本该李先生直接抓，1985 年他担任历史所副所长后，因工作繁忙，图组的事多由我和齐代劳。1985 年在内蒙古开编委扩大会是齐文心替他去的，听说会上讨论课题经费分配，"先秦专题图组"是各组最少的。为此，陈可畏先生很有意见，责怪齐先生没为组里争。可能因此之故吧，从此后开编委工作会，齐也不去了。本来先说好组内有关简报、总结、信函处理、经费报销等事务工作由我代劳，这一来每次的《图集》编委工作会议我也得代劳了。我作为图组成员，一个新党员，李学勤先生又是我的入党介绍人（1985 年 5 月我的入党介绍人是时任所长郦家驹和李学勤），图组的事当然不便推托。说实话，李先生富有才华，学识渊博，他脑子像百科全书，文史哲、古文字学、考古学、历史地理样样精通，对人亲切和善，自从来我们室做主任后，大家都很佩服他。我一直把他视为同事、同志、师长和朋友，他托我做的事，我从不推却，总是尽力去做。

图组开始工作，我们商周组先由李先生拟定了 18 个图目，让我们看有没有要补充的，议论后初步定下 20 多个图目。这些图可分为四类。

第一类是：《商的兴起和伐夏图》《商王国形势图》《商的迁徙图》《周的兴起图》《武王伐商与牧野之战图》《周初分封图》《西周黄河长江中下游形势图》《穆王西征图》《逸周书·王会篇所见方国图》《宣王与猃狁、淮夷的战争图》《春秋时代黄河长江中下游形势图》。

这类图的内容，主要根据历史文献记载，编纂者必须对每一地名做深入研究。我们知道，一幅图中一个地名，往往也就一两个字；最多三五个字，但要确定下来，却要查阅很多材料，写出少的数十至数百字，多的上千或上万文字材料，其实就是写一篇地名考证文章。

我作过的《武王伐商与牧野之战图》，可说是最简单的一幅图，图中要素不多，也就十来个地名，可我为此写出了上万字的材料，费了很大劲儿，编出草图，终因地点多难肯定，最后也没纳入《图集》。后来我以此材料整理成《武王伐纣探路》一文发表在 1990 年《中原文物》上。类似收集大量材料作过深入考究比堪而最终砍掉的情况，别人也有。比如；图组原拟有《穆王西征图》《王会篇所见方国图》《宣王与猃狁、淮夷的战争图》，虽然编稿的同志已收集了大量材料，还是由于资料所限，图中地点的古今地名沿革变迁难辨是非，故最终也没有采用。

第二类是根据甲骨文、金文资料的《殷墟卜辞地名图》《西周金文地名图》。甲骨金文地名上千个，很多都难以和文献记载对上号，学者考证也不少，但众说纷纭，能确知为今何地的不多。我们的取材原则是：以甲骨金文为依据，文献记载作参考，考古文物材料为佐证，考虑学界认同度。最后只选取甲骨地名 50 余个，金文地名 80 多个，编成两幅地图。

第三类，是商与西周的文化遗址遗物分布情况图。这一类，主要根据全国各地 1991 年 8 月以前公布过的历年考古文物资料来编制，如《商遗址和遗物分布图》《西周文化遗址和遗物分布图》《周原文化遗址和遗物分布图》等。作这图需要查阅历年《考古》《文物》等中央与地方刊物，也是很费时间和精力的。总之，要在图纸上确定一个点，把它准确地标出来是很费斟酌的。

第四类，就是根据商、周考古发掘的实测资料绘制图，如《堰师商城遗址图》《殷墟遗址图》《盘龙城遗址图》《郑州商城遗址图》等。这一类，我们与参加过实地考古测绘和发掘的单位联系，约请他们合作。

## 二

商周图组初步确定下图目后，李先生把我们召在一块儿用自我认领办法，分题编稿。齐文心认了《甲骨地名》和《商遗址和遗物》两题。曲英杰认领了《西周文化遗址和遗物》《周原文化遗址和遗物》分布图。第四类商、周考古发掘的古城遗址实测资料图，仍由我负责联系相关单位协作。还剩十几图幅没人作。最后李先生说："《金文地名》和《西周春秋黄河长江中下游图》我作。邦炯，余下的你就多代劳点，相信你有能力做好。"又说，《穆王西征》《王会篇所见方国图》两幅，多是传说，难以落实就不要了。《宣王与猃狁、淮夷的战争》由（他的学生）郑超先摸摸看。后来郑超调走了，这个图也取消了。

我的工作除完成余下的 7 幅图外，还有统筹各图稿进度，按《图集》的统一要求定出编例，最后复制加工，与协作者联络，定时向总编室汇报。记得我先后给社科院考古所田野发掘队的赵芝荃、刘忠福、陈志远、郑振香，河南省考古所的裴明相、杨磊，湖北省考古所的陈贤一等同志多次书信联系协商，当时，通信手段不发达，一切都靠手写或复写纸反复抄录寄出。虽说邮资可报销，但太零碎麻烦，不如我自掏腰包。事实上当时经费十分有限，只可用于订购底图、必需的绘图仪器、文具参考书和印制编稿表格等，处处都要精打细算。出差经费更紧张，我们只能利用参加别的学术会议的机会，顺便去办理《图集》的事。当时我们更无电脑、电传、打字复印条件，一切都靠手书联系。

《图集》第七次编委会为了调动大家积极性，决定对提前完成初稿，经审查合格者发奖金。我们组只陈贤一的《盘龙城图》提前完成审查合格。申报后，获奖 30 元，回信还很感谢我呢（图 1）。1995 年所有图稿终审合格，同年 5 月第十次编委扩大会决定先发给 70% 稿费，按图繁复等级，我组最高等级图可得 350 多元，最低 107 元，全组采用 15 幅，共有稿费 3070 多元。我想大多数参加者都不是为了名和利。

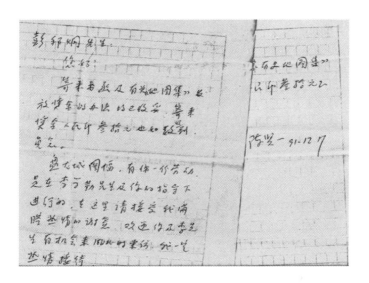

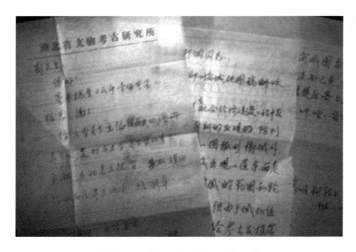

**陈贤一、裴明相给彭邦炯的回信**

1993 年《商周》组全部图稿编完，经李学勤先生亲审修订，6 月交《图集》总编室，算是初告完成。1996 年 9 月我受托写《商周图前言》初稿，经李学勤先生将之与《史前组前言》合并为一文后，我再将之打印好交总编室刘宗弼先生。至此，这个项目算完成。高德、宗弼老先生对工作特别认真负责的态度确实使人感动，总编室终审到我组各图时，高德、宗弼先生还不忘拉我参加终审会，直到 21 世纪初图稿交出版社清绘前，我都退休十多年了，高德还让我把本组各幅图稿审阅一遍，时至今日也 15 年了。如从 1983 年开始接受任务算起到现在，更有 40 多年了还未见到全书出来。上年《图集》中别组的一册出来了，我们算是看到了希望，相信不久的将来就能看到我们自己的那册。

（彭邦炯，中国社会科学院历史研究所研究员）

# 虞和平与中国现代化研究

## 吴敏超

现代化是人类社会发展的共同潮流，也是世界历史进程中最为绚丽之笔。以英国工业革命为起点的世界现代化浪潮，彻底改变了人类传统的社会结构、政治形态和生活方式。一般认为，中国的现代化始于鸦片战争，受西方因素的影响。中国现代化走过的道路，既有与世界现代化道路的共通性，又有自身特点探寻中国现代化的真实历程，予以实事求是的分析与鞭辟入里的总结，是一项深具学术意义与现实意义的研究课题。改革开放后，中国经济快速发展，思想学术界也空前活跃，现代化研究应势而生、蓬勃展开。中国社会科学院近代史研究所虞和平研究员，从20世纪80年代中期开始从事中国现代化研究，至今已有30多年。虞和平熟稔现代化理论与社会科学理论，将微观研究与宏观研究结合，成为中国现代化研究最具影响力的学者之一。

## 一　发轫:商会与早期现代化研究

虞和平从事中国现代化研究的切入点是商会。1993年，作为国家社科基金的一个项目，他将博士学位论文《商会与中国早期现代化》修改扩大成专著出版。① 这是将商会放在现代化视野中考察的筚路蓝缕之作，清晰阐明了商会与中国早期现代化之间的关系。他认为，商会在早期现代化中发挥的作用主要有两个方面：一是促进资产阶级本身的现代化——从

---

① 虞和平：《商会与中国早期现代化》，上海人民出版社1993年版。

分化到整合；二是促进经济和政治的现代化——资本主义工业化与民主化。① 专著出版前后，虞和平在《历史研究》、《近代史研究》和《中国经济史研究》等刊物上发表了十多篇具有原创性的论文，几乎都围绕商会与早期现代化展开，与专著呼应，形成了一个完整的研究体系。这一时期虞和平的学术创见与贡献，主要体现在以下几个方面。

第一，商会总体研究。20 世纪 80 年代中后期，商会史研究尚处于起步阶段。1986 年，虞和平考虑博士论文选题时，即以敏锐的学术眼光选定"商会与中国早期现代化"作为自己的学术志向。当时的商会研究多限于个案研究，虞和平的研究不仅开创了对于全国商会的整体性、综合性研究，而且回应当时学术界对于商会性质、商会与政府关系等诸多问题的关注，提出自己的独到见解，引发广泛关注。

商会究竟是官方机构、半官方机构、官督商办机构，还是民间机构？学者之间分歧很大，未能达成共识。虞和平根据社会学原理与法学原理，大胆提出了一种全新的认识——商会具有法人社团性质。他通过详细考察，认为"商会依照政府的法定程序经由政府的批准而设立，有自己固定的组织机构和职能部门，有广大的会员，有自己能独立支配的经费和财产，有法定的权利、义务和活动范围，又由自己自愿发起、自定章程、自选领袖、自筹经费，既具有社团性，又具有法人性。商会基本是一种商办的法人社团"②。虞和平的这一见解，跳出了官方—民间的既定思路，强调从商会的自身特性来观察商会，引起研究同行的共鸣与重视。确实，尽管中国近代商会是在清政府新政旗号下倡导设立的，但是只有某一地区、某一行业的商人互相之间有了认同感后，才会积极组织商会与申请入会。以往有关商会是官方、半官方机构或是官督商办社团的认识，则将商会法人特征中的官方关系简单地看成官方特征。③ 事实上，商会属于较为独立的社会团体，研究者应不断解放思想、放宽视域，如引入社会学和法学理论予以更符合历史实际情形的、别开生面的研究。

商会与政府的关系，也是研究商会的学者着力探讨的话题。虞和平承

---

① 《商会与中国早期现代化》，第 2 页。
② 虞和平：《近代商会的法人社团性质》，《历史研究》1990 年第 5 期，第 46 页；《商会与中国早期现代化》，第 83—84 页。
③ 虞和平：《近代商会的法人社团性质》，《历史研究》1990 年第 5 期，第 45 页。

接对于商会法人社团性质的判断，认为商会与政府的关系应该是法律关系，即依据法律规定而发生的管理、被管理关系。当然，从清末到民国的具体史实看，这种法律关系未能较好地维持。一方面，政府超越法律对商会的活动进行干预，甚至是控制；另一方面，商会也相应地突破法律规定进行一些超法活动。所以，中国近代商会与政府的实际关系，是一种"超法的控制与反控制"关系。① 这为全面观察商会与政府的关系，提供了一个全新的视角。从历史事实看，在清末、北洋和国民政府时期，政府与商会之间均有"超法的控制与反控制"出现。以清末时期为例，政府为"广开利源"而"振兴工商"，随之而来的是苛捐杂税，侵夺商利。作为回应，商会也突破法律范围，进行反政府的活动，如领导参与了一系列商人抗捐抗税斗争、抵制美货运动和收回利权运动，还发起国会请愿运动，表达参政要求。总的来说，商会作为一种社团法人，与政府之间的法律关系并不完善，双方又不能随时势变化而做出相应调整，导致彼此之间激烈而持久的控制与反控制斗争。这种斗争的变化过程与复杂性，成为探讨近代商会与政府关系的挑战与魅力所在。

　　资产阶级的形成及其在经济上和政治上发挥的作用，有利于早期现代化的推进。讨论现代化问题，与资本主义的发展、资产阶级的成长密不可分。虞和平受马克思研究无产阶级时运用"自在"与"自为"概念的启发，认为这两个概念具有普遍性，也可以用来分析中国资产阶级所经历的状态。他指出，清末各地商会的诞生，提升了资产阶级的组织形式，使他们逐渐由省区性的整合向全国性整合迈进。在政治斗争中，资产阶级已有较多与较大规模的参与，从"自在"状态慢慢过渡到"自为"状态。民国初年全国商会联合会的成立，则标志着中国资产阶级进入基本自为的阶段。② 当然，由于中国资本主义发展的局限性，资产阶级"自为"的程度不是很高，但这也无法抹杀它作为一个社会集团而存在的形态和形成过程。商会组织从行业性整合到区域性整合再到全国性阶级整合的过程，正是中国资产阶级组织现代化的过程。可见，商会的发展在中国资产阶级的

---

① 虞和平：《近代商会的法人社团性质》，《历史研究》1990 年第 5 期，第 46 页；《商会与中国早期现代化》，第 84 页。

② 虞和平：《商会与中国资产阶级"自为"化问题》，《近代史研究》1991 年第 3 期，第 34、35 页。

成长中起着关键作用。这也正是《商会与中国早期现代化》所反映的主旨之一——商会促进了资产阶级本身的现代化,而资产阶级本身的现代化,即是中国早期现代化的一种重要表现。

虞和平有关商会研究的贡献,还在于他十分重视商会参与制定经济法规的史实与过程,指出它具有促进经济法制建设、改善资本主义经济秩序的积极作用。清末,全国各商会代表在上海举行了两次商法讨论会,制订《公司法》和《商法总则》草案,产生了引进西方商法与中国商事习惯相结合的立法原则。民国时期,商会不仅在舆论上敦促政府加速制定经济法规,而且对政府所拟定和颁行的各种经济法规详加讨论,提出不少修改和补充、实施意见,促使资本主义经济法制初成体系,且较多地体现了资产阶级的利益。[①] 这与后来虞和平从事的商会商事仲裁制度等研究[②],实际上也属于法制史范畴,反映了中国近代司法制度在经济领域的现代性变革。虞和平在从事商会研究时,将现代化史、经济史、社会史与法制史视角融为一体,是其一大特色。以上论及有关商会研究的问题在商会史领域引起很大反响。可以说,虞和平是商会研究在 20 世纪 90 年代成为显学的主要促成者之一。

第二,"早期现代化"概念的提出。1986 年,华中师范大学章开沅主持国家社科基金"七五"重点项目"中外近代化比较研究"。同时,北京大学的罗荣渠发起了世界现代化进程的研究,并主持国家社科基金"七五"重点项目"世界现代化进程研究"。[③] 1987 年,华中师范大学举行"对外经济关系与中国近代化"国际学术讨论会,启动了国内的中国早期现代化研究。此时,虞和平正跟随章开沅攻读博士学位。华中师范大学章开沅与北京大学罗荣渠,是中国现代化研究的先行者,前者"由中国看世界",后者"由世界看中国",相得益彰。虞和平 1976 年毕业于北京大学历史系,曾聆听罗荣渠所授课程,随其下工厂锻炼,在北大期间受其教益甚多。[④] 可以说,虞和平在章开沅与罗荣渠两位史学大家影响下从事现

---

① 《商会与中国早期现代化》,第 205—220 页。

② 虞和平:《清末民初商会的商事仲裁制度建设》,《学术月刊》2004 年第 4 期。

③ 1993 年,前者成果以"比较中的审视:中国早期现代化研究"为题,由浙江人民出版社出版;后者成果以"现代化新论:世界与中国的现代化进程"为题,由北京大学出版社出版。

④ 虞和平、谢宝耿:《努力创建中国现代化史学科——虞和平访谈录》,《学术月刊》2004 年第 4 期。

代化研究，承继了得天独厚的学术资源与宽广的学术视野，水到而渠成。

在中国的现代化研究中，一直存在着现代化和近代化两个概念混用的问题。这一问题情有可原，因为近代和现代在西方是一个词"modern"。学术界一般将 1840—1949 年的中国现代化称为近代化，也有人称之为现代化。虞和平主张将 1949 年之前的现代化运动称为早期现代化。这样既使现代化的概念保持统一，还可以展现现代化的阶段性，以区别 1949 年前后现代化的不同发展状况和不同发展道路。这一概念提出后，获得日益增多的中国现代化史研究学者的认同和采用。

在对中国早期现代化的阐释中，虞和平特别提出民族化，将其作为早期现代化的主要内容和特点之一。他指出："所谓中国早期现代化，就是中国自 1840 年至 1949 年的资本主义现代化。从现代化的一般涵义讲，资本主义工业化和民主化也是中国早期现代化的核心涵义。但由于中国的早期现代化是在半殖民地社会状况下展开的，因此它的核心涵义还应增加一个民族化——反对帝国主义侵略，争取民族独立。""这不仅仅是由理论逻辑所得出的推论，也是中国早期现代化的历程所证实的结论。"① 在早期现代化研究中，有一种把反帝反封建与现代化相对立的倾向，或者强调现代化，故意回避反帝反封建问题。这实际上反映的是中国近代史学研究中，革命范式与现代化范式的分野与对立。虞和平将反帝与争取民族独立作为中国早期现代化的应有之义，实际上是吸收了革命范式中的合理部分，克服现代化范式的局限性。用此观照历史，灵活运用与全面理解现代化范式，无疑将得出更为客观与科学的结论。

按照现代化理论，一个国家实现现代化一般要经历三个阶段：准备阶段，向现代社会过渡的阶段和基本实现了现代化的阶段。虞和平提出，中国的早期现代化历程，经历了现代化过程的第一和第二阶段。从 1840 年的鸦片战争到 1911 年的辛亥革命，是现代化的第一阶段，即准备阶段。辛亥革命之后进入第二阶段，即向现代社会过渡的阶段。他还概括了中国早期现代化的特点：被动性、复合性、非自主性、非统一性。② 这些研究，体现了虞和平对于中国早期现代化整体状况的深入思考、宏观把握与创新见解，为读者了解中国早期现代化的基本状况提供

---

① 《商会与中国早期现代化》，第 4、7 页。
② 《商会与中国早期现代化》，第 8—18 页。

了认知基础。

第三，创见性地指出传统与现代之间的关联。在现代化过程中，探讨新、旧质素之间错综复杂的关系与彼此冲突、消长、沟通、融合的过程，具有重要的学术价值，也极富挑战性。针对人们往往将传统与现代截然对立、相互排斥的观点，虞和平认为，传统与现代并不对立，传统内部存在着某些适应于早期现代化的潜在因素。他进而提出：一个国家现代化进程的快慢和成败，并不决定于是否与传统彻底决裂。① 在中国这样一个后进国家中，传统与现代并存的局面更为明显。因为后进国家是在原有传统社会的基础上，受西方现代文明的影响而被迫开始现代化的，也就是说是在传统社会模式继续存在的情况下学习西方模式的。因此，探讨现代化过程中传统与现代并存的微妙关系，是推进历史认知、深入历史肌理的一个绝佳机会。

虞和平以现代性的商会与传统性的行会为案例，探讨传统与现代之间的相通性。学术界以往的观点，较为强调行会的封建性，及商会与行会之间的对立和排斥。他提出，事实上，近代的行会具有对现代社会的潜在适应性。鸦片战争后，传统行会的组织性质和功能作用逐渐朝着现代性组织和资本主义化的方向转变，一些新兴的资本主义行业所建立的行会组织，更具有这种现代的资本主义性质。所以，商会成立后，行会能作为商会的主要成员存在。行会与商会的结合，是以他们两者的某些同质因素为基础的，它们具有某些相同或相互依赖的社会和经济功能。当然，商会的功能范围比行会大，两者之间有着一种包含与被包含的关系，而且还存在某种相互依赖的关系。② 这些对行会与商会的认识，从大量具体翔实的史实出发，分析深入，令人信服。

除行会外，虞和平还考察了城市同乡组织。他认为从清末民初开始，会馆、公所等传统同乡组织日益增多地采用现代的同乡会组织形式，其功能作用也从传统的"救死"和联谊为主，改变为以"救生"和扶持同乡经济利益为主。同乡组织从传统到现代的转化过程，反映出传统同乡组织经过改造可以适应社会发展的需要，不仅有益于旅外同乡的利益自维，而

---

① 《商会与中国早期现代化》，第145页。

② 虞和平：《鸦片战争后通商口岸行会的近代化》，《历史研究》1991年第6期；《商会与中国早期现代化》，第160—162页。

且有利于旅居地及故乡的社会和经济发展。①

虞和平在商会与行会关系、同乡会转型等方面的细致研究，揭示了传统与现代之间的内在继承发展关系，也反驳了将中国传统简单、一概地视为现代化前行道路之障碍的观点。传统与现代化并非格格不入，更不是互相对立的。事实上，现代化不可能脱离传统另外搞一套，现代对传统的关系是既有继承，又有批判。20世纪六七十年代，"亚洲四小龙"的经济腾飞，引发人们对东亚传统儒家文化与现代化之间关系的浓厚兴趣。这也在一定程度上表明，传统的儒家文化经过调试和改造，是可以适应与促进现代化的。

第四，宽广的学术视野。虞和平不仅全方位研究了商会的组织结构、功能作用、政治参与等，还从商会看社会，运用现代化理论全面阐发了商会在中国早期现代化中的作用，构建了现代化视角在商会研究中的重要地位。尤其值得一提的是，虞和平的商会研究，一开始就采用了一种世界性的眼光。

虞和平关注中外商会交往与中国商会诞生后登上国际舞台的风采。他的研究涉及中外商会的经济合作、商人外交等。早在1988年，他就在《近代史研究》发表《论清末民初中美商会的互访和合作》一文，考察了1910年美国商会访华的动机、主要活动和影响，及1915年中国商会代表团回访的情况。他指出："中美商会的互访和合作活动，从主观上来说是一种推进两国经济交往、互谋利益的活动，而且有某种在法律条例上寻求平等互利的意向。"但是，由于中国的国际地位，以及中国商人缺少足够的经济力量和相应的经营能力，在合作中难以实现自己的愿望和利益。②应当说，这是一种较为客观中肯、实事求是的评价，基本摆脱了单纯政治因素的影响，纠正了一味谴责美国对中国推行"门户开放、经济扩张"政策的认识，走在了时代前列，难能可贵。

同时，虞和平还关注西方因素对中国资产阶级组织形态的影响。西方资本主义国家入侵中国后，一方面使中国陷入民族危机，一方面也给中国带来了资本主义的生产方式和社会组织模式。中国的传统商人为应对外资

---

① 虞和平：《清末以后城市同乡组织形态的现代化——以宁波旅沪同乡组织为中心》，《中国经济史研究》1998年第3期。

② 虞和平：《论清末民初中美商会的互访和合作》，《近代史研究》1988年第3期。

的侵略和挑战，维持自身的经济地位与利益，不得不向西方学习，使自身及所在的组织日益现代化。① 这就是传统行会日益现代化、商会产生并联合成全国性组织的过程，也是中国资产阶级仿效与学习西方、同时与西方进行商战的过程。只有注意外来因素对中国商会与资本主义发展的多重影响，才能更好地揭示近代中国的特征。

总之，虞和平在现代化研究发轫期从事的商会与中国早期现代化研究，研究对象富有时代价值，研究方法极具创新意义，成功开创了现代化理论在商会研究领域中的典范意义。他的研究成果，也得到了学界的充分肯定。1999 年，中宣部全国哲学社会科学规划领导小组组织评定"国家社科基金项目优秀成果"时，他的著作与章开沅、罗荣渠的著作同时获奖，成为迄今为止获得国家级奖项的最早的现代化史著作与唯一的商会史研究著作。

改革开放后在近代史研究的很多领域，国内学者都是在学习与追随西方。但在商会史领域，中国学者处于领先地位。在中国大陆学者诸多专著问世后，日本、美国和中国台湾、中国香港的学者才开始投入商会史研究。这其中便有虞和平长期从事商会研究的一份贡献。他 1976 年从北京大学毕业后进入近代史所工作，即以民国初年的社会经济史和商会史为研究方向，广泛收集资料。近代史所具有非常优良的学风，注重史料的全面占有、精心研读与恰当运用。在樊百川、王庆成等前辈学者的指点下，虞和平在改革开放初期便迅速进入学术研究的正轨并崭露头角。可以说，出版于 1993 年的《商会与中国早期现代化》，实际上是他 17 年辛勤研究成果的积累，扎实的史料与宏大的理论构建相映生辉。这一研究所展现的重视实证、讲究理论，追求创新的学术性格，是他在北京大学、中国社会科学院近代史所和华中师范大学学习与工作经历中博采众长的结果。

## 二　贯通：中国现代化的整体性研究

随着现代化研究在中国近现代史领域的崛起，从 20 世纪 90 年代开始，中国现代化史整体性研究的著作陆续出现，如张琢著《九死一生——中国

---

① 虞和平：《西方影响与中国资产阶级组织形态的近代化》，《中国经济史研究》1992 年第 2 期。

现代化的坎坷历程和中长期预测》①，许纪霖、陈达凯主编的《中国现代化史》② 等。2001 年，虞和平主编的共计 120 余万字的《中国现代化历程》三卷本，由江苏人民出版社出版。这套书在现代化理论视角下，全面梳理与阐发 1840 年鸦片战争发生到 2000 年改革开放进入新纪元共 160 年的中国现代化历史，内容丰富，视野开阔，成为中国现代化史的最优秀的著作之一。

《中国现代化历程》出版后，获得江苏省委宣传部和新闻出版局联合评定的"江苏省迎接党的十六大优秀出版物"一等奖、国家出版总署组织评定的"第六届国家图书奖"、中国社会科学院优秀科研成果奖、"第三届郭沫若中国历史学奖"二等奖。此书之所以能获得如此高的学术评价，不仅在于它是近现代史领域学有所成的专家们辛勤耕耘、通力合作之成果，还在于主编虞和平提出了明确的指导思想、合理的解释体系与完整的内容架构，较好地处理了现代化与反帝反封建、传统与现代、外因与内因、现代化解释体系与现代化道路选择等各种纷繁复杂的关系。

### （一）现代化与反帝反封建

在大多数人看来，现代化范式与革命范式处于两极对立状态，若使用了现代化理论，一般会对马克思主义理论持回避甚至批评态度。虞和平在其书的绪论部分介绍了国外的现代化理论后，专辟一节分析马克思的现代化思想。他创见性地提出：马克思的现代化思想"有的与现代化理论词异意合，有的为现代化理论所吸收，有的为现代化理论所不及"。在研究中国现代化的进程时，既要采用现代化理论的基本原理，如重视从传统农业社会向现代工业社会发展过程中经济上的工业化、政治上的民主化，同时也要以马克思的现代化思想，特别是关于西方资本主义扩散、殖民主义与落后国家的资本主义现代化关系、社会形态发展过程与现代化进程相结合的思想为指导。③ 虞和平积极运用西方现代化理论，同时十分重视吸收马克思现代化思想中的合理成分，显示了其宽广的学术胸襟。

中国的现代化，特别是早期现代化，具有特定含义，除了公认的工业

---

① 中国社会科学出版社 1992 年版。

② 上海三联书店 1995 年版。

③ 虞和平主编：《中国现代化历程·绪论》，江苏人民出版社 2001 年版，第 10、16 页。

化、民主化外，还有民族化，即反帝反封建、争取民族独立。这一点虞和平在《商会与中国早期现代化》一书中即已阐明，在本书中继续予以深化。实际上，争取民族独立是任何一个殖民地、半殖民地国家现代化不可或缺的核心内容。只有在国家取得独立后，才能建设成真正意义上的现代化国家。近代历史史实表明，中国的早期现代化在半殖民地半封建社会制度下展开，阻力很大。实现民族独立、改变社会制度，可以为实现现代化开辟出一条平坦的道路。虞和平将反帝反封建与现代化之间的关系概括为：反帝反封建既是现代化的一个组成部分和一种重要动力，又为现代化建设解决制度和道路问题扫清障碍。著名历史学家刘大年在晚年也认识到现代化的重要意义，指出：中国近代 110 年的历史基本问题是两个。一是民族不独立，要求在外国侵略压迫下解放出来；二是社会生产落后，要求工业化、近代化。两个问题内容不一样，又息息相关，不能分离。没有民族独立，不能实现近代化；没有近代化，政治、经济、文化永远落后，不能实现真正的民族独立。[①] 也就是说，民族独立与现代化是密不可分的。

可见，虞和平倡导的现代化研究，并非直接搬用西方现代化理论，而是与马克思主义现代化思想的合理成分，特别是与中国近代历史的自身特点相融合。从国内现代化研究的实际情形看，虽然包括虞和平在内的众多学者首先受到国外现代化研究理论的启发，但在运用时一般会进行"本土"改造，或糅合国外各种现代化理论中的适用部分，或把它与马克思主义的唯物史观与现代化思想相结合，或将其与中国近代以来的历史和现实相结合，或同时做到以上几点。正因为他们运用了富有中国特色的现代化研究方法，才创造出令人信服的有生命力的学术成果。这也正是现代化范式在 20 世纪 90 年代后越来越被广泛接受的原因所在。

### （二）传统与现代

中国是一个具有悠长历史的文明古国，传统文化的影响根深蒂固。传统是中国开始现代化进程的基础与前提，中国不可能完全抛弃传统迎接现代化。虞和平对各种传统因素对现代化的不同影响进行了分析。他提出，一般来说，在制度和意识形态方面，传统因素对民主化有较多的阻碍作

---

① 刘大年：《当前近代史研究的几个问题》，《刘大年集》，社会科学文献出版社 2000 年版，第 5—7 页。

用，基本上处于现代化的对立面。如君主专制与现代化是不相容的。在伦理道德和民族意识方面，传统因素对社会整合和国家独立既有不利的一面，也有可资借鉴的一面。如传统的"德政"和"仁、义、礼、智、信"观念，既是一种封建礼教，也对改善政治制度、协调人际关系、稳定社会有一定的借鉴意义；传统的"天下"意识，虽然是一种君临天下、夜郎自大的封建帝国观念，但是也由此形成了牢固的中华民族观念和凝聚力，成为近代以来反对帝国主义侵略和振兴中华的一股强大的精神动力。在经济思想和经济素质方面，则存在着对现代化的潜在适应性。如重农抑商意识和政策的缓慢变化、商品生产和市场交换的存在和逐渐扩大、商人和商人组织的发展和变异、手工业生产中的资本主义萌芽等，成为近代与破门而入的外国资本主义进行文明对接和产生资本主义的基础。①

可见，中国的传统资源非常深厚，传统因素对现代化有制约的一面，也有潜在适应的一面，必须用全面、辩证、动态的眼光予以审视。虞和平提出的对各种传统因素，特别是与现代化有关的因素或扬弃，或借鉴，或发扬的态度及其缘由，值得深入探究。如人力资源方面，中国劳动人口基数大，劳动者多具备吃苦耐劳的品格，是当代中国成为世界工厂的原因之一。他们的安土重迁与对更高经济生活的追求之间有着怎样的关联，农村劳动力走向城市的浪潮是怎样形成的，等等，均具有探索意义。

### （三）内因与外因

1840 年鸦片战争发生时，中国基本是一个传统农业社会。中国在外国资本主义的侵略和刺激下，被迫开始现代化历程。所谓的"师夷长技以制夷"，便是学习与仿效西方资本主义文明，抵制西方资本主义的侵略与压迫，这也构成了现代化的一个重要动力。显然，中国的早期现代化，并不是内部自发酝酿产生的，故被视为一种"外源性"现代化，罗荣渠称之为"传导性"现代化。② 这与费正清在研究近代西方与中国的关系时，概括出"冲击—反应"论相契合。

虞和平修正了罗荣渠等人的观点，提出了"传动性"现代化的概念。他认为，"传导"所包含的主要是外国现代社会因素的注入及其所引起的

① 《中国现代化历程·绪论》，第18页。
② 罗荣渠：《现代化新论：世界与中国的现代化进程》，第240页。

中国人的学习和仿效，而"传动"所指的除了"传导"所包含的这一层意义之外，还指中国人因外来的民族压迫而激起的谋求自强自立的动机。另外，"传导"含有长期的意思，而"传动"突出初期的促动意义。当中国自己产生了现代化的意识和行动之后，外国现代社会因素的促动作用就逐渐减少，日益转变为可资中国利用的外国资源，两者的关系也相应地从注入与学习、压迫与应对的不正常关系，逐渐朝着引进与应用、互动与互利的正常关系转变。[①] 因此，"传动性"现代化这一概念，更能突出中国现代化进程中的外因通过内因起作用和由被动向主动转变的特点。

实际上，外因与内因，又和传统与现代相联系。在外来刺激和内在机制的合力作用下，中国原有的经济、文化、社会到底经历了一个怎样的从传统到现代的转化过程？这就需要将传统与现代、内因与外因结合起来观察。传统过渡到现代化，或由外因单独引发，或由外因和内因共同促动，而过渡得是否顺利，又与外来因素与内在因素的力量变化、角力博弈等有关。

### （四）现代化的解释体系

现代化研究贯通了近代史、现代史和当代史，并把各个阶段中的政治、经济、外交、社会、文化等各方面的发展变化以现代化的主线融为一体，分析它们之间的互动关系，这样就突破了传统的以政治史为主线，辅之以经济史、文化史、外交史等的研究方式，淡化处理了鸦片战争、甲午战争、义和团运动等中国近代通史中原来重点描述的重大历史事件。现代化史研究，探索的是现代化内在与外在机制的运行，如现代化的领导力量和队伍结构，现代化的动力和阻力，现代化的国际国内环境，现代化的道路选择，等等，这些都是前所未有的新领域、新问题、新挑战。用现代化视角呈现鸦片战争以来的历史，无论从纵向上还是横向上，都展现了与以往革命史叙事的不同风格和特点。

在对历史人物和事件的评价标准上，现代化研究也有了很大突破。以往突出人民性、革命性、爱国性和阶级性，现在兼顾现代性、科学性、合理性、先进性和世界性。如关于资本家改进企业管理制度和方式，以往的评判只是批评其加大了对工人的压迫和剥削，从而否定其应有的进步作

---

① 《中国现代化历程·绪论》，第19页。

用；现代化研究则从提高管理和生产效率的角度，肯定其先进性和合理性的一面。再如关于经营地主的问题，传统的评判标准只注意经营地主的增加意味着土地集中的加剧和贫雇农的增加，因而是地主阶级加大对农民阶级压迫剥削的表现；现代化研究则认为经营地主的雇工生产，不仅在生产方式上是农业资本主义化的一种表现，而且在生产力上它采用了较多的先进技术，提高了产量；同时，由于雇农有固定的生活和收入，其经济状况也不一定比佃农差。又如关于中国农副产品的出口问题，传统的评判标准只强调列强对中国的原料掠夺，使中国日益沦为西方资本主义国家的原料供给地，是中国经济殖民地化的表现；现代化研究则同时看到中国农副产品出口所引起的农业生产商品化与国际化，是中国经济发展的一种外部条件，它刺激了农业生产的改良和发展。① 可见，现代化研究带来的分析角度的转变和视野的更新，促成了中国历史学研究方法的新进展，有利于更为全面地看待与评价近代史上的各种事物。

### （五）现代化道路选择

　　虞和平将中国经历的现代化历程归纳为三种道路：1949 年前的早期现代化（即资本主义现代化）、1949 年到 1978 年的经典社会主义现代化和 1978 年改革开放以来的有中国特色的社会主义现代化。中国现代化进程之所以缓慢而多曲折的原因，学界曾有多种分析，如技术落后、资金短缺、人口过多。虞和平认为，这些原因都是次生和次要的，最根本的原因则是制度和道路的问题。由于制度和道路问题长期未能全面而正确地解决，从而不能合理、有效和充分地利用国外和国内的现代化资源。1949年之前中国的早期现代化带有很大的被迫性，国家未曾独立。1949 年中华人民共和国的成立，虽然使制度和道路问题得到了一次根本性的变革，也使中国的现代化从资本主义道路转入社会主义道路，但是仍然存在着各种体制内的问题；加之国际冷战和国内政策失误的影响，使国外现代化资源的利用严重受阻，国内现代化资源的利用也受到不同程度的限制。直至1978 年改革开放后，随着有中国特色社会主义制度的逐步建立及其道路的不断开拓，中国的现代化才得以充分利用国外和国内的现代化资源，进

---

① 虞和平：《中国现代化研究的解释体系和内容结构》，《广东社会科学》2003 年第 2 期。

入快速而健康的发展阶段。① 可见，只有拥有合理的制度和道路，现代化的进程才会顺利推进。

### （六）现代化史的研究对象

在虞和平的《中国现代化历程》出版后不久，国内外的有些学者提出了现代化研究范式"过时"论，其主要理由是认为现代化研究对象的非普遍性和不确定性。所谓非普遍性，即批评现代化研究范式中的现代化以工业化为核心指标，但是世界上有些国家和地区可以不通过工业化而实现现代化，因此其研究对象没有普遍意义。所谓不确定性，即批评现代化研究范式中的"现代"是一个时间概念，它不仅存在于当下，而且将永远存在于未来，这种与时俱进的"现代化"也将永远持续下去，而现在所谓的现代化研究范式显然不能适用于未来无止境的现代化，因此现在的现代化研究的时代性和现代性是无法界定的，进而言之现代化研究的对象也是不明确和不确定的。对此，虞和平于2004年发表了《关于中国现代化史研究的新思考》一文②，认为这些质疑都有一定的道理，是今后现代化史研究需要进一步思考的问题，但是不足以否定现代化史研究的必要性和科学性，并做出了颇有启发性的解释。

对于第一个质疑，虞和平用现代化的全人类性予以解释。他认为现代化是一种全人类的现象，是人类社会发展中的一个阶段。虽然有些国家和地区主要不是通过工业化而是通过资源输出，或发展旅游和第三产业使其人民生活实现现代化，但是这只是极少数的小国家，而且归根结底也是依赖于工业化的。如果没有其他国家的工业化和这些所谓非工业化国家自身的一定程度的工业化，那么有谁去购买它的资源，又有谁去它那里旅游、购物？它又将如何开发大量而优质的资源，又将如何提供可供人们享受的高档旅游设施和可供人们采购的丰富物品？因此，从现代化的大概念来说，工业化作为现代化的核心内容是无可置疑的。

对于第二个质疑，虞和平提出现代化史研究的具体对象是工业社会。他认为，现代化研究范式中的"现代"不是一个永恒存在的时间概念上的现代，而是一个社会生产方式发展过程中的一个时代概念，即工业社会

① 《中国现代化历程·绪论》，第21页。
② 《史学月刊》2004年第6期。

时代。从社会生产的角度来说，迄今为止，人类社会所经历的历史时代，可以分为采猎社会、农牧社会、工业社会三个时代，至于工业社会以后的社会是什么社会，则尚不可知。现代化研究以工业化为核心内容，包含工业化所带来的各种社会变迁，也就是整个工业社会产生、形成、发展的过程；现代化概念中的"现代性"就是工业社会的各种特性，其"时代性"也就是整个工业社会的时代，只要工业社会存在，现代化的概念也就有存在的价值。如此，则现代化史的研究对象就清晰可见了。

此外，虞和平还致力于中国现代化史的学科建设。他以自己的中国现代化史研究为基础，整合近代史研究所的现代化史研究力量，于2004年经国务院学位委员会批准，在中国社会科学院研究生院博士学位授权一级学科范围内自主设置学科中，将中国现代化史增设为二级学科硕士点，2007年又被升级为二级学科博士点。这意味着中国现代化史已从一个研究领域发展成为一个正式学科，并第一次成为一个博士点，虞和平则成为该博士点的第一位博士生导师。现在，虞和平因为年龄原因，已停止了这一博士点的招生，这一博士点也自行撤销。但是这一学科仍存在于在近代史研究所，并于最近成为中国社会科学院创新工程中的一个创新学科。

总之，《中国现代化历程》的出版与获得的肯定，及其所带动中国现代化史硕士点和博士点的设立，标志着从现代化的角度撰写与认知中国近现代史的尝试获得了成功。对虞和平而言，此书是继《商会与中国早期现代化》之后，经过8年沉淀积累而成的融会贯通之作。他对中国现代化的总体把握，对传统与现代关系的认识，对西方理论与中国历史学方法的结合运用，等等，都进入了一个新的层面。

## 三 超越:跳出现代化研究现代化

学者在从事学术研究时，往往希望能达到进得去、出得来的境界。起初进入一个选题时，下足功夫，锲而不舍，积累到一定程度后就会有豁然开朗的感觉。纵观虞和平在2000年之后的现代化研究，可以发现其研究在多个领域开花结果，包括商人外交，张謇、严复等精英人物与中国早期现代化，近代经济史的总体认识与创新研究等诸方面。他不断更新研究视角与方法，参与现代化研究之中，又超乎现代化研究之外。

商人外交，是虞和平在从事商会与早期现代化研究时就已经涉及的主题，当时重在探讨中美商会之间的交往与经济合作。此后，虞和平对这一问题不断进行深入探索，近代商人究竟是如何参与政治的，特别是商人在近代中国政治制度和政治状况的发展变化中，发挥了怎样的历史性作用？从商人外交的角度切入，不失为一个操作性强的理想选择。2000 年，虞和平在《五四运动与商人外交》一文中，明确提出商人外交的概念及含义。他认为，五四运动爆发时特殊的国际和国内环境，使商人的外交活动从萌芽阶段发展到成熟阶段，此后，商人的外交意识进一步增强，从谋求自身的国际商务合作和作为政府的外交后援，逐步发展为自主开展外交斗争、获取中国应有的国际待遇。[①]

2002 年，虞和平开始从事国家社科基金重点项目"商人外交与近代中国的殖民地化与反殖民地化"，通过考察近代中国与日本、美国、英国等国之间商人自己组织的外交活动，分析在近代中国的殖民地化和反殖民地化过程中，中外资产阶级充当的角色和发挥的作用。以往的外交史研究，重在政府层面的外交，忽视民间外交，重视外交中的政治主题，忽视经济主题。研究商人外交，可以发现近代中国外交史、经济史领域原本被遮蔽的问题，考察中国商人的外交观念、外交活动和外交能力，展现中国商人在争取民族经济发展、寻求自身发展机遇和提高国际经济地位中发挥的作用。目前，这一研究成果虽尚未出版专著，但从虞和平及其团队成员近年来发表的论著中，可见其研究的新进展。

其一是关于商会和其他商人团体外交活动的新研究。承继前期的商会与商人外交研究，虞和平与贾中福于 2004 年发表《中国商会代表团参加太平洋商务会议述论》一文[②]，考察分析了中国商会代表团通过参加太平洋商务会议而开展的商人外交的新发展。虞和平又于 2010 年发表《吴锦堂与民国初年的中日商人外交》一文[③]，考察了日本华侨领袖吴锦堂组织日本实业协会及其开展中日外交活动的状况，并分析其力图促进中日两国工商界的友好关系和经济合作的商人外交意义。

其二是关于中国参与世界博览会与商人外交的研究。中国学者对近代中国参与世界博览会的研究，自上海世博会筹办之时开始兴起，大多以考

---

① 虞和平：《五四运动与商人外交》，《近代史研究》2000 年第 2 期。

② 《史学月刊》2004 年第 7 期。

③ 《宁波大学学报》2010 年第 5 期。

察和研究近代中国对世博会的认识和参与状况及其经济影响为主。虞和平则独辟蹊径，从商人外交的角度进行研究，于 2010 年发表《早期世界博览会与清末民初商人外交的兴起》一文①，提出世博会不仅具有一般的外交功能，而且具有民间经济外交功能。近代中国在参加世博会的过程中，不仅逐渐认知了世博会的这一功能，而且逐渐付诸实践，并由民间经济外交而引发出商人外交，使世博会日益成为近代中国商人外交进步的一个重要载体和助力。

此外，虞和平指导的博士生贾中福，于 2008 年出版由博士学位论文基础上修改而成的专著《中美商人团体与近代国民外交》②。2018 年，于文浩的博士后研究报告《民国初期的中日民间经济外交：以商人组织为主体的历史考察》由中国社会科学出版社出版。

虞和平及其团队对于近代商人外交的研究，不仅具有学术创新价值，而且富有时代意义。随着中国经济的迅猛发展和国际化程度的提高，现在的中国商人已经走向世界各国，大量从事经贸活动。在更为激烈的全球经济竞争状态下，如何发挥工商界的民间经济外交作用，如何减少国与国之间的经济摩擦，获得双赢，成为越来越重要的问题。鉴往知来，读史明理，可以说近代商人外交研究正当其时。

张謇是中国近代的一个非凡人物，虞和平有关张謇与中国早期现代化的研究也颇有心得，他将张謇视为"中国早期现代化的前驱"。为什么是"前驱"呢？因为张謇的思想与行动，较好地反映了近代中国开始从传统向现代社会转型过程中的过渡性质。他的身上，既有现代社会的因素，又有传统社会的烙印；从他的言行中，既可以看到许多发前人所未发、做前人所未做的革新开拓之处，也可以看到一些改末保本、循序渐进的因循守旧之处；在他的社会实践中，既取得过成功的业绩，也免不了失败的悲剧。张謇的一生，经历过晚清状元、改革思想家、资本主义企业家、新式教育家、公益活动家和政府官员等职业生涯，把各种角色及其资源融为一体，把一些传统思想运用于自己的各项建设事业。尤其值得一提的是，他创办的各种企业虽然离不开盈利，但其最终目的并不在盈利，而是为了利国福民。他把经营企业的盈利所得大量投资于教育和公共福利事业，充分

---

① 《史林》2010 年第 4 期。

② 中国社会科学出版社 2008 年版。

发扬了"以天下为己任"的传统思想。他在创办第一个企业大生纱厂时，即名之为大生，取儒家所谓的"天地之大德曰生"的含义。① 由此可见，张謇的经历与言行不仅反映了时代的巨变，还表现了其个人的现代化素质和贡献。

以往对张謇的研究，多采用一分为二的观点，肯定其在经济和社会活动方面的进步意义，批判其在经营管理中的封建主义、家族主义，政治活动中的改良主义等。随着时事变迁，对其的肯定有所扩大、深入。但是，对于历史人物的评论，事实上并不应纠缠于确定其究竟有"几分功绩几分过错"，而在于运用历史的尺度，把他放到当时的历史阶段和历史环境中加以考察，把握他最主要的历史贡献和影响，并以此界定其在历史发展过程中的地位和作用。因此，虞和平将张謇放在中国早期现代化的过程中予以观照，是一种值得关注与肯定的研究视角。正如胡适所说，张謇做了30年的开路先锋，独立开辟了无数新路，造福于一方。所谓开路先锋，所谓独辟新路，即是指其在中国社会由传统向现代转型过程中的领袖作用。唯有如此，才能超越原先对张謇实业救国、教育救国的认识，探究他整个的社会革新努力，评价他所创造的"南通模式"在中国早期现代化中的示范意义。近一个世纪过去，南通模式所展现的首先奠定区域现代化的经济基础，然后以教育提升区域民众的整体素质，进而发展交通、促进福利公益事业来改善生态与人文环境，体现出循序渐进和全面发展的特点，对当今的中国现代化进程仍有启发性。

虞和平在21世纪的另一项重要学术成果，是撰写了70万字的专著《20世纪的中国——中国走向现代化的历程》（经济卷上册1900—1949）②，对20世纪上半期的经济史进行重新梳理与整体阐释。虞和平所在的中国社会科学院近代史研究所，是国内研究中国近现代史的重镇。虞和平多年承担近代史学科研究综述的撰写，对于包括经济史在内的整个学科的研究动态、方法变迁了然于胸。他高屋建瓴地构建了1900—1949年的经济史，在充分掌握前人研究成果的基础上，有所继承，有所开拓。

具体而言，此书的学术贡献主要体现在三个方面。

① 虞和平主编：《张謇——中国早期现代化的前驱》，吉林文史出版社2004年版，"序"，第3、6页。

② 人民出版社2010年版。

　　第一，重视整体研究。纵向上注意各个时段新生经济因素的产生、发展，揭示每个时段的特征所在；横向上注意各种经济部门和经济成分的构成变动，择要分析企业构成、资本构成、产值构成、地区构成，并阐释彼此之间的联系与互动，主要体现在农业、工业与外贸之间，工业、商业与金融业之间，工业、商业、交通与外贸之间。

　　第二，体现早期现代化线索。虞和平根据长期从事现代化研究的经验，概括出20世纪上半期中国经济现代化过程中五个方面的动力因素和制约因素：一是政治因素，如清末新政、辛亥革命、抗日战争、新民主主义革命对经济现代化进展及其模式变化的推动作用；二是制度和政策因素，如清末时期、民国初期、南京国民政府时期、抗战时期、解放战争时期、革命根据地的政府经济管理体制和政策调整，及其对经济现代化进程的正反双向作用；三是技术因素，除了在农业和手工业的有关章节中，陈述其生产中采用现代技术的情况外，还有专章论述工农业生产技术和经济理论的引进与应用及其局限性；四是社会因素，如实业救国思潮、收回利权运动、资产阶级队伍构成、社会各界的经济社团活动，都从经济现代化启动中社会动员的角度加以考察；五是外部因素，主要考察了外资在华投资开设企业和中外贸易变动的状态，并分析其对中国经济现代化进程的主观上抑制和客观上促进的双重影响。[1] 其中如制度和政策因素、技术因素（经济发展中的科学技术问题）等，以往的经济史研究较少关注。这些视角的引入，丰富了经济史研究的内涵，将这一时期的经济史与政治变迁、技术革新，以及波澜壮阔的时代背景紧密结合。再如，针对以往的乡村建设运动多从思想史、文化史和政治史的角度进行研究，虞和平在此书中从社会经济史和现代化史的角度，考察乡村建设运动对乡村政治进行的自治化和民主化的制度改革，对农业经济推行企业化和市场化的股份制合作社建设，对农民素质实施知识化和文明化的普及教育，从而显示了一种农村改造的现代性模式。[2]

　　第三，采用量化分析，纠正以往研究中的偏差与错误。经济史研究既

---

① 虞和平：《20世纪的中国——走向现代化的历程（经济卷1900—1949）》，"前言"，第50—51页。

② 虞和平：《20世纪的中国——走向现代化的历程（经济卷1900—1949）》，第370—371页。

应有定性描述，也应有定量分析。虞和平一直重视经济数据的运用与分析，在《商会与中国早期现代化》研究中就曾专辟一节，具体评估中国早期现代化的程度。在此书中，他对抗战后国家资本的膨胀及垄断再研究，最为精彩，创见性地指出国家资本的垄断是相对的和畸形的，垄断的强化也是不平衡的。

可见，虞和平的这一专著，较之以往的近代经济史著作，体现了与时俱进的特点。既从现代化的视角，注意新经济因素的产生、发展、变化及其原因，细致展现中国经济从传统到现代的具体演变过程，还在吸收和借鉴既有研究成果的同时，与之积极对话，重视数据辨析、更新研究视角，形成了新的问题意识和结论。商人外交与 20 世纪上半期的经济史研究，都表明虞和平一方面仍在运用现代化范式认识历史，另一方面又以超越现代化范式的眼光观照自己的研究。

需要指出的是，现代化理论与西方国家的现代化进程密切相关，是西方国家现代化历史经验的理论总结。中国的现代化研究在 20 世纪 80 年代中后期开始影响日益增大，也与改革开放后中国现代化的快速发展有关。对中国来说，现代化不仅是中国近代以来所追求的主要目标，而且也是改革开放以来及未来较长时期内的目标。历史学者有责任去研究和总结中国与世界现代化曾经经历的风霜雪雨，现在面临的问题与挑战。

纵观虞和平近 30 年的现代化研究，可发现他的研究扎根于中国近现代史实和国情，与时代主题的变迁密切相关，同时注意和借鉴现代化理论与社会学、经济学、法学等社会科学理论，并以马克思主义的现代化思想和中国国情对西方的现代化理论进行中国化的改造，构建中国现代化史的基本理论框架，力图将研究方法与研究内容有机结合，对中国现代化史做出有中国特色的解释。从商会专题研究到以现代化视角撰写近 160 年来的通史，再到商人外交、张謇研究与近代经济史体系的重新构建，无不体现出上述追求与努力，展现出他广阔的学术视野与敏锐的学术眼光，以及深入解读史料的能力与较强的理论思辨力。正因为如此，虞和平在现代化领域中取得的丰硕成果，饱含着对中国现代化历程的深切关怀，得到了学术界的广泛认可，在中国现代化研究中占有不可忽视的一席之地。

（吴敏超，中国社会科学院近代史研究所副研究员）

# 我与清末立宪史研究

## 侯宜杰

### 一

1964 年，我毕业于山东大学历史系，到马列主义研究院工作。到院不久，业务尚未开展，即下乡搞了一期农村"四清"（社会主义教育运动）。接着又搞了一期城市"四清"。城市"四清"尚未结束，又回院参加"文化大革命"。1968 年研究院解散后，我的工作不断变动，一直生活在动荡不安之中。"文化大革命"结束，我曾在中央机关工作，但我喜欢学术研究，1979 年底调入中国人民大学清史研究所，开始了从事中国近代史研究的学术生涯。

1981 年中国人民大学召开纪念辛亥革命 70 周年学术讨论会，号召大家写文章。我尚未接触这个课题，不知写什么好。听说立宪运动有些争论，引起我的兴趣，便匆忙搜集了一点资料，赶写出《君主立宪派反动论商榷》，去滥竽充数。后来，我山东大学的老师葛懋春先生（当时兼任齐鲁书社出版的《历史论丛》编辑）来京，问我有何文章，我就把《君主立宪派反动论商榷》交他请教。他回到山东来信说，该文很有见地，便在 1983 年 4 月出版的《历史论丛》第 4 期上发表出来。

同年 5 月，我调到中国社会科学院近代史研究所《近代史研究》杂志工作。考虑到《君主立宪派反动论商榷》是在很短时间内写就的，阅读的资料极其有限，而且与传统观点相左，心中常有忐忑不安之感。为了检验自己的看法是否正确，以后就查阅有关资料，资料搜集得愈多，我的信心愈益坚定，与这个研究方向结下不解之缘。

立宪运动和清政府的预备立宪是同一问题的两个不同方面，也是清末政治上持续最久、影响最大的事件，既关系到当时政治制度和其他制度的改革，人民思想意识的变化，又关系到清王朝的衰亡，辛亥革命的爆发与成败，甚至民国初年的政局。研究清末的历史，不能不注重于此。而在20世纪70年代以前，极少有人研究，且基本持否定态度。1981年以后开始出现具有学术价值的论作，然而仅仅是个良好开端。台湾学者在立宪运动的某些问题研究上成绩斐然，可是范围有限。至于对立宪运动的评估，史学界更是众说纷纭，见仁见智，莫衷一是。这种情况令人感到遗憾，同时又给人一种前去探索的鼓舞。在这种鼓舞下，我下了十年的功夫，终于撰写出《二十世纪初中国政治改革风潮——清末立宪运动史》这部40余万字的专著。

## 二

在研究工作中，我最重视的是掌握第一手史料，绝对不随便转抄二手史料或论著中的说法。对此，我有过教训和深切体会。在撰写第一部著作《袁世凯一生》时，为了省力气，有两个问题沿用了以往论著中的说法，一是1895年袁世凯进京引见的时间，二是1908年杨度到宪政编查馆担任的职务，均为极其一般的问题，我认为不会出偏差，就采用了。后来一查史料，发现全错了。这使我震惊异常，怎么如此简单的问题许多人都搞错？小事如此，大事可知。从此我就十分小心谨慎，再也不敢轻信"天下士"了，阅读论著，便"怀疑一切"，对别人引用的史料也要查找原书核对。经过多次查核，果然发现许多人为了证实自己的观点，在引用史料时不惜掐头去尾，断章取义，歪曲原意。这更让我坚定了必须亲自掌握第一手史料的信念，只有在无法找到原文的个别情况下，才将引用的二手史料注明引自何处。

史料是研究的坚实基础和起点，也是历史唯物主义的基本要求。史料搜集得愈多愈扎实，历史事实就显得愈清楚愈真实愈全面，写出来的论著就愈少硬伤和片面性。这是一件极其艰辛的事情，没有坚强的毅力和甘坐冷板凳的决心是万难做到的。

我从事立宪运动史研究之前，相关的史料只有1979年中华书局出版的《清末筹备立宪档案史料》一种（上下两册，83万字），另外中国史学会主编的《中国近代史资料丛刊·辛亥革命（四）》收录了一小部分，根本不敷应用。近代史研究所的资料是非常丰富的，但我刚调进所里，不知从何处着手，开始只好盲人瞎马乱找一气。后来我决心下苦功广泛搜集，将所内的档案和辛亥革命以前的报刊逐一查阅，以防遗漏。由于档案和报刊不能借出，我便天天坐在图书馆和档案室里查阅，用了6年时间，方才查完，将有用的史料摘抄下来；另外还阅读了大量相关的文献资料，包括稿本、信函、日记、笔记、年谱、文集等。另外还到中国第一历史档案馆查阅了未刊的档案，到北京图书馆（现国家图书馆）、北京大学图书馆和外省市查阅了部分档案和报刊。到底查阅了多少资料，已无法统计，仅在书中征引的就有当时的期刊48种，报纸31种，图书200余种，还有中国第一历史档案馆和所内的档案。

历史是客观存在，史学工作者的任务就是搞清历史事实，至少做到接近历史真实。而要做到这一点，首先需要对搜集的史料加以整理归纳，爬梳排比，分别主次。由于对于同一问题多有不同的记载，还必须运用缜密的治学方法，进行认真考证辨析，去伪存真。只有这样，才能纠正舛错，还原历史的真实。这方面的功夫不到也是不行的。

例如，中国历史学会主编的丛刊《辛亥革命》（四）中，收有一篇《出使各国大臣奏请宣布立宪折》，署名载泽等，常为学者所引用。我看后即很怀疑，因为晚清的"出使各国大臣"相当于其他国家的驻外公使，在中国一般也称"驻某国钦使"或"星使"；而载泽等出国考察时的临时职衔则为"出使各国考察政治大臣"，二者根本不是一码事。于是我查找此折的出处，见其录自《东方杂志》的临时增刊《宪政初纲》；再查《宪政初纲》，原编者在标题下未署名，方知署名"载泽等"是《辛亥革命》（四）的编者加上去的。再后来发现康继祖编的《豫备立宪意见书》也收有一篇《出使各国大臣会衔奏请宣布立宪折》，文字与前两篇一致，唯在折尾"谨奏"二字之前，有这样几句话："此折系臣诚、臣大燮公商主稿，会同臣某某等办理，合并声明。"至此，问题十分清楚了，原来奏折是由出使美国大臣梁诚和新任出使英国大臣汪大燮"公商主稿"，会同其他出使大臣上奏的，这与标题中的"出使各国大臣"身份完全符合，此折才是真正的奏折全文。不知何故，《宪政初纲》的编者收进时独独把这几句叙明上奏者身份的至关紧要的话删掉了。而《辛亥革命》（四）的编者又将"出使各国大臣"与"出使各国考察政治大臣"混为一谈，添加上署名"载泽等",造成了张冠李戴的错误。经过如此一番考辨,终于澄清了事实,避免了差错。

又如,徐特立"断指血书"一事,徐老及史学家的记述互相歧异。有的说写的是"请开国会",有的说写的是"驱除鞑虏,恢复中华"。在时间上,有的说是 1906 年,有的说在 1907 年,有的说是 1909 年,但此说未指出具体时间,更奇怪的是,又相信别人的 1906 年之说,陷于自我矛盾之中。在动机上,有的说"是借以激励学生反对帝国主义的侵略",有的说:"以示反抗帝国主义和清朝政府压迫的决心。"然而上述说法都不完全符合事实。根据我查到的 1909 年 12 月《时报》《申报》等媒体对此事的报道和张謇当时的记载,完全可以肯定,徐特立断指血书在 1909 年 12 月 8 日,血书为"请开国会,断指送行"八个字,当日交由湖南的国会请愿代表罗杰、刘善渥带往上海。

再如,1910 年第二次国会请愿时直隶的签名人数,《大公报》报道,3 月 30 日同志会事务所报告,已达 20 余万。不少报纸加以转载。在此后的一段时期内,签名仍在继续,人数还要增加。我在中国第一历史档案馆查到了直隶绅民签名簿三册,题为《国会请愿绅民衔名册》,其中一册有一份《国会请愿书》,标明的时间为宣统二年四月。由此可见,签名簿是第二次国会请愿时附呈的。统计在三册签名簿上签名的,共有 72 个府厅州县(其中赤峰县、磁县不为《清史稿·地理志》所载,另有两处未写明州县),25051 名群众。但签名簿并不完整,它是按照《周易》乾卦卦辞"元、亨、利、贞"的数序排列的,现存的只有"元""亨""贞"册,显然缺"利"册,此其一。其二,据《大公报》报道,有几个州县都选派了代表到天津,但这些州县在签名簿中均无反映。签名簿既不完整,所载府厅州县和人数自然少于实际数字。继而我查了《清史稿》的"地理志",直隶所辖行政区域除京师外,有 11 府,7 直隶州,3 直隶厅,144 个(散)州(散)厅县。而签名簿中却只有 3 府,约占 27%;4 直隶州,约占 57%;1 直隶厅,约占 33%;60 州厅县,再加不为《地理志》所载的赤峰、磁县及两个未写明的州县,约占全部州厅县的 44% 强。直隶的发动工作是做得比较好的,假若各府厅州县均已签名,按照签名簿的平均人数推算,全省签名人数约有 6 万。这个数字基本上接近事实。7 月 1 日的《大公报》就不再坚持 20 余万的说法,而是说"达数万余人"。

其他例子就不多举了。

# 三

在搜集整理归纳史料的同时，自然也进行思考。随着史料的增多，思考渐趋成熟，从 1986 年起，我陆续发表了十几篇有关的文章。主要有：《杨度二题》（《近代史研究》1986 年第 6 期），《清末预备立宪时期的杨度》（《近代史研究》1988 年第 1 期），《徐特立"断指血书"事考》（署名伊杰，《近代史研究》1989 年第 1 期），《〈出使各国大臣奏请立宪折〉非载泽等所上》（署名伊杰，《社会科学研究》1989 年第 2 期），《五大臣出洋考察政治的动因及其演变过程》（署名伊杰，《近代史研究》1989 年第 3 期），《首倡君主立宪者之我见》（《文史哲》1989 年第 5 期），《清朝官吏中主张君主立宪的第一人是谁》（署名伊杰，《历史教学》1989 年第 11 期），《辛亥前梁启超与革命派的矛盾》（《益阳师专学报》1990 年第 1—2 期），《论清末立宪运动的进步作用》（《近代史研究》1991 年第 3 期），《预备立宪失败的原因》（《史学月刊》1991 年第 4 期），《清末合法政党宪友会的成立》（《社会科学战线》1991 年第 4 期），《预备立宪是中国政治制度近代化的开端》（《历史档案》1991 年第 4 期），《关于立宪派在辛亥革命中的三个问题》（《社会科学研究》1991 年第 5 期），《革命派反对在中国实行君主立宪理论之评议》（《史学集刊》1992 年第 2 期），《论立宪派与革命派的阶级基础》（《近代史研究》1992 年第 3 期）。

以上论文为我撰写专著做了充分的准备，打下了坚实的基础。

# 四

如何方能写出良史？唐代的刘知几认为，作者必须具备"三长"——史才、史学、史识。并强调作者应有良好的个人品德和职业操守，说："正直者，人之所贵，而君子之德也。""良史以实录、直书为贵"，必须"直笔"，"不掩恶，不虚美"。清代的章学诚进一步明确提出史学家必须具备"史德"，即"著书者之心术也"。梁启超后来又把史德提到史学家应具备的四种资格之首，解释史德"乃是对于过去毫不偏私，善恶褒贬，务求公正。"并说："我以为史家第一件道德，莫过于忠实，即对于所叙的史迹，纯采客观的态度，不丝毫参以自己意见便是。"历史贵在真实，真实是史书的生命所在。史学家必须以客观、公正、不偏不倚的态度，把历史真相如实地记述下来，不能按照权贵的意志和个人的好恶而任意褒贬扬弃。如果不具备"秉笔直书"的史德，心术不正，缺少良知，歪曲史料，夸功掩过，捏造事实，随意杜撰，即使学问渊博，观察力敏锐，写作能力高超，也无法写出良史、信史，只能写出秽史、伪史。

我撰写《二十世纪初中国政治改革风潮——清末立宪运动史》，就严格遵守一个学者所必具的良知和道德底线。在主观上力求做到理性客观，公正持平，尊重历史实际，实事求是，摆事实，讲道理，史论结合，论证严密，学风严谨，持之有故，言之成理，不以派画线，不乱扣帽子、乱打棍子。

立宪运动与预备立宪时空交叉，错综复杂，涉及面极广。拙著出版之前，国内外尚无这一课题的系统著作问世，写作无从借鉴，要将全书的结构布局处理妥当，难度较大。在理清立宪运动与预备立宪的脉络之后，经过多次构思斟酌，我决定按照时间的先后顺序书写各个侧面和全过程，这样既能把运动的前因后果交代清楚，又能动态地描绘出运动的全貌。

研究立宪运动，首要的是必须搞清君主立宪的确切含义，否则便不能正确评判其是非得失。拙著在绪论中即指出，近代意义上的君主立宪制度是资产阶级民主政治的一种政体形式，系指资本主义国家的君主权力受到宪法限制，故亦称"有限君主制"。君主立宪与君主专制最根本的区别，就在于有无资本主义性质的宪法限制君权，保障人民的民主权利。在中国，1895年后方才出现君主立宪思想。其后康有为在戊戌变法时企图将君主立宪的政治主张付诸实践，结果因慈禧太后发动政变而失败。

正文详细地叙述了戊戌变法失败至辛亥革命期间立宪运动和预备立宪的全过程，包括立宪思潮兴起，立宪团体和政党，立宪派发动的历次运动，同清政府的斗争，同革命派的关系，在辛亥革命中的表现，清政府的各项宪政措施、心态及失败原因等。在叙述运动的经过时，我完全遵照历史唯物主义的原则，尊重历史事实，从史料出发，做到言必有据，让历史说话。其中记述了许多鲜为人知的重大史实，并纠正了以往论著中诸多谬误。

学术的生命在于创新，没有创新意的著作毫无学术价值。我在撰写论著之前，总要将前人有关的论著看看，了解哪些是前人未讲的，哪些是前人讲过的，讲得对不对，充分不充分；然后再根据自己掌握的史料，思考一下能否超越前人或纠正前人的讹误。创新的关键在于独立思考，精神自由，思想解放。我写论著，只论历史事实，不唯上，不唯书，不媚时，不趋势，决不盲从，亦不先入为主，随波逐流。认为正确的，就秉笔直书，坚持到底。

拙著提出了一些独到的新见解。

过去史学界认为立宪派和立宪运动是反动的，立足于批判，任意斥责谩骂。我的观点与此相反，予以肯定，但并非故意翻案。在我的意识中，史学研究并不存在什么"翻案"问题。因为历史问题根本不存在谁来定案，也无人能够定案，只不过大多数史学家对某一问题有共同的认识罢了。史学家根据掌握的史料以及思想认识，对历史事件和人物有不同乃至相反的观点并不奇怪，也是学术争鸣中的正常现象，无所谓翻案不翻案。

我考察了革命派与立宪派的关系，指出海外革命派同康有为和梁启超一派的关系比较紧张，矛盾的直接起因是在华侨中争夺群众、捐款、地盘和民主运动的领导权，此乃民族资产阶级内部两个不同政治派别间的宗派斗争。国内两派没有直接的利害冲突，同一地区的两派有各种关系和交往，故能和平相处，甚至互助合作。

关于革命派与立宪派的论战，以往的论著均肯定革命派对立宪派的批判，我认为他们论争的实质性问题只有一个，即将来采取什么形式组织政体和以什么手段达到目的。革命派主张以暴力手段推翻清廷，建立资产阶级共和国；立宪派主张实行和平的政治改革，建立资产阶级君主立宪国。论争的性质纯粹是两种救国道路、救国方法之争。同时分析了革命派在理论上反对实行君主立宪的五种观点，着重指出作为革命派最主要、最基本的观点，即不能拥戴"异族"君主实行立宪，是受狭隘的种族主义即排满思想的支配，是十分错误的。他们把满族看作外国人缺乏事实根据，指导思想是大汉族主义。他们的所谓民族主义不是对付外来侵略，而是排斥本国少数民族，实质上是国家分裂主义、民族分裂主义。消除满汉间的不平等现象关键在于彻底铲除封建专制制度。以往论者都宣称论争结束，革命派大获全胜，立宪派惨败。实际情形是，革命派固然力量有些发展，立宪派亦未失败，赢得很多同情支持者，以后国内立宪运动的蓬勃发展证明了这一点。

对于立宪运动的进步作用，我予以实事求是的评价：第一，宣传了爱国主义，激发了人民的爱国热情；第二，大大解放了人民的思想，提高了人民的民主主义觉悟，在规模、理论、成效、影响诸方面，远远超过戊戌维新；第三，推动了清政府预备立宪，促进了政治制度开始近代化；第四，为辛亥革命的爆发和胜利做出了重大贡献。

在考察了14个独立省区的情况之后，我认为立宪派在辛亥革命中的表现是比较好的。辛亥革命爆发以后，他们大力支援了首义地区武昌，推动了全国革命形势迅速高涨。他们在各省响应革命，纷纷谋取独立，扩大了革命阵营，壮大了革命声势，改变了敌我力量结构对比，孤立了清廷，加速了清王朝的崩解和灭亡。因此，完全有理由说，没有立宪派的响应和参加革命，便没有各省的独立，因而也就没有颠覆清廷，肇造中华民国的坚强基础，没有辛亥革命的胜利；辛亥革命是革命派和立宪派的联合行动，辛亥革命的胜利是两派的共同胜利。与此同时，通过史实和辨证，指出立宪派在辛亥革命中"投机""夺权""拆台""拥袁窃权"等传统观点，皆为不实之词。

传统的观点认为，19世纪末，资产阶级革命力量尚待形成，维新派是时代的先进者。此后尤其1905年同盟会成立以后，革命已经成为时代的潮流，只有革命派才是时代的先进者，只有他们的斗争才决定着时代的主要内容和发展方向。立宪运动对抗阻挡革命潮流，是反动的。

这种观点以革命派为中心立论，根本没有搞清什么是时代潮流，所论极其片面。所谓"潮流"，是比喻时代或社会发展的趋势。我引用列宁在《打着别人的旗帜》中的精辟论断强调指出，资产阶级的上升时期就是"资产阶级民主运动"的时代，资产阶级是推动社会进步的主要动力。这个时代是"民主运动"，而不仅仅是革命；时代的中心是"阶级"，而不是某一阶层或政治派别。事实上也是如此。"有各种各样的资产阶级民主制度"，有德国式的、英国式的、奥地利式的，也有美国和瑞士式的，应该看到"民主主义的这种程度上的差别"。也应看到"有各种各样的资产阶级民主派"，如俄国的君主立宪派。因此，凡是反对封建专制、争取民主政治的一切运动，不论采取什么斗争手段，暴力的、和平的，合法的、非法的，也不论将来建立什么政体形式，民主共和，或者君主立宪，都属于"民主运动"；凡从事于这种斗争的阶级，都是"民主派""时代的中心"，决定着时代发展的主要方向，决不能认为只有武装革命才叫民主运动，只有革命派才是民主派。时代潮流是时代为人民规定的历史任务，不以某一新的政治派别甚至新的阶级出现为转移。20世纪初的中国，完全符合列宁的论述。其时中国的民族资产阶级正是新生的上升的阶级，中国人民所处的也恰恰是反帝反封建的民主运动时代。革命派旗帜鲜明地推翻封建专制，要求建立资产阶级共和国，进行的是民主运动，固然是民主派。然而并未改变民主运动的时代性质，换句话说，在反对封建专制、实行民主政治这个实质性问题上，革命派并未提出超越立宪派的政治主张，开辟另一新的时代。立宪派也反对封建专制，要求建立资产阶级的君主立宪制国家，搞的也是民主运动，同样是民主派。所以说立宪运动非但不违背时代潮流，相反，正是时代潮流的不可分割的一个组成部分。清末的民主运动潮流就是由革命运动和立宪运动两大洪流汇合而成的。这两大洪流的流向是一致的，正如长江和黄河同发源于青藏高原、东流入海一样，根本不存在立宪运动逆革命运动而行的问题。民主运动本身便体现了时代的主要内容和发展方向，立宪派要达到的是革命的目的，要消除的仅是革命手段，并没有国际工人运动中资产阶级改良派的那种反动性，不能说是反动派。

衡量评判立宪派进步或反动，不能仅仅以其反对采取革命暴力为标准，而应看其根本宗旨是否与革命派一致，是否从事民主运动，反对封建专制，代表哪个阶级的利益，其政策和实践对社会有无贡献新的东西，对生产力起了束缚作用还是解放作用，对人民和历史的发展是有益还是有害。从阶级、政治、经济、思想文化诸方面全面分析考察，毫无疑义，立宪派和立宪运动不是反动的，而是进步的。

另外指出，认为立宪运动引导一部分人走上歧路，因而是反动的观点，同样不能成立，此乃哲学上的外因论。

过去史学界一般认为立宪派代表民族资产阶级上层，革命派代表中下层。我不赞成这个观点，提出了立宪派和革命派的阶级基础都是整个民族资产阶级的最新独到见解。

立宪派非常重视发展民族资本主义经济，把实业看成富国强兵的基础。他们要求政府彻底改变以商为贱的偏见和抑商政策，奖励保护工商业的发展。呼吁国民将全力倾注于实业，夺回利权，挽回国运。同时提出许多促进工商业发展的建议。他们极为看重资产阶级，将其视为全国的枢纽，社会的脊柱，人种的命脉。积极鼓励资产阶级参政，在国家政治生活中充分发挥作用，甚至主张资产阶级利用经济上的优势向政府夺取权力。这些言论说的都是民族资产阶级的肺腑之语，代表了整个民族资产阶级的经济利益和政治利益，绝非仅仅有利于民族资产阶级的上层，而不利于中下层。

民族资产阶级的阶层如何划分，没有一定的标准。不过，无论如何划分，上层都是极少数，直接参加立宪运动者更微不足道了。从事立宪运动的主要是中下层群众。上层人物固然反映本阶层的愿望，中下层群众同样反映本阶层的愿望，倘若立宪仅仅代表上层的利益，广大中下层群众是不会跟着上层人物跑的，响应立宪号召的就寥寥无几，根本不可能形成一个遍及全国的群众性政治运动了。再者，立宪运动的领导者及中坚力量都是资产阶级知识分子（包括少数资本家，但其知识结构也已资产阶级化），其经济地位不能同上层相比拟，绝不会只为上层人物着想，他们能够反映整个资产阶级的广义的根本利益。立宪派的阶级基础绝不仅仅是上层，而是整个民族资产阶级。

革命派的阶级基础也是整个民族资产阶级，不仅仅是其中下层。资产阶级革命"代表整个资产阶级的利益"。革命派与立宪派都反对帝国主义的侵略和封建主义的压迫，主张铲除封建专制制度，建立资产阶级民主政治，发展资本主义，根本宗旨相同。既然如此，两派所代表的阶级利益及其阶级基础就应该是完全相同的。正因你中有我、我中有你，根本分辨不清阶层的界限，才会有各阶层的人士分别加入两个派别，才会有某些地区两派人士的密切关系，才会有两派人士不断地向对方阵营转化，也才会有辛亥革命爆发前后出现的两派联合。否则，是难以解释清楚这些现象的。

同时指出，任何形式的资产阶级国家，不论民主程度高低，其实质都是资产阶级专政，其政权代表着整个资产阶级的利益。资产阶级的政体形式与其某一阶层没有直接必然的联系，不能认为某一形式是某一阶层利益的表征，例如说君主立宪代表上层的利益，民主共和代表中下层的利益。近现代的世界历史业已证实，美国、法国、瑞士模式的民主共和制度，从未仅仅代表资产阶级中下层的利益，英国、德国、日本模式的君主立宪制度，也从未仅仅代表资产阶级上层的利益。前者既不是中下层的唯一选择，后者也不是上层的唯一选择。因此，由政体形式而断言它代表资产阶级哪个阶层的利益和阶级基础，在理论上难以令人折服，在历史上也难以找到坚实的依据。

过去一些论著总宣称清政府的预备立宪是一个反动骗局，加以无情地批判。我认为评判是非功过，不应以什么人物领导和成败为准绳，而应看其是否为社会、为历史贡献了新的有益的东西。以此为准绳评价，应予基本肯定。

所谓预备立宪，就是做好正式立宪前的各项准备工作，或者说是由原有的封建专制政治制度向资产阶级君主立宪制度过渡的时期。诚然，清政府出台的方针政策和具体措施存在着许多缺陷，有的甚至违反立宪原则，最终导致了失败。但不可否认的是，预备立宪政治制度确实发生了明显的变化，成为中国政治制度近代化即资本主义化的开端。其事实表现有以下几个方面。

第一，制定宪法，否定了封建的无限君权制，确立了资产阶级的有限君权制和虚君共和制。

1908 年清政府颁布的《宪法大纲》，赋予君主统治国家的大权，后附臣民权利。虽然封建专制色彩极为浓厚，然而却对君主权力作了一些限制。君主要受宪法的约束，行使统治权力时要受到国家机关的制约，"以议院协赞立法，以政府辅弼行政，以法院遵律司法"，不能再随心所欲地发布命令。这是对专制时代无上无限君权的否定。有些论著往往根据"大清皇帝统治大清帝国，万世一系，永永尊戴"和"君上神圣尊严，不可侵犯"两条，认为《宪法大纲》纯属封建专制性质，其实类似的规定，在资本主义君主立宪国家几乎都有，因为这种国家都实行君主世袭制，君主为国家元首，势必让他处于特殊的尊贵地位。这种特殊的地位一方面是封建残余的表现，另一方面也可以说是由于其同意立宪、不负政治实际责任的代价换来的。《宪法大纲》赐予臣民的权利有限，可是言论、著作、出版、集会、结社、人身自由、私有财产及住所受到保护，总算作为人民应当享有的天然权利而被列入国家根本大法之中了，这也是同封建专制时代完全不同的地方。所以，《宪法大纲》不是纯粹专制主义性质的，而是已经具备了以宪法和法律限制君权的君主立宪制度最基本的特征，初步体现了资本主义国家宪法的主权在民原则、基本人权原则、法治原则、三权分立原则和保护私有财产的原则，是一部立法权属于议院和君主的二元制君主立宪的宪法大纲。

1911 年 10 月武昌起义以后，资政院拟订的《宪法重大信条十九条》彻底废除了君主权力，一切实际大权尽归国会，在实质上达到了与民主立宪同等的程度，是中国第一部真正的资产阶级宪法纲领，把预备立宪推到巅峰。只是由于为时已晚，统治者将预备立宪送进了坟墓。

第二，废除了封建的集权制，确立了资产阶级的分权与制衡原则。

过去国家一切大权集中于君主之手，地方大权集中于长官之手。1906年中央政治体制改革时，中央体制三权分立的原则确立下来。这种制度可以防止集权制下官员的专制和暴虐。至武昌起义前，中央的资政院、责任内阁、大理院，省谘议局和各埠高等审判庭，均已成立。地方官制也进行了改革，并试行地方自治。这些机构尽管多为过渡形态，但其性质和功能却有别于封建主义，具有资本主义近代化的特征。

有种观点认为，资政院与谘议局都是专制政府控制的御用捧场机构或咨询机构，属于封建性质。此论太过武断。

从院章及议员选举章程看，资政院拥有议决国家财政预算、决算、税法和公债的职权；议决宪法以外各种新定法典及其嗣后修改的职权，一切新定法典不经其议决便不能颁布，颁布的法律不经其议决也不能进行修改，这就意味着君主业已丧失自行颁布法律和修改法律的独裁专制权力。资政院与行政大臣的地位是对等的，不是从属于后者的。凡此均说明资政院决不是政府控制下的咨询或御用捧场机构，而是具有一定独立性的立法权限不太完全的立法机关。其结构成分、内部组织、纪律处分等，均与立宪国家的议会雷同。其会议程序、议事规则、表决方法及两届会议的实际表现，都证实它的独立性和民主性，说明绝不是封建专制机关。

各省谘议局的议员、议长和常驻议员均由民主选举产生，其内部组织、任期、补缺、改选、辞职、会议程序、表决方法等，皆符合立宪国家地方议会的精神。其职责权限与立宪国家的地方议会类似，有权议决本省应兴应革事件，议决预算、决算、税法、公债和担任义务之增加，议决单行章程规则之增删修改和权利存废，等等，具备了本省的立法权和监督行政、财政权，体现了它是一个初级形态的地方议会。它的成立大大突破了封闭式的封建政权结构，使行政机关受到很大限制。

第三，人民，主要是民族资产阶级及其知识分子争得了一定的民主自由权利。

在预备立宪之前，人民没有任何民主自由可言。预备立宪之后就不同了。人民可以选举自己的代表进入谘议局、资政院，实行地方自治，参与管理国家和地方大事，取得了一定的议政参政权。《宪法重大信条十九条》更大大前进了一步，把一切大权赋予了议会。

过去，封建统治者为了维护专制统治，不给人民发表政见的自由。预备立宪以后，人民确实争得了相当的言论出版自由。报刊"对于政治之得失，内外大员之善恶，皆可尽情指责；人民之冤抑隐疾，更可尽情登载"。对"圣旨"进行批驳的亦屡见不鲜。

清廷严厉禁止民间结社立会。预备立宪以后，这一残酷的罗网也被打破，只要不是以暴力推翻清王朝为目的和秘密组织，一切公开的团体和政党均取得了合法存在的权利。不仅如此，立宪派和资政院议员还可以通过上书和议案，奏请赦免革命党人，并于武昌起义后终于迫使政府开放了党禁，准许革命党人组织合法政党。

预备立宪以后，清政府也承认了人民有集会、请愿、游行示威等正当的权利。

第四，初步制定并实行了一些资本主义性质的法律。

《新刑律》完全采用资本主义国家的刑法体例和原则。依据资产阶级的刑法理论，采用了"罪刑法定主义"，规定凡律文无正条者，不论何种行为，不得为罪，并取消了在法律适用上的等级特权，使人人在法律面前一律平等，是中国第一部近代化的资本主义性质的法典。

中国旧律都是诸法合体，刑、民不分。预备立宪以后，也仿效资本主义国家，将民法独立出来，1911年完成了《民律草案》。

中国历来把程序法和实体法混为一体，没有单独的诉讼法典。预备立宪以后，也因袭资产阶级的立法原则，完成了《刑事诉讼法草案》和《民事诉讼法草案》。

此外，颁行了《报律》《结社集会律》，以法律形式肯定了人民的言论出版自由和结社集会权利。还制定了一些属于资本主义性质的商事单行法规，以保护民族资产阶级的合法权益。

以上法律和草案，均是根据资本主义国家的立法原则和通例，参酌中国情况拟订的，属于资本主义范畴。虽然有些未及施行，可是中国封建法律的根本改革以预备立宪时期为嚆矢则是铁一般的事实。

# 五

"板凳要坐十年冷，文章不写半句空。"我从 1983 年开始搜集史料，至 1993 年 4 月《二十世纪初中国政治改革风潮——立宪运动史》由人民出版社出版，整整用了十年时间，也可以说坐了十年的冷板凳，十年磨一剑。在书中，无论是叙述运动过程和评论，还是与不同意见进行驳议，均尊重历史实际，征引可靠史料，阐明己见，不蹈空言，大体上也做到了"文章不写半句空"。

由于此书是国内外第一部全面系统地论述立宪运动史的著作，出版以后，颇受近代史学界同人重视。仅 1994 年 3 月到 1995 年 1 月，见诸报刊的书评即有五篇，日本的《广岛法学》在第 18 卷第 2 号（1994 年 10 月）也发表了一篇，皆予肯定。下面摘录几段：

该书"为我们展现了一幅丰富多彩又错综复杂的历史画卷，读来颇多启发"。"作者对于清末立宪运动史的研究视野是开阔而富有成效的。论著以此为主轴，将这股与革命思潮并兴的政治改革风潮置于晚清社会走向近代化的大背景中，给予了多方面、多角度的综合考察。或纵向贯通，或横向比较，层层推递，脉络清晰，条分缕析，新意迭见。"作者"在求实求真的前提下，不蹈空言，不因陈说，以客观辩证、细致入微的理性解剖，就一些重要的论题阐明己见"。"在几个重要理论问题上的独立见识，无疑为《风潮》一书奠定了不可多得的学术价值，反映了近年来学术界的最新研究进展，对于整个辛亥革命史研究，无疑是一个有力的推动。"①

该书"第一次全面、系统而又详细地揭示了清末立宪运动的全过程，填补了这个领域的空白；并在充分掌握史料的基础上，提出了许多迥异于传统的新观点，从而将这个领域的研究提高到了一个新的层次上；同时，又为进一步的研究，提出了许多启发性的新课题。这对于立宪运动史乃至整个中国近代史的研究，都是十分有意义的，它标志着立宪运动史的研究已经形成了一个独立的体系"。"最引人注目的地方，是其客观、冷静而又鲜明的创造性的新观点、新见解的提出。""该书最大的价值，也许在于证明了立宪运动史的研究应该是一个独立的课题。长期以来，立宪运动

---

① 沈潜：《读〈二十世纪初中国政治改革风潮〉》，《近代史研究》1994 年第 4 期。

史实际是处于辛亥革命的附属物的地位"。然而从该书"可以看出，立宪运动有着自己的逻辑、内涵、方式方法，以及自身的价值。它并非仅仅造就了一个辛亥革命，而是给20世纪的中国历史留下了自己独特的深刻烙印。清末由于立宪运动（包括清政府的预备立宪）所形成的现代社会的结构雏形，与民初的社会结构，在深层次上有着明显的继承性、一致性"①。

"该书全面、精当、真实地再现了清末立宪运动的全貌。""评判恰当，言之有据。""广征博引，纠谬得实。""取材宏富，抉择精细，反映了作者严谨的学风。""作者的文字凝炼、谋篇布局、论证的严整绵密等均见功力。"②

该书"多所创获，并无故作翻案之嫌，原因在于作者扎实的史料功夫"，"扎实的资料展现史实更有它不可忽视的意义"。"但是，作者并未限于恓钉能事，让历史说话的同时，说了历史没有说出的话。"③

1996年5月，近代史研究所评选优秀科研成果奖。其时我已转到政治史研究室工作，考虑到我在《二十世纪初中国政治改革风潮——清末立宪运动史》中的观点与评委会的一些先生相反，估计不会评上，曾犹豫再三，后来还是申请了，在表上填写了新的贡献，国内外公开发表的评价，并附上了予以肯定的5篇书评。

研究室主任姜涛先生和副主任茅海建先生代表政治史研究室写了如下的推荐意见：

> 侯宜杰著《二十世纪初中国政治改革风潮——清末立宪运动史》，是对此课题研究具有开拓意义且详尽完备的专著。
>
> 立宪运动是中国资产阶级的民主运动，预备立宪是清政府的政治改革，作者由两个侧面切入，由朝及野，由野至朝，场面切换交替，人物情景再现。此书客观冷静地反映出此段历史的全貌，并鲜明地提出了自己的观点，其中最具针对性的为：一、立宪派与革命派一样，

---

① 宫玉振：《一部填补中国近代史研究空白的新著》，《社会科学战线》1995年第1期。

② 梁波：《评〈二十世纪初中国政治改革风潮——清末立宪运动史〉》，《社会科学研究》1994年第4期。

③ 任恒俊：《清末立宪运动研究的新成果》，《历史档案》1994年第4期。

都代表着中国资产阶级的民主要求，并非以往认定的仅代表着资产阶级的上层；二、立宪派对辛亥革命起了推动促进作用，并非以往认定的"拆台""投机"；三、清政府的预备立宪是中国政治制度近代化的开端，并非以往认定的反动的骗局。

为写成此项研究，作者以十年之功，详尽查阅了大量当时报刊、档案及后来印行的文献，故能纠正诸多舛讹。在史实重建方面，该书亦有其不可低估之功。

谨此推荐。

政治史室。

结果不出我所料：落选。

然而，也有出人意料者。2009 年，中国人民大学出版社主动征得我的同意，将《二十世纪初中国政治改革风潮———清末立宪运动史》列为"当代中国人文大系"之一再版。其内容简介写道："本书利用大量史料尤其是报纸杂志，第一次全面、系统、详尽、真实地展现了清末立宪运动史的全貌；朝野活动场面不断切换，人物情景经常交替，动态地描绘出一幅丰富多彩而又错综复杂的历史画卷。观点鲜明，提出许多创造性的独到的新见解；史论结合，论证严密，评价冷静理性客观公允。史料扎实，广征博引，抉择精细，学风严谨，纠正诸多舛讹。本书不仅是一部开拓性的著作，填补了这个领域的空白；而且是一部不可多得的具有重要学术价值的著作。"继而入选《南方周末》2009 年度文化原创榜。2011 年该社又单独出了更大的版本，并介绍说："作为一部开拓性的著作，已经成为近代史研究的经典之作，广受学术界、思想界好评。"今年另一家出版社将出第四版。

平时我不上互联网，2007 年偶然在网上发现有人对本书进行评论，经搜索，以后又陆续发表了一些。诸如：

"国内有关清末宪政史的研究渐成显学"，"标志性的成果当推侯宜杰的《二十世纪初中国政治改革风潮——清末立宪运动史》。该书运用了大量史料尤其是清末报纸杂志，展现了清末立宪运动史的全貌，既有对相关史实的厘定，也有对清廷当局、立宪派客观平实的评价"。

是本"关于立宪与经济发展和中国商人阶级成长的关系的杰出著作"。

"以传统范式研究清末宪政史的一个突破，是1993年侯宜杰专书的出版。""侯运用了大量史料尤其是清末报刊杂志，展现了清末立宪运动史的全貌，几无主流意识形态的痕迹。"

该书"对清末立宪运动的来龙去脉有着非常详尽的记述"，"对资政院和咨议局运作情况的叙述，以及立宪派和革命派关系的探讨，是本书的亮点"。

"本书是对清末立宪运动研究的一本开拓性之作，史料之翔实、考据之充分、观点之深刻，前溯无古人，后观尚未有来者，且作者语言简练、思维缜密，使此书兼具可读性与学术价值。"

其他短评有："内容没的说，绝对值得拥有"；"关于晚清立宪的经典的一本""本书对于清末立宪运动的描绘非常客观、公正，这一点比我作为基本资料的中华书局版《中华民国史》要强很多了"；"清末新政研究的标志性著作。超出它的作品还不多"；"研究清末立宪运动迄今为止我看到的最佳作品"；等等。

读者的赞誉我不敢当，但也至少证明拙著尚有一定的学术价值，并非分文不值。

# 六

1998年退休后，我一直忙于其他事情。2010年，其他事情告一段落，我考虑到原先搜集的大量立宪运动资料还有许多没有利用，非常可惜。于是把资料卡片重新逐一细心检阅，分门别类整理出来。根据资料的多少和学术价值，我又重点选出两部分，决定撰写《逝去的风流——清末立宪精英传稿》和《清末国会请愿风云》两部著作。

我之所以决定撰写前者，是考虑到立宪精英们在清末民初做出了重要贡献，并以不同的方式、手段和态度，展现了各自独特的风貌，他们的事迹理应被历史记录下来。可是，民国以后出版的大量传记，各类人物均有，独独没有以立宪为名的问世；即使少数闻人如梁启超、张謇、汤化龙、孙洪伊等列入各种传记，而对其在立宪运动中的表现亦多语焉不详，实在令人遗憾。关于后者，《二十世纪初中国政治改革风潮——清末立宪运动史》虽有论述，但限于篇幅，比较简略。我感到还有详述的必要，以深化晚清政治史的研究，加深对清末社会的认识。

有鉴于此，我首先撰写《逝去的风流——清末立宪精英传稿》。从当时的报刊和文献记载来看，较为突出的立宪骨干为数不少，但因资料缺乏，只能筛选出 80 余位精英入传。2013 年由北京师范大学出版社出版，27 万字。

继之，我精心梳理了国会请愿运动的来龙去脉，写出《清末国会请愿风云》，详细描述了运动的全过程和结果。2015 年由北京师范大学出版社出版，26.5 万字。

这两本著作可以说是对《二十世纪初中国政治改革风潮——清末立宪运动史》所作的重要补充，使立宪运动史的研究更加全面、深入。

（侯宜杰，中国社会科学院近代史研究所编审）

# 我与"强制劳工"课题

## ——十年的奔走与研究之路

### 居之芬

1999—2009 年的 10 年间，我完成了学术生涯中做得最完整严谨的一个课题——"二战期间日本劫掠中国强制劳工罪行史"（下简称"强制劳工"课题）。

## 从珍贵档案中发现"富矿"

该课题的创设与立项，源于 1995 年中国隆重纪念抗战胜利 50 周年的庆典活动之一。在京西宾馆召开的全国最高规格的抗战史学术研讨会上，本人有一篇大会发言论文，介绍我们与天津档案馆合作编辑的科研成果《日本对华北经济的掠夺与统制档案史料集》，其中一章涉及二战期间日本对华北劳工的掠夺与残害。主要由天津档案馆、北图与天津社科院图书馆发掘整理出的有关日本战时劫掠华北劳工的主要机构——大东公司、满洲劳工协会、华北劳工协会的组织与活动，及从 1935 年至 1945 年 8 月日本由上述机构从华北向伪满洲国、伪蒙疆政权地区、华中和日本本土等地输出华北劳工达 700 余万人的详细统计……由于数字巨大且从未被国民政府战后统计伤亡人数时利用和计算在内，引起了正对二战期间中国军民伤亡总数进行重新计算的军事科学院、中共中央党史研究室和中国社会科学院的高度重视。他们让我在发言时重点阐述该数据的确切来源与证据，会后又让我写专题论文登在《抗日战争研究》杂志上。

**图1　日本劫掠中国劳工强制到日本做工**

**图2　日本强制中国劳工开采矿产**

　　与此同时，劳工档案文献的首次公布，也引起了正帮中国掳日华工进行诉讼并索赔的日本"中国人强制连行思考会"与律师团的高度重视。他们多次来华采访，又于1997年特邀我带他们亲往京、津档案馆查阅劳工档案原件。再次提档时，我发现京津两馆所存劳工档案文献，远比我们最初接触与想象的丰富得多，每馆存档都在百卷以上，令人振奋！此时，与我们合作多年的天津档案馆负责人指出：未经开发整理的劳工档案文献，理应先由国内学者帮助发掘整理和公布；并提议我们再次合作将这批珍贵的劳工档案文献开发整理出来。当时，我主持的"日本在华北经济统制掠夺史"课题已近尾声，史料辑、专著与论文均已出版发表，反响较好，正待结项，也在寻求创设新的研究项目。鉴于"二战期间日本劫掠残害中国强制劳工问题"事关重大，国内外均高度重视和急需，有很强的实用价值，且国内存档潜力预计丰厚，我决定：重组队伍，拿下这个课题。

## 周密设计　广泛合作

在申请立项前，我参阅了欧洲盟军纽伦堡法庭审理纳粹德国同类罪行的完整记录，决定：一定不要把该项目做成只是囿于对日本劫掠、残害华工暴行的控诉；要把它做成二战期间日本侵华战争中一个完整的历史事件、一项重大的历史罪行，纳入史学研究的科学领域，完整地揭示它的来龙去脉。找到有关其始作俑者、决策者与决策系统、执行者与执行系统、完整的劳工政策及演变、历年劫掠计划与实施结果及较确切的劳工伤亡率等系统档案证据；加上当事人与受害劳工口述证言，就能形成揭示这一重大历史事件和罪行的无可辩驳的证据链。

研究思路与框架确定后，我于1999年向中国社会科学院代管的"中日历史研究中心"基金申请立项。当年6月，项目获批后，我开始组队，进行大规模搜材。

1999年7月，我在近代史所成立了三人研究小组，并与京、津档案馆、中国人民抗日战争纪念馆四家单位首签了合作开发出版"华北强制劳工档案史料辑"的协议；因天津的部分卷宗在中华人民共和国成立初期被北平军管会调阅转存南京第二历史档案馆，8月又与南京二档馆签署了合作开发协议；一年后作为华北劳工赴伪满洲国打工的又一重要口岸青岛市的档案馆藏主动要求参加本项目，2001年7月又与青岛市档案馆签署了合作开发协议。这样该项目就成了一家科研单位与五家档案馆、抗战博物馆的合作项目。有这五家档案馆、博物馆的全力支持合作，该项目的史料发掘底蕴一开始就很丰厚。与此同时，我们从东北的两位著名学者——解学诗和苏崇民的著作中得知，最早决定在伪满洲国把"闯关东"的华北劳工变为"强制劳工"进行有计划限制使用的，是日本"关东军劳动统制委员会"及其策划者"满铁经济调查会";又听说吉林社科院和辽宁省档案馆存有全套满铁档案资料;因此,我们在京、津、青与南京二档馆进行了两年搜材后,在解老师的帮助下,又到吉林社科院满铁资料馆与辽宁省档案馆进行了大规模发掘与搜材,收获颇丰。3 年中,我们从上述 10 家档案馆、博物馆、图书馆共搜集复制档案文献 3000 余页 300 余万字。

## 公布史料 发表论著

这些档案文献,已足以将日本侵华期间——从 1933 年伪满洲国建立到 1945 年 8 月的 12 年间,在华各日占区及朝鲜半岛与日本本土,强征、奴役、残害以华北劳工为主体的上千万中国强制劳工的重大历史事件与罪行完整地揭示出来。鉴于此,我在基本理清日本在华强制劳动事件主线与关键证据基础上,按时间顺序与历史的框架,分 12 章精选了 90 万字档案文献加以翻译编辑,于 2003 年 9 月正式出版《日本掠夺华北强制劳工档案史料集》,为中外史学界与相关人士研究揭示日本二战期间在华强制劳动罪行,提供了首部完整系统的档案文献证据。

此后,针对与国内外学者及相关人士交流中提出的疑点与难点,我 2004 年再次赴吉林社科院满铁资料馆、辽宁省档案馆和存有关东军遗留档案的抚顺煤矿档案馆,及山东省、青岛、上海、南京二档馆与山西大同煤矿档案馆、张家口市档案馆及党史资料馆等进行二次搜材,又发掘、复制回 1000 余页、上百万字的珍贵档案文献。主要涉及日本在伪满洲国、伪蒙疆政权地区、华北与华中的重要国策企业:抚顺煤矿、满洲炭矿会社各矿、河北开滦、井陉、正丰、磁县煤矿,山东中兴,山西大同煤矿,张家口龙烟铁矿,安徽淮南煤矿等日据时期完整的企业档案与业务概况报告。我在整理研究基础上,撰写了 12 篇 25 万字的专题研究论文,分别对战时日本在上述日占区劳务统制指挥与决策主体——"关东军劳动统制委员会"、"伪满国务院劳务委员会"、伪"伪蒙疆政权地区劳动统制委员会"与"华北劳动统制委员会"的组成、性质及下属体系;其劳动统制政策计划及演变;1935—1945 年的 10 年间日本在上述占领区劫掠、奴役中国强制劳工人数及劳工伤亡概率等;以及日本人统制下的入满华北劳工与 20 世纪初"闯关东"华北农民的区别,1941 年前被"大东公司""满洲劳工协会"诱招入满的华工是否"强制劳工",1942年后日本向本土输送的近4万名华工是否"合同工",掳日华工战后有否拿到"工资"等问题进行逐一阐述和论证。在史料证据系统完整、主要疑点难点逐一论证解答后,我于2006—2007年撰写出版了本课题第一部专著《1933.9—1945.8日本对华北劳工统制掠夺史》。

专著出版后,2007年夏,我受中央党史研究室委托,赴海南岛,安徽马鞍山钢铁公司、安徽省档案馆、党史办,湖北省档案馆、武汉钢铁公司大冶铁矿、湖北黄石党史办等进行调研搜材,又搜集到上千页、百余万字的档案文献;弥补了我们对日本在华中、华南强制劳动罪行知之甚少,史料严重不足之缺憾。据此我写了日本在华中、华南强制劳动罪行及特点的专题论文。在此基础上,2008—2009年我受中央党史研究室委托,撰写《抗战期间中国劳工伤亡调查》报告。对1933年9月—1945年8月的12年间,日本在中国各日占区及朝鲜和日本本土,所建立的劫掠奴役中国强制劳工的统制体制、政策、计划、强掳华工人数,及劳工在各地受虐待残害的伤亡概率与人数等,逐一加以考证论述,并附上全部档案文献证据。我于2010年出版了《抗战期间中国劳工伤亡调查》一书,为本人作"强制劳工"课题撰写出版的第二部专著。

总之,作"强制劳工"课题10年间,我与合作学者共赴全国18省区市、20余家档案馆、党史办、图书馆搜集复制档案文献5000余页500余万字,精选编辑翻译出版档案史料辑1部90万字;我单独撰写论文12篇25万余字、专著2部近60万字。史料辑与专著先后获得近代史所一等奖2次、院级优秀著作三等奖1次、二等奖1次。史料辑与专著已被美国哈佛大学东亚研究所收藏并成为日本律师团为掳日华工打索赔诉讼官司的必备档案证据,论文被收入美国哈佛大学东亚研究所论文集和新加坡学者论文集,已为国内外史学界广泛认可与运用;而《抗战期间中国劳工伤亡调查》则成为中央各部重新计算二战期间中国人口伤亡总数的一个重要证据,被纳入中央党史研究室出版的"抗日战争时期中国人口伤亡和财产损失调研丛书"并得到再版。在此,我谨向参与或帮助过该项目的单位与个人、老师与同人表示深深的感谢和敬意!

（居之芬,中国社会科学院近代史所编审）

# 我在《抗日战争研究》编辑部工作的回忆

## 李仲明

1991 年 1 月，中国抗日战争史学会正式成立。9 月，在《抗日战争研究》第一期创刊号上，胡乔木发表了《致中国抗日战争史学会成立大会的信——代发刊词》，信中说："在中国人民抗日战争胜利 45 年之后，经过同志们的努力，我们终于有了一个以抗日战争作为研究对象的群众性的学术团体，这的确是值得称赞的。"

同期，刘大年发表了《做什么，怎么做？——在中国抗日战争史学会成立大会上的讲话》，他讲了为什么要成立抗日战争史学会；做什么，如何做；学风、会风三个问题。指出抓紧搜集抗日战争史料，包括口述史料的紧要性；强调抗日战争史研究的科学性、准确性，据理力争，批评日本右翼的侵略战争"否定论"；在学风、会风上要不务虚名，多干实事。

《抗日战争研究》正是在中国抗日战争史学会成立后设立的以抗日战争政治、军事、外交、经济、文化等为研究对象的，全国唯一的学术性刊物。

《抗日战争研究》编辑委员会集中了所内外的中国近代史、中国现代史专家学者以及北京市、中国人民抗日战争纪念馆的负责人，由丁守和、马齐彬、王淇、王庆成、白介夫、刘大年、刘建业、齐世荣、李侃、张海鹏、何理、罗焕章、金冲及、戴逸等 14 人组成，召集人为刘大年。

在 1991 年春末夏初讨论编辑部如何编辑、出版的一次讨论会上，大部分编委到会。鉴于当时学术刊物出版困难、订数偏少的局面，丁守和提出一个他认为大家可以考虑变通的法子，即《抗日战争研究》为季刊，其中三期为学术性刊物，一期为通俗性、文学性、故事性刊物，这样如可读性较强，可吸引更多读者购买，用这一期赚得的钱来维持那三期的出版发行。他的建议几乎遭到与会编委的一致反对，认为《抗日战争研究》作为一个学术性刊物，它的科学性、严肃性、准确性不容有失，出版资金不足可以想别的办法筹资，这个"一养三"的办法是行不通的。

我在《抗日战争研究》20 年，经历了三次编辑部领导的轮换和编辑部人员变动。

《抗日战争研究》编辑部人员从 1991 年 5 月开始组成，由张海鹏任主编，曾景忠任副主编，编辑荣维木、刘兵，编务李仲明陆续到齐。

1993 年至 1995 年，金以林从《学习与研究》编辑部调入《抗日战争研究》编辑部，是编辑部人员初期最齐整的两年，一名主编，一名副主编，三名编辑，一名编务。1996 年金以林赴新加坡读研究生，调出。

1997 年春天，曾景忠退休。《抗日战争研究》编辑部仍由张海鹏任主编。编辑部常务工作只有三人，荣维木任副主编，刘兵任编辑，李仲明任编务兼一些稿件的编辑工作。

2004 年末，张海鹏不再担任《抗日战争研究》主编，自 2005 年第 1 期始，步平任主编，荣维木由副主编改任执行主编，刘兵任编辑，李仲明任编辑兼编务。

2009 年，刘兵调离近代史所。刊物仍由步平任主编，荣维木任执行主编，徐志民任编辑，李仲明任编辑兼编务。

2010 年至 2012 年，高莹莹调入编辑部。2012 年，荣维木退休，李仲明返聘到期。自 2013 年始，由高士华担任《抗日战争研究》主编，郭蕾、马晓娟、王来特陆续调入编辑部。2016 年，徐志民调离编辑部。

下面就前两个阶段（1991—1997 年、1997—2012 年）概要介绍《抗日战争研究》编辑部的编辑、出版和会议的情况。

创刊初期，从作者队伍来看，多为长期从事中共党史、中国现代史研究和教学的老一代学者。以创刊号（1991 年第 1 期）为例，刊登了沈予、俞辛焞、余子道、解学诗、杨天石、魏宏运、刘存宽等（皆为 50 岁以上）学者的文章。

在创刊号上刊登了聂荣臻元帅为刊物的题词：研究抗日战争史，加强爱国主义。

在刊物前四期刊发的重要文章还有：1991 年第 2 期发表了刘大年、胡绳、吕正操、胡乔木在"九一八事变 60 周年国际学术研讨会"上的发言；在 1992 年第 2 期（总第 4 期）上，发表了刘大年的《抗日战争与中华民族的统一》和杨成武的《关于抗日战争的两个问题》。王桧林的《抗日战争时期的中国总格局——一个战争、两个战场、三种政权》。

从 1991 年创刊到 1997 年，《抗日战争研究》编辑部除陆续设立九一八事变研究、侵华日军南京大屠杀研究、战争遗留问题研究、中国慰安妇问题研究、日本的战争赔偿问题研究、侵华日军在华进行细菌战问题的研究外，这一时期的来稿多为抗日战争政治、军事、外交等方面的文章（自 1993 年始，刊物刊登了抗战时期经济、文化方面的文章）。从 1991 年第 2 期开始，陆续登载日本、美国、加拿大、韩国等国学者的文章。刊物设有专题论文、史著评介、书刊评价、抗日战争纪念地纪念馆、学术信息、书讯等栏目。每期刊有英文目录，每年最后一期刊有全年各期的文章总目录。

在 1994 年第 1 期上，刊物开展了"关于日军编制和军衔译名问题"的讨论；同年第 2 期，发表了刘大年、戴逸、齐世荣、丁守和、张海鹏《驳永野茂门》（日本新内阁法务相，时已辞职）的文章，批驳了他妄图否定侵华战争的谬论。同年第 4 期，刊登了一组由台北、北京、大连、威海学者有关甲午战争研究的文章。

1995 年是中国人民抗日战争胜利 50 周年。刊物特别编辑了《1945—1995 抗日战争胜利 50 周年纪念集》增刊。

国家领导人和军队、政府、全国政协的一些老同志荣毅仁、萧克、张爱萍、杨成武、吕正操、耿飚、宋任穷、雷洁琼、胡绳、王首道、莫文骅、李运昌、廖汉生、曾生、李默庵、文强、爱泼斯坦、段君毅、刘志坚、徐深吉、符浩、启功为刊物增刊题字。

刊物选辑了中国抗日战争胜利和日本投降的部分史料、选登了朱学范、李默庵等老同志关于抗日战争的回忆；发表了有关抗日战争政治、经济、文化教育、外交等方面的论文。

《抗日战争研究》创刊以来受到中国近代史、中国现代史学界的瞩目和关注。编辑部特别在 1995 年第 1、第 2 期上连续刊发了《抗日战争史研究如何深入（笔谈）》文章，李侃、余子道、张振鹍、吴天威等学者，对抗日战争史研究的现状提出希望和改进的建议、意见，见仁见智，各抒己见。

1996 年第 3 期，适逢《抗日战争研究》创办 5 周年，杨尚昆、蒋纬国分别为刊物题字。本期刊登了王桧林、马仲廉、蔡德金、张振鹍、杨圣清等 14 位学者在抗日战争史研究成果评论学术研讨会上的发言。

1997—1998 年，刊物的战争遗留问题研究栏目从多方面，如东京审判、日军慰安妇制度、从国际法看南京大屠杀、日本俘虏政策、对华赔偿、钓鱼岛争端、日本的化学战、日本历史教科书问题等多个角度发表中国和海外学者的文章。

《抗日战争研究》编辑部成员，在努力编好刊物的同时，也抓紧时间进行学术研究。执行主编荣维木陆续发表了《论卢沟桥事变与中日现地交涉》《"香月细目"之考察》《九一八事变与中国的政局》等论文。1996 年，荣维木撰写的《炮火下的觉醒——卢沟桥事变》由广西师范大学出版社出版，可以看出他的抗战军事史、政治史的研究功力深厚。2000 年，荣维木的《谁在制造谎言——评日本右翼的军国主义史观》，获中宣部第八届"五个一工程"理论文章入选奖。

刘兵负责抗战军事、外交、日军暴行等方面稿件的编辑工作，撰写了南京大屠杀研究的综述文章。1997 年刚刚接手抗战文化、抗日根据地等方面稿件的编辑李仲明，撰写了《抗战时期沦陷区文学研究述略》；此前几年，李仲明还撰写了有关张学良、何应钦研究的文章。

2000 年前后，给《抗日战争研究》投稿的作者年龄开始逐步中年化，一些在 20 世纪 90 年代还相对年轻的学者，如苏智良、张生、张连红、袁成毅、潘国旗、黄正林、翁有为、江沛、李金铮、林治波、贺新城、徐勇、臧运祜、史桂芳、高晓燕、车霁虹、申晓云、姜良芹等已逐步成为抗战史研究各专题的学术带头人，且已步入中年。创刊初期投稿较多的老学者逐渐减少。随之而来，一些即将步入史学界的博士，各大学、各地方社会科学院的副教授、副研究员成为给刊物投稿的骨干力量。

从闭门等稿到利用学术会议或个人约稿的方式积极组稿，也是《抗日战争研究》编辑部提高工作效率、提高稿件质量的新举措。执行主编荣维木，在个人学术研究取得丰硕成果的同时，编辑部的编辑出版工作也开展得风生水起。他极为重视抗日战争史最前沿的研究成果。逐年有计划地利用不同抗战专题的学术会议组稿，并得到全国各地专家学者的支持：在北京集中了一大批抗战史研究学者，他们在抗战军事史、外交史、文化史领域的研究颇有建树。此外，全国各地的抗战史研究各有特色，例如，在东北，主要是黑龙江省社会科学院历史研究所步平、王希亮、高晓燕、车霁虹等学者的日本侵华化学战、毒气战、劳工等问题的研究；在上海，苏智良等学者的慰安妇研究；在南京，张生、张连红等学者的南京大屠杀研究；在杭州，袁成毅、潘国旗等学者的浙江抗战史、财政史研究；在河南，黄正林等学者的陕甘宁边区史研究；在天津，江沛、李金铮等学者的抗战经济史的研究，使《抗日战争研究》成为刊发抗战史研究的重要平台。

例如，1998 年 9 月，《抗日战争研究》在北京举办"抗日战争时期的汪精卫与汪伪政权研究学术座谈会"（1999 年第 1 期刊出），到会的有大陆学者和台湾地区学者胡春惠、蒋永敬、邵铭煌、许育铭、蔡德金、张振鹍、曾业英、杨天石、汪朝光、黄美真、陈正卿、刘志英、史桂芳等。大家畅所欲言，各抒己见，推动了有关汪精卫与汪伪政权的学术研究。

2000 年 3 月 30 日至 4 月 1 日，由上海师范大学中国慰安妇问题研究中心、《历史研究》编辑部和《抗日战争研究》编辑部联合主办的中国"慰安妇"问题国际学术研讨会在上海举行（2000 年第 2 期刊出），海内外学者、代表 175 人参会，共收集论文 70 篇。会议就慰安妇问题的研究、南京大屠杀等罪行、日本的战争责任和赔偿问题等举行了研讨。

2006 年 4 月下旬，由浙江省美国浙江史研究中心、杭州师范学院近代史研究所和《抗日战争研究》编辑部联合举办的"抗日战争与中国现代化进程"学术研讨会在杭州举行，并于 2006 年第 3 期刊出了袁成毅、范展、金普森、苏智良、王希亮、左玉和、马勇、荣维木等撰写的《笔谈抗日战争与中国现代化进程》。会议的主旨是：想推动研究者从一个不算很新却少为人们重视的视角，对抗日战争的历史进行审视，这个视角就是"现代化"。而关于历史研究中的"革命范式"与"现代化范式"，两者的异同比较，最近较为引人关注。究其原因，除了史学方法方面不断进行深入探讨之外，历史为现实服务的功能受到重视，也似是原因之一。

1999 年 12 月 28 日，中国抗日战争史学会名誉会长、《抗日战争研究》编委会召集人刘大年不幸病逝。2000 年刊物刊登了刘大年的文章《"忠信应难敌，坚贞谅不移"——记抗战中冀南的"四·二九"》，张海鹏的文章《战士型的学者学者型的战士——追念刘大年先生的抗日战争史研究》。2006 年第 1 期，刊物开展了有关中国抗日战争时限的讨论，刊发了张振鹍的《抗日战争：八年还是十四年?》和刘庭华的《论"九一八"是中国抗日战争的起点》。

　　前者认为：八年抗战是一个特定时期，是日军全面侵略和中国全面抗战的开始；局部抗战的六年是阶段性的、地域性的，不能与八年抗战相比；六年局部抗战和八年全面抗战属于两个不同的历史阶段。

　　后者认为：九一八事变是中国抗日战争的起点，是日本帝国主义武装侵略中国的开始；自九一八事变起，中国东北地区开始沦为日本的殖民地，中国的社会基本矛盾发生了显著变化；不能以国民政府是否参战为唯一根据，就抗战性质而言，它是中国在 20 世纪三四十年代进行的由不同阶级、阶层和社会集团等各族人民参加的反抗日本帝国主义侵略的民族解放战争。进而认为：九一八事变是中国抗日战争的起点，七七事变则是全国抗战的起点。

　　2006 年第 2 期刊发了杨奎松的《抗战期间国共两党的敌后游击战》和刘庭华的《关于国民党正面战场的历史地位》。前者肯定了不论地域、参加人数，中共开展的游击战十分成功；而国民党人的游击战 1939 年开展后，两三年即告失败。关键在于，中共在敌后能够与农民打成一片，取得其拥护与支持，形成广泛的游击战争。后者肯定了国民党正面战场的历史地位，并认为在战略防御、战略相持、战略反攻三个阶段，国民党正面战场先是有效地牵制了日军的进攻，继而在守势中长期与日军相持，最后在敌后战场的相互配合下，迎来了中国战场的大反攻。

　　同期，刊物还刊登了一组由黄正林、李柏林、李自典、曲晓鹏撰写的有关抗战时期陕甘宁边区的乡村社会特点、减租减息与淮北抗日根据地乡村社会的变迁、晋察冀边区的农业生产与政府干预、晋察冀边区妇女权益问题研究，从不同角度论证、分析各抗日根据地的乡村改造、政府措施和妇女权益，令人耳目一新。

　　2007 年第 1 期刊登了步平的《关于中日共同历史研究的思考》，认为中日之间产生了否认侵略战争事实的言论与行动，这种不负责任的言行违背了中日两国的共同利益，不断地伤害战争被害国人民的感情。指出：除了政治原因之外，由于战争体验的不同，战后社会环境与国际环境的不同，中日两国民众对历史问题的认识也会产生差异。解决历史问题认识的差异，需要通过相互交流和相互理解，相互理解是中日历史共同研究过程中贯穿始终的原则。而相互理解的前提是首先需要维护世界和平，反对侵略战争视为具有普世意义的目标。强调中日共同历史研究必须针对历史问题的产生原因，不是进行所谓"政治框架以外的议论"。

2008 年 4 月 25 日，由浙江省民国浙江史研究中心和《抗日战争研究》编辑部联合举办的"抗日战争与近代中国社会的变迁"学术研讨会在杭州召开，会议涉及了抗日战争的研究方法，抗日战争对中国社会的总体影响以及在政治、经济、社会、文化等方面的具体影响，等等。2008年第 2 期刊发了《笔谈抗日战争与近代中国社会变迁》，袁成毅、周东华、丁贤勇、王续添、翁有为、陆发春、张艳、黄正林、王希亮、李淑娟、郭常英、王光银、潘国旗、夏卫东撰写了笔谈文章。

2009 年 1 月 11 日，由《抗日战争研究》编辑部和海南大学历史文化研究基地联合主办的"抗日战争研究与中日关系学术研讨会"在海口召开。2009 年第 1 期刊登了这次研讨会的笔谈稿，步平、荣维木、徐勇、江沛、高晓燕、李淑娟、王希亮、张连红、张生、刘萍、徐志民、张朔人、陶水木、潘国旗参加了笔谈。

2006 年 12 月，根据中日两国领导人之间达成的共识和两国外交部间达成的实施框架，中日两国各 10 位学者组成中日共同历史研究委员会，就中日历史问题进行研究。2009 年 12 月，委员会宣布第一阶段研究工作结束，并公布了研究报告。

2010 年第 1 期，刊物发表了步平、何理、胡德坤、李文海、林晓光、王建朗、王晓秋、徐建新、杨奎松、臧运祜、章百家、张海鹏就中日共同历史研究及其研究报告以笔谈形式发表的意见。

2010 年 1 月 30 日，由《抗日战争研究》编辑部和哈尔滨师范大学社会与历史学院联合举办的"抗日战争与沦陷区问题研究"学术研讨会就在哈尔滨师范大学召开，与会学者围绕抗日战争与沦陷区问题研究中的民族主义话语、现代化理论、沦陷区民众生活实态、民众心理、研究方法、实证调查、影像资料、抗战社会史、社会文化史等主题展开讨论和交流。荣维木、王续添、江沛、陆发春、翁有为、张生、曹必宏、徐志民、刘萍、丁贤勇、潘国旗、李淑娟、高晓燕、车霁虹、李倩、张正、刘敏、张丽、郭常英、张艳、曲广华、王宏斌、袁成毅、李学通参加了笔谈。

2012 年 5 月 4 日至 7 日，由《抗日战争研究》编辑部与浙江省民国浙江史研究中心联合举办，台儿庄大战纪念馆协办的"国民政府的国防建设与抗战时期的正面战场"学术研讨会，在山东省枣庄市台儿庄召开。与会学者围绕抗战爆发前后的国防建设、中日两国的作战计划、正面战场与战役、台儿庄大战、南京保卫战、江桥抗战等主题展开的讨论和交流。

《抗日战争研究》2012 年第 2 期刊登了这组笔谈，徐勇、李淑娟、高晓燕、郑学富、宋胜建、姚慧子、赵延庆、臧运祜、张生、陶水木、潘国旗、夏卫东、张连红、姜良芹、陆发春等 20 人参加了笔谈。

《抗日战争研究》编辑部在 2013 年由高士华担任刊物主编。此前的张海鹏主编、曾景忠副主编虽已年过耄耋之年，仍然身体健康，笔耕不辍。然而，2005 年担任刊物主编的步平以及自 1997 年长期担任刊物副主编、执行主编的荣维木，却天不假年，先后于 2016 年 8 月、2017 年 3 月辞世，令人唏嘘不已。

步平从 2005 年到 2012 年任《抗日战争研究》主编，他为这本刊物，为中日关系史研究和抗日战争史研究、中日韩学者的交流和共同研究呕心沥血，贡献很大。步平主编给我印象较深的一件事，是十多年前，我去韩国参加中日韩三国学者共同研究书稿《东亚三国的近现代史》的修改讨论。短短的几天，每天都很紧张，书稿行文怎样表述，甚至一句话，一个用词，有时中日韩三国学者都有不同意见，经常是讨论了一整天后，吃过晚饭继续讨论到很晚。会议的第二天、第三天，我有点疲惫，心里也多少有点烦。步平在第三天早餐后召集中国学者开小会，他非常耐心地告诉大家：这次中日韩三国学者合作写这段历史，对促进三国学者的交流、沟通很重要，有不同意见是很正常的。我知道大家这两天有点累，希望大家能够克服困难，认真听取日、韩学者的意见；对于日、韩学者对我们中国学者撰写书稿的批评和建议，也不要急于反驳，而要认真思考，有的问题在这里解决不了，回国后再认真地查阅、复核史料，使书稿最终尽可能达到三国学者的满意和认可。这次三国学者合作只是一个初步的尝试，期望以后会有更多的合作。短短的几天，步平给我的感受是耐心、细致，顾全大局，尊重日、韩学者。

主持《抗日战争研究》编辑部工作长达 15 年的荣维木给我帮助更多，也更直接。他曾陪我去印刷厂三校、核红，还鼓励我写抗战时期的研究论文，使我从编务逐渐成长为编辑。

高士华老师担任《抗日战争研究》主编后，编辑部从 2013 年起至 2018 年，已经连续举办了五届抗日战争史青年学者研讨会，第六届研讨会 2019 年 4 月举办。青年学者是中国近代史，亦是抗日战争史研究的希望和强大的后备力量。这也是《抗日战争研究》编辑部自创刊以来，从老年学者偏多，到长时间中年学者踊跃，到近年来越来越多的青年学者脱颖而出。这是学术期刊发展的自然规律，也是当前的青年学者逐渐成为抗战史研究的主力军的必然趋势。

　　预祝《抗日战争研究》如长江后浪推前浪，越办越好，越办越有朝气！

　　　　　　　　　（李仲明，中国社会科学院近代史研究所副编审）

# 偃师商城与杏园村唐墓

## 徐殿魁

　　偃师尸乡沟商代古城的发现和偃师杏园村 69 座唐墓的发掘都具有一定的偶然性。放眼全国，许多震惊考古学界的重大考古发现也都具有一定的偶然性，试举几例：

　　河北满城中山靖王刘胜墓是 1968 年夏季人民解放军在满城县西南陵山上修筑工事被炸药"炸"出来的。经过修复的金缕玉衣曾巡游世界。遂后刘胜之妻窦绾墓的勘探与发掘则是由有学问的考古学家卢兆荫先生依据汉王室"同坟异葬"的葬制，在陵山之北被找到的，距刘胜墓百余米处。

　　秦始皇兵马俑是当地村民在始皇陵东侧的地里打深井，挖出了与真人大小相近的兵马俑俑头，及时上报文物部门，遂被大规模钻探和发掘，才成为世界上的八大奇迹。现在每天游人如织，盛况空前。

　　甲骨文是 1899 年大学问家王懿荣生病吃中药"吃"出来的。他发现药品中的"龙骨"竟然刻着类似于象形的文字，于是将药铺中"龙骨"全部买下，把刻有文字的"龙骨"一一捡出，拓成拓片进行逐字研究，王先生成为中国收藏和研究甲骨文的第一人。

　　商王武丁王后妇好墓在殷墟被发掘也有一段故事。1976 年安阳小屯村村委在"农业学大寨"热潮中决定平整小屯村西一块高地"岗子"。安阳小屯考古队郑振香、陈志达两位专家敏锐感觉这处殷墟保护范围内的高地有点名堂，决定给予主动配合，经安阳考古队队长同意，开始召集探工进行前期考古钻探，结果探出了这座埋藏 8 米多深的王后墓，谁能想到在殷墟西北王陵区之外竟然还有这样高规格的王后墓，出土精美铜器、玉器达 1800 余件。

　　话题回到偃师商城的发现经过。20 世纪 80 年代初，铁道部决定进行电气化大规模改造。中央五部委一致同意在偃师以西建洛阳首阳山电厂，为陇海铁路电气化机车配备电力。初选地为偃师南蔡庄，毗邻洛河，水源充足，地势平坦，地质条件也基本合格。但是，南蔡庄位于全国文物重点保护单位——洛阳汉魏故城的保护范围之内，这一方案理所当然被文化部和中国社会科学院否决。后来，多部委几次协商决定将电厂移至偃师城西塔庄杏园一带，由汉魏故城考古队给予考古配合。经过大面积考古钻探，探出了一座保存地下的古代城址，经过考古试掘，初步判断这里竟然是学术界多年苦苦寻找的汤都西亳。这一发现立即震动了考古学界，首阳山电厂又一次遇到麻烦。由于电厂为选址在这一地区投入了大量资金，掌握了大量的地质、水文资料，在这一带建厂已不能改变，几经多部委协商，最后一致同意在偃师商城西北几百米处的杏园、赫田寨范围内建厂，厂区占地千余亩，但仍需给予考古配合。没想到在选择厂址争执大体尘埃落定之时，电厂范围内又探出了 200 座规模的古墓群，其中包括 69 座保存完好的偃师杏园唐墓。

　　原来在选址普探过程中，这一范围只有 4 座汉墓需要考古配合。偃师商城考古队正式成立后，配合电厂基建改由商城队负责。徐殿魁具体负责电厂千亩范围内的考古钻探与发掘。这一范围内地表 1—3 米几乎均为邙山脚下洪积扇，一层层淤沙、石子、黄土层层叠压。在我接手此事后，郑重向队长赵芝荃先生建议，电厂范围钻探 3 米深我们不能同意。一是根据偃师商城试掘资料，商代文化层最深处在地下 6—7 米。二是电厂位于偃师商城西北几百米处，这是一处极为敏感的区域，因为我们知道殷墟遗址的西北角即安阳武官村、侯家庄那是殷墟王陵区，11 座王陵排列有序。我们负责电厂考古配合，电厂恰恰在商城西北角外，假如由于我们的工作疏忽，将商代王室墓葬遗漏，一旦电厂大规模下挖基坑，挖出商代铜器，那将是考古学界的一个大笑话，我们也将无地自容。由此，电厂范围的钻探，务必找洛阳最好的考古钻探队，钻探深度必须达到 7 米，我们才能放心。赵队长完全同意我的观点，找来了洛阳钻探水平最权威的洛阳考古地质钻探公司，来了百余人的队伍，钻探深度穿过 3 米淤积层，结果不出所料，在电厂范围内竟然探出东汉、曹魏、西晋、唐宋墓葬 200 余座，包括 69 座完整唐墓。洛阳是九朝古都，地下文物埋藏丰富，所以盗墓之风十分猖獗，早有十墓九空之说。3 米厚的淤积层蒙住了普探的成果，也蒙过了盗墓贼的眼睛。

电厂范围内古代墓葬的发掘陆续展开。其中最为珍贵的是 69 座完整唐墓的发掘，这在洛阳地区几乎是无法想象的。69 座唐墓中有一半是纪年墓，出土墓志 42 方，埋葬年代、地域、墓主生平、官职记述得一清二楚，出土金银器、三彩、瓷器、陶器、陶俑、铜器、铜镜、石砚、开元通宝等共 2000 余件，时代跨越初唐、盛唐、中唐、晚唐四个阶段，在唐代研究领域又是一个小小的震动，由于有大量纪年墓的佐证，使得这批文物成为洛阳地区唐代墓葬分期和文物断代的一个准确的标尺。

发掘 10 年之后，正是考古专刊《偃师杏园唐墓》在科学出版社出版，获得当年考古研究所科研成果一等奖，在中国社会科学院全院评奖中又获得中国社会科学院科研成果二等奖。徐殿魁也成了洛阳地区考古界一位被大家所熟知的人物。每当偃师县政府表彰我们为偃师做贡献的时候，我们也深深懂得是偃师这片神奇的土地和丰富的文物宝藏才成全了我们，给予了我们展示自己本职工作的一个华丽的平台。

（徐殿魁，中国社会科学院考古研究所研究员）

哲　　学

# 费希特和黑格尔著作的翻译和研究<sup>①</sup>

## 梁志学

## 一 翻译和研究费希特哲学著作

**（一）翻译《费希特著作选集》**

这项工作得到了商务印书馆的大力支持。1986 年新年伊始，我就给哲学所领导写过成立课题组的书面报告。3 月 15 日由高崧同志倡议，课题组在复兴门外三家村饭庄召开第一次会议。当时的课题组成员只有我、沈真、李理和程志民（王玖兴的博士生，以费希特研究为博士论文），商务印书馆出席的有高崧、吴俊琛、武维琴和张博树。我在会上提出了工作计划：（1）将《费希特全集》第一部分"著作类"译为中文，德文版是 10 卷，中文版是 5 卷；参照德文资料，给每篇著作都编写译者注释；在第五卷里还要编译费希特生平。（2）按照翻译的进程，在翻译的基础上进行研究，在研究的指导下进行翻译，写出 8 本小册子，向中国读者介绍和评论知识学及其演变和由此建立的各门应用知识学（宗教哲学、法权哲学、道德哲学和历史哲学）及其演变。第一项计划大约在 15 年内完成，第二项计划完成的时间可以适当延长。大家对这个计划进行了讨论，并做出少量修改。同时会议决定，聘请王玖兴与薛华为课题组顾问，请他们予以协助。我们课题组当时确实势单力薄，但大家觉得这总比那种声势浩大、无人干事的课题组要好，因为我们是不怕劳累、专心致志地工

---

① 本文摘自《从儿童团员到学部委员——梁志学自传》未刊稿第五章。

作的。

在这里我要提到，在课题组刚建立的时候，我们都在埋头翻译，就像过去翻译哲学著作那样。过了半年，听说国务院在我们中国社会科学院设立了一个社会科学基金办公室，可以给我们这样的项目提供资金方面的支持。1987年秋，我为《费希特著作选集》的翻译提出立项申请，获得资助2万元。1993年这笔钱用光了，又经胡绳院长批准，向国家社科基金办公室申请到2万元。这就是我们费希特课题组在15年里的全部经费。关于课题组的翻译任务是怎样完成的，可以分卷做出介绍。

**图1 梁志学在作学术发言**

第一卷（1792—1794年）收入的论著主要是：（1）《试评一切天启》，这本著作最早是由梁启超简单地介绍给中国读者的，他把书名译为《天启论衡》，主要是强调费希特的天启观念，而没有看到费希特第一个将上帝视为人的主观东西的外化的思想。这本著作由我负责翻译，我是对照着格林的英文译本（剑桥1978年）完成这个任务的，然后写出一篇评价性的文章，附带纠正了国内哲学界把第一次提出这一思想的哲学家定为费尔巴哈的错误论断。（2）《向欧洲各国君主索回他们迄今压制的思想自由》，它在1984年冬已由李理译出，我校改过以后，随即发表于商务印书馆编辑的《外国哲学》。这本小册子是费希特匿名发表的，出版地点写为"太阳城"，出版时间写为"古老黑暗时代的最后一年"，并在封面上附有贺拉斯的诗句："穿透罪恶之黑夜，拨开欺诈之乌云。"尽管费希特当时还在某种程度上抱有法国革命阵营中吉伦特派的观点，但他那种批判封建专制主义的激情实在令人感动。（3）《纠正公众对于法国革命的评论》，这本专著同样是匿名出版的，它批评了汉诺威公国枢密院秘书雷贝格污蔑法国革命的言论，以康德的理性主义哲学为依据，论证了这场革命的合理性。费希特把法国革命比喻为"人类历史上的一幅瑰丽画卷"，并且自称为"法兰西共和国公民"。李理在译此书时同样认真努力，经过不懈的劳作，在她 1987 年 7 月赴德留学之前就把任务完成了。说句实话，我在校对译稿时除了哲学部分，改动很少。（4）《论知识学或所谓哲学的概念》，它是费希特 1794 年 5 月在耶拿大学开课时写的，言简意赅，对于理解早期知识学十分重要。为了译好这个短篇著作，沈真花了很多时间补习费希特哲学。她读了洪谦和宗白华在《德国古典哲学原著选辑》中翻译的有关知识学的段落和王玖兴翻译的《全部知识学的基础》，继承了前人的经验，译稿最后由我改定。（5）《全部知识学的基础》，王玖兴是按照德文第二版译出的，我们要遵照现行德文全集本的编辑原则，按第一版译出。我对照原文，将王玖兴的译文改为按第一版译的，同时纠正了一些纰漏，例如 Tathandlung 是从功能方面表示宇宙万物的起源的最高范畴，应该译为"本源行动"，译为"事实行动"是不正确的。我在改完以后，送给了王先生过目。他又审读一遍。我在翻译《试评一切天启》时留下几个难题，经过与薛华商讨，才最后得到解决。全卷的译者注释都是由我编译出来，经过沈真审读的。译稿在 1988 年年底交给吴俊琛同志，由他负责编辑加工。本卷问世于 1990 年。

第二卷（1794—1798 年）收入的论著主要是：（1）《论学者的使命》，它是早已译出发表过的，这时作了若干修饰。这本小册子是费希特 1794 年在耶拿大学的首次公开演讲，他那种为真理而真理、为自由而自由的精神感动了德国大学中的广大青年学子，所以这个译本在我们国内反复出版就不是什么偶然的事情。（2）《以知识学为原则的自然法权基础》，这是费希特耶拿时期的哲学体系的一个重要组成部分。他已经不像康德那样，单纯对卢梭做出呼应，而是依据德国人民大众的要求，对于把卢梭思想变为革命现实的罗伯斯庇尔做出呼应。因此，在费希特的法权哲学中也就看不到还有康德的那种政治上的软弱性。费希特坚决相信，新时代的法权原则必将改变全世界，使人类达到大同境界。他写道："保证这一目标实现的，是世界历史中的这样两种现象：一是在地球那边建立起来的欣欣向荣的北美自由国家，启蒙思想和自由必定会从这个国家出发，传向至今仍然受压迫的大陆；一是伟大的欧洲共和政体，这一政体筑起了一道旧世界所不曾有的堤坝，以防止野蛮民族闯入创造文明的领域，从而保证了各国的持续存在，并由此保证了各个人在这些国家逐渐达到的均势。"① 青年马克思极其钦佩这部论证人民最高公共权力的法学著作，曾经利用自己掌握的资料，写出一部类似于这本著作的手稿。尽管至今都未发现这部手稿，但从马克思写给他父亲的信里可以看出，他当时已经坚信人民的最高公共权力具有一分为二和合二为一的辩证法结构，即这个权力分解为执行权和监察权，以各司其职，但同时又以各自的政绩，完成人民交付给自己的使命，而这两者又是统一的，即完成了人民交付给自己任务。现在有的法学家竟然将马克思的这一思想解释为资产阶级三权分立的观点，这是完全错误的。(3)《施米特体系与知识学的比较》，费希特在这篇文章中说明自己是如何克服了康德的缺陷，建立起主观的先验唯心论的，我们可以从中看到发挥康德哲学的施米特走的是将理论理性看得高于实践理性的错误道路，而只有将能动的先验自我定为体系的开端才是发展康德的唯一正确出路。本卷的翻译由于有新生力量谢地坤和李文堂的参加，进度有所提高，从 1988 年 10 月开始，到 1991 年 1 月就全部完成了。

　　第三卷（1798—1800 年）收入的论著主要是：(1)《以知识学为原则的论理学体系》，它是根据早期知识学，系统地研究道德哲学的专著，全书分为三编，第一编讲的是伦理原则的演绎，即从先验自我出发，推导出人的道德本性或人之内的伦理原则。他认为，只有经过这样的演绎，才能形成一门道德科学。第二编讲的是伦理原则的实在性与适用性的演绎。他认为，一个由许多自由存在者组成的共同体是由伦理原则规定的，作为实践规律的伦理原则在这个共同体里毫无例外地适用。第三编讲的是伦理原则在社会生活中的系统应用，其一为行为的道德性的形式条件，即"你要永远按照对于你的职责的最佳信念去行动"，其二为行为的道德性的实质条件，即确定道德规律的内容是绝对独立性，说明道德职责是什

---

① 《费希特全集》第一辑第 3 卷，第 228 页。

么，其三为规定各种道德职责。这部专著虽然大部分是我译出的，但必须指出，当时在德国留学的李理，身在曹营心在汉，没有忘记国内课题组的工作，主动从中承担了一部分。（2）《关于我们信仰上帝统治世界的根据》、《向公众呼吁》和《法律辩护书》是表现费希特耶拿时期的宗教哲学思想的文献，内容极其丰富，他以这些文献批判了专制主义者如何压制思想自由，记载了他们在历史上留下丑恶行径。贺麟先生手把手地培养出来的博士生宋祖良参加这批文献的翻译，他很有发展前途，但英年自尽，实在令人惋惜。（3）《人的使命》，它分为三卷，第一卷考察自然体系与自由体系的对立，认为前者以获得客观知识为宗旨，后者以达到人类之爱为宗旨，第二卷考察能知主体与所知客体的关系，以彻底消除康德的自在之物，第三卷论述人应当怎样超凡脱俗，达到上帝的天国和无限的意志。这部著作构成了先验哲学的主观唯心论形态向客观唯心论形态的转化。收入第三卷的各篇论著都是按照计划翻译的，到1993年7月，我们翻译此书的任务就都完成了。

　　第四卷（1800—1806年）收入的论著主要是：（1）《锁闭的商业国》（1800年）。（2）《关于学者的本质及其在自由领域的表现》。（3）《现时代的根本特点》（1806年）。费希特在1801年到1804年，写过三本修改他的知识学的书稿，表明他的先验哲学的最高原理已经不再是在现实世界里英勇奋斗的绝对自我，而是在世俗生活中稳步前行的绝对精神，因此，除了《锁闭的商业国》，都是以晚期知识学原理为依据的。这部代表早期知识学的专著，不管怎么说，在欧洲空想主义史上是一部首创性的作品，因为在费希特以前，在英国、法国的历史上，没有任何人写过这样的论述社会主义计划经济的作品。郭大为译出的《关于学者的本质及其在自由领域的表现》则是另一种情况。与耶拿早期的《论学者的使命》相比，此书的格调已经大幅降低，理想的学者不再是为真理而牺牲的战士，而变成了依章尽职的老学究。不过，柏林时期的著作也不完全如此。收入本卷的《现时代的根本特点》可以说是马克思主义产生以前欧洲历史哲学思想发展的顶峰。费希特沿着康德的思路前进，把人类历史理解为理性与反理性的矛盾发展过程，阐明这个过程在最初是由不自觉的理性统治的，在接下来的阶段才日益发展到受反理性的力量支配的地步，以致达到当今非理性势力支配世界的时代；他研究了当今的时代精神，预言了包含着理性的时代精神必将逐步传遍全世界。他批判了错误地对待时代精神的两个流派，一个是抱残守缺、落后于时代精神的保守派，一个是超越现实、虚构未来社会的空想派。他特别针对后者指出：你们已经超越了现在的时代精神，你们虚构的社会体制并不能实现时代精神，不管你们怎么自我吹嘘，这个体制必将自己毁灭了自己。这句卓著名言在 20 世纪快要结束的时候受到了哲学界的赞誉。整个这一卷的翻译也都是按计划进行的，开始于 1994 年 9 月，完成于 1997 年 3 月。

第五卷（1806—1812 年）包含的重要论著是《极乐生活指南》和《对德意志民族的演讲》。前一篇论著是费希特柏林时期的宗教哲学，在这部著作里，他把作为知识学最高原理的绝对、上帝或理念进一步阐述为本真生活，认为世界是由本真生活造成的，对假象生活的渴望无极乐可言，而只有对本真生活的热爱才有极乐可言。他把《约翰福音》所讲的"太初有道，道即上帝"与知识学最高原理结合起来，把《约翰福音》所讲的"万物是借道造成的"与知识学最高原理从普遍到个别的推演结合起来，建立起了他的宗教哲学。这部论著虽然在当时也遭到若干批评，但整个来说是很完善的。后一部论著是《现时代的根本特征》的续篇，费希特利用他确立的历史哲学，研究了他当前遇到的两大问题：第一，拿破仑帝国对欧洲大陆上其他国家的侵略，他坚决主张打退这种违反理性的侵略势力，为此，他在 1802 年就上书德意志神圣罗马帝国皇帝，要求进行社会改革，但毫无结果；第二，他从教育体制改革入手，提出了德意志民族复兴的方案，他坚信优秀的德意志民族一定能使自己兴旺发达起来。但在论证德意志民族的优点时有偏差，以致它后来被日本军国主义利用，宣传侵略其他东亚民族的大和民族优秀论。这本世界名著是在 1931 年九一八事变后由张君劢译为中文的（德文节编），在中国人民反抗民族侵略的斗争中发挥了有益的作用；在抗日战争时期才有一个全译本，不过是从英文转译的。此书现在已经以汉译世界名著的形式大量出版。在完成这卷的译本时，我们课题组的力量早已不再是单薄的，而是雄厚的。所以，在给优秀归国留学生甘绍平分配翻译任务时，他领到的就不是什么重要论著，而是一篇演讲——费希特就职柏林大学校长演讲。本卷附录了我们编译的《费希特年表》，它内容翔实，很有参考价值。我们课题组的同志们与我一起，整整奋斗了 15 年，才在 2000 年 6 月完成第五卷。我们没有立即交稿，因为编入本卷后半部分的著作的历史考订版第一辑第 10 卷到 2006 年才能出版，我们必须把它与本卷后半部分的译著对照一遍。也就是在这个时候，我才觉得自己如释重负，并且体会到薛华同志为什么说他自己喜欢自由单干。不过，集体的事情总得有人出来组织和领导，正因为我没有放弃这个信念，所以在不久以后，我又挑起了另一副重担——扩大原来的课题组，翻译黑格尔全集历史考订版。

在完成第五卷的翻译过程我们课题组有一个惯例：不论是谁，都要把自己最初完成的一部分译稿复印出来，供大家集体讨论。在译文的疑难之处，同志们就语义和语形问题提出了不同的修改意见。经过多方争论，总是提高了译文质量。即使不开小组会，有些同志也愿意这么凑合起来，进行讨论。可以说，这种集思广益的方法保证了译文质量的提高。

**（二）研究费希特著作取得的成果**

以五卷费希特著作的翻译为依托，通过招收博士生，我们课题组的实力在不断壮大。因此，我们就能按照原订的计划，逐步开展学术活动，取得了多项研究成果。

1. 程志民著《绝对主体的建构》（湖南教育出版社 1989 年版），专门评价早期知识学，说明它是革命的、理性的主观唯心论。

2. 梁志学著《费希特青年时期的哲学创作》（中国社会科学出版社 1991 年版），阐明早期知识学是法国的政治革命和康德的哲学革命结合的产物，是他随着时代潮流不断前进，初步达到的落脚点；从这部著作里我们可以看到，一个出身寒微的农家子弟是怎样成长为一位批判丑恶现实、向往光明未来的知名教授的。他倡导民主革命，反对封建专制主义，他主张不劳动者不得食，批判人剥削人的社会制度，这些思想在德国古典哲学中是独一无二的和难能可贵的。

3. 谢地坤著《费希特的宗教哲学》（中国社会科学出版社 1992 年版），分析了《试评一切天启》，说明费希特当时树立的那位作为主观东西的外化的上帝是人类的理性事业的捍卫者，分析了他在"无神论之争"中发表的论文，阐明他所信奉的上帝是支配世界上的伦理秩序的无限理性存在者，分析了《极乐生活指南》，证明他晚期所讲的上帝已经相当于他当时所要建立的知识学的最高范畴——绝对存在。可以说，这是一本写得相当深入的、系统的研究作品。

4. 梁志学著《费希特耶拿时期的思想体系》（中国社会科学出版社 1995 年版），用公理化方法解剖了他的《全部知识学的基础》，肯定了他把康德先验逻辑发展为思辨逻辑时做出的贡献，系统地研究了他的探讨有限理性存在者与无限理性存在者的关系的宗教哲学，探讨有限理性存在者之间的关系的伦理学和法权哲学以及探讨有限理性存在者与无理性存在者的关系的自然哲学萌芽，得出了费希特是革命的德国古典哲学家的结论。

5. 李文堂写出的研究早期和晚期知识学最高原理的博士论文，它与他的硕士论文合到一起，以《真理之光——费希特与海德格尔论 Sein》为题，公之于世（江苏人民出版社 2002 年版）。这本书的独特贡献在于更细致地刻画了知识学的形成过程和研讨了费希特 1804 年第二部手稿中建立的晚期知识学。

6. 梁志学著《费希特柏林时期的体系演变》（中国社会科学出版社 2003 年版），从费希特被撵出耶拿大学开始，探讨到他 1804 年建立宏观唯心论的知识学，进而以这种晚期知识学为依据，阐明了他在柏林时期提出的历史哲学、道德哲学和国家学说，既评论了他对他自己过去主张的激进思想的偏离，也肯定了他继续坚持世界主义与爱国主义相统一的原则，在反抗拿破仑的侵略战争中的杰出表现。

7. 郭大为著《费希特的伦理学思想》（中国社会科学出版社 2003 年版），评价了费希特早期的伦理学篇章、耶拿时期的《伦理学体系》和柏林时期的伦理学演讲，堪称一部系统的研究作品，已经受到伦理学史研究者的好评。

8. 沈真编《费希特在当代各国》（中国社会科学出版社 2006 年版），介绍了德国、法国、意大利、美国、日本、俄国和中国编辑、研究和翻译费希特著作的概况，在每个国家都有这样三个项目：一位具有代表性的研究家的作品，介绍本国研究和编辑（或翻译）费希特著作概况的综合报道，出版书目。编者以"费希特的复兴"为题，概论了 20 世纪后半叶各国研究这位德国古典哲学家时取得各项巨大成果。

9. 张东辉著《费希特的法权哲学》（中国社会科学出版社 2010 年版），研究了费希特早期的民主革命思想、耶拿时期的《自然法权基础》和柏林时期的《国家学说》（当时已经定稿，然而尚未付梓），刻画了他的法权哲学的整个发展过程，特别在最后说明，他把反抗拿破仑侵略的民族解放战争的胜利视为德国人民的胜利，而反对某个封建王朝侵吞胜利成果。

这样，我们的课题组经过 20 年的努力，也就完成了它原初计划的第二项工作。但令人遗憾的是，《费希特的历史哲学》一书写得不够水平，未能出版。

## 二　翻译和研究黑格尔哲学著作

### （一）修订黑格尔《小逻辑》译稿

在 2001 年，我集中精力再次修订黑格尔《小逻辑》译稿。完工以后，我想请张世英先生写新译序言，他质问我，"你自己能写，找我干吗？"我回答说："在北京大学时，您是我的老师，在全国范围内，大家都认为您对黑格尔逻辑学的研究堪称上乘，所以我才找您。"他微笑着接受了我的请求，他写的这篇中译本序言受到了广大读者欢迎。该书由人民出版社出版。这个出版社的责任编辑张伟珍（南开大学哲学系毕业生）很有学术眼光，不仅衷心表示欢迎，而且立即上报他们的领导，做出了从速出版此书的决定。它在 2002 年年底出版后，在书市上很快销售一空。他们当机立断，不仅再次印刷了平装本，而且另外出版了精装本。我好多朋友和熟人见到这个新译本时都在口头上或书信中对我表示祝贺，哲学所的领导认为这是我所的一项重大成果，决定召开一次黑格尔《逻辑学——哲学全书第一部分》座谈会。参加会议的有所内和所外 50 多人，《博览群书》主编常大林同志就像过去重视讨论《论学者的使命》那样，也专门派人前来录音和录像。会议开得很隆重，发言都很有分量，我不想在此再说，对此有兴趣者，请查看当时的这个刊物。这本译著不久就在社科院被评为优秀科研成果。

### （二）翻译《黑格尔全集》

中国社科院原科研局局长黄浩涛同志找我谈过一次翻译《黑格尔全集》的问题。他的大意是："1962 年贺麟先生在商务印书馆的支持下成立过一个编译委员会，决定翻译这套全集，后来因为政治运动，遭到失败。1986 年汝信同志在国家社科基金办公室的资助下也成立了一个编译委员会，决定翻译这套全集，因为无人实干，也宣告失败。你能不能成立个真正实干的课题组，完成这个任务？"我告诉他："黑格尔全集有过好几个版本，最完备、最科学的是目前北莱茵·威斯特发伦科学院边的历史考订版，共 30 卷，他们从 1968 年开始到今天才完成 17 卷，我估计他们得用

60 年以上的时间。我们要翻译，就翻译这个版本；要我来当课题组负责人，按我的身体和年龄讲，保证译出 5 本，约用 10 年时间，争取再译 5 本，也得 10 年时间。"他也觉得我能干这些年。在 2005 年秋天，院领导决定将这项工作列为我院第三项重大课题。在这种情况下我就把精力转向了译《黑格尔全集》。

我就此征求了几位同志的意见，并筹建了课题组。成员中一部分是从从费希特课题组转来的，有沈真、谢地坤、李理、李文堂和郭大为；一部分是新发展的，有薛华（中国社会科学院哲学所研究员）、刘立群（中国社会科学院欧洲所研究员，2008 年起为北京外国语大学教授）、张慎（中国社会科学院哲学所研究员）、户晓辉（中国社会科学院文学所研究员）、黄裕生（清华大学教授）和张东辉（中国社会科学院哲学所博士生）。

2006 年 1 月 16 日黑格尔课题组第一次开会，我在会上提出了我们翻译《黑格尔全集》历史考订版的办法：（1）每卷正文都按原文译出，没有太大意义的个别短篇附件可以不译；（2）译者参照德文注释，编译出供中国读者看的中文注释；（3）译出德文人名索引；（4）译者参照德文编者说明写出中译本前言，向读者讲清楚所译原著的基本内容和在德国的出版过程，并最后交代编译方法。大家讨论了这些办法，对它们有了更加具体、更加明确的认识。接着讨论了工作部署，大家决定：（1）在第一期翻译中，选定的原著都是未曾译为中文的，已经译为中文的，以后酌情修订或重新翻译；（2）根据各位成员报名和推荐的结果，决定在第一期完成全集 7 本的翻译。

已经确定的 7 本的翻译是怎么进行的呢？我们可以分别叙述如下：

第一本：《黑格尔全集》第 17 卷，即《演讲手稿 I （1816—1831）》由我和李理承担翻译，开始于 2006 年 1 月，结束于 2010 年 12 月。它是黑格尔写的宗教哲学讲课手稿，内容艰深，行文不畅，可让我们吃了不少苦头。在课题组讨论译稿时，大家都对这个原稿有这种看法，从翻译第一句正文开始就争论了许多问题。我们都是慢慢地分段译出，然后送对方校改，经过讨论，最后定稿。黑格尔涉及大量历史文献，这就使我们经常停顿译笔，进入图书馆，借阅这些文献。阅读这些文献，经常遇到难题，在国内，我们经常向詹文杰、王焕生请教，他们给予了我们真诚的协助，我们要向他们致以由衷的谢意。在国外，黑格尔全集编委会耶施克教授认真地回答了我们提出的许多难题，甚至亲自动手，替我们翻译了一首用施瓦本方言写的诗歌。特别需要指出，如果没有他所编的《宗教哲学讲座录》（三卷本）给这部手稿做出的标点断句，我们在许多地方简直无法下手。他详细地编写的注释，帮助我们解决了大量难题，这从译者注释中就可以看得出来。总之，我们十分感谢耶施克教授。我和李理就是这么不断克服困难，经过 5 年努力，译出这部名著的。许多同志都觉得此书难懂，直到如今，我们都看不到有一篇研究它的论文在刊物上发表，这是一种可悲的现象。

第二本：《黑格尔全集》第 10 卷，即《纽约堡高级中学教程和讲话（1808—1816）》，由张东辉和户晓辉承担翻译，开始于 2008 年 1 月，结束于 2010 年 12 月。这部作品通俗易懂，很适合于这两位第一次翻译古典哲学著作的译者。他们很认真，很勤劳，从 2008 年 1 月开始，用了两年多时间，就分头完成了任务。我与李理校改了他们的译文。可以说，这部著作的翻译质量是像样的。但仍有纰漏。台湾的一位化名作者，指出沃恩在此中的一句错译，我们向他表示感谢，并且保证在再版时一定改正。

第三本：《黑格尔全集》第 27 卷第 1 分册，即《世界史哲学讲演录（1822—1823）》，是学生听课笔记，不像黑格尔本人写得那么艰深。由刘立群、沈真、张东辉和姚燕译出，在遇到难题时请教过廖学盛、张弓、陈可风、余中先等教授。刘立群在完成翻译任务后，还参加了张慎和我开展的校对工作。这本译著的出版引起了广泛的反应。商务印书馆不仅再版了精装本，而且发表了大量普及本，以满足读者的需求。

第四本：《黑格尔全集》第 6 卷，即《耶拿体系草稿》。这是黑格尔决定建立自己的哲学体系以来，1803—1804 年在耶拿大学写出的第一部草稿。逻辑、形而上学部分已经丧失，自然哲学与精神哲学部分也不齐全，它们都是根据当时的具体科学成果构成的，哲学思想不清晰，行文也不通顺。郭大为虽然费了很多工夫，推敲这本原著，但进展缓慢。不久，梁志学亦加入翻译工作，两个人相互帮助，不停地向前迈进。终于在 2015 年年底完成了任务。这本著作从研究黑格尔在耶拿的这一年的哲学思想来说，将会提供必不可少的论据，但从研究他的整个体系的角度来说，则没有这么大的价值。

第五本：《黑格尔全集》第 18 卷，即《演讲手稿Ⅱ（1816—1831）》，此书中的各个篇章都出自黑格尔手笔，它们是在海德堡大学和柏林大学的就职演说，黑格尔在柏林大学讲授哲学史、美学、世界史哲学、上帝存在证明的手稿，以及第二手流传资料（宗教哲学）。讲宗教哲学和历史哲学的部分占了全书 2/3 以上的篇幅，分别由沈真和张东辉译出，其次部分由王歌、梁志学、毕芙蓉和张严译出。虽然各篇的内容都很不完整，但黑格尔在其中讲出许多精彩的内容，这是我们在此前看不到的。由于沈真病故，这本论著的翻译未能如期完成。拖到 2016 年年底，我与李理才完成了全书译文的核对，并将结束其他编译工作。这部论著由于是黑格尔在其生命的最后阶段写出的，所以对于我们研究他的思想具有很大价值。我们在 2017 年 2 月完成了这项译事。但最后两本没有完成。

第六本：黄裕生译《宗教哲学讲演录 I 》，在完成开头的序论 3 万多字以后，就再也没有进展。译者的学术兴趣转移到了其他方面。已译出的部分交给此书将来的译者参照。

第七本：李文堂译《法哲学讲演录》，译出序论以后，再也没有进展。译者发展道路转向其他方面。他现在决定再继续往下编译，译出的序论已发表于《外国哲学》（2017 年第 2 期）。

（梁志学，中国社会科学院哲学研究所研究员）

# 物质论研究和关系实在论的提出

## 罗嘉昌

20 世纪 80 年代初，我参加了"六五"国家社会科学重点项目"物质论"课题组，完成了《从物质实体到客观实在》的专论。在这部书稿中，我探讨了一种关系的实在观，提出了关系实在论。经八九十年代与当代世界哲学的进一步融通，完成了《从物质实体到关系实在》的专著。

我是带着对当代物理实在观变革的哲学意义的思考，来参加"物质论"课题研究的。20 世纪 70 年代，我在中国科学院物理所工作期间，注意到了当时刚刚开展不久的有关 EPR 论证的实验研究。EPR 悖论是爱因斯坦、波多尔斯基和罗森为论证量子力学的不完备性于 1935 年提出的一个假想的实验。1964 年，贝尔根据爱因斯坦定域性（即定域因果性，核心是光速不可超越，类空事件无关联），推出著名的贝尔不等式，严格证明定域因果性必然要对粒子的关联度做出某种限制，从而与量子力学的预言区别开来。法国物理学家德·埃斯帕纳根据 70 年代以来远距关联试验结果，得出如下结论："世界是由独立于人的意识之外的客体构成的这种学说，却原来和量子力学相矛盾，也为实验所确定的事实相矛盾。"他认为，目前的理论和实验结果要求人们对实在论和定域性二中择一。

此后，国际科学哲学界掀起了实在论和反实在论争论的高潮，也推动我将相对论的哲学问题和量子力学的哲学问题统一起来加以考虑。首先，我注意到一个有趣的现象：爱因斯坦反对量子力学常规观点所持的哲学立场与相对论批判派的立场十分相似，都是坚持独立于理论或意识之外的"客观实在"概念，都坚持"实体—属性"的思维模式，亦即属性为实体（个体）所固有，如果不对该物施加物理相互作用，它们就绝不会改变。

而以玻尔为代表的量子力学的正统解释，则与福克等人的相对论正统解释的精神完全相通。玻尔认为量子态代表关系的观念，而福克则大声疾呼：在相对论批判中，"完全忽视了关系的哲学范畴"。爱因斯坦坚持认为物理实在由各个实体构成，这些实体的性质与它们和其他实体的关系无关。玻尔的观点则意味着，实在本质上就是关系，而实体是由关系来定义的。相对论和量子力学方法论上的许多类似的、甚至相同的特征，致使玻尔和福克能够自由地将相对论中对参考系的相对性推广为对于观察手段或实验装置的相对性，从而获得对相对性和互补性、相对论和量子力学的统一的理解。在这种理解中，最重要的共同点是引入了"对象"之外的"第二项"，我后来称它为"关系参量（项）"。它通常表现为与观察或描述主体有关方面有关的变元，例如与判断主体所处的环境、场合或判断主体所凭借的参考物、比较基准有关的变元。此自由变元与认识主体有关，但又决不能归结为"自我"。它似乎也可以在一定意义上用来作为标示或描述海德格尔的"此在"或舍勒、加达默尔的"此在相对性"的变项。

参加物质论课题研究后，我越来越感到随着关系参项的引入，一扇通往建构新的实在观的大门被打开了。

哲学所的物质论课题组由辩证唯物主义室、自然辩证法室、西方哲学史室和现代外国哲学室的研究人员组成，赵凤歧先生负责。早期的研讨会查汝强、柳树滋也来参加。组内曾传达当时院主要领导的指示，大意是物质论研究要注意吸收当代科学发展的新成果。这也正是我那些年所关心的课题，当时我翻译了不少物理学、哲学方面的文章，其中包括瓦托夫斯基的《科学思想的概念基础——科学哲学导论》一书中"较新近的空间、时间和物质概念"一章。因此参加这项工作、完成写作任务可说是得心应手。但我知道自己的观点与通常教科书上的说法有很大的不同，是偏窄的。这和当时讨论的背景有一定关系。我国哲学界从1980年起开始了一场关于物质定义的争论。争论是由于光远先生发表"关于物质概念"的文章开始的。于光远认为列宁的物质定义是从哲学认识论上做出的，但是，在物质和精神何者是第一性、何者是第二性问题看作已经解决的问题的前提下，应致力于研究物质和物质的属性的关系，从而回答物质的本质问题。而我的观点则不同。

在1983年于大连市召开的物质论研讨会上，我作了关于物质的非物质化的发言，主张从科学哲学侧面发挥列宁关于物质是标志客观实在的哲学范畴的定义，将物质论研究的重点转移到如何理解客观实在问题上，从而与当代世界哲学有关实在论问题的研讨接轨。

　　沿着这条思路，我明确地将物质论课题与自己对物理实在观的研究统一起来。切入点正是现代物理学革命引发的所谓"客观性的危机"。现代物理学革命最重要的成果之一是性质相对性的发现，这就是原先认为物质本身所固有的第一性质也相对化、关系化、投影化，成为类似于第二性质那样的东西。有些物理学家早已提出第一性质并不比第二性质更固有的观点，可惜这一重要见识常常是透过第一性质依赖于主观这种错误的说法表达出来的。我认为这里并非性质的主观化，而是性质存在的相对化。所谓性质客观化的危机，实质上反映了一元性质谓词在传统的"实体—属性"（S 是 P）的框架中出现了难以彻底客观化的困难。具体地说，在"S 是 P"的语言中，当对 S 的某一属性出现相互矛盾的判断时，P 所代表的属性就有可能脱离 S，出现属性不属，乃至归于主观感觉的情况。从这个观点来看，第一性质客观性的危机不过是第二性质客观性危机的继续。然而当初人们能够放弃第二性质，是因为相信还有第一性质在垫底——在表征着客观的实在。可是现在两种性质同命运，就不能不引起人们对以往那种寻求实在的还原主义方法的怀疑，因为层层还原、层层剥笋，凡剥掉一层性质，实际上就意味着消灭了一个世界。因此，我认为这种还原主义之路，乃是一条虚无主义之路，最终必落入"无"。

　　与之相反，物理实在观的变革启发我思考通往实在的另一条道路。这就是立足于关系亦即相对相关性的观点，认为实在（有）乃是相对于一定的关系而言的。以颜色为例，颜色既可以是一元谓词（在日常生活中表示外物所具有的属性），也可以用多元谓词（关系）来表达（此时"外物"乃是作为刺激变量的波长）。也就是说，从科学的观点来看，外部的"客观世界"并无颜色这种第二性质，然而在日常生活中，颜色已由刺激变量（波长）在感官上的投影转化（生成）为外物的属性。这说明第二性质之有无乃是相对于一定的关系（域）而言的。同样的想法可以推广到对其他性质的实在性的思考。既包括似乎正面临着客观性危机的第一性质，也包括人们似乎早已认定为"主观的"审美性质等。这意味着我们走向了一种更为广阔的实在观、更为丰富多彩的宇宙。

　　我的这些观点最先是在 1984 年 8 月 14 日由叶秀山等先生发起的午餐学术讨论会上报告的，题为"关于思维方式现代化问题——从洛克的两种性质学说谈起"。① 平时很少参加午餐会的王玖兴先生也来了。他问道：
照你的观点《爱丽丝梦游仙境》中的"柴郡猫的笑容（与猫分离）就值
得重视了？"我对此作了肯定的回答。整整 30 年后，在 2013 年进行并于
2014 年公布结果的首次试验中，维也纳技术大学、查普曼大学的学者果
真成功地将"量子柴郡猫"的本体与微笑分离开来。直到前几年我读到
《王玖兴文集》时，才知道他在 40 年代后期在清华大学讲西方哲学史就
很重视两种性质的问题。后来他到夫赖堡大学留学，又进修了哲学和心理
学。原来他是有备而来的！可以说，两种性质及其在当代的遭遇正是我几
十年哲学研究工作的重要切入点，我将它看作西方哲学中主客、心物、现
象本质二元对立的先例来看待和处理，并通过引入第零性质及性质系列概
念将其中潜藏的哲学意蕴发挥到极端。

　　1984 年 12 月我在四川大学哲学系作了题为"现代科学与西方科学哲
学"的报告，其中用了很大篇幅阐述了物理实在观变革的哲学意义，给
出了后来称作"关系实在论"的理论梗概。四川大学哲学系图书资料室
根据录音整理，编印成册，1985 年 4 月印发。多年后活跃在哲学界的杨
学功告诉我他是在场的听众。继续搞科学哲学的文兴吾告诉我他当时曾向
我提问。

　　1985 年 9 月 2 日，《光明日报》发表了上述讲演的部分内容，题为
"关于实在观的思考"。在此前后，邱仁宗先生曾约我到本所自然辩证法
研究室作过报告。

　　1987 年《客观实在论》发表（《中国社会科学》第 2 期），关系实在
论的基本观点已提出。该文给出了统一地表述各种性质相互关系的公式
（实质是对两种性质二元对立模式的解构），揭示了属性和关系相互转化
的条件，阐述了一种本质上属于透视主义、关系主义的多世界理论。文章
发表后，反响极强烈。中国社会科学院《院内通讯》《学术动态》作为
"好文章"推荐。在哲学所学术报告会上，我被学科片推举到全所学术会
议上做报告。一年后，《中国社会科学》1988 年第 3 期发表评介文章认
为："《客观实在论》是一篇坚持和发展马克思主义的好文章"，"能够解
决不少理论上的难题，解除很多困惑"，许多问题"都可能由此出发得到
一种全新的理解"，使我们的哲学"成为能说服人和催人奋进的哲学"，

———————————

① 见 1984 年 8 月 13 日所办公室《通知》，关于"午餐会"见《院内通讯》第 43 期。

"为众多的哲学工作者开辟了一条哲学研究的新路子"。冯契主编的《中国社会科学争鸣大系·哲学卷》，总结了中华人民共和国成立40年哲学的成就，具体引证我的《客观实在论》和《当代哲学中的物质观》等文，认为我的工作"引起对客观实在更深入的理解研究，并引发了关于将列宁的物质定义与马克思关于主客体统一的思想结合起来以重建辩证的客观性的方案，从而为唯物主义的现代的、科学的，而又不冷漠人及其理想的形态提供了基础"。在《光明日报》总结改革开放十年来哲学发展的文章中对本文也给予好评。

美国明尼苏达大学的 G. Hellman 教授认为"文章的观点很有意思，值得进一步探讨"。他是著名哲学家古德曼和普特南的学生。普特南当时也在讨论两种性质问题，并以此作为论证"内在的实在论"的依据。但他和几乎所有近代西方哲学家一样，仍然是把问题放在认识论范围里来谈的，这种讨论有其局限性，容易被看成贝克莱主义的继续。我注意到传统认识论讨论方式的局限性，转而考察区分两种性质的本体论方式。这是我立足于"属性和关系"的辩证法，依据现代物理学的发展，反观哲学史而识别出来并加以强调的。可以说，关系实在论的整个理论建构和观点的拓展都是和这个出发点的识别和选取分不开的。

早在1985年6月21日罗蒂来本所作"非还原的物理主义"这个著名的讲演后，在7月3日贺麟先生主持的座谈会上，我针对罗蒂报告的关键所在，即两种语言（身和心，第一性质和第二性质）互译性向他提出问题。罗蒂当场肯定我的问题的重要性。

1987年后，我全力投入这一方向的研究，努力完善理论的建构，争取观念上有所突破。我注意到固然有少数"知音"表示支持，有的甚至还有点狂热，而多数听众、读者对我讲的东西并不理解，也不赞成，有的甚至扣上"唯心主义"帽子了事。我正是在这一尖锐的对立中看到进一步研究的价值。我尽量不做介绍性、综述性、重复性的工作，也不为写书而写书，坚执著书关键先在立说。这一取向与家父罗尔纲对我的影响有关。他看过我80年代初写的一些东西，他说，这些多是学术信息和述评，你应在深入研究的基础上提出自己的观点，进而提出理论，做学问要敢想敢闯，一味小心翼翼、墨守成规不行。

在继续探索的路上，我首先遭遇到在当代分析哲学中极有影响的美国哲学家克里普克。他的指称因果论和后天必然真理论被看成构成了当代分析哲学的历史转折点。然而从我的"关系实在"的观点来看，克里普克的理论仍然是本质主义的延续，是西方传统实体观在当前西方哲学的代表。我通过对克氏理论的哲学基础，特别是对于他给出的后天必然真理的案例的分析，认为他的结论不仅过于简单化，而且其哲学前提，即本质主义和形而上学实在论本身就难以得到满足。究其根源，则在于克里普克将形式逻辑的同一律绝对化，形而上学化，使之作为固定指示词概念、本质属性概念和个体主义的本体论承诺的基础。我写成将关系实在论与克里普克理论对比的论文，文章立足于对同一性的辩证理解，论证了对象、本质、指称和真理的相对性，亦即对于特定语言共同体的内在关联性；主张吸收可能世界语义学的成果，推广蒯因的本体论的相对性思想，提出关于可能世界的透视主义理论，从而将克里普克的结果作为特例包含在其中。

由克里普克追踪到弗莱格，考察了语言哲学从经典语义学到可能世界语义学的发展，与此同时，我还了解了欧陆哲学从胡塞尔到海德格尔及尔后的发展。这些都有助于摆脱认识论主义和心理主义的影响，步入存有论研究之堂奥。

当时哲学逻辑之兴起，包括时态逻辑和拓扑逻辑的发展，给我以较大的启发和激励。我联想起自己探讨的问题与它们的关联性，努力从中吸取养料。前面已谈到，我将从物理学的参考系、实验装置概念中抽象出来的变量称作关系参量，再引入与时态算子相似但含义广泛得多的关系算子 Pr（p）来刻画属性和关系（一元谓词和多元谓词）如何随关系算子的限定而相互转换的机制，由此产生了我所谓的关系的逻辑，亦即对"关系"这一哲学范畴进行哲学逻辑研究而形成的一种带普适性的思想方式、方法。借助这种方法，关系实在论的基本观念和论题获得了较严格系统的展开和论证。

我在 1988 年科恩来华讲学而举办的科学哲学讲座上，明确提出要发展关系的实在理论，而对这一理论的正式命名则是我在读到王路翻译的瑞典哲学家 J. 伊斯雷尔的《辩证法的语言和语言的辩证法》一书后才确立下来的。伊斯雷尔探究了一种认识论的实在论，称之为"关系的实在论"（relational realism），与我的本体论进路有异有同，属于相近的哲学思潮。我如获至宝地将这一名称也用于对我的实在观的命名，并对王路表达了自己的感激之情。

1990 年夏，哲学所开了一次有点特别的会议。院领导汝信亲自参加，所领导陈筠泉、《哲学研究》和《哲学动态》杂志的负责人，辩证唯物主义室赵凤歧、李景源、闵家胤等参加。在会上，我正是以"关系实在论"来回答自然辩证法界某著名人物借清理 80 年代主体性原则讨论并曲解我的观点的而提出指责。为使与会者印象深刻，我特意指出，"客观实在论"一文强调的不是孤立的主体，更不是"自我"，而是"关系"，有如汝信先生研究的狄德罗主张"美在关系"命题中的"关系"。也如闵家胤先生介绍的乌也莫夫所阐述的"关系"。

会后我开始动手写"关系实在论"的文章，在 1991 年全国科学实在论会议上作了报告，引起强烈反响。《哲学动态》关于此次会议的概述中写道："罗嘉昌提出关系实在论……关系实在论对相对论和量子力学做出了统一的哲学解释，并可推广到其他领域，从而为既克服形而上学的实体实在论，又避免反实在论提供了一条出路"。

这是国内首次以"关系实在论"一词报道我的观点和主张。我的论文发表在 1993 年筹办的《场与有：中外哲学的比较与融通》创刊号上，题为"关系实在论：纲要和研究纲领"。这篇两万字的论文也成为我在 1996 年出版的《从物质实体到关系实在》一书的导论。它概括了我从思考物质问题始，到提出对存有的关系实在论理解，进而切入中外哲学比较的过程。

《从物质实体到关系实在》一书立足于当代哲学和科学中的物质观和实在观的发展，探讨物质和实在概念的演变及其所引发的一系列带根本性的哲学问题。认为当代物理实在观的变革对传统的物质实体概念提出了挑战，要求放弃形而上学的绝对实体观，代之以关系的实在观。本书在深入考察当代科学和哲学中的物质非物质化问题、实在观变革等问题的基础上，提出和论证了一种关系的实在论，并将这一理论运用于观察哲学史和当代哲学的某些流派、学科和学说，得出了一系列不同于以往的结论。在这基础上，本书着眼于当前哲学的发展，提出并论证了一种带有中国思想特色的关系主义哲学主张。认为这个主张抓住东方思想的精髓，又针对西方形而上学实体主义传统的弊病，因此有可能成为中国和东方哲学在 21 世纪获得新发展的一个生长点。

该书除"导论"外，共分八章。"导论"以"从实体本体论到关系实在论"为标题，分别从实体本体论对关系实在论、关系实在论和关系的逻辑、关系实在论的中国思想背景这三个方面概括了书中的重要论点，指出关系实在论是一个与传统的实体主义相对立的研究纲领。第一章"从存在之思到物质实体"追溯了古代特别是从阿那克西曼德的无限定学说以来，经由物质（质料）作为不确定的基质到近代"物质实体"概念形成的过程。强调了实践唯物论对形而上学实体观的批判和物质即客观实在学说对于发展新的实在观的意义。第二章至第五章讨论科学中实在概念和物质概念的变革及其在当代世界哲学特别是西方哲学近十个流派中的反应，着重阐述了作者对实在观念的一种辩证的、关系实在论的理解。第六章具体阐述亚里士多德以来的实体逻辑向当代关系的逻辑的转变，显示了关系的逻辑作为一种带普适性的思想方式、方法的意义。第七章通过与当代西方哲学某些重要流派和理论观点的比较（如蒯因的本体论相对性学说、克里普克的形而上学实在论、弗雷格的经典语义学和罗蒂以及普特南等人的新实用主义等），来给关系实在论定位。最后第八章透过"非实体主义转向"主张的提出，对全书的思想走向作一深化和总结。首先阐述非实体主义转向的思想来源和后现代科学背景，其次介绍处于非实体主义转向中当前中国和日本哲学的若干实例，并刻画了非实体主义转向的某些基本特征。然后通过对空名论的批判宣告传统名词逻辑的终结，再主张以"关系与关系者"的思维取代"对象和（主客体）关系"的思维。全书最后一节以"撇开两造而思纯关系"的警句为标题，强调关系存有论的非表象性思维维度，及其与胡塞尔和海德格尔现象学的可能关联和区别。全书不忘回扣海氏所探究的西方思想的第一个开端及其留下的课题，为21世纪世界哲学的转型有所准备。

　　《从物质实体到关系实在》于1996年由中国社会科学出版社出版，中国人民大学出版社将其选入"当代中国人文大系"，于2012年出版增订版。本书已有两个部分被选收在《波士顿科学哲学研究》（第169、179卷）。

（罗嘉昌，中国社会科学院哲学研究所研究员）

# 我的意大利学术研究之路

### 田时纲

　　我是 1967 年北京外国语学院意大利语专业毕业生，毕业后先在部队农场锻炼两年，后分配河北任乡村教师八年，与所学专业暂时"分手"，更谈不上从事意大利学术研究。1978 年 9 月，我迎着改革开放的"春风"，迈进中国社会科学院研究生院的"大门"，从此开始走上意大利哲学、文化研究之路。

**图1　田时纲（前排右四）与意大利学者合影**

# 葛兰西研究

在研究生院哲学系我师从夏甄陶教授，学习马克思主义哲学原理。在完成两年的基础课和专业课学习之后，正准备撰写硕士论文，此时国家准备选派我去意大利留学。

好事多磨，在政审时遇到了麻烦：我的姑父"文化大革命"时是"军统特嫌"。然而，"雾霾消散现蓝天"：真正特务被揪出，姑父冤案得平反，我前进路上的一块巨石终被移开。

我不会忘记临行前，梅益同志的谆谆教诲：意大利是西方文明古国，涌现出不少具有世界影响的思想家，你要珍惜留学的机遇，学好意大利语和专业……

我也不会忘记老所长陈筠泉为我指明学术方向：重点研习葛兰西（Antonio Gramsci，1891—1937）的理论思想。

"条条大路通罗马"——1980 年 12 月 9 日，我从首都机场起程，经孟买、雅典，于次日午抵达罗马列奥纳多·达芬奇国际机场。孟买深夜的热浪，雅典凛冽的晨风，罗马和煦的阳光，让我领略了"一日三季"的自然奇妙。

我是按中意两国文化协定来罗马大学哲学系进修理论哲学的。罗马大学创办于 1303 年，是欧洲最早的著名学府之一。拉布里奥拉和费米曾在此校执教，克罗齐也曾在这里学习。哲学系设在诺曼塔纳路一座昔日的贵族别墅内，这里林木繁茂，鲜花盛开，环境优美恬静。

在那里，我听科莱蒂教授和瓦伦蒂尼教授授课，同时自修意大利语，阅读葛兰西的《狱中书简》和《历史唯物主义和克罗齐哲学》。最后一年，接受意共中央党校戈鲁比校长和葛兰西研究专家杰拉塔纳教授的指导，完成《评葛兰西关于思维与存在关系问题的观点》的学位论文。

回国前，我再次瞻仰葛兰西陵墓，以寄托我的哀思。葛兰西陵墓坐落在罗马城南的英国公墓。这里有石块砌成的围墙，木质小门，沿着狭窄小径走到尽头，就是葛兰西墓。一米多高的青石墓碑上铭刻着："葛兰西阿莱斯 1891—罗马 1937"，墓前有几株殷红的玫瑰，墓侧栽种的常青树绿荫如盖，繁茂常青藤如绿色绒毯披在墓碑上。整个陵墓庄重、质朴，无丝毫装饰，没半点浮华。

　　1983 年 7 月 10 日晨，我在罗马中央火车站乘火车，经南斯拉夫、匈牙利，抵莫斯科，后改乘莫斯科—北京国际列车经满洲里入境，于 22 日晨抵北京站。

　　阔别三年，我回到哲学研究所。我的导师夏甄陶教导我：写文章要小题大做，做学问要扬长避短，使我受益终生。

　　一年后，1984 年，我研究葛兰西的处女作《葛兰西与唯物主义》发表（刊于《社会科学》第 12 期）。该文明确指出，从本质上、整体上看，葛兰西无疑是唯物主义者。这是因为：（1）从自然观上看，葛兰西从未把自然看作精神的产物，而是坚决批判唯心主义自然观。（2）从历史观上看，在对被他称作"意大利唯心主义者"克罗齐的历史主义的批判中，葛兰西的唯物主义更为彻底。（3）从葛兰西的全部理论和实践看，他实际奉行的是唯物主义思想路线。该文可以说"一炮打响"。

　　1989 年 9 月，葛兰西研究所所长瓦卡教授邀请我出席在意大利召开的国际研讨会。我征求汝信同志意见，他态度十分鲜明：意方提供机票和食宿，在国际学术讲坛发出中国学者声音，没有理由不去。10 月 25—28 日，我出席在福尔米亚召开的"葛兰西在世界"国际研讨会。在会上我作了《葛兰西研究在中国》的报告，受到听众欢迎，葛兰西的次子朱利亚诺向我祝贺并合影留念。瓦卡教授送我新版《狱中书简》，是团结报出版社 1988 年两卷本，他建议我按该版本译成中文。几年后，瓦卡教授又将专题六卷本《狱中札记》中文版版权授予我。

　　1991 年，《著名马克思主义哲学家评传》第 4 卷由山东人民出版社出版。我为该卷撰写了葛兰西部分，我着重阐述葛兰西的哲学和政治思想，也介绍他所处时代、在时代大潮中的活动、其文化背景及思想演进的轨迹。在"结束语"中我写道："葛兰西是列宁逝世后最精湛最多产的马克思主义思想家之一，《狱中札记》成为 20 世纪最富独创性的马克思主义理论著作之一。总之，葛兰西以其英雄业绩、崇高人格、光辉思想永远为全世界无产者和进步人类所怀念。"

　　如果说 20 世纪 80 年代是我科研的"播种期"，90 年代是"生长期"，那么从 2001 年至今可以说是"收获期"。在 21 世纪，我的葛兰西研究"更上一层楼"。

　　2001 年第 3 期《马克思主义研究》刊发我撰写的《论葛兰西对马克思主义的理解》一文。我批判一种观点：葛兰西在政治上是伟大的无产阶级革命家，而在哲学世界观上是"离经叛道"的"西方马克思主义者"。我进而一针见血地指出：这一公式本身就包含着逻辑矛盾：难道政治家的实践活动不是以哲学世界观作为理论基础吗？从反面看，早期卢卡奇政治上的"左派"幼稚病同哲学上恢复黑格尔主义传统的倾向不是有着必然联系吗？

2007 年，为了纪念葛兰西逝世 70 周年，中国社会科学院哲学研究所和意大利哲学研究所决定合作出版《狱中书简》和《火与玫瑰》中译本。

《狱中书简》收集葛兰西在 1926 年 11 月至 1937 年 1 月，从流放地和法西斯监狱写给亲友的 456 封信。《狱中书简》是葛兰西思想及活动的"档案"，是《狱中札记》的"导言"及"指南"。《狱中书简》是一幅葛兰西真实、生动的自画像，是一曲动人心魄的"悲壮交响曲"，是一部不朽的意大利现代文学杰作。该书出版后受到读者欢迎，首印 4000 册年内告罄。在 2007 年深圳读书节上，被评为年度十大好书。

2008 年，《火与玫瑰》中译本由人民出版社出版。该书收集葛兰西自 1908 年至 1926 年被捕前，从卡利亚里、都灵、莫斯科、维也纳和罗马写给家人、恋人、战友的 189 封书信。它们是火——一位意大利共产主义者成长历程的生动写照：艰难困苦的学生生活，积极参加并领导工人运动，同法西斯作艰苦卓绝斗争。它们是玫瑰——一位撒丁青年丰富情感（亲情、友情、爱情）的自然抒发；尤其是写给朱丽娅的 50 余封情书情真意切、动人心弦：初恋的羞怯，热恋的激情，离别的忧伤，企望团圆的急切。《火与玫瑰》被《中华读书报》评为 2008 年 20 大好书；2009 年，荣获第 36 届弗拉亚诺国际奖意大利学奖，7 月 12 日晚，我前往佩斯卡拉市邓南遮露天剧场领奖。

2008 年，我还撰写了一篇长文《葛兰西是"西方马克思主义者"吗?》（刊于《教学与研究》2008 年第 11 期）。我运用马克思主义的阶级分析方法，明确指出"西方马克思主义"不是一个科学概念，"西马"可以概括为："西马"非"马"是个筐，萝卜、白菜一块装；"思潮"凝聚左、中、右，真、非、反"马"大合唱。因为在"西马"旗下，既有无产阶级革命家（葛兰西），也有共产党员学者（德拉·沃尔佩），还有马克思主义的叛徒（科莱蒂）和攻击列宁主义的极"左"派（柯尔施），更多的是谈论马克思的资产阶级教授（如存在主义者萨特等）。"第四国际"托派理论家安德森炮制"西马"出于政治需要：否定传统马克思主义，反对列宁主义。安德森之流把葛兰西打成"西马"，是对伟人的贬损和对英雄的亵渎。该文引起意大利学界注意，2011 年由西蒙娜博士全文译成意大利文，并收录在《辩证法、历史和冲突》一书中。

2012 年，《葛兰西研究的歧途与正道》一文（刊于 2012 年 9 月 26 日《中国社会科学报》）深化了前篇论文的思想。我指出必须让葛兰西研究回归国际共产主义运动，因为列宁主义和十月革命对葛兰西产生决定性影响。在 20 世纪 20—30 年代，葛兰西和毛泽东都在进行马克思主义民族化的探索：葛兰西形成领导权理论，提出"阵地战"战略；毛泽东形成"工农武装割据，农村包围城市，最后夺取城市"的革命战略。此外，必须联系中国实际研究葛兰西。比如，葛兰西关于提高工农群众生活水平和巩固无产阶级专政关系的论述，关于在意识形态领域牢牢掌握无产阶级领导权的观点，关于无产阶级国家不断扩大市民社会、增强"积极认同"因素、建设社会主义民主的思想。文章最后指出，《狱中札记》因其篇幅巨大、思想深邃、内容丰富、语言晦涩，成为颇为费解的马克思主义理论著作。然而，目前中译本均为转译本（从俄文或从英文），且篇幅过小（仅为原著的 1/6），这不能不影响我国学界对葛兰西的准确理解和深入研究，因此当务之急要从意大利文版译出《狱中札记》专题六卷本。

2015 年，我已完成《历史唯物主义和克罗齐哲学》的翻译工作。2016 年，我又完成《知识分子和文化组织》一半的译稿。我计划最迟在 2021 年完成余下的 3/4 的任务，以《狱中札记》专题六卷本中译本的出版，来纪念伟大的无产阶级革命家葛兰西诞辰 130 周年。

# 克罗齐研究

在 1980 年之前，我对克罗齐（Benedetto Croce，1866—1952）一无所知。1980 年 12 月至 1983 年 7 月，我赴罗马大学进修理论哲学，才开始对克罗齐有所了解。

我是通过葛兰西"结识"克罗齐的：在准备硕士论文时，我阅读了《狱中书简》和《历史唯物主义和克罗齐哲学》（《狱中札记》第 1 卷），才知道葛兰西在青年时代曾受到克罗齐历史主义的深刻影响，在他成为无产阶级革命家后，认识到要确立马克思主义在意识形态领域的优势地位，就必须"清算"克罗齐。

　　1987 年，中国社会科学院哲学所西方哲学史研究室侯鸿勋老师约我为《西方著名哲学家评传》撰写克罗齐部分。我感到信心不足，他鼓励我大胆去写，因为我有"得天独厚"条件：会意大利语，使用一手材料。正是在老学者的鼓励和帮助下，我才能顺利完成任务。我主要叙述克罗齐的"精神哲学"体系、美学思想、历史观和政治思想，还介绍他所处时代，在时代大潮中的活动、其文化背景及思想演进轨迹。我着重指出，克罗齐是 20 世纪意大利著名哲学家、政治家、历史学家，也是享誉西方的美学家和文学批评家。他是意大利文化界反法西斯"旗手"，又是与伽利略齐名的科学散文大师。

　　1997—2000 年，我被外交部借调在中国驻意大利大使馆研究室任职。1999 年 10 月，西方哲学史研究专家叶秀山研究员来意大利访问，他建议我继续研究克罗齐，尤其是他的史学理论和史学著作。11 月，费希特研究专家梁存秀研究员来意大利出席国际学术会议，他也建议我先译介克罗齐。我说回国后就 56 岁了，是否太晚。他说自己研究费希特就是从 56 岁开始的。这样，在 2001 年 1 月回国后，我下定决心先译介克罗齐。恰巧，这年 10 月，哲学所和意大利哲学研究所决定合作出版《克罗齐史学名著译丛》。

　　历时四年，2005 年，我主编的《克罗齐史学名著译丛》由中国社会科学出版社出版。《译丛》共分 5 卷：前两卷是史学理论：《历史学的理论和历史》《作为思想和行动的历史》；后三卷是"史学三部曲"：《那不勒斯王国史》《1871—1915 年意大利史》《十九世纪欧洲史》。我承担前两卷和最后一卷的翻译任务，王天清教授负责翻译三卷、四卷。后四卷均为首译；第一卷虽说有商务印书馆的中译本，但那是个转译本（从英文转译）。商务版《历史学的理论和实际》以 1923 年英译本为蓝本，而英译本根据 1919 年意大利文版译出。1927 年和 1941 年意文版再版两次，1941 年版为修订版，此版除对文字进行修改外，还添加"旁注（札记和评论）"——23 个专题笔记。在翻译的过程中，对照原文，我发现商务版缺失 23 个专题笔记，还有误译，如把"蟾蜍"译为"黄蜂"，把"事实"译为"实用"，《教父传》译成《族长传》，《被解放的耶路撒冷》译成《吉罗莎伦》，"薛西斯一世"译成"克谢尔克谢斯"，"波舒埃"译成"博修埃"……甚至出现"俄罗斯的一个丹东……"的怪句。

　　作为主编，我在《丛书总序》中指出："克罗齐的历史观是唯心主义的，但作为历史学家，克罗齐毕竟为后人留下大量的社会史、文化史著作。克罗齐以其深刻的思想、渊博的知识、清新自然的文体及翔实可靠的史料，为西方史学的发展做出贡献。作为哲学家和史学理论家，克罗齐对传统史学种种弊端的敏锐洞察，对形形色色伪历史的有力批判，对历史编纂学自身规律及其历史的关注，在西方史学界产生过深远影响"；"列宁说过，聪明的唯心主义比愚蠢的唯物主义更接近聪明的唯物主义。19 世纪中叶，马克思和恩格斯未因黑格尔哲学的客观唯心主义外壳而拒绝其辩证法的合理内核。20 世纪 30 年代，杰出的马克思主义理论家葛兰西，在批判克罗齐的历史唯心论时，发现其历史主义中的闪光东西有助于认识苏联官方哲学的庸俗唯物论和机械唯物论的本质。若认真思考，不难发现克罗齐对某些问题的分析，像是针对我们所发"。

这套丛书出版后，受到学界的欢迎。《光明日报》《中国青年报》《中国新闻周刊》《新京报》均刊文介绍。2005 年 10 月 29 日，在意大利哲学研究所举行《克罗齐史学名著译丛》发布会。钱皮总统发来贺信，那不勒斯市长出席开幕式并接见中国社会科学院学者。《那不勒斯日报》文化版刊发专稿《克罗齐把那不勒斯和中国相连》。其后，《历史学的理论和历史》《作为思想和行动的历史》《十九世纪欧洲史》荣获第七届中国社会科学院优秀科研成果奖。《作为思想和行动的历史》和《十九世纪欧洲史》先后纳入《汉译名著》，由商务印书馆再版。

2006 年 9 月 21 日，我撰写了《史学家克罗齐与中国》，着重指出克罗齐是中国人民的朋友。因为：第一，他承认中国是具有独特文明和悠久历史的国家；第二，他坚决反对历史和文明的西方中心论，肯定并承认中国和东方对世界文明做出不可磨灭贡献；第三，他旗帜鲜明地谴责八国联军对中国的侵略。作为大历史学家，克罗齐具有强烈正义感和精准判断力。从某种意义上，可以说克罗齐是联邦德国总理勃兰特（华沙一跪，对"二战"中死难犹太人真诚谢罪）的历史导师。

在翻译和研究克罗齐的史学著作后，我转向克罗齐的美学著作。对照原文，我发现朱光潜先生译的《美学原理》"存在一些错误和不足，因此在新世纪出版新译本很有必要"。我的正确判断引起上海大学张敏教授的异议，2006 年 6 月 15 日《社会科学报》刊发他的文章《"心灵哲学"，还是"精神哲学"？》，他强调指出："问题集中在对'filosofia dello spirito'的认识，是按新译看作'精神哲学'，还是按朱译本译成'心灵哲学'？在笔者看来，一词之改，不仅意味着认识上的倒退，而且表明对克罗齐学说及其学术语境缺乏深入了解。"为此，在根据意大利文本译出《美学的理论》，并于 2007 年 1 月由中国社会科学出版社出版后，我不得不"应战"，撰写《朱光潜的误译》一文。我首先指出："意大利语词语 Spirito 源于德语 Geit，因为克罗齐使用的 Spirito 直接源于黑格尔。克罗齐根据德文翻译黑格尔的《哲学全书》，第三部分译成：Ⅲ. Filosofia dello Spirito；梁志学研究员根据德文译成：Ⅲ. 精神哲学"；这说明"Spirito 是个重要的哲学范畴，在爱智山上只能唱哲学歌，'心灵'承载不了哲学的重负，'Spirito'只能译成'精神'"。我进而指出："张敏先生所说的'精神'的复数形式是不存在的，克罗齐只使用单数形式——Spirito。张敏先生所说的'心情、情绪、心境、兴致'，在克罗齐看来，有待提高到'精神'，并在'精神'中得到净化。"

《自我评论》和《美学的理论》同时出版。《自我评论》是克罗齐的学术史、思想发展史。1915 年 4 月，当他迈入人生第 50 个年头时，思考歌德提出的问题："为什么历史学家评论他人，就不该评论自己？"5 日至 8 日，克罗齐浮想联翩，文思泉涌，一气呵成，写就《自我评论》。以后，又分别于 1934 年、1941 年和 1950 年三次续写。通过阅读此文，人们将会理解：克罗齐家资巨万，为什么终生追求探索；他没有大学文凭，为什么会成为享誉世界的大思想家；他被称作"新黑格尔派"，为什么遭他本人反对；他是个书斋学者，却在历史的紧要关头从不退缩……

2011 年，我撰写了《〈美学的理论〉导读》一文。我着重指出，《美学的理论》集西方古典美学之大成，开现代西方美学之先河。克罗齐的美学理论，在现代物欲横流的情势下，实际上是对人的精神与心灵的张扬，是对人性的维护。正如他所说，艺术是个解放者，它使精神上得到解放，人性得到净化。在此意义上，克罗齐的艺术理论具有进步性。过去，判定克罗齐美学具有反理性特征有失偏颇。因为：一是克罗齐的"直觉"不同于弗洛伊德的"无意识"；二是克罗齐不反对理性、概念对艺术的作用，他仅仅反对把理性、概念视为艺术的本质要素。三是克罗齐认为，非理性主义是一种"世纪病"。此外，不能简单地断言克罗齐否定艺术源于生活。因为他坚决反对那种只重形式缺乏内容的艺术（如唯美主义艺术），并且强调艺术批评要同整个社会生活相联系。只不过他对生活的理解不同，认为最终那是精神的活动。今天，在批判庸俗唯物主义和机械唯物主义的美学理论时，克罗齐美学理论仍能给人以有益启示。

2016 年 9 月 22—23 日，我应邀出席在意大利历史研究所召开的"克罗齐著作的国际传播"学术研讨会，并作《克罗齐研究在中国》的报告，受到热烈欢迎。会后，我把为纪念克罗齐诞辰 150 周年刚刚出版的《美学纲要　美学精要》和其他五部由我翻译的克罗齐著作中译本分别赠给克罗齐图书馆和那不勒斯东方大学孔子学院。克罗齐图书馆基金会主席、克罗齐外孙格拉韦里教授欢迎我再来那不勒斯。

# 布鲁诺研究

当我还是个中学生时，就知道布鲁诺（Giordano Bruno，1548—1600）是为真理献身的英雄。在 20 世纪 80 年代初我到罗马大学哲学系进修，90 年代在驻罗马使馆工作，常常到鲜花广场拜谒布鲁诺，那时我就想，何时能到布鲁诺的故乡诺拉呢？2009 年阳春时节，我应国际布鲁诺基金会主席邀请，出席在诺拉举办的国际布鲁诺研讨会，终于实现了多年的夙愿。

从 4 月 15 日到 19 日，国际布鲁诺研讨会开了整整 5 天。

研讨会的报告人来自中国、日本、俄罗斯、法国、德国、西班牙、巴西、罗马尼亚、波兰和意大利各地。然而，令诺拉人自豪的是，大家都说同一种语言——布鲁诺的母语，来讨论布鲁诺的思想。我在研讨会上作了《布鲁诺研究在中国》的报告。

研讨会的主题是"不确定性的赞歌"：赞颂不确定性，首先旨在呼吁宽容，反对野蛮狂热。赞颂不确定性，意味着肯定各个民族语言、宗教、文化、知识多样性的重要意义，它们不是人类发展的障碍，而是人类共有的伟大遗产。在讨论布鲁诺哲学的现代性时，学者们一致认为，布鲁诺强调哲学研究与信仰的分离，谴责宗教狂热及其暴力，主张人文精神和科学理性相结合，至今具有现实指导意义。他们着重指出，布鲁诺的宇宙无中心论为民主政治观念提供了思辨基础。因为，宇宙是无限的，任何一点都是中心；而个体作为理性的生命，天生是自由的。在布鲁诺看来，宇宙中的人类个体，都拥有自己的尊严和责任。布鲁诺还是最早批判殖民主义的思想家之一，他一针见血地指出，哥伦布之流不是渴望求知的航海者，他们是一群受低级本能驱使的无耻海盗。在文明的名义下，在天主教的名义下，土著人被虐杀、掠夺、抢劫，被剥夺全部自由、全部财产。

研讨会后期，国际布鲁诺研究中心发现布鲁诺著作现有译本有重大缺陷，决定以 2002 年《意大利语作品集》为蓝本，资助出版布鲁诺著作多语种译本。

回国后，我申请院老年科研基金课题《布鲁诺自然哲学译著及研究》并获批准。该课题包括两部自然哲学名著翻译和一篇学术论文。

布鲁诺的《论无限、宇宙和诸世界》成书于 1584 年，是其六部意大利语对话集中影响最大的一部，是其自然哲学三部曲的第三部，是 16 世纪自然哲学和宇宙学的经典。布鲁诺是 16 世纪唯一拥护哥白尼学说的哲学家。他从太阳中心说出发，结合当时天文学的最新成果进行缜密哲学思维，全面批判亚里士多德的地球中心说——有限宇宙论，把太阳中心说提高并发展为宇宙无中心说——无限宇宙论。布鲁诺的宇宙同质说终结了亚里士多德的等级宇宙论，是现代宇宙学的宇宙结构均匀分布和各向同性理论的先导。由于布鲁诺的宇宙论具有科学性和反亚里士多德、反经院哲学的战斗性，17 世纪和 18 世纪大部分天文学家和科学家接受了他的无限、同质宇宙观。

按出版合同早应交稿。但因布鲁诺使用语言的历史形态，其概念的独特、思想的深邃、涉及经典的广泛，使我的翻译工作遇到"史无前例"的巨大困难。为此，我决定放慢速度，"在战争中学习战争"——边学边干。我重点研读了亚里士多德的《物理学》、《论天》和《形而上学》，卢克莱修的《物性论》和哥白尼的《天体运行论》。为了熟悉并理解布鲁诺的语言，我选择与他同时代（16 世纪）、同地区（那不勒斯省）的诗人塔索的代表作——《被解放的耶路撒冷》，将意大利文版和中文版对照阅读。虽说学习占用了时间，但使我受益匪浅，起到了事半功倍的效果。历时一年多，2010 年 10 月，《论无限、宇宙和诸世界》首个中译本由人民出版社出版。2013 年 4 月，该译本荣获第五届中国社会科学院离退休人员优秀科研成果奖二等奖。2013 年 6 月，该译本纳入"汉阅学术文库"由吉林出版集团修订再版。

在《论无限、宇宙和诸世界》中译本出版后，我着手《论原因、本原和太一》的翻译工作。《论原因、本原和太一》虽说已有中译本，但那是个转译本（根据 1949 年敦尼克的俄译本移译），且残缺不全（"献词代序"缺五个对话论题）。新译本根据都灵出版公司 2002 年出版的布鲁诺《意大利语作品集》（Bruno, Opere Italiane, Utet S. p. A, Torino, 2002）

译出。《意大利语作品集》两卷集由毕生从事布鲁诺著作版本研究和校勘编辑工作的乔万尼·阿奎莱基亚（Giovanni Aquilecchia，1923—2001）教授主持，多名欧洲学者参与，多年合作完成的评注版，是目前水平最高的权威范本。《论原因、本原和太一》是布鲁诺自然哲学三部曲的第二部，其影响仅次于《论无限、宇宙和诸世界》。该书阐明无限宇宙观的形而上学根据——无限实体的同一性。无限宇宙是由物质和形式构成或结合的两个对立却共存的本原，它们融合于无限的太一。2014 年 7 月，《论原因、本原和太一》新译本由北京师范大学出版社纳入"西学经典书系"出版。

在出版两部布鲁诺自然哲学著作新译本后，我投入对其自然哲学的研究工作。先是撰写《布鲁诺的自然哲学》一文（《中国社会科学报》2016年 9 月 13 日）。该文指出，布鲁诺的自然哲学批判了亚里士多德的物质观。亚里士多德在现实物质和潜在物质之间修筑了"长城"，布鲁诺将它摧毁。布鲁诺先用有形体物质和无形体物质说明潜在物质和现实物质没有区别。进而他用自然物质和技艺物质具体说明潜在物质和现实物质都是物质。布鲁诺天才地概括出物质不灭原理，可以说是物质不灭和能量守恒定律的雏形。他说："任何东西都不会被消灭，并且不会丧失存在，丧失的只是偶然的、外在的物质形式。从而，无论是物质，还是自然物的实体形式，都是不可消解和不可消灭的，在整体上不会丧失存在。"亚里士多德竭力贬损物质，他把物质时而称作"混沌"，时而称作"自身不存在的本体"，时而称作"只同形式比较才认识的东西"，时而称作"消极主体"，时而同女人相提并论，甚至说物质"几乎是无"。布鲁诺针锋相对地指出，物质是"神圣的东西，并且是自然万物的卓越先祖、生育者和母亲；甚至，就是整个大自然的实体"。显然，布鲁诺恢复了物质理应享有的尊严，他肯定了物质的实体性、积极性和创造性。

接着，我完成了院老年科研基金课题项目——论文《论布鲁诺自然哲学的唯物主义倾向》。该论文根据充分论据，指出布鲁诺的自然哲学建立在对欧洲和阿拉伯哲学的深刻认识基础之上，继承并发扬欧洲和阿拉伯的唯物主义优良传统，受所谓巫术、神秘主义的影响极小。首先，巫术著作占布鲁诺全部著作的极少部分。其次，布鲁诺在自然哲学三部曲中极少提及巫术。因此，巫术不能作为评价布鲁诺自然哲学倾向性的主要根据。

进而剖析英国女学者耶茨研究方法论的错误——只见树木，不见森林，只见现象，不见本质。她过分夸大布鲁诺思想中的神秘主义成分，她对布鲁诺思想完全按巫术——神秘主义进行解读，必然难以把握布鲁诺思想中的唯物主义和自然主义的本质。从 20 世纪 90 年代开始，在西方出现从本质上把握和理解布鲁诺自然哲学的新趋势，耶茨的偏见得以纠正。然而，已成明日黄花的耶茨却被一位青年学者尊为学术大家。这位青年学者是《西方哲学史》（凤凰出版社 2005 年版）布鲁诺部分的撰稿人。他重弹耶茨的老调，同国际学界的主流评价背道而驰：《不列颠百科全书》称布鲁诺是"西方思想史上重要人物之一，也是现代文化的先驱者"；《中国大百科全书》称布鲁诺是"欧洲文艺复兴时期唯物主义哲学家"，"布鲁诺的哲学是文艺复兴时期哲学思潮发展的最高成果，他对后来斯宾诺莎实体一元论的唯物主义，莱布尼茨的单子伦，以至谢林、黑格尔的辩证法思想的形成，产生了深远影响"。习近平同志也高度评价布鲁诺，称他是"文化和思想大家""文艺巨匠"。这位撰稿人对布鲁诺的理论贡献一笔抹杀，全然否定布鲁诺为真理献身的大无畏精神，竟然说布鲁诺"主要是一个'魔法师'或'妖人'"。这反映出该撰稿人学术视野狭窄，学界动态不明，研究材料匮乏，研究方法错误。2016 年 12 月，社会科学文献出版社出版《真与诗——意大利哲学、文化论丛》，收录了该论文。

2017 年 2 月 17—21 日，我应那不勒斯"科学城"基金会和国际布鲁诺基金会邀请，出席布鲁诺国际研讨会，并作《布鲁诺著作在中国的翻译和研究》的报告。我还把《论无限、宇宙和诸世界》《论原因、本原和太一》中译本分别赠予"科学城"基金会和国际布鲁诺基金会。

## 《蒙台梭利文集》

2002 年 11 月，我"荣升"为爷爷，开始关注幼儿教育问题，陆续购得一些蒙台梭利著作中译本阅读。然而，我发现这些译本均为转译本（根据英译本移译），所依据的蓝本过于陈旧，译文也不尽如人意。比如，不止一个中译本把 Iasnaja Poliana（雅斯纳亚·波利亚纳）译作亚斯拉加·波利尔，把大文豪列夫·托尔斯泰的故乡名，臆想成一位教育家，虚构出"亚斯拉加·波利尔在其教学法著作中"的奇文。为此，我萌生根据意大利语原版直接、系统翻译蒙台梭利主要著作的意愿。随后，我的计划得到人民出版社的大力支持，中文版《蒙台梭利文集》列入国家新闻出版总署"十一五"国家重点图书出版项目。

蒙台梭利（Maria Montessori，1870—1952）是 20 世纪的杰出教育家，在近半个世纪的儿童教育实践中，不断总结经验，撰写出一部又一部理论著作。在其众多儿童教育理论著作中，选出一部多卷本《蒙台梭利文集》绝非易事。中文版《蒙台梭利文集》，根据国际蒙台梭利协会推荐书目，以意大利语 21 世纪权威版本为蓝本，涵盖蒙台梭利的八本主要著作。按写作时间、内容和篇幅，中文版《蒙台梭利文集》分为五卷。

第一卷，《发现儿童》，是蒙台梭利 1909 年发表的成名作《科学教育学方法》的第 5 版，于 1950 年出版。《发现儿童》回顾蒙台梭利教育体系的理论渊源及形成历程，总结"儿童之家"的办学经验，主要论述 3—6 岁幼儿教育理念及方法，是幼儿园建设和儿童早期教育不可或缺的指南。

第二卷，《小学内自我教育》，其副标题是"科学教育学方法续篇"，是蒙台梭利 1916 年的著作。蒙台梭利主要论述 6—12 岁儿童的教育理论及方法；她着重阐述其整体教育观，强调对儿童的注意力、意志力、想象力、智力及道德感进行全面训练和培养。此外，对学校环境和教师素质提出新要求。

第三卷，《家庭中的儿童》和《童年的秘密》。《家庭中的儿童》是蒙台梭利 1923 年在布鲁塞尔举办的系列研讨会上的报告汇编，1936 年意大利文版出版。这是一本"父母必读"，是作为教育者的父母的思想和行动的指南。《童年的秘密》在 1938 年出版意大利文版。它主要研究幼儿的生理、心理的发展及其特征；以实例分析幼儿心理畸变各种表现、成人与幼儿的冲突；阐述幼儿教育理念及方法、儿童的权利和父母的使命。

第四卷，《为新世界而教育》和《如何教育潜在成人》。两本书是蒙台梭利于 1943 年在印度戈代加讷尔举办的学术研讨会上所作报告汇编，分别于 1946 年和 1948 年出版。它们是蒙台梭利儿童教育理论在第二次世界大战期间的深化和发展。《为新世界而教育》对儿童的个性进行科学分析，阐述儿童心理及智力发展的可能性及巨大潜力。《如何教育潜在成人》先是揭示蒙台梭利教育体系成功的秘密；接着通过介绍地球史和古代文明发展史，阐述宇宙整体观教育方案，最后论述蒙台梭利式教师的培训。

第五卷，《儿童的心智》和《教育与和平》。《儿童的心智》是蒙台梭利于 1949 年撰写的一部力作，1952 年意大利文版出版。她深入探索构成儿童心智的"胚胎"期,界定儿童心智最初形态的特征、局限和巨大潜力。《教育与和平》是 20 世纪 30 年代蒙台梭利在瑞士、比利时、丹麦、荷兰、英国召开的欧洲和平大会、国际蒙台梭利代表大会等会议上所作报告汇编,1949 年在米兰出版。在战争危险濒临欧洲时,蒙台梭利敏锐地提出教育与和平的关系问题;在战争爆发前后,她进一步强调教育的首要目的是人格的完善和人类的进步,只有培养教育出热爱和平的个体,才能实现世界和平。

《蒙台梭利文集》翻译工作历时四年完成。2014 年 2 月,由人民出版社出版,首印 5000 套。我深感欣慰:就像一位果农欣喜地看到,四年前栽下的杏树,经施肥、浇水、剪枝,终于结出果实。

在翻译的同时,我撰写了《蒙台梭利——20 世纪杰出教育家》《蒙台梭利的教育理念》(两文刊于《中国社会科学报》)、《蒙台梭利教育体系与中国儿童教育》(收录在《真与诗》一书中)等文章,较为全面介绍蒙台梭利的教育思想及其现实意义。

蒙台梭利教育体系内容丰富,在世界范围内产生广泛影响,进入 21世纪仍然兴盛不衰,受到高度评价和特别关注的要点如下:

一是"吸收性"心智。蒙台梭利通过大量实验、观察和研究,独具慧眼地指出,6 岁以下幼童具有和成人截然不同的"心智形式",她称作"吸收性"心智。年龄越小,这种差异就越大,从而新生儿最大。这种形式首先涉及无意识心智,其次涉及潜意识心智,同时有意识观念不断显现,表明幼儿具有从环境中吸收形象的能力。

二是感觉教育。蒙台梭利认为,3—6 岁是感觉形成期,也是敏感期。从教育的生物目的和社会目的看,前者在于帮助个体自然发展,后者在于培养个体适应环境,对幼童进行感觉教育都至关重要:因为感觉发展先于高级智力活动的发展。因此,恰恰应当在幼儿期帮助感觉发展。感觉教育不仅拓宽了感觉的领域,而且还为智力发展提供了日益牢固和丰富的基础。感觉教育促使儿童与环境接触并考察环境,把其智力提升到积极有效的观念的高度,否则其智力的抽象功能缺少感觉根据、精确性和灵感。

三是纪律教育。在蒙台梭利教育体系中,纪律应当是积极的。一个人守纪律,并不像哑人那样人为地沉默寡言,或像瘫痪者那样不活动。那不是一位守纪律者,而是一个受压抑的碌碌无为者。真正的守纪律者,是自己的主人,因此当需要遵循生活准则时,他能自觉地掌控自己。为了习得纪律，指望责备、说教完全无用。真正纪律的最初曙光源于工作。幼儿的自由，不应理解为放任自流，进行外在、无序、无目的的活动，而是将其生命从阻碍正常发展的障碍中解放出来。自由应当以集体利益作为其限度，教育者应当制止任何冒犯或伤害他人的行为和不得体、不礼貌的行为，教师和家长必须及时制止这些无益或有害的活动。

四是独立性教育。蒙台梭利认为，幼儿教育应培养独立性。为了实现独立，应当从幼年开始引导个人自由的积极表现。对幼儿的任何有效的教育活动，都应帮助他们在独立的道路上前进，要让他们凭借自己的力量完成最初形式的活动。我们要帮助他们自己走和跑，上下楼梯，捡拾落地的物品，穿衣脱衣，洗脸洗澡，说话流畅，清楚表达自己的需求，努力尝试实现自己的意愿。

五是新型教师。蒙台梭利眼中的新型教师，没有师道尊严，决不认为自己永远正确，而是谦虚谨慎，不断地完善自己。教师不是发号施令的指挥官，而是孩子们和蔼可亲、睿智、开放的向导。为此，教师要做耐心的观察家，兼具科学家的精准和贤哲的洞见。教师要激发生命，让生命自由发展。

蒙台梭利教育理念有利于认识中国儿童教育存在的问题，对中国儿童教育改革具有现实意义。

一是儿童未获彻底解放。蒙台梭利讲，科学教育学首要的任务是解放儿童。鲁迅在五四运动前夜，大声疾呼"救救孩子!"。在21世纪，我们的孩子在社会、学校、家庭诸方面仍有待解救。教师和家长，不要做"暴君"，不要打骂孩子，不要讽刺和贬低孩子，拴住他们的手脚。我们要做耐心的观察家，发现儿童的天赋和潜力；做热忱的向导，指导并促进他们愉快地、自发地"工作"，向着个体的自由、和谐、全面发展的理想目标迈进。我们要尊重孩子，他们在人格上和我们平等；我们要关爱、保护、帮助孩子，他们在社会中处于弱势。

二是儿童教育忽视综合素质培养。在21世纪，教育者和家长普遍重视儿童早期教育，但存在"提前""过度"和"片面"等弊端，影响儿童身心的健康发展。有的幼儿园把小学的教学内容，如算术和写字提前进行；小学低年级把高年级课程提前教授；这不仅是事倍功半，而且是贻误良机（错过"敏感期"）。不少小学采用"题海"战术，给学生留大量作业，这是"过度"（量的过度）；家长让孩子既学钢琴、画画，又学"奥数"、英语，这也是"过度"（质的过度）。过犹不及，儿童早期教育应当把握好"度"，要符合儿童生理、心理和智力发展的规律。"片面"反映在重智轻德、体、美，重书本知识轻实际操作，重死记硬背轻举一反三。比如，幼儿园里大背唐诗；小学校里大背"三字经""弟子规"，甚至要求孩子背《新华字典》。其实，儿童早期教育并不着眼于学习知识，而应关注全面培养儿童的综合素质。教师和家长要鼓励儿童参加力所能及的家务劳动和各种有益活动，培养他们独立自主、积极进取、团结互助、热爱劳动、勤于思索的良好品质。

三是评选"三好生"伤害幼小心灵。在中国小学实行评选"三好生"制度，初衷是树立榜样，鼓励先进，带动后进，促进孩子"德智体"全面发展。然而，其积极作用不大，其负面影响深远。众所周知，儿童的生理、心理和智力正处于发展和未成熟阶段，因此首先应培养他们人人平等、互帮互爱的人道主义精神，而不是有点儿"残酷"的竞争精神；应发掘每个孩子的潜力，让他们自由、愉快地成长，而不是突出个别"尖子生"；应让他们树立集体荣誉感，而不是个人优越感。我们知道，"三好生"有名额限制，评上的少数孩子容易滋生优越感；未评上的孩子占多数，他们感受到一定心理压力，自尊心、自信心受到伤害，有的孩子听到班主任没有念到自己名字时，立即痛哭流涕，这种对幼小心灵的伤害会让他们抱恨终身。

四是"神童班"扼杀潜在天才。急功近利的教育者把兴办"神童班"视为培养杰出人才的捷径，结果只能扼杀潜在的天才。这是因为"神童班"违背了儿童发育和成长的客观规律。思想贫乏的教育者没有把"神童"当成"童"，而是当成"神"，忽视儿童，哪怕是"神童"，其生理、心理和智力必须同步、协调发展。俗语说"十年树木，百年树人"。在这样的"神童班"，少数潜在天才得不到健康的发展和循序渐进的提高，将会被扼杀。在"神童班"之外的更多潜在天才又被"近视眼"或"势利眼"的教育者人为地低估和忽视，极易错失成才的机会。众所周知，杰出人才不是通过儿童的精英教育选拔出的，而是建立在国民普遍接受高质量教育基础之上的，因此我们应努力创造条件，给予所有儿童平等的、高质量的教育机会。

《蒙台梭利文集》出版三年来，受到广大读者欢迎。2017 年 3 月，第 1 卷加印 2000 册，第 4、5 卷加印 1000 册；全五卷加印 2000 套。

# 《爱的教育》

在《蒙台梭利文集》翻译工作完成后，我可爱的小孙女已升入五年级，我想让她阅读《爱的教育》（她像小说主人公恩里科一样，还有一年就要上中学）。现有中译本虽说各有千秋，但总有不尽如人意之处。于是我决定自己动手翻译，并将新译本作为 2014 年儿童节送小孙女的礼物。我要感谢北京师范大学出版社大力支持，于 2014 年 6 月及时出版新译本，使我的美好愿望得以实现。

意大利美学家克罗齐说："通常所说的好的翻译是一种近似，它具有艺术品的原创价值并能独立存在。"这就是说，文学作品的译本应当具有艺术性、独立性。从而，文学翻译不是技术工作，而是艺术工作。译者笔端涌出的文字不是死的、冷漠的符号，而是渗透其情感倾向、价值判断和审美情趣。

作为儿童文学的翻译，既要让小读者提高道德修养，又要让他们受到美的熏陶，还要提高他们的阅读、写作能力。具体到《爱的教育》，文体为都灵市立小学四年级男生的日记，要求语言简洁、活泼、生动；而文学语言要求比儿童语言更丰富、更美、更有时代感。为适应中国小读者阅读，从整体意境出发，保持审美连贯，译文做个别"微调"。这是我翻译儿童文学作品的一次尝试，是否成功，要由读者判断和经受时间考验。

在翻译《加罗内的母亲》一篇时，我被感动得热泪盈眶。加罗内是火车司机的儿子，他是非分明，疾恶如仇，保护弱者。在他失去母亲五天后重返学校："他刚刚走进，首先看见教室——他母亲几乎每天来这里接他，于是，他绝望地号啕大哭起来。老师把他拉到身边，把他抱在怀里，对他说：'哭吧，你哭吧，可怜的孩子；但你要鼓起勇气，你母亲再不能来这里了，但她在看着你，她仍然爱你，她仍活在你身旁……'"

《爱的教育》是 1886 年的作品，距今已有 120 多年，但在今天、在中国仍有现实意义。作者亚米契斯（De Amicis，1848—1908）是一位社会主义者，他将社会主义思想和博爱精神相结合。这首动人心弦的大爱颂歌，仍不失为少儿教育的生动教材，家长、教师的"良师益友"。

今天，追捧明星，羡慕大款，轻视工农及其子女的不良风气对少儿也有影响，小学生比富、"拼爹"的现象并非鲜见。在《爱的教育》中，却传达着正确的价值观和人生观。工程师博蒂尼教育儿子恩里科："为什么我不让你擦沙发？因为你一擦，你的同学就会看见，这几乎是在责备他弄污沙发。这非常不好，首先，因为他不是有意为之，其次，因为他穿着父亲的旧衣才会弄污的，而他父亲在干活时沾上了石灰和石膏……千万不要对一位劳动归来的工人说：'真脏！'你应当说：'在衣服上留有劳动的标志和痕迹。'请你牢记：要爱小瓦匠，首先因为他是你同学，其次因为他是一位工人的儿子。"

《爱的教育》处处闪耀着进步的人道主义思想的光辉。恩里科的老师教育学生说："有一天，一个盲童用难以言喻的悲伤对我说：'我想恢复以前的视力，哪怕只一会儿，为了再看看妈妈的面庞，我已经记不清了！'当妈妈来找他时，他们就把手放在妈妈的脸上，从额头一直抚摸到下巴和耳朵，为的是感受妈妈的模样，几乎不相信再不能看见妈妈了，他们一遍遍地叫着妈妈的名字……多少人不是哭着离开这里的？就是心硬如铁的人也不能不落泪！啊！我确信无疑，你们从那里走出，无人不愿舍弃一点儿视力，至少给予所有那些可怜的孩子一点儿微光。对于他们而言，太阳没有光芒，母亲没有面庞！"当恩里科从乞讨的贫困女人身边走过，他的母亲教育他："听着，儿子，当穷人伸手向我们乞讨时，尤其当他们为自己的孩子向我们索要几个小钱时，你千万不要过于冷漠地走过。你想一想，那个孩子正在挨饿；你想一想，那位可怜的母亲正在受折磨。"

《爱的教育》通过恩里科的笔，塑造出都灵市立小学优秀少年的群体形象。火车司机之子加罗内，是非分明，疾恶如仇，保护弱者。内利不幸是个驼背，不少孩子都嘲笑他，并用书包碰他那凸起的背，但他从不反抗……总把额头贴在课桌上默默地哭泣。然而，一天上午，加罗内毅然站起来，厉声说："谁再敢碰内利，我就猛扇他后脑勺，让他连翻三个跟斗！"弗兰蒂把警告当耳旁风，结果他的后脑勺挨了一巴掌，并连跌三个跟斗！从此以后，再无人敢欺负内利了。退伍军人之子科雷蒂，吃苦耐劳、学习刻苦。他在节假日和上学前都要帮父亲搬运木柴，劳动后筋疲力尽的少年仍然刻苦认真地听课和复习。为此，恩里科说，科雷蒂你最幸福，因为你刻苦学习，辛勤劳动，因为你对父母有用，因为你更善良，比我好一百倍，比我强一百倍。克罗西长着红头发，一只胳膊残疾，父亲不幸入狱，母亲靠走街串巷卖菜为生。但他人穷志不穷，在空荡荡、灰暗的房间一角（连一盏灯都没有），跪在一把椅子前，纸铺在椅子面上，墨水瓶放在地板上，那样憋屈地做作业……

《爱的教育》通过九个少年英雄的故事，歌颂少年儿童爱国爱家、见义勇为、不畏艰险、勇于牺牲的英雄主义气概。

帕多瓦爱国少年斩钉截铁地说："我绝不接受辱骂我祖国的人们的布施。"

伦巴第小哨兵，爬上树顶侦察敌情，被敌军子弹击中，从高处跌落下来，为家乡和祖国的解放献出生命。

佛罗伦萨小抄写员朱利奥，为了减轻爸爸的负担，为了补贴家用，背着父母，从深夜12点开始，为出版社抄写封套，因过于劳累影响了学习，还受到父亲的严厉批评。

撒丁岛小鼓手，为到自由镇去搬救兵，负伤后仍发疯似的奔跑……援军及时赶到，他却失去了左腿。

那不勒斯少年齐奇洛，在医院错把那不勒斯老农当成自己爸爸精心护理，在知道真相后，他对父亲说："不，爸爸，我不能走。我爱他，我不知道他是谁，但他需要我，让我留在这里吧！"

罗马涅英雄少年费鲁乔，为保护姥姥而献出生命：凶手向老人扎去一刀。然而，少年以迅雷不及掩耳的动作扑向姥姥，用自己的身体护住了姥姥……

见义勇为的波河镇少年平诺特，当他在岸上看见同学在河里挣扎，他马上脱下衣服，毫不犹豫地跳进河里，河水暴涨……他用瘦小身躯、伟大心灵的全部力量，向死亡挑战……

从意大利到阿根廷寻母的热那亚13岁少年马尔科，远渡重洋、跋山涉水，历时两个月，经历千辛万苦，终于来到母亲身旁，让身患重病的母亲重新获得生活的力量，接受手术治疗。

舍生忘死的西西里少年马里奥，在轮船失事的危急关头，将生的希望让给那不勒斯少女朱列塔："让给你！你有父亲和母亲！我只孤单一人。"他直立在大船边上，高昂额头，镇静自若。

令人欣慰的是：2015年12月，《爱的教育》（北京师范大学出版社插图本）荣获2015年冰心儿童图书奖。

# 结束语

从 1978 年一路走来，41 年中，我先结识葛兰西、克罗齐、布鲁诺、贝林格，后邂逅蒙台梭利、亚米契斯、帕累托、布兰迪……在介绍和研究意大利哲学、文化方面做出一点儿成绩：完成独著 2 部（《真与诗——意大利哲学、文化论丛》《〈普通社会学纲要〉导读》）；合著 5 部；译著 20 部（除文中提及的 16 部外，还有《普通社会学纲要》《文物修复理论》《非洲——漂浮的大陆》《非常小公主》系列 4 部）。5 本书获科研成果奖。多次应邀出席国际学术会议，在国际讲坛发出中国学者声音。2014 年 9 月，荣获"中国社会科学院离退休干部先进个人"荣誉称号。

但我深知：这一切离不开时代氛围，导师指导、同人鼓励、领导关怀，也离不开家人的理解和支持。同时，我也感到惭愧：远没有达到伟大时代对哲学工作者的要求。

经历过寒冬的人更知春天的温暖。我庆幸赶上中华民族复兴的伟大时代，只要身体条件允许，我将会继续前行，为社会主义文化建设奉献微薄之力。

（田时纲，中国社会科学院哲学研究所研究员）

# 中国环境伦理学研究

## ——美国哲学家罗尔斯顿两次访华

## 余谋昌

中国环境伦理学研究，从介绍西方环境伦理学开始。1980 年，我翻译发表希腊哲学家 W. T. 布拉克斯顿《生态学与伦理学》一文①。文章认为，生态伦理学主张，道德对象要从人与社会关系的领域，扩展到人与自然关系的领域，"人有义务尊重生态系统平衡。生物和人一样，需要水、空气和食物，一样分享地球上的基本需要，在地球上有合法的权利和地位。人类的正义行为的概念必须扩大到包括对自然界本身的关心，承认动物和植物的存在权利"。这是在中国发表的第一篇生态伦理学的文章。在这里，我第一次知道有"生态伦理学"。这时，我看到苏联的文献把"生态伦理学"说成是资产阶级的道德哲学。但是，我相信，这是哲学的一个重要方向，涉足这个领域的研究是必要的、有意义的，于是开始这个领域的学习和研究。

罗尔斯顿，美国科罗拉多州立大学哲学教授，美国环境伦理学会与该会会刊《环境伦理学》的创始人，现代环境伦理学的重要奠基人，美国国会和总统顾问委员会环境事务顾问。20 世纪 90 年代，我们邀请他两次访华，出版他的两部重要著作，对中国环境伦理学研究的起步和发展起了非常重要的作用。

---

① 布拉克斯顿：《生态学与伦理学》，《自然科学哲学问题丛刊》1980 年第 1 期。

**图1　罗尔斯顿一家**

# 一　罗尔斯顿访华助推中国环境伦理学起步

1991 年，哲学所自然辩证法研究室主任邱仁宗教授和我建议邀请罗尔斯顿来华讲学。1992 年建议实现，罗尔斯顿夫妇来中国，在哲学所、清华大学和中国人民大学作环境伦理学的学术报告。

我负责接待罗尔斯顿，在讨论中国环境伦理学的研究工作时，我请他支持中国环境伦理学研究，建议他协助在中国出版《西方环境伦理学名著丛书》。回美国后，他给我寄来他的两种著作《环境伦理学》和《哲学走向荒野》，以及2000 美元资助。接着他又分多次给我寄来数十种其他学者的有关著作，以及许多他本人的论文活页资料。罗尔斯顿是一位很慷慨的人，这些著作和资料不仅寄给我，同时寄给苏州许广明教授和哈尔滨叶平教授。

罗尔斯顿教授来华讲学，他的两种重要著作出版，对中国的环境伦理学研究起了很大的推动作用。有的人听了罗尔斯顿教授的课后，走上生态伦理学研究的道路。这两种书，是年轻的老师开设环境伦理学课程，或者环境伦理学研究的专业工作者，放在案头的必备的参考书，是研究论文援引的重要经典。

**图2　罗尔斯顿第一次来华留影（左起罗尔斯顿夫人、罗尔斯顿、余谋昌、叶平）**

## 二　两种新哲学著作出版

罗尔斯顿著作出版有一个曲折的过程。起初我以为，这是专业著作，可以由中国环境科学出版社出版。我给出版社送去出版资助，并对总编辑说，这是两本对环境科学有重大影响的世界名著，对中国环境伦理学有非常重要的意义。我说，这两种书的出版可以免费转让版权，我可以介绍译者。他说，要研究一下。在一年多的时间里，我很着急，多次询问研究结果，但是一直没有结果。我断定他们不愿意出版，只好收回出版费，并联系其他出版社。最后，《哲学走向荒野》列入"绿色经典文库"，刘耳、叶平译，2000年由吉林人民出版社出版；《环境伦理学》，杨通进、许广明译，2000年由中国社会科学出版社出版。

随后，美国著名的环境伦理学家的著作，英国、加拿大、澳大利亚、挪威等国著名环境伦理学家的著作，先后在不同的时间由不同的出版社出版；中国环境伦理学研究会学术年会，先后多次邀请多人作学术报告，开展学术讨论和交流，极大地推动中国环境伦理学研究的发展。虽然没有出版《西方环境伦理学名著丛书》，但我建议的初衷，在罗尔斯顿教授和其他专家的支持和帮助下应该说实现了。

我是罗尔斯顿访华的直接受益者。我早期的学术工作，主要受俄罗斯院士维尔纳茨基以及地理学家格拉西莫夫院士学术思想的影响。20 世纪90 年代后，在罗尔斯顿学术思想影响下，取得更多的学术成果。

# 三　"荒野转向"是哲学转向

《哲学走向荒野》一书提出"荒野转向"概念。在这里荒野转向，不是荒野本身转向，荒野作为自然实体不会转向，而是人的荒野观念转向，主要的是荒野价值观的转向。这是哲学转向。罗尔斯顿在这里提出自然价值理论，对"自然价值"，特别是"自然内在价值"作了科学论证。这是罗尔斯顿对世界哲学进步的重要贡献。它对我的学术工作产生重要的影响。

例如，关于自然价值的研究。1985 年，我发表《生态学中的价值概念》一文，提出"生态价值"概念。文章认为，我们需要承认自然资源和环境质量具有经济价值，对它们进行经济评价和经济价值的计算，实行自然资源有偿使用的经济政策。如果说，我关于自然价值的研究，从它的经济价值开始；那么，《哲学走向荒野》的自然价值学说，特别是它的"自然内在价值"理论，则使我关于自然价值的研究跨进了一大步。

2003 年，我出版《自然价值论》一书，有关自然价值的研究，运用罗尔斯顿的自然价值学说，我的研究从它的外在价值如经济价值，拓展到它的内在价值如道德价值；并在自然界的经济价值研究中，提出有关生产力的新观点。我认为，生产力不能仅仅归结为"社会生产力"，而是四种生产力，它推动四种物质生产过程，它们都是创造经济价值的物质生产过程。四种生产力（或生产力的四种因素）：自然生产力（自然因素），人口生产力（人才因素），社会生产力（社会因素），智慧生产力（科学因素）；四种物质生产过程（生产力发展的四种形态）：自然物质生产（自然形态），人口生产（人才形态），社会物质生产（社会—经济形态），知识生产（科学形态）；创造四种经济价值：自然价值（生态资本），人才价值（人力资本），劳动价值（社会资本），智能价值（知识资本）。现在，世界的物质生产，是四种生产力的统一，即自然物质生产、人口生产、社会物质生产和精神生产的统一，从而推动现代世界发展和进步，即"人—社会—自然"复合生态系统的进化和发展。

# 四　生态学是颠覆性科学

又如，关于哲学转向的研究。"荒野转向"是哲学转向，罗尔斯顿指出，在这里，生态学具有颠覆科学的性质。2000 年，我出版《生态哲学》一书，论证生态哲学是新的哲学范式。这就是用生态学的观点，人与自然和谐的观点，颠覆人与自然"主—客二分"的现代哲学。这是哲学转向。

罗尔斯顿对中国环境伦理学有很高的期待。在《环境伦理学》中文版前言中，他说："对于中国建立自己的环境哲学、自己的自然辩证法而言，所有的这些都既是挑战又是机遇。除非（且直到）中国确立了某种环境伦理学，否则，世界上不会有地球伦理学，也不会有人类与地球家园的和谐相处；对此我深信不疑。"

同时，他重视东西方文化交流，对中国古代哲学的现代环境伦理学意义有很高的评价。

1994 年我在哲学所自然辩证法研究室年度文集《国外自然科学哲学问题》发表《当前西方生态伦理学研究的主要问题》一文，译介了罗尔斯顿发给我的活页文献中几篇论文的观点。在《东方能帮助西方尊重自然吗？》一文中，[①] 他说："我们必须展开更加专门的研究，以弄清楚东方人在科学产生之前的信仰，能否帮助西方尊重科学兴起之后的自然。"另一篇文章中说："环境伦理学正在把西方伦理学带到一个突破口。对生命的尊重需要一种新的伦理学。它不仅关心人的生命，而且关心其他事物和环境的福利。环境伦理学对生命的尊重进一步提出对非人类对象的责任。"但是，"传统西方伦理学未曾考虑生物学客体。它是人类中心主义的，强调科学和伦理学的分离。现在需要改革一种关于自然界没有价值的科学，并改革只有人才是重要的伦理学。显然，这在观念上是困难的。因为西方的科学和伦理学，在事实和价值之间，也就是说，在是什么和应当

---

① 余谋昌：《当前西方生态伦理学研究的主要问题》，《国外自然科学哲学问题》，中国社会科学出版社 1994 年版，第 249—258 页。

是什么之间，有一条界线。但是，生命存在是一种无可争辩的生物学事实，不仅人而且千百万其他物种都生活在地球上。人应当尊重生命。这又是一个无可争辩的伦理学命令。怎样从生物学发展到伦理学呢？为什么我们要尊重其他千百万物种呢？我们怎样把这种尊重分配给人类、动物和植物等物种和生态系统呢？西方试图形成环境伦理学时，我们达到一个突破口"。在这方面，西方伦理学面临困难，"东方则很有前途。（中国）禅宗佛教有一种值得羡慕的对生命的尊重。东方的这种思想没有事实和价值之间，或者人与自然之间的界限。在西方，被剥夺了它固有的价值，它只有作为工具的价值，这是随着科学和技术的发展而增加的价值。自然界只是人类开发的一种资源。但是禅宗佛教不是以人类为中心的。它不鼓励剥削资源。佛教使人类的要求和欲望得到纯洁和控制，使人类适应他的资源和环境。禅宗佛教懂得，我们要给予所有事物的完整性，而不去剥削个体在宇宙中的特殊意义。它懂得如何把生命的科学和生命的神圣统一起来。西方传统的对人类生命的尊重很难扩展到上述领域。也许禅宗佛教能够对我们有所帮助。虽然，我怀疑，这是否能够越过它的传统世界观的局限"。

该书同时刊发了罗尔斯顿两篇重要论文：（1）《科学伦理学与传统伦理学》，（2）《环境伦理学：自然界的价值和对自然界的义务》。①

中国古代哲学有深刻的生态智慧。它有助于我们实现伦理学的理论突破。但是，需要"越过它的传统世界观的局限"。这是很有见地的见解。我有影响并引起很大争论的论文《走出人类中心主义》一文，是受上述思想影响写成和发表的。

# 五　收获中国和美国两个家庭的友谊

值得高兴的是，罗尔斯顿这次访华，不仅开始中美两国环境伦理学的学术研究交流，而且收获了中国和美国两个家庭的友谊。我接待罗尔斯顿访华，由我的女儿余晖做翻译，她当时是北大英语系的老师。罗尔斯顿夫妇很喜欢我女儿。1995 年 5 月，罗尔斯顿教授得知余晖在哥伦比亚大学（密苏里州）读研究生，以及我老伴去美国看女儿的消息后，为她们母女

---

① 中国社会科学院哲学所科学技术哲学研究室编：《国外自然科学哲学问题》，中国社会科学出版社 1994 年版，第 259—295 页。

买好往返的飞机票，邀请她俩去科罗拉多做客。罗尔斯顿用整整一周的时间热情接待他们母女，而且亲自驾车陪他们参观游览，令我们十分感动。下面的几张照片是这种宝贵友谊的纪念。

**图3　余谋昌夫人与罗尔斯顿夫人合影**

**图4　余谋昌夫人与罗尔斯顿一家合影**

**图5 余谋昌夫人与罗尔斯顿夫妇合影**

**图6 余谋昌夫人与罗尔斯顿合影**

# 六 第二次访华,关于生态认识论

1998 年 11 月,中国环境伦理学研究会学术年会在哈尔滨工业大学举行，邀请罗尔斯顿第二次访华。

**图7　《哲学走向荒野》译者刘耳（右一）、叶平（右二）
和余谋昌到机场迎接罗尔斯顿**

罗尔斯顿在年会上作《自然的价值和价值的本质》的学术报告，提出生物"能进行评价"（或"有价值能力的"）的概念（valueable），论述生态认识论的创新性观点。他指出，评价者是能够捍卫某种价值的实体。地球上生命实体有不同的层次，在它们的生活中，面对各种不同的可能性，需要做出不同的抉择，捍卫自己的价值，从而发展出"能进行评价"的能力。①

生命"有价值能力"，也就是生命的认识能力。他从地球生命的七个层次，研究它们"能进行评价"的能力。

1. 有价值能力的人类。人是事物的评价者、认识者。人作为评价活动的主体，对自然进行工具性评价，而且对自己的存在状态既能进行工具性评价，又能进行内在的评价。人一旦对某客体发生兴趣，就有了一种价值能力。例如当我们评价一棵巨大的红杉时，我们是认为这树木本身就有一种内在价值。

① 罗尔斯顿：《自然的价值与价值的本质》，《自然辩证法研究》1999 年第 2 期。

2. 有价值能力的动物。它能对其周围的事物加以评价。因为它们有自己的利益，要捍卫自己的生命。所有野生动物，它们能捕猎和嚎叫，能寻找到适宜的生活环境和进行交配养育自己的后代，能感受饥、渴、热、累、兴奋、困倦，受伤时舔舐伤口等。例如，蝙蝠飞行中，每小时捕捉500—1000只昆虫，后返回巢中为小蝙蝠喂食。这说明蝙蝠能进行评价——虫子和小蝙蝠对于它是有价值的。

3. 有价值能力的生物。这里是指植物。植物同任何其他有感觉的生物一样，是一个自发的、自我维持的系统。它体内有一种信息，能保持自己的同一性。一棵植物，它生长、繁殖、修复自己的创伤和抵抗死亡，它所捍卫的物理状态是对它有价值的。为什么不能说它能对它所利用的资源进行评价呢？

4. 有价值能力的物种。物种是遗传信息历时地表达出来的生物特性的高一级层次。它是有生命活力的体系，是整体，生物个体是这整体的组成部分。一个物种捍卫着一种特定的生命形式。它遵循一定的路径发展，会抗拒死亡（物种灭绝），靠不断更新而历时地维持它的同一性。因而它是有价值能力的。

5. 有价值能力的生态系统。生态系统是生物发展和存活的基本单位。从空间上说，它是一个地方；从时间上说，它是一个过程，是一组生命活力的关联关系。生命的自然选择压力和适应环境的特性，物种分化和生命支持的能力，是在生态系统的层次表现的。生态系统的存在是实在的，它所提供的生态位决定了各种生物的存在。因而它具有"系统性价值"，具有创造价值，创造生物多样性的能力。

6. 有价值能力的地球。地球上一些很平凡的元素，生命的基本元素，如碳、氢、氧、氮等，在宇宙中是普遍存在的。但生命在别的地方罕见，迄今仅知道它在地球上出现。因为这些平凡的元素在地球上作了不平凡的安排，使地球成为一个自组织系统，成为一个活的系统。说地球是"有价值能力的"，是要确定这个世界的终极价值。"地球也许是人类义务最终极的对象；在这一点上，它仅次于上帝——如果上帝存在的话。"

7. 有价值能力的自然。自然界能生产出价值。"如果在这个地球已面临生态危机的时代，还有一个物种把自己看得至高无上，而对自然中其他一切事物的评价，全都视其是否能为己所用，那是很主观的，在哲学上是天真的，甚至是很危险的。这样的哲学家是生活在一个未经审视的世界，从而他们及受他们引导的人，过的都是一种无价值的生活，因为他们看不到自己所生活的这个有价值能力的世界。"

这种生态认识论是哲学的创新性认知。如果说，人类出现前世界上没有"价值能力"，那是荒谬的。因为如果是这样，那人的认识能力是从哪里来的？是突然从天上掉下来的吗？不是的，它是生命"价值能力"进化的最新成果。

我在《环境哲学：生态文明的理论基础》（2010）一书中，在讨论环境哲学是新的哲学范式时，认为生态认识论是新的哲学范式的重要组成部分。这是罗尔斯顿生命"有价值能力"的重要理论。

# 七 记原始森林迷路

参观考察原始森林——黑龙江凉水国家自然保护区。

这是会议安排的一个活动。"凉水"保护区，是我国保存下来最完整和典型的原生红松林分布区，一个古老的生物群落，孕育了亚洲东北部最具代表性的温带原始红松林（针、阔叶混交林）生态系统，养育众多珍贵的动植物物种，是我国北方生物多样性的天然基地，野生动植物的天堂。

我们驱车进入林区。一进林区就有非常美好的感觉，不仅是空气清新，而且非常美丽，令人心旷神怡、神清气爽。

我们登上高高的瞭望塔，目之所及是望不到边的茫茫绿色波涛，秀丽迷人的景致，听到阵阵涛声。这是活的绿色的涛声，真是神奇和美丽呀！这是大自然的伟大杰作，令人愉悦、令人神往舍不得把眼光挪开。数十米高的瞭望塔下，耸立着许多两人合抱的红松，树干笔直挺拔，株株高达十多米，密密麻麻、苍劲古朴、生机盎然。大家在林下漫步，深秋的北方，虽然高大的松树仍然是绿的，但树下的灌木和其他植物都已经枯萎。这里没有热带雨林植物分层的现象，树下有足够的空间，我们脚踏软丝丝的落叶，走着并呼喊着"我们走进森林啦！"享受进入原始森林的感觉。

不多时这次活动结束。罗尔斯顿和大多数人回营地去。但我们觉得余兴未尽，到了原始森林，要深入森林的腹地，才会有对原始森林的真正感觉。于是三五成群往林子里走。我们一行三人踏着落叶走过一个山包，不久在呼喊声中增加几位女生。我们跨过倒下的朽木，艰难地前行，有人突然想起关于在森林里迷路的传说，意识到在大森林旅行是有风险的，姑娘们开始做记号，用撕碎的手巾或手纸挂在已落叶的灌木上。不久，在一阵阵呼叫后两股人会合了，形成11人的快乐者队伍，大家用不同的音调高声喊叫，乘着兴奋又走过一个山梁。大家感受快乐和兴奋，已经忘乎所以，忘记风险。后来有人提醒说要注意安全，这里即使是冬天也可能碰上黑熊，要大家安静地走路。这时才清醒下来，已经走了约一个钟头，天又在下雨，小雨、中雨和大雨，我们该往回走了。这才想起来，并开始寻找来的时候做的记号。但是无论怎样努力都未能找到这些记号。

我们迷路了！回去该往何处走？向那个方向走？大家众说纷纭谁也说不准。有人说，躲躲雨再说吧，但眼看这时雨停不下来，只好继续赶路。有人说，我们分头找路，但这会增加危险不可行。有人说，我们的体力已消耗得差不多了，又不知道朝那个方向走，绝对不能再走了，要保存体力等他们来援救我们。"营救"，不像现在有手机可以报告我们所在的位置，十几个人在茫茫的原始森林，几乎是微不足道。谁能救我们？怎么救我们？我的心里非常紧张、非常着急，觉得自己对大伙的安全负有重大责任，因为我是最年长者，又是会议的主持人。

这时，雨越来越大，天又快黑了，我们不能停不能等，必须在天黑前走出森林。我们估计，一个多小时我们没有深入森林的腹地，仍然在林地的边缘，有希望走出森林。一位林学院毕业的同行说，在大森林迷路朝水流下游的方向走比较靠谱。这说服了大家，往哪个方向走取得一致意见。这里虽然没有河流看不到流水，但是有湿地沼泽，于是我们沿着沼泽的边沿往下山的方向走。走着走着遇见明水形成的小沟，流淌着清清的水，我们好像看到了希望，恢复了稍稍喜悦的心情和力气。

我们冒着大雨历尽艰辛沿着下游的方向，踩着沼泽跨越朽木蹚过河沟，又走了约一个小时，终于看到有了路，这是一二十年前伐木工人留下的车辙。这里的原始红松林已被白桦次生林替代，白桦树已有十多年的树龄。这表明已经到原始森林的边缘了。我们抚摸着白桦树的树干，取下淡黄色有美丽条纹的薄如纸的树皮，它恰似"上帝"的来信，报告走出原始森林的喜讯。不久，突然有人指着前方高声喊叫"房子，房子！"，是的，这是自然保护区的几栋房舍。我们在没有人走过的原始森林，跨过朽木蹚着沼泽，已经安全地返回营地。大家又一次跳着欢呼喊叫，热烈地相互拥抱，庆祝我们在天黑前安全地走出森林。

这是寻访自然美的一次行动，体验大自然的神秘性，获得难得的一次"神秘经验"。这是一次冒险。冒险取得了成功。我们无比的快乐。这种快乐，也许只有经历冒险并取得胜利的人才能体会到。大家安静下来以后，想到要留个影纪念这次冒险的经历，在光线不足的情况下照了一张相。

回到营地，大家为我们安全归来表示喜悦。我们对罗尔斯顿说："要是你参加就好了，你常常带着罗盘。"他轻轻一笑说："恰好这次没有带指南针。"

图8　余谋昌等走出原始森林后合影

## 八　罗尔斯顿第二次访华的几个花絮

1. 我们迎接罗尔斯顿从机场到哈尔滨大学宾馆的路上，他看到行道树树干下部都刷成白色的，觉得很奇怪，问我这是为什么？我说，这是中国人对树木的呵护，树干下部刷成白色，如果虫子在地里出来从树干往上爬时，鸟儿容易发现，有利于保护树木。

我不知道说得对不对。中美两国人民都喜爱森林和重视森林保护。但是，中国到处有"保护森林，森林防火"的标语；美国有许多森林，公路在森林中穿行，别墅建在森林之中，但是没有一条提醒人们"保护森林，森林防火"的标语。也许，树干下部刷成白色是中国的特色。其实，按生态学的观点，树木—昆虫—鸟儿，它们是一个生态系统，它们自然地生存可能是好的。

2. 会议安排参观考察原始红松林。会务组估计，午饭后出发，晚饭前可到达保护区营地。但是，司机迷路了，第二天快天亮了仍没有到达。大家亟须"方便"，司机停车，但那里没有卫生间，贵宾怎么办？我正在担心时，罗尔斯顿和大家一样，下车后在路边方便地解决了。也许，"方便"以方便为原则，特别是在野外活动时。这是"道法自然"。

3. 中国独特的饮酒文化。学校领导欢迎罗尔斯顿访华举行宴会，为表示对贵宾的尊敬和营造热烈与欢乐的气氛，放开饮酒。宴会中，学者们纷纷向领导和贵宾敬酒，我坐在罗尔斯顿旁边，开始时他与大家同样高兴，向他敬酒时也站起来表示感谢，但是大家轮番敬酒，时间长了就觉得受不了，他忍不住了问我"这样喝下去什么时候开会？"实际上晚上已经没有会了。

**图9 罗尔斯顿第二次访华留影**

罗尔斯顿不了解中国的酒文化。美国人在酒吧或宴会饮酒是细声慢语的，安静地体验饮酒的快乐。中国人热烈和欢庆中饮酒，甚至可以高声喧哗或喊叫。敬酒有多重意义，既是对对方表示尊敬和友好，又营造多喝酒的机会，敬酒者常常手持一瓶酒，干杯后再倒一杯，可以一杯杯地饮。又如，美国人不理解，以猜拳形式饮酒，为什么不是赢的人喝而是输的人喝？其实，猜拳中输赢的概率是同样的，输的人喝酒，不仅表示一种气度，而且增进友谊、增进快乐。这是中国人的智慧。

4. 罗尔斯顿这次访华目的地是哈尔滨，但仍然是从北京回国。因而返程时在怀柔住了几天。有一次散步时他称赞说，怀柔的建设已经达到美国的水平。

罗尔斯顿是美国杰出哲学家，他的著作对世界哲学进步做出了重要的贡献；他两次来华讲学以及以后的活动，对推动中国环境伦理学研究起了重要的作用；他作为我们的朋友，对我的学术工作以及我家庭幸福给予重要的支持和帮助，借此机会，我向罗尔斯顿教授和夫人表示衷心感谢！遥祝罗尔斯顿教授和简夫人身体健康，家庭幸福！

**图10　余谋昌夫妇和儿子到宾馆看望罗尔斯顿教授**

（余谋昌，中国社会科学院哲学研究所研究员）

# 生态文明研究记事

## 余谋昌

20 世纪中叶，"八大公害"事件震撼世界。它导致一场伟大的环境保护运动。发达国家的学者思考公害事件，兴起生态文化研究，如生态哲学，生态政治学，生态伦理学，生态法学，生态经济学，生态神学，生态女权主义，生态马克思主义，等等。这是一种新文化——生态文化。

## 一 生态文化 生态文明的先声

文化是社会发展的先导和灵魂，是经济建设的主导和领导力量。生态文化兴起，表示人类新时代——生态文明时代的到来。

中国生态文化研究从引进西方的理论开始。1986 年的报道说，意大利1985 年创办了 4 所绿色大学，1986 年又增加 10 所这样的大学，主要讲授生态学，包括生态平衡、经济与生态之间的关系、分析生态系统、替代能源、生态农业、天然食物和废物后处理等课程，深入研究环境保护的对策。新创办的《新生态学》杂志说："绿色大学一个接一个地开办，这是一个很明显的迹象，表明社会各阶层的人都逐渐对生态文化产生了兴趣。"

这个报道引起我对"生态文化"概念的关注。它进入我环境哲学研究的视野。1986 年 8 月，中国科学院"科学与社会"讲习班（承德），我作关于"生态学与社会"的讲演，在第 3 节讲生态文化问题。这是国内第一次提出"生态文化"概念。[①] 1986 年 10 月，受中国科学院赵红州

---

[①] 余谋昌：《生态学与社会》，《科学与社会》，科学出版社 1988 年版。

教授邀请，在中国管理科学研究院作"关于生态文化问题"的专题讲演。我从文化是人类的生存方式的理解，提出现代文化是"人统治自然的文化"，新文化是"人与自然和谐发展的文化"，从而形成我关于生态文化认识的理论框架。①

承德的讲演，我主要还是从狭义的视角，即从绿色教育和生态伦理的视角讨论生态文化。随后，中国管理科学研究院的讲演，是从广义文化的视角探讨生态文化问题。这样就形成我的生态文化研究的理论框架。这次讲演的全文于《自然辩证法研究》1989年第4期发表。②

1996年出版《文化新世纪——生态文化的理论阐释》一书③。在这里我认为，文化是人类区别于动物的生存方式。它是历史地发展的。生态文化作为一种新文化，是人类新的生存方式。生态文化，从狭义理解，它是以生态价值观为指导的社会意识形态、人类精神和社会制度，如生态政治学，生态哲学，生态伦理学，生态经济学，生态法学，生态文艺学，生态美学，等等。广义理解，它是人类新的生存方式，包括生态化的生产方式和生活方式，即人与自然和谐发展的生存方式。

本书认为，生态文化的发展，包括文化的精神层次、制度层次和物质层次的选择。生态文化的精神层次的选择是，摒弃"反自然"的文化，超越人统治自然的哲学，走出人类中心主义。建设"尊重自然"的文化，实现科学、哲学、道德、艺术和宗教等发展的"生态化"，确立人与自然和谐发展的价值观，实现人与自然的共同繁荣。

生态文化的制度层次的选择是，通过社会关系和社会体制的变革，改革和完善社会制度和规范。改变现代社会不具有自觉的保护环境的机制，而具有自发破坏环境的机制的性质，按照公正和平等的原则，建立新的人类社会共同体，以及人与生物和自然界伙伴共同体，从而使环境保护制度化，使社会获得自觉的保护环境的机制。

生态文化的物质层次的选择是，摒弃掠夺和统治自然的生产方式和生活方式，学习自然界的智慧，创造新的技术形式和新的能源形式，采用生态技术和生态工艺，综合和合理利用自然资源，既实现文化价值增值为社

---

① 余谋昌：《生态文化问题（摘要）》，《学坛》1986年第12期。
② 余谋昌：《生态文化问题》，《自然辩证法研究》1989年第4期。
③ 余谋昌：《文化新世纪——生态文化的理论阐释》，中国林业大学出版社1996年版。

会提供足够的产品，又保护自然价值，保证人与自然"双赢"。

回顾历史，人类已经经历二次重大文化革命：一万年前，农业产生，以农业文明代替渔猎文明，这是人类第一次文化革命。300 年前，工业革命，以工业文明代替农业文明，这是人类第二次文化革命。21 世纪，以生态文明代替工业文明，这将是人类新的第三次文化革命。也就是说，人类文化经历了自然文化—人文文化—科学文化这三个阶段，现在将向新的生态文化的方向发展，建设人与自然和谐发展的新社会，人类与生命和自然界共同诗意般地栖息于地球上。

为了总结本书的内容，我制作了两个表格，表述人类文化和人类文明各种要素的历史发展。从人类文化发展的角度，我认为，未来的社会是生态文明社会，生态文明社会的中轴（决定社会发展的要素）是智力，生产方式是信息化和智能化，技术工具是智能机，资源开发的主要方向是信息和智慧，社会的主要财产是知识，科学形态是信息，社会主体是知识分子。这个表格具有原创性。现在世界各国政府，对人工智能技术的研究开发，作为国家发展战略受到高度重视。这表明我当时（1996 年）的看法是对的。

## 二　2010 年,有关生态文明研究的三种著作出版

2010 年一年我出版三种学术著作。这是很少有的。可能出于两个原因：一是 2007 年党的十七大报告提出，建设生态文明是全面建设小康社会的奋斗目标，是我们党的战略任务。这就兴起生态文明研究的热潮。我借了这个东风。二是十多年来，我着力生态文明问题研究取得一些学术成果。这三种著作的出版是我多年研究成果的汇总。

党的十七大报告中说："建设生态文明，基本形成节约能源资源和保护生态环境的产业结构、增长方式、消费模式。循环经济形成较大规模，可再生能源比重显著上升。主要污染物排放得到有效控制，生态环境质量明显改善。生态文明观念在全社会牢固树立"。报告又说："党的十七大强调要建设生态文明，这是我们党第一次把它作为一项战略任务明确提出来。建设生态文明，实质上就是要建设以资源环境承载力为基础、以自然规律为准则、以可持续发展为目标的资源节约型、环境友好型社会。从当前和今后我国的发展趋势看，加强能源节约和生态保护，是我国建设生态

文明必须着力抓好的战略任务。我们一定要把建设资源节约型、环境友好型社会放在工业化、现代化发展战略的突出位置，落实到每个单位、每个家庭，下最大决心、用最大气力把这项战略任务切实抓好、抓出成效来。"

我们的学术研究为这一战略任务服务，为建设生态文明全面实现小康社会的奋斗目标服务。这是三种学术著作出版的背景。

1.《生态文明论》（2010）

这是北京林业大学严耕教授主编的《生态文明丛书》的一种，是我十多年有关生态文明研究的论文集。按编委会的要求，它以"专著"的形式出版。因而，本书编辑为三部分8章：第一部分，《绪论：建设生态文明，实现社会全面转型》（《深圳大学学报》2008年第5期）。第二部分，正文8章共22篇论文，章的标题是：（1）《生态文明是人类新文明》；（2）《生态社会主义：生态文明的社会形态》；（3）《环境哲学：生态文明的哲学形态》；（4）《环境伦理学：生态文明的伦理形态》；（5）《循环经济：生态文明的经济形态》；（6）《生态文明的水利建设：从资源水利到生态水利》；（7）《生态文明的科学技术发展模式：以地球科学为例》；（8）《生态文艺：生态文明的文学艺术形态》。这里，章的标题和每章的引言是新写的，节的标题是原论文的标题，全书按原文电子稿付印。第三部分，附录《我的环境哲学研究历程》是新写的。

这是我十多年有关生态文明研究成果的总汇。

2.《环境哲学　生态文明的理论基础》（2010）

2004年，修正文化出版公司要求再版我《生态哲学》一书。但此书2000年12月出版，版权属于陕西人民教育出版社。出版公司建议用另一个的书名出版。考虑到五年来，我的生态哲学研究有新的思考，新的看法，新的进展。因此，我以"人与自然关系的哲学研究"为题申请中国社会科学院老年基金（2005—2006）。但课题完成后，修正文化出版公司没有出版我的著作。这时，内蒙古大学陈寿朋教授组织编写《人与自然》丛书。中国农业大学张法瑞教授把我的成果介绍给陈寿朋教授，并被列入丛书的书目。他说，该丛书是为十七大献礼的著作，将由人民出版社和商务印书馆两家出版社同时出版。但十七大前没有出版。稍后，在中国农业大学的一次会议上，我问陈寿朋教授《人与自然》丛书是不是能出版。他肯定地回答我。但我不知道什么原因，该丛书没有出版。

2008 年，赴贵阳参加学术会议在机场候机时，环境科学出版社总编刘友宾教授说，能否为《环境科学文库》提供书稿。我说正有一个课题成果。当场做出合作的决定。2010 年，我上述课题成果以《环境哲学：生态文明的理论基础》为题，由中国环境科学《中国环境文库》第一辑出版。

该书认为，"环境哲学是人类创造新文化——生态文化的科学思想与伟大实践的结晶。它是正在形成中的哲学世界观。它的形成可能导致哲学范式的一次转变。现代哲学强调人与自然主—客二分，环境哲学强调人与自然和谐发"。这是我《生态哲学》（2000）一书出版后，关于建构新的哲学范式研究的新成果。

（1）环境哲学的本体论建构。现代哲学认为，思维与存在是哲学基本问题，客观存在是哲学本体。环境哲学认为，自然界不是哲学本体。新哲学认为，世界是"人—社会—自然"复合生态系统。它是一个活的有机整体，或生命共同体。它以整体的形式存在和起作用。在这里，整体比部分重要，事物的动力学来自整体而不是来自部分，即不是部分决定整体，而是整体决定部分。整体是事物存在、发展、进化和创造的实体。整体是事物的实现形式，以整体和谐为主要特征，以和谐发展作为哲学基础，追求人与自然和谐发展。

（2）环境哲学的认识论建构。它认为认识是，世界有"价值能力"的主体，即有能力评价事物的人—动物和植物—生物物种—生态系统—自然界，它们进行对事物的价值评价。罗尔斯顿说："如果在这个地球已面临生态危机的时代，还有一个物种把自己看得至高无上，而对自然中其他一切事物的评价，全都视其是否能为己所用，那是很主观的，在哲学上是天真的，甚至是很危险的。这样的哲学家是生活在一个未经审视的世界，从而他们及受他们引导的人，过的都是一种无价值的生活，因为他们看不到自己所生活的这个有价值能力的世界。"①

（3）环境哲学的方法论建构。环境哲学以生态系统整体性的观点思考，主要是生态系统各种因素相互联系和相互作用的整体性观点，生态系统物质不断循环、转化和再生的观点，生态系统物质输入和输出平衡的观点，来说明与生命有关的现象及其发展变化，以揭示各种事物的相互关系

---

① 罗尔斯顿：《自然的价值与价值的本质》，《自然辩证法研究》1999 年第 2 期。

和规律性，认识和解决与生命有关的问题。这是生态学整体性方法，或生态整体性思维。

（4）环境哲学的价值论建构。环境哲学认为，生命和自然界有价值，不仅对人类的生存、发展和享受有价值。这是它的外在价值。而且，生命和自然界按生态规律合目的地生存，这是它的内存价值。肯定生命和自然界有价值，这是环境哲学成为新的哲学范式的最重要的标志，是世界哲学的重大进步。

这是我《生态哲学》（2000）一书的升级版。

3.《生态文明：人类社会全面转型》（2010）

2008 年，赴贵阳参加学术会议在机场候机时，我与刘友宾同志谈话，黄承梁同志在场。他是山东省生态文明研究中心主任。他说，能不能把我的书稿给他，中央党校出版社决定出版《生态文明理论与实践》丛书，可以在丛书第一集出版。我说，不可能，已经商定给刘友宾同志。在这次会议回程的路上，黄承梁又跟我说，是否可以为他的丛书写稿，有比较优惠的稿费。随后商定我写《生态文明：人类社会全面转型》一书。

这是我一年内发表的第三种著作。该书以上述《生态文明论》一书的《绪论：建设生态文明，实现社会全面转型》一文（2008）为提纲。全书 10 章：（1）价值观转型。走出人类中心主义，突破个人主义思想，确立人与自然和谐的核心价值观。（2）哲学转型，从人统治自然的哲学，走向人与自然和谐的哲学。超越现代"主—客二分"理论，走向人与自然统一的环境哲学，实现哲学范式转型。（3）社会政治转型，从工业文明社会的"资本专制主义"，到生态文明社会的"以人为本"的人民民主主义。（4）生活方式转型，从高消费走向绿色消费，实行简朴生活，低碳生活，公正生活。这是可持续的更高级的生活结构。（6）文化转型，伦理道德的生态转向。从社会伦理到环境伦理的发展，是人类道德进步。（7）文化转型，教育和科学技术发展的生态转向。从科学与教育只有人和经济—社会目标，向同时具有保护自然的目标发展。（8）文化转型，文学艺术的生态转向，文艺学从"人学"向"人与自然和谐"之学发展。（9）医学模式转型，弘扬中华医学。超越现代"生物医学模式"，承传五千年中医学文化，走中华医学道路。（10）结语：中国建设生态文明，为人类做出新贡献。

该书关于"生态文明是人类社会全面转型"的讨论受到学术界肯定，

2018 年签约它的第二版，将由中国林业出版社《生态文明文库》第一集出版。

# 三　生态文明　中国道路

2011—2015 年，受聘浙江农林大学生态文明研究中心学术委员，参加该校生态文明课题研究和实践。习近平同志任浙江省委书记时，指导安吉县建设，创造了安吉全国第一个生态县。我曾两次赴安吉调研。2012 年安吉生态文明建设模式研讨会，我作题为"生态文明，中国道路"的发言。随后，此文首次以《中国生态文明辞典》卷首署名文章摘要发表。[①] 再后，发言全文在《桂海论丛》发表。

从人类文明的大视角，中国道路走了三大步：（1）农业文明时代，中华文明在社会经济、政治、文化和科学技术等各个领域，取得世界最高的成就，对人类社会发展和进步做出最伟大的贡献，站到世界史的巅峰；（2）工业文明时代，由于农业文明的道路惯性，中国没有及时实现道路转换，成为先进的工业化国家的产品推销地和资源掠夺地，导致中国的百年屈辱；（3）生态文明时代，在党的领导下，在世界上率先走向建设生态文明的道路，实现中华民族的伟大复兴。这是中国新道路。

文章正式发表时的摘要是："我们生活的时代是生态文明时代。生态文明是人类新文明。党的十八大提出大力推进生态文明建设战略，生态文明建设深刻融入和全面贯穿经济建设、政治建设、文化建设和社会建设'五位一体'的总体战略。中国共产党实施这一战略，领导中国人民建设生态文明。这是中国道路，建设中国特色社会主义之路，中华民族伟大复兴之路。中国人民在党的领导下，在世界上率先走向建设生态文明的道路，将是中华民族对人类的又一个伟大的贡献。"

文章的四个小标题是：（1）生态文明：从党的十七大到党的十八大；（2）目前生态文明建设的主要任务和问题；（3）当前生态文明建设的方针、途径、目标和措施；（4）中国建设生态文明将为人类做出

---

① 余谋昌：《生态文明中国道路》，王旭烽主编《中国生态文明辞典》，中国社会科学出版社 2013 年版。

新贡献。①

　　文章发表后引起学术界很大的兴趣和关注。2017 年，清华大学发布报告：依据 10 年（2006—2016），6268 种学术期刊，700 余万篇文献，获得大数据的统计与分析，从哲学社会科学主要学科的核心学者分析和高影响力文献等角度，揭示近十年我国哲学社会科学的学术，哲学社会科学主要学科的高影响力文献。报告说，我在《桂海论丛》发表的文章被引用和复印的数次，获两项第一名：一是被引用频次 64，居第一位；二是下载频次 10399，居第一位，因而被列入高影响力的文献。

图 1　"生态文明建设模式研讨会"，余谋昌作"生态文明，
中国道路"的发言（2012 年 12 月，浙江安吉）

# 四　习近平生态文明思想研究

　　2018 年 5 月 18 日，全国生态环境保护大会习总书记发表重要讲话，新华社发布消息："要认真学习领会习近平生态文明思想。"报道说，习近平生态文明思想内涵丰富，深刻回答了为什么建设生态文明、建设什么

---

　　①　余谋昌：《生态文明：建设中国特色社会主义的道路》，《桂海论丛》2013 年第 1 期。

样的生态文明、怎样建设生态文明的重大理论和实践问题，是我们党的重大理论和实践创新成果，是新时代推动生态文明建设的根本遵循。

2018 年，我参加编写《生态文明关键词》一书①，同年，参加黎祖交主编《党政领导干部生态文明建设读本》的编写，编写《生态文明建设的核心理念》，阐述习近平生态文明理念，研究习近平生态文明思想。主要是下面 4 个生态文明的核心理念。

1. 人与自然和谐共生理念

人与自然和谐共生是生态文明建设的基本方略。2017 年，习总书记十九大报告说，坚持人与自然和谐共生，建设生态文明，这是中华民族永续发展的千年大计。这是中国建设的基本方略。再早 2015 年，习近平主席在联合国大会发表讲话，提出"人类命运共同体"理念。他说："当今世界，各国相互依存、休戚与共。我们要继承和弘扬联合国宪章的宗旨和原则，构建以合作共赢为核心的新型国际关系，打造人类命运共同体。"这是处理国际关系的"中国方略"。

历史告诉我们，工业文明发展，遵循人统治自然的理念，导致全球性生态危机，我们需要确立和实行人与自然和谐共生的理念。因为人与自然的关系本质上是一种合作共生、和谐共生的关系：人类开发利用自然，依赖自然界而生存，自然的力量支持人类发展；人类劳动改变自然，人类的力量创造了新的自然界。在这里，人与自然关系的正常状态、本质和规律是和谐共生。它的运动方向或目标是共生、共荣和共同进化。这是"人类命运共同体"理念的基础。

人与自然和谐共生既是我们的愿景，又是我们的努力的方向和奋斗的目标。在国家关系方面，矛盾和对抗，对立和冲突，纷争甚至战争，导致各方利益的严重损害。现代战争机器发展，特别是核武战争可能导致人类的毁灭。

"和"是中国文化的精髓，中国讲"和而不同"哲学。依据中国哲学，遵循"人类命运共同体"理念，中美经贸摩擦是可以合理解决的，世界上各种各样大大小小的纷争，都是可以合理解决的。习主席说："我衷心希望国际社会共同努力，多一份和平，多一份合作，变对抗为合作，化干戈为玉帛，共同构建各国人民共有共享的人类命运共同体。"我们面

---

① 黎祖交主编：《生态文明关键词》，中国林业出版社 2018 年版。

对各种各样的挑战，坚持人与自然和谐共生理念，遵循人类命运共同体理念，将会开启中国新世纪，开启人类新纪元。这是世界最好的方案。

2. 绿水青山就是金山银山理念

2005 年 8 月 15 日，时任浙江省委书记的习近平同志，在浙江安吉县余村考察，对余村为了保护环境关掉采石矿和水泥厂给予高度的肯定。他说："一定不要再去想走老路，还是要迷恋过去那种发展模式。所以刚才你们讲到下决心停掉一些矿山，这个都是高明之举，绿水青山就是金山银山。我们过去讲既要绿水青山，也要金山银山，实际上绿水青山就是金山银山，本身，它有含金量。"这是中国发展新境界，中国发展新道路，大家共同努力让天更蓝、山更绿、水更清、生态环境更美好，携手走进社会主义生态文明新时代。

这是经济发展、社会发展与环境保护统一发展的理念。坚持这一发展理念，对于经济发展与环境保护的关系，关于经济发展是不是一定会造成环境破坏，这样的长期争论不休的问题，做出了明确的结论：绿水青山是金山银山，绿水青山可以转变为金山银山，绿水青山就是金山银山。遵循并坚持这一新发展理念，我们的经济发展、社会发展与环境保护三者兼顾是可以统一的，经济效益、社会效益和生态效益，三者同时都要是可以做到的。

3. 保护和改善生态环境就是保护和发展生产力理念

2013 年 4 月 10 日，习近平主席在海南考察时说："纵观世界发展史，保护生态环境就是保护生产力，改善生态环境就是发展生产力。"2016 年 5 月 23 日，在黑龙江省伊春市考察调研时，他又说："生态就是资源、生态就是生产力。"

现代经济学的生产力定义，认为只有一种生产力，即社会生产力。这是不全面的。生态是生产力理念，颠覆了现代经济学的生产力定义。"生态就是生产力"理念，这是习近平总书记关于经济学理论的创新，是经济学的重大进步。

遵循"生态就是资源、生态就是生产力"的理念，正确处理经济建设与环境保护的关系，对投入物质生产的自然资源和环境质量进行经济统计，实行自然资源有偿使用的政策；对开发利用资源和环境进行生态评价，对资源和环境的损害进行生态补偿，实行生态平衡的发展。依据新的经济学理论，按照循环经济的原则，创造和发明生态技术和工艺，使经济生产投入的资源，经过多次利用或重复利用，争取尽量多的产出，减少废弃物排放，实现最大的经济效益、社会效益和生态效益，保护和发展生态生产力。这是必要和可能的，是生态文明经济发展的基础。

**图2　"习近平生态文明思想研究研讨会"，余谋昌作"习近平生态文明思想是新的社会主义思想"的发言（2019 年 2 月，北京大学）**

4. 社会主义生态文明观

党的十九大报告指出："生态文明建设功在当代、利在千秋。我们要牢固树立社会主义生态文明观，推动形成人与自然和谐发展现代化建设新格局。"[①] 2019 年，习近平主席指出，我们党生态文明建设思想，一是"五位一体"总体布局，二是人与自然和谐共生基本方略，三是绿色新发展理念，四是污染防治攻坚战。他说："这'四个一'体现了我们党对生态文明建设的把握，体现了生态文明建设在新时代党和国家事业发展中的地位，体现了党对建设生态文明的部署和要求。"

社会主义生态文明观是科学的历史观。人类思想史上，社会主义思想是历史地发展的：首先，16—17 世纪空想社会主义；接着，19 世纪民主

---

① 习近平：《决胜全面建成小康社会　夺取新时代中国特色社会主义伟大胜利——在中国共产党第十九次全国代表大会上的报告》，人民出版社 2017 年版，第 52 页。

社会主义和马克思的科学社会主义；现在，社会主义生态文明观，这是新的社会主义思想，即习近平生态文明思想。

2019 年，美国著名学者尼亚尔·弗格森发表文章说："如果你在 30 年前告诉我，到 2019 年美国将跟另一个共产主义超级大国陷入另一场冷战，我不会相信你的话。如果你还告诉我，对美国年轻人来说，社会主义代表着时尚前沿，我会要求你去看精神科医生。但如今，我们正面临这样的局面。"① 不知道如今美国年轻人时尚的是什么社会主义？我们正在建设的是生态社会主义。

党的十九大报告强调，必须坚定不移贯彻创新、协调、绿色、开放、共享的发展理念。这是建设生态文明的新发展理念。创新是新发展的第一动力，协调是新发展的内在要求，绿色是新发展的根本途径，开放是新发展的必由之路，共享是新发展的根本目标。

遵循社会主义生态文明理念，遵循生态社会主义新发展观，我们一定要更加自觉地珍爱自然，更加积极地保护生态，更加努力构建中国特色的社会主义和谐社会，加快建设生态文明的进程。这是关系中国人民福祉、关乎中华民族未来的长远大计。我们努力走向社会主义生态文明新时代，走生态文明的中国道路，大家共同努力，中华民族伟大复兴的中国梦，一定能实现，一定会实现。

（余谋昌，中国社会科学院哲学研究所研究员）

---

① 尼亚尔·弗格森：《美在新冷战中应警惕"国内敌人"》，《参考消息》2019 年 3 月 27 日。

# 以弘扬学术为己任:金岳霖学术基金会30年[①]
## ——专访金岳霖学术基金会副会长刘培育研究员

## 曾　江

**图1　1982年金岳霖先生与中国社会科学院哲学研究所逻辑学研究室同人合影**

金岳霖先生（1895—1984）是我国现代著名的哲学家、逻辑学家，杰出的教育家。他融会中西哲学，构建了有中国特色、有世界影响力的哲学体系，他是在中国传播现代逻辑贡献最大的学者，培养了一批学养深厚、蜚声海内外的哲学家和逻辑学家。金岳霖学术基金会自1987年成立

---

①　原文载于2019年1月21日中国社会科学网,http://www.cssn.cn。

以来，编辑出版金岳霖著作，组织相关学术研讨，开展金岳霖学术奖评奖活动，成就斐然。金岳霖学术基金会副会长、中国社会科学院哲学研究所刘培育研究员近日接受中国社会科学网记者专访，应邀介绍了金岳霖学术基金会成立以来的学术工作。

**中国社会科学网**：刘老师，您好！请您介绍下金岳霖学术基金会成立的过程。

**刘培育**：1985 年是金岳霖诞辰 90 周年、逝世 1 周年。中国社会科学院、清华大学、北京大学、中国民主同盟、中国逻辑与语言函授大学在京联合召开了首次金岳霖学术思想研讨会，在全国哲学界和逻辑学界产生了很大的影响。会上会下，金岳霖的朋友和学生们酝酿成立金岳霖学术团体，以纪念金岳霖，弘扬金岳霖的学术思想，推动我国哲学和逻辑学的发展。时任中国社会科学院院长的胡乔木先生多次发表讲话，提倡向金岳霖学习。他说，我们党以自己的队伍中有像金老这样著名的老学者而感到自豪，希望所有的科学工作者都要向金老学习，在学术上、政治上、工作上不断追求进步。经过相关单位一些朋友和学生的共同努力，1987 年 7 月 14 日在中国社会科学院召开了金岳霖学术基金会成立大会。胡乔木到会发表讲话，积极支持成立金岳霖学术基金会。

金岳霖学术基金会章程规定："金岳霖学术基金会是为了纪念金岳霖，推动我国逻辑学和哲学的发展而成立的群众性组织。"金岳霖学术基金会的主要任务是，组织金岳霖著作的整理、编辑和出版工作，推动对金岳霖学术思想和对逻辑、现代哲学领域的学术研究，组织对逻辑和现代哲学优秀科研成果的评审和奖励活动等。经过协商，聘请胡乔木为名誉顾问，顾问有（按汉语拼音为序）冰心、陈岱孙、楚图南、费正清、冯友兰、贺麟、胡绳、姜椿芳、钱昌照、钱端升、钱锺书、汝信、沈从文、许涤新、于光远、张友渔、周培源等 26 人。经过协商和推选，邢贲思担任会长，刘培育为秘书长，周礼全为学术委员会主任。

**中国社会科学网**：30 年来金岳霖学术基金会主要开展了哪些学术工作？

**刘培育**：时光荏苒，30 年过去了，金岳霖学术基金会在有关领导的关心和支持下，在老一辈学者的指导下，主要做了三件事：编辑出版金岳霖著作，组织金岳霖纪念活动和学术思想研讨会，开展金岳霖学术奖评奖活动。

编辑出版金岳霖著作，为金岳霖思想研究提供了丰富、准确的学术资料。30 年来，金岳霖学术基金会先后编辑了一系列学术著作：《金岳霖学术论文选》（刘培育选编），中国社会科学出版社 1990 年出版；《金岳霖文集》（4 卷，周礼全主编），甘肃人民出版社 1995 年出版；《金岳霖的回忆与回忆金岳霖》（刘培育主编），四川教育出版社 1995 年出版，2000 年出增补版；《中国社会科学院学者文选·金岳霖集》（刘培育编），中国社会科学出版社 2000 年出版；《哲意的沉思》（刘培育编），天津百花出版社 2000 年出版；《道、自然与人——金岳霖英文论著全译》（王路、胡军等译，刘培育编），生活·读书·新知三联书店 2005 年出版；《金岳霖回忆录》（刘培育整理），北京大学出版社 2011 年出版；《金岳霖解读〈穆勒名学〉——纪念金岳霖先生诞辰一百一十周年》（倪鼎夫整理），中国社会科学出版社 2005 年出版，2013 年再版；《金岳霖全集》（6 卷 8 册，刘培育主编），人民出版社 2013 年出版。

**中国社会科学网**：金岳霖学术基金会成立以来，组织了哪些金岳霖纪念活动和学术思想研讨会，开展金岳霖学术奖评奖活动情况如何？

**刘培育**：研讨会和评奖活动两件事是同时进行的。金岳霖学术基金会依据逢五逢十的惯例，在 30 年里召开了 6 次金岳霖诞辰纪念会和金岳霖学术思想研讨会，组织了 6 届评奖活动。

1990 年是金岳霖诞辰 95 周年。金岳霖学术基金会举办纪念金岳霖诞辰 95 周年暨首届金岳霖学术奖评奖活动，奖励 1984—1990 年我国中青年学者的优秀逻辑论著，金岳霖学术基金会学术委员会主任、中国逻辑学会会长周礼全先生担任评委会主任，评选出一等奖 1 项，二等奖 1 项，三等奖 4 项，优秀奖 6 项。10 月 18 日在武汉湖北大学隆重举行颁奖大会，来自全国各地的逻辑工作者 200 多人参加了大会。邢贲思会长在贺信中说："金岳霖学术奖的目的是对在哲学和逻辑学领域做出成绩的同志进行奖励，同时把一批年轻而又优秀的人才发现出来。这次颁奖这两个目的已经基本达到。"金岳霖学术基金会名誉顾问胡乔木同志在贺信中说："基金会在这次评奖过程中注意到，中国逻辑研究的现代化工作已经取得决定性进展，正向国际逻辑水平进军。这确是一个值得全国学术界庆贺的好消息，表明以金岳霖为代表的老一辈逻辑学家的辛勤耕耘已经开花结果。"获奖者怀着兴奋、激动的心情纷纷发言，要学习金先生的治学精神，刻苦钻研，取得更大的成果，让我国的逻辑研究于不久的将来在世界逻辑科学之林中占有一席之地。

1995 年是金岳霖诞辰 100 周年，在中国社会科学院举行了隆重的纪念大会和学术研讨会。时任中国社会科学院院长、金岳霖百年诞辰纪念委员会主任的胡绳同志，以《向金岳霖学习，为发展我国哲学社会科学事业贡献力量》为题，高度评价了金岳霖的学术贡献。他认为，金岳霖"建立了独特的哲学体系。这不但在旧中国哲学界是凤毛麟角，而且在国际哲学界也有一定的影响"。"吸取金岳霖哲学体系中的精华，对于发展马克思主义哲学是有重要意义的。"他"希望哲学社会科学工作者向金岳霖先生学习，学习他的严谨治学的好学风，学习他追求真理、追求进步的精神，学习他刻苦钻研、探索创新的精神，为发展我国的哲学社会科学事业、为社会主义精神文明建设贡献出自己的力量！"汝信、刘吉、于光远、邢贲思、叶笃义、胡显章、张岱年、任继愈、黄楠森、周礼全等著名学者也发表讲话，高度评价金岳霖的学术成就和治学精神。来自海内外的各界人十 180 多人参加了纪念大会。当天，中央电视台"历史上的今天"栏目女主持人播报说道："今天是中国现代杰出的哲学家、逻辑学家金岳霖诞生 100 周年。"接着讲述了金岳霖的学术成就，展示了金岳霖的学术著作和不同时期的照片。与会者看后热烈地议论起来，他们说，中央电视台第一次把一位哲学家、逻辑学家的诞辰放入凝重的"历史上的今天"，而金岳霖先生享受这一殊荣是当之无愧的。

60 多位学者提供 58 篇论文，就金岳霖思想做了为期两天的学术研讨。学者们实事求是地评价了金岳霖的学术贡献和局限，探讨了金岳霖中西哲学比较研究的特点，分析了金岳霖在中华人民共和国成立思想转变的经验和教训等（详见《哲学研究》1995 年增刊）。

第二届金岳霖学术奖奖励 1984—1994 年出版或发表的现代西方哲学优秀成果，金岳霖学术基金会副会长、著名哲学家黄楠森教授任评委会主任。获奖成果 10 项，其中一等奖空缺，二等奖 2 项，三等奖 3 项，优秀奖 5 项。胡绳同志认为，"从评选出的优秀成果来看，是注意到贯彻用马克思主义哲学观点研究现代西方哲学、吸取现代西方哲学中的精华的原则的。这次评选活动必将对我国的现代西方哲学研究工作起巨大的推动作用"。

活动期间，还举办了金岳霖学术展，出版了《金岳霖文集》《金岳霖回忆与回忆金岳霖》《理有固然——纪念金岳霖先生百年诞辰》《哲学研究》（增刊·纪念金岳霖百年诞辰专辑）。

2000 年是金岳霖诞辰 105 周年，举办第三届金岳霖学术奖评选，奖励 1990—1999 年出版或发表的优秀逻辑学成果 12 项，其中一等奖 1 项，二等奖 2 项，三等奖 9 项。获奖成果涉及数理逻辑、哲学逻辑、语言逻辑、归纳逻辑、非形式逻辑、中国逻辑史、逻辑哲学等学科，现代逻辑优秀成果占有较大的比重，有的成果达到了国际先进水平，展现了我国逻辑学者近十年来的科研成果。颁奖大会在重庆隆重举行，金岳霖学术基金会秘书长刘培育研究员代表基金会致辞，金岳霖学术基金会学术委员和中国逻辑学会会长们为获奖者颁奖，来自全国各地的近 200 位老中青逻辑学者亲临大会，受到很大鼓舞。

2005 年是金岳霖诞辰 110 周年。中国社会科学院、北京大学、清华大学、华东师范大学、中国逻辑与语言函授大学和金岳霖学术基金会共同在北京举办纪念金岳霖诞辰 110 周年纪念活动，来自海峡两岸及国外的 200 多位各界人士，怀着喜悦的心情在中国社会科学院参加了纪念大会。

时任中国社会科学院副院长的冷溶同志在纪念大会上致辞，他说："今天我们举行金岳霖先生诞辰 110 周年纪念大会，这是中国学术界具有重要意义的一件大事。"冷溶认为，"金先生对我国哲学和逻辑学的发展做出了不可磨灭的贡献"，"对金岳霖先生的哲学体系，我们应当进行认真的研究，吸取其中的精华，这对于丰富和发展马克思主义哲学具有重要意义"。金岳霖学术基金会会长邢贲思认为，我们纪念金先生，不仅要学习他的学术著作，研究他的学术思想，更重要的是要学习他谨严刻苦的治学态度和政治上、学术上不断追求进步的精神。

金岳霖学术研讨会以金岳霖学术思想研究、中西哲学比较研究、21 世纪哲学和逻辑学的发展为主题，进行了两天集中的研讨。这次研讨会有两个突出特点：一是研究金岳霖思想的学者越来越多，十几位来自中国台湾、香港地区的学者是首次参加金岳霖学术思想研讨会，热情很高。二是对金岳霖思想研究的视野越来越宽，有多篇论文阐述了金岳霖学术思想的现代意义。

金岳霖学术基金会同时举办第四届金岳霖学术奖颁奖活动，奖励 1949—2004 年研究金岳霖思想的优秀科研成果 7 项，其中一等奖 1 项，二等奖 2 项，三等奖 4 项。对金岳霖学术思想研究成果进行专项评奖活动，这在我国还是头一次，它对今后金岳霖思想研究必将起到推动作用。

2010 年是金岳霖诞辰 115 周年。金岳霖学术基金会、中国逻辑学会、华东师范大学哲学系和浙江省诸暨市人民政府共同主办的纪念金岳霖诞辰 115 周年学术研讨会暨第五届金岳霖学术奖颁奖活动在金岳霖先生的故乡浙江省诸暨市举行。金岳霖学术基金会会长邢贲思在贺信中肯定"金岳霖先生是我国现代杰出的哲学家和逻辑学家，也是出色的教育家，他推动了我国哲学和逻辑学的发展，为中国哲学界在世界上争得了荣誉，也培养了一批学养深厚、蜚声海内外的哲学家和逻辑学家，他们在各自领域里都做出了卓越的贡献"。

学术研讨的主题是我国逻辑专业研究生教育、逻辑学的学科建设和发展、逻辑学研究的新成果等。大会主题报告有：中国社会科学院哲学研究所刘培育研究员的《金岳霖的教育理念与教育实践》，北京大学哲学系刘壮虎教授的《关于北京大学研究生培养的几点思考》，南京大学哲学系张建军教授的《关于南京大学逻辑专业研究生培养的几点认识》，中山大学逻辑与认知研究所鞠实儿所长的《逻辑的观念与未来》。分组讨论就逻辑教学与通识教育、逻辑学与批判性思维、逻辑工作者的特殊使命、冯契对金岳霖思想的发展等进行了探讨。

第五届金岳霖学术奖奖励我国改革开放以来逻辑专业研究生优秀学位毕业论文。其中，博士论文一等奖 1 名，二等奖 2 名，三等奖 6 名，提名奖 15 名；硕士论文奖一等奖 1 名，二等奖 2 名，三等奖 5 名，提名奖 4 名。与会者认为，金岳霖学术基金会奖励研究生优秀学位论文是一个创举，具有明显的导向作用，它将有助于推动我国研究生教育质量的提高。会后，全体会议代表和获奖人员参观了金岳霖先生的祖居。

2015 年是金岳霖诞辰 120 周年。金岳霖学术基金会和清华大学共同主办了纪念金岳霖诞辰 120 周年学术研讨会暨第六届金岳霖学术奖颁奖活动。金岳霖学术基金会会长邢贲思在致辞中高度评价金岳霖一生的学术贡献。他强调说："当今的中国，正在为实现中华民族的伟大复兴而努力奋斗。要实现伟大的中国梦，全体中国人必须提高理性思维。而要提高人们的理性思维，必须推动我国哲学和逻辑研究，必须促进我国哲学和逻辑教育，必须加大哲学和逻辑学的普及工作。""希望有更多的人研究金岳霖，从金岳霖的思想中汲取营养，为现实服务。"清华大学党委副书记邓伟赞扬金岳霖当年对清华大学哲学和逻辑学教育做出的特殊贡献。

这次研讨会，有来自国内外的学者 150 多人，老学者和外国学者比以往都多，金岳霖先生当年读书的长沙中小学校也派代表到会。研讨会三天，其中一天用英文研讨。学者们集中对金岳霖的哲学、逻辑学成就进行了深入的研讨，有学者指出，"金岳霖—冯契命题"是解决当代指称理论的"第三条道路"。有的学者阐述了清华哲学派的贡献和特点。中国社会科学院、北京大学、华东师范大学以及中国逻辑学会、北京市逻辑学会是会议协办单位。

**图2　1985年首次金岳霖学术思想研讨会召开**

**图3　1987年金岳霖学术基金会成立大会召开**

　　第六届金岳霖学术奖奖励 2000—2015 年分析哲学领域的优秀成果。其中一等奖 1 项,二等奖 3 项,三等奖 4 项。获奖作品或使某哲学问题得到了更好的解答,或使某哲学观点得到了更好的论证,或使某哲学工具得到了重要的改进,或使某哲学命题得到了更好的表述。金岳霖学术基金会向获奖者赠送了不久前出版的《金岳霖全集》。

　　会议期间,清华大学宣告设立金岳霖学术讲堂,每年邀请国内外著名学者到讲堂做学术前沿问题讲座。

**图 4　金岳霖学术基金会编辑出版的部分学术著作(1)**

**图 5　金岳霖学术基金会编辑出版的部分学术著作（2）**

**图 6　金岳霖学术基金会编辑出版的部分学术著作（3）**

**图7　金岳霖学术基金会编辑出版的部分学术著作（4）**

**图8　金岳霖学术基金会组织的部分学术纪念研讨和学术评奖活动（1）**

**图9 金岳霖学术基金会组织的部分学术纪念研讨和学术评奖活动（2）**

**图10 金岳霖先生和他的学生沈有鼎、王宪钧、胡世华、周礼全合影**

**图11　金岳霖学术基金会副会长、中国社会科学院哲学研究所刘培育研究员近影**

**中国社会科学网：**今后一段时间金岳霖学术基金会准备继续开展哪些工作?

**刘培育：**我们要把金岳霖学术基金会过去30年的工作认真做个回顾，总结经验，找出不足，对今后的工作做出一个规划。2020年是金岳霖诞辰125周年，我们将继续举办纪念活动、学术研讨和评选优秀学术成果。哲学社会科学是人们认识世界、改造世界的重要工具，是推动历史发展和社会进步的重要力量。人类社会的每一次重大进步，都离不开哲学社会科学思想的先导。我们要深入挖掘金岳霖等一代大师的宝贵思想资源，弘扬他们的思想之光，推动我国哲学社会科学的健康发展，为中华民族的伟大复兴贡献力量。金岳霖学术基金会要不断吸纳优秀人才，壮大力量，以弘扬学术为己任，精心谋划，扎扎实实做些事情。

（曾江，中国社会科学网记者）

# 一份谈话记录和半个世纪的演绎[①]

## 任 远 任 重

　　"文化大革命"以及以前，父亲挨批，是因为所谓的"右"；"文化大革命"以后，父亲挨批，是因为所谓的"左"。

　　父亲也说，有可能他应该写一部"文化大革命"史，还着手收集了不少素材。大多数人写"文化大革命"是记录遭受的磨难，非人待遇。他则考虑中国哪里出了问题。

　　2016年是父亲诞辰100周年，也是父亲去世的第七个年头。国家图书馆征文，我们迟迟没有写。一方面他的经历及所做的工作大家都了解：还有《任继愈文集》和不少有关他的传记、回忆文章，再说什么显得重复。另一方面父亲在家里，习惯上不谈自己工作上的事情。他手头的事情又多，问到他什么，他经常是一边想着自己的事情，一边答非所问地应付一下。我们从他那里知道的事情非常有限，谈不上有更多的了解。有些很重要的事情还是在他去世后，他的一些老同事、老朋友专门约我们谈，我们才知道其中的原委。

　　人渐行渐远，凡事早该尘埃落定，时间，改变着一切。但是有时候正相反，过去不注意，没有深入考虑的事情，随着时间的推移，在回忆过程中，倒是觉得线索明晰了。消失已久的1959年在毛主席家谈话记录最近被发现，让我们联想起很多过去的事情，也对这几十年父亲的思想和为人有了更深入的了解。

---

　　① 原载《中华读书报》2016年4月6日。

# 一　发现谈话记录

我们整理父亲遗存的文稿、书籍，无意间发现一个很旧的硬纸夹子，里面放着几个牛皮纸信封。打开其中一个，里边有两叠发黄的稿纸。一份留有我母亲字迹，绿格 400 字稿纸，共 8 页，其中父亲做过个别的修改；另一份留有我父亲字迹，红格 500 字稿纸，共 7 页，没有修改痕迹，应该是整理完最后抄写版本。两份内容比较，主体部分完全一致，绿色稿纸内容稍多一些。这是两份手抄"毛主席接见任继愈谈话经过"记录，内容是父亲 1959 年 10 月 13 日和毛主席谈话要点，是事后根据回忆整理的。

绿格稿纸最后还注明，1967 年 4 月让任远抄过一次。那时"文化大革命"正值高潮，造反派全面夺权已经开始，社会非常不稳定，家里也多次被各种"红色组织"抄过。也许父亲是为可能出现的复杂情况做个准备。但是抄的那份文稿至今未再见到。

父亲一辈子学哲学，教哲学，研究哲学，对个人荣辱之类的事物看得比较透，比较淡。他看不上有的人借着领袖的威望树立自己形象。所以这次谈话，他完全是按照一项非常重要的工作任务来看待的，不但没有大肆张扬，甚至从未自己主动提及。他的同事、学生也都不太清楚谈话的过程，即便是我们问起来，他也是只言片语，从不多说。他去世后这几年，我们完全遵循他的一贯态度，他自己不说的，我们也不多讲。

# 二　旧事重提，只因"旧事不旧"

现在想根据这份记录多说几句。简单说，是因为半个世纪后，这件事还受到各方关注。谈话之后的 1964 年，按照毛主席批示，成立了中国科学院哲学社会科学部（简称"学部"）世界宗教研究所。父亲是第一任所长。一开始这个单位和学部另外几个同时建立的研究所，都处于保密状态，叫作北京×××信箱。从筹建到 1966 年 5 月"文化大革命"开始，主要是做聚集和培养人才、系统了解和掌握宗教动态几项工作，在马克思主义指导下做开创性的理论研究。研究所分成佛教、基督教和伊斯兰教三个研究室，首先进行了各国宗教概况的调查，并且出版了自己的期刊《世界宗教动态》。

"文化大革命"中,学部是众矢之的,整体下放河南五七干校。"文化大革命"结束,宗教所得以恢复工作。随着解放思想,各种思潮空前活跃,各种针对父亲的说法也就纷至沓来。

从这个时候开始,社会上对这次谈话有截然不同的解读和评论。

肯定的说法和《毛泽东文集》说法差不多,最常见的是"凤毛麟角","首创运用马克思主义研究宗教学,毛泽东主席肯定了他开辟的哲学史、宗教学研究的新途径"。否定的评论不一而足,但很少涉及学理上的争论。

这些不同的说法,除去个人或团体的因素(立场、利益)外,人们对事实本身和产生谈话的情况背景不了解也是个原因。于是就想在这里就抄录一些记录中的内容,以便让更多的人了解当时谈话的情况。

# 三 记录的基本内容

毛泽东接见谈话的时间是 1959 年 10 月 13 日凌晨 4 点半到 7 点半;地点是中南海毛泽东同志家里;当时在座者除了毛泽东同志和父亲外,还有陈伯达、胡绳和毛泽东秘书林克。

谈话记录分为以下几个部分:

1. 关于研究中国哲学史;

2. 关于哲学问题;

3. 关于逻辑学方面的问题;

4. 关于百家争鸣和学术批判问题等。

这份记录中第一和第二部分的内容,包含哲学和宗教问题,和《毛泽东文集》所述,他人公开发表的文章说法一致。毛泽东在更早的中央政治局北戴河扩大会议上,谈过差不多的意思,一直到 1964 年还谈到过,前后意思是完全一致的。林克同志晚年的回忆记录所述也是完全一致的。看来这是毛泽东深思熟虑后提出的意见。作为党的领导人多少年来一直关注这些哲学、宗教问题,应该是出于世界、国家的实际情况,为提高理论水平,了解现实状况,树立新中国社会共识,指导国家健康发展而提出的。

任重后来问过父亲,他和毛泽东谈哲学、宗教问题的感觉是什么。他说也没太想到,作为政治领袖,他在哲学、宗教方面书读过很多,而且真看透了，记忆也很准确，谈话中准确引经据典来加强对观点的支持。他说毛泽东视野宽，掌握社会情况，有自己独到的见解，但并不偏颇，交流中谈话轻松而且深刻。

毛泽东见面就说："今天晚上不打算睡了，想找你来谈谈。你写的全部文章我都看过了。""我看梁启超的《佛学研究十八篇》，有些地方还有可取之处，但他没有讲清楚。你写的佛教禅宗的文章我也看了。对于禅宗，我没有什么特别的看法，我完全同意你的意见。禅宗是主观唯心主义，完全抹杀它，是不行的。""王阳明接近禅宗，陆象山不太纯。（意思说不十分像禅宗）。"毛泽东对陈伯达说："禅宗的《坛经》你们看过没有？我早就说过，要你们找来看看。继愈同志的文章你们看过没有？你们可以找来看看，很容易看。"接着他背了几段《坛经》，并作讲解，在这份记录中未详细说明毛泽东是如何讲解的。林克同志的书中讲到毛泽东"对禅宗更为关注，对禅宗六祖慧能尤其欣赏，《六祖坛经》一书，他经常带在身边"[①]。"慧能自幼辛劳勤奋，在建立南宗禅时与北宗禅对峙，历尽磨难的经历，他不屈尊于至高无上的偶像，敢于否定传统的规范教条，勇于创新精神，以及把外来的宗教中国化，使之符合中国国情，为大众所接受等特征。在这方面与毛泽东一生追求变革、把马克思主义原理同中国革命实践相结合的性格、思想、行为，颇多相通之处。所以为毛泽东称道。毛泽东言谈幽默诙谐，有些话含蕴颇深，值得回味，不能说与禅宗全然无涉。"[②]

记录中毛泽东还说："中国哲学史，古代先秦部分研究的人比较多，近代现代的已开始注意起来了。只有中间一段似乎注意得还不够。你们有人注意这一段，很好。"

"研究哲学史，对历史、经济、政治、法律、文艺也要注意，它们的联系很密切。你对历史注意不注意？对当前的问题关心不关心？"

"宗教史也要研究。佛教史你在搞，很好。道教、福音书有没有人搞？"

---

① 林克：《我所知道的毛泽东——林克谈话录》，中央文献出版社 2002 年版，第 140—141 页。

② 林克：《我所知道的毛泽东——林克谈话录》，中央文献出版社 2002 年版，第 140—141 页。

"基督教（福音书）还是要抽个把人搞，你们是一个 500 人的大系嘛（这里是指北京大学哲学系，当时父亲是北京大学哲学教授——笔者注）。研究宗教非外行不行，宗教徒搞不清楚，他们对它有了迷信就不行。"

"××搞阿拉伯哲学史怕不行吧，因他相信那一套。我们对旧中国没有迷信，我们就研究得透，蒋介石对旧中国有迷信，到死也没有办法。"

"老子的问题你们争论得怎么样了？"毛主席指着陈伯达对父亲说："你们的意见是一致的吧？"

"古人有很多东西我们都值得学。禅宗的独创精神，成佛不要去西天。"

"《老子》的'不敢为天下先'，我们是不放第一枪。现在印度骂我们，我们不动，等到一定时机，我们就狠狠地还击一下。"（中印边界自卫反击作战从 1962 年 10 月 20 日开始，至 11 月 21 日基本结束，整理后的父亲手抄件略去了这一句——笔者注）

"《礼记》的礼尚往来也学了，对敌斗争，要有理、有利、有节。《左传》的'退避三舍'也学了，我们打仗有时一退不止三舍，一舍三十里，三舍九十里，我们有时一退几百里。"

1978 年 12 月 20 日父亲发表于《文汇报》的《忆毛主席谈古为今用》说：主席屈起一个手指，说我们学《老子》的"不敢为天下先"，在对敌斗争中坚持不放第一枪；然后又屈起一个手指，说要学《左传》的"退避三舍"，在井冈山反围剿时，解放战争时打莱芜城时，都曾经大踏步后退，甚至一退几百里，不止三舍；接着又屈着第三个手指说，我们学《礼记》的"礼尚往来"，对敌斗争，不无辜寻衅，敌人挑衅，也不立即报复，等待时机，有理、有利、有节地反击敌人。这里讲的就是 1959 年 10 月 13 日凌晨毛主席的谈话。

记录关于哲学部分有这样的内容："历史唯物主义主要是讲社会发展的四个阶段的规律。现在把革命的理论、党的建设、伦理学、法律、文艺都放在里面讲，如何包得下？像革命的理论、党的建设，从前可讲得不多，经过这几十年的革命斗争实践，经验太丰富了，是不是要独立出来单讲呢？"

"一切东西都是发展的，动物是从植物发展来的，最初是先有的藻类。动物植物将来未必有一条不可改变的界限，以后若干年，植物也可能动起来。如果动植物之间没有相互转化的可能，人吃植物就不能活下去。"

记录的最后是父亲的附注说明。他说，这份谈话过程是根据回忆整理，仅记录了毛主席的话，内容分类是整理时加上的。回忆会有遗漏。陈伯达和胡绳没有讲更多的话，毛主席鼓励个人的话觉得没有必要写在这里，未记录在其中。

"这次在毛主席家的谈话是大家围着一个方桌，交谈很随便，中间吃了一顿饭，边吃边谈。胡绳和我到毛主席家比较早，陈伯达因司机不在，晚到了一个小时。离开时林克同志还留了电话。"

记录还涉及其他问题，不再一一赘述。

## 四　宗教学研究与宗教信仰者的不同角度

毛泽东对父亲的佛学研究给予了充分的肯定，并且指出"研究宗教非外行不行，宗教徒搞不清楚"，"因为他们对它有了迷信"。

不"迷信"而研究宗教的，不仅在国外，在国内，在父亲之前也已经有了许多成果。父亲的导师汤用彤先生，就是一位"不迷信"而研究佛教并且取得了卓越成就的学者。汤先生几十年前的研究著作，至今仍然是研究佛教的必读之物，成了经典著作，与他严谨的、科学的、客观的态度和方法有着直接关系，也正是"圈外之人"的优势所在。毛泽东说的不迷信才能看到事物的本质的表述，信仰者听来也许不舒服，不过从研究取得的成果和对社会的贡献看，这种无神论的、科学的学术研究不能被替代，也是无法替代的。

父亲的佛教研究，是上一代学者传统的继承。他是以马克思主义为指导的佛教研究，也是上一代学者传统的进一步发展。被毛泽东称赞的那几篇文章，在出版以后，也得到了国际佛教研究界的高度评价。日本研究中国佛教史的权威学者、中日友好佛教协会会长冢本善隆，曾带着父亲的《汉唐佛教思想论集》，登门和父亲商讨佛教研究问题，以此为契机，建立了中日佛教研究互相交流的长期机制。

1982 年，父亲在古籍整理规划会上提出，佛教典籍作为千百年流传下来的文化遗产，极需要通过整理进行保护。后经批准成立大藏经编辑局。他主编的《中华大藏经》，以《赵城金藏》为基础，用其他各种现存的大藏经进行比照，编成《中华大藏经·上编》107 卷，先后有 160 多人参与工作，历时十余年，集中了大量人力物力。这是他的努力，也是全体编辑人员的成就，编纂过程中，不仅得到学术界的大力支持，也得到国际佛教界有识之士的大力支持。

《中华大藏经（汉文部分）》正编，是中华人民共和国成立以后学术界整理佛教文献的重大成果，也是我国学术界在传统文化领域的一项重大研究成果。这套书先后获得全国古籍整理成果一等奖、全国图书奖荣誉奖、中国社会科学院优秀科研成果荣誉奖，被列入国家领导人赠送外国的国礼之一。国际佛学界对《中华大藏经（汉文部分）》也给予了充分肯定。

《中华大藏经（汉文部分）》正编完成以后，父亲即着手筹备续编的编纂工作。非常遗憾的是，续编尚未完成，父亲就去世了。

## 五　在宗教研究中坚持无神论，被批判成为生活的一部分

实事求是地对待宗教问题，包括尊重信仰者的信仰，是父亲一贯的学者的立场。这种立场在我们国家，本来是非常正常的事情，但是这种立场给父亲带来的，却是许许多多的烦恼和精神上的痛苦。

"文化大革命"前的 1964 年，父亲离开了北京大学哲学系到了中国科学院哲学社会科学部。在学部各个研究所，特别是一些老的、研究传统学科的研究所，比如哲学、文学、经济、历史等研究所，聚集着众多高级干部和著名学术权威，所以 1966 年"文化大革命"开始，重点批判的是那些院、研究所一级的"党内走资本主义道路当权派"和"反动学术权威"。学部的"红卫兵"也有着高涨的"革命激情"，也在"捍卫毛主席的革命路线"，抄家、批斗、劳改等各种方式样样俱全，我家也被学部和宗教所的"革命小将"抄过好几次，父亲也被挂牌批斗，每天劳动改造。不过和"文化大革命"策源地的北京大学比，"红卫兵"不但人数少得多，组成也都是各所的研究人员和机关干部，他们行为的激烈程度比起大、中学"革命小将"要温和不少。父亲和在北京大学的同事们比较，因为工作单位不同了，是要幸运一些，这个"地利"，对他就是最好的保护了。

"文化大革命"中期，整个学部去河南息县五七干校，运动相对稳

定，政治压力依然很大。在干校劳动没多久就被集中起来，住在河南明港空置的部队营房里，父亲是在这里接到任务，要集中几个人编一本新的《中国哲学史》。能重新开展业务活动，对于科研人员来说，是个好消息。但是书刚刚编成，就是轰轰烈烈的"评法批儒"运动。中国哲学史，被要求按照"儒法斗争"的观点进行改写。即必须贯彻法家是革命的、进步的，儒家是反动的、倒退的、要打倒的观点。在这样的政治重压下，出于一个知识分子的良知，父亲没有照办。由于父亲主编的《中国哲学史简编》不合当时斗争的需要，刚刚出版，就受到党刊《红旗》杂志的批判。①

　　批判文章来势汹汹，很像是为了引导一个大规模的批判运动做舆论准备。父亲也做了最坏的打算。幸好这场高规模批判是虎头蛇尾，过了一阵子似乎风头就过去了。多少年以后，为了解真相，我们问了可能知道些情况的人，结果都不甚了了。这位在党刊上批父亲的撰稿人，他自己从未涉猎中国哲学史而写出了所谓的批判中国哲学史的文章。事过这么多年，一直不曾听到这位仍然健在的教授对这次批判的起因、背后策划、目的作过任何解释或说明。

　　"文化大革命"结束，改革开放，意识形态领域打破了禁锢，思想文化的春天真的到来了，让压抑了十年之久的人们欢欣鼓舞，心潮澎湃。

　　而对于父亲而言，"文化大革命"对他的批判结束了，新的一轮批判又开始了。不同的是原来说他是黑帮、"右派"、反动权威等，是批他的"右"。改革开放后，思想解放，一时真的无禁区了，某些代表人物又把父亲当成了他们集中攻击的对象，说他"教条主义""思想僵化"等，不过这次批他是"极左"。"文化大革命"中批判他，以政治内容为主，并未认真涉及学术研究内容和水平；而这次批判除了政治，批判的主导者个个都如"学术大师"一般，除了批他以无神论的立场和方法研究宗教，"极左"之类，还有"世界上最没学问就是任继愈"诸如此类的评价。

　　父亲一辈子爱惜、欣赏人才，识别一个人的才能，他有过人之处。但是，对于凸显的个人能力是因何驱动而来，他辨别力是很不够的。这次在

---

　　① 《中国哲学史简编》成于1973年10月。当年9月，"评法批儒"运动才刚开始。这个运动当年5月开始酝酿，但都是在政治局内部，9月才公开。（杨荣国那本《中国哲学史》，起初也没有按照儒法斗争的这条要求来写，是后来修改的）。

改革开放的春风里对他们的各种批判指责，像突如其来的一阵刺骨寒风，让他有些猝不及防。试图改变办所方针，反对无神论，关键的几个人几乎都是研究所骨干，其中有他自己的学生，也有他办所初期费尽周折才调进来的研究人员。按说他们完全清楚这些问题的历史由来和是非曲直，为什么这个时候如此积极"倒任"呢？

据我们所知，反无神论、批"极左"最有积极性的几个，其中就有货真价实"极左"出身的"文化大革命"造反派领袖。有的人"文化大革命"中引人注目，后来被迁离京城。父亲一直很看重他的业务能力，一次任重出差，父亲让任重借这个机会去看他，除了带去信还捎去瓶酒。记得此人当时非常感激地说："任公对我真好。"在聊天中他还说了一句："任公的政治敏感性还不如一个高中生。"后来费了极大力气和周折，把他再调回北京进宗教所。开始还好，可到了批判无神论、批判办所方针，政治敏感性高，调门一下就变成了高音。另一位业务骨干，在反"右"运动时受到冲击，一直在基层工作，父亲费了很大的力气，把他从外地调进所里，在一段时间里也是揣摩出上面的意思，营造自己的地盘，即使这样，大概还感觉憋屈，去了××大学。他的这种做派，在那里别人慢慢也看出来了，自然不会姑息。结果没有达到自己预期，于是又要求回到宗教所来。父亲不计前嫌，继续支持了他，还记得这个大学的老校长这样说我父亲："这样的人你怎么能容忍他十几年！"

"文化大革命"以及以前，父亲挨批，是因为所谓的"右"；"文化大革命"以后，父亲又挨批，是因为所谓的"左"。其实"右"也好，"左"也好，都是标志政治倾向的概念，不是学术是非的标准。参与这种批判的人物，也多是政治风浪中的弄潮儿，在他们看来，父亲的政治敏感甚至还"不如一个高中生"。实际上，父亲作为一个把"气节"看得很重的知识分子，根本是不愿意跟着政治风向行事，不愿随波逐流而已。

# 六　父亲与毛泽东

有人说任继愈的诸多经历中，最受人们关注的还不是哲学史、宗教学研究，而是他与毛泽东的交往。

他对这个谈话三缄其口，原因是他做人的准则。他特别喜欢竹子"未出土时先有节，到凌云处尚虚心"的风格，大概这是长期受中国传统文化熏陶的结果。以前住平房，后来住楼房一层，他都会在自己窗前种上竹子，长到最茂盛的时候有几百棵，俨然个小竹林，晚上群鸟栖息，白天阳光透过竹林照进窗户，室内一片淡绿。父亲去世后，竹子就开花、枯萎，一片竹林，现在活着的竹子已寥寥无几，这是个巧合么？

在研究哲学史、宗教方面和毛泽东的想法有共鸣。

毛泽东说："研究宗教非外行不行，宗教徒搞不清楚，他们对它有了迷信就不行。"父亲的观点是，国家要研究宗教，是继承发扬中华传统文化、促进民族团结、参与国际交流和构建新的社会共识、促进社会各方面发展的大事；信徒可以研究宗教，但承担不起此重任。研究宗教讲无神论，避免先入为主、人为造成局限，使研究丧失科学性。学者和信徒的研究，如果要比喻一下，那就是：人站在神像前，能看到神像雕塑整体的完美，跪在神像前，只能看到神像脚的一个部分。

在他和毛泽东谈话之前和之后多年的探索和实践也清晰地证明了这一点。他到国外去访问，很关心外国大学的神学院宗教研究和一般大学宗教学系有什么不同，其实这一字之差就是两个领域的差别，答案他心里早就清楚。

研究哲学史、研究中国传统文化就不能不研究宗教，尤其是儒、佛、道三家。毛泽东认为不错的文章，主要就是研究佛教问题。20 世纪 60 年代父亲主编了那部影响很大的四卷本教科书《中国哲学史》，直到 20 世纪 90 年代，仍然出版。90 年代初，父亲组织修改，未及完成，暂时搁置。(1997 年，李申教授参加修改，2003 年修订版出版)，他对其中以初级分析为主线的原则是有自己的看法的。听他自己说过，作为大学教科书，只能是采用现阶段大家能接受的说法，不能借此只讲自己的观点；同时把能用的材料尽量搞准确，重要的观点不能遗漏。这部受欢迎的教科书在 20 世纪 80 年代虽然出版社有兴趣再版，他却不满意了。他认为 20 年前编书时的许多看法，或者已经过时，或者当时就不是他所同意的思想，现在必须根据新的发展和新的认识，重写成一家之言的《中国哲学史》。这就是他主编的《中国哲学发展史》。多少年父亲一直在考虑按照自己的思考，写一部具有最新材料、最新见解的哲学史。他认为，要写就要充分表达自己研究的成果，当没有条件时可以不做，省下的时间为后来做些资料的准备工作，相信后来人的学识和眼界会比我们好，能做出更好的成果。到了晚年，父亲又计划要写完全属于自己的一部哲学史。但由于主编

《中华大典》《中华大藏经·续编》等繁重的组织和资料工作，占据了他太多的精力，没有来得及写成，非常遗憾。

　　"文化大革命"开始后，父亲看到瞬间让人们变得近乎疯狂的这场"革命"，丑恶灵魂的拙劣表演，思想、文化、经济的极大破坏，出于对于国家和民族的担忧，他心情非常沉重，非常苦闷。当时学校停了课，任重无学可上，就学着做半导体收音机，后来给一个简易电唱机装了放大线路和喇叭，能直接播放唱片。父亲买了一张《国际歌》的唱片，是红色塑料膜的那种，在我们记忆中，这台唱机也就只放过这一张唱片。他就经常一个人反复听，并说，《东方红》多了，《国际歌》少了。当时我们并不明白他说的是什么。

　　"文化大革命"给人们留下噩梦般的回忆，粉碎"四人帮"，"文化大革命"结束，不少人写了回忆文章，父亲也说，有可能他应该写一部"文化大革命"史，还着手收集了不少素材。大多数人写"文化大革命"是记录遭受的磨难，非人待遇。他则考虑中国哪里出了问题。他认为"中国宗教势力太大，又和政治结合在一起。从朱熹以后，教皇和皇帝就是一个人，政权可以转移，但宗教没法消灭，可随着皇权的颠覆，儒教也就垮掉了。但它的影响还在，我们的困难也就在这里"（访谈记录，见《南方周末》2009 年 7 月 16 日）。

　　父亲认为儒教不只是哲学学说而更是宗教，也正如此，"文化大革命"中把封建主义当成社会主义推广，摧毁民主，实行家长制，大兴造神运动，毛泽东负有重要责任。神都是人造出来的，没有希望造神的人就不会有神，所以把毛泽东当成神，儒教影响之下，出现了全民族和党政干部中的群体性愚昧。以儒学为核心的中国传统文化对中国几千年的发展起到过至关重要的作用，虽然其中很多东西值得我们今天去继承、去研究甚至发扬，但另一方面，儒家思想符合的是封建社会小农经济的基础和封建帝王的要求。早在 1979 年父亲就指出，"宋明以后的儒教，提倡忠君孝亲、尊孔读经、复古守旧，都是文化遗产中的糟粕，是民族的精神赘疣"。① 还说："如果我们的广大群众和海外侨胞都照儒教的规范行事，那就要脱离生产，轻视劳动，'畏天命，畏大人，畏圣人之言'，他们神龛里供奉着'天地君亲师'的神位，虔诚礼拜，终日静坐，'如泥塑人'，

---

① 任继愈主编：《儒教问题争论集》，宗教文化出版社 2000 年版，第 20 页。

天天在'存天理，去人欲'，将是什么样的精神面貌，又怎能立足于世界呢？"①

父亲病重期间还对"儒学治国"的类似说法颇感忧虑。在这以前他就指出："历史事实已经告诉人们，儒教带给我们的是灾难、是桎梏、是毒瘤，而不是优良传统。它是封建宗法专制主义的精神支柱，它是使中国人民长期愚昧落后、思想僵化的总根源。"② 在他看来，因为现在工作做得好，经济发展快，有人就归结到是传统文化发挥了优势；但这就像赢了球，你高调如云都没关系，话可以随便说，可要输了球，你说什么也没人听。

父亲从熟悉的哲学、历史角度观察，认为中国五千年第一件大事是建立了多民族大一统的封建国家；第二件大事是摆脱帝国主义侵略势力和封建势力，建立现代化的人民民主国家。正在进行中的第二件大事毛泽东是参与者，也是推动者和领导者，毛泽东的功绩是因为他参与和领导的中华民族的事业的伟大。他认为毛泽东的错误和他从事的事业要区分开。

从 1959 年的那次谈话到现在，半个世纪过去了，哲学史主线变化、宗教研究的指导思想摆动、研究队伍组合分化、"文化大革命"动乱中人们扭曲的行动、改革开放后的大浪淘沙、消灭传统文化和崇拜传统文化等，发生了如此多的变化。我们的父亲的一生经历过军阀混战、抗日战争、国共内战，经历了诸多政治运动。他这一辈子，不畏疾病，不畏逆境，不惧压力，尽自己最大的努力，为中国文化做出了一份贡献。各种磨炼使他的意志更加坚强，思维更加敏捷、锐利，看问题更加深刻、有远见；无论做人，做学问，都是我们学习的榜样。

（任远，加拿大任教授；任重，北京大学研究生院）

---

① 任继愈主编：《儒教问题争论集》，宗教文化出版社 2000 年版，第 21 页。
② 任继愈主编：《儒教问题争论集》，宗教文化出版社 2000 年版，第 21 页。

# 我追忆中的任继愈先生

## ——对任先生的再认识

杨雅彬

一

世界宗教研究所已建所 50 周年，当我回首往事时，仿佛又回到了朝气蓬勃的青年时代。1964 年，我大学毕业服从国家分配到了世界宗教研究所。当时知道这个所是毛泽东主席在加强中国对世界的政治、经济、文化、宗教等进行研究的批示之后，成立的一系列研究所之一。虽然我已知道我留校之后，又把我分配到研究所，我还是服从了分配，从事了我没有思想准备的研究工作，但我相信，只要努力就能把工作做好。

1964 年成立的世界宗教研究所是由三部分人组成的：第一部分是北京大学哲学系东方哲学教研室的老师，当时的老师都是中青年的教员。第二部分是北京大学、辽宁大学、中山大学的 12 名应届毕业生，这批大学生是由哲学系、历史系、中外文系的学生组成。这两部分人组成了所的基本队伍。第三部分就是具有宗教学识，具有实际宗教工作经验的几位中层领导。

所长是毛主席赞誉的写佛教文章如凤毛麟角的任继愈先生，我们敬重的任老。再就是我们亲近喜爱的黄心川老师、亲切敬爱的郭朋前辈、谦逊敬畏的赵复三先生，分别负责伊斯兰教、佛教和基督教研究的领导工作。图书馆和办公室的工作由研究人员兼职，因为行政人员只有会计一位是专职的。这个所青年是绝对的大多数，各研究室的召集人杜继文、戴康生、李兴华、李富华、杨雅彬组成了所团支部。杜继文代表党支部领导团支部的工作，后李兴华任团支部书记。所里一般的学习和工作及日常生活都是由团支部具体安排和执行，因为团员是绝大多数。我们所 20 多人的工作、学习、吃住、早晨锻炼、晚上学习都过的是集体生活，这个所真是朝气蓬勃，像这样的所在全院也是独一无二的。后来又集体参加四清、下干校，由于相互之间既有师生关系，又有同学加同事的关系，又加上长期的集体生活和共同的经历。虽然"文化大革命"中有不同的观点，但由于长期工作生活在一起，相互之间还是可以相互包容和有感情的。尽管我 1980 年离开了世界宗教研究所，但我还是和这个所有着深厚的感情，我把它当成是我的娘家。我也一直关心这个所的发展状况，希望它越办越好。

**图 1　任继愈先生在北京大学**

我虽从事了社会学的研究，但和宗教所的同志还有业务的往来和有私人的交往。我也经常去任继愈先生家拜访，讨教业务和社会方面的问题，也继续了解到任先生为宗教学、哲学、中国文化及教育方面在做什么，有什么看法和设想，但都是一知半解。任先生去世后，中国文化书院 2013 年出版的《师道师说——全景展示大师的学术生活史》中的《中国文化书院九秩导师文集任继愈卷》①，读后我感想颇多。原来让我写回顾宗教

---

① 汤一介主编，王守常选编，任远、任重：《中国文化书院九秩导师文集·任继愈卷》，东方出版社 2013 年版。

所建立及其发展，我认为大家都汇拢过了，我没必要单写了。但读了该书后，由于对任先生的思想、治学方法及研究的战略设想有了些粗浅的认识，又引起了我的回顾与反思。我对宗教所的建所和任先生的苦心及后来先生的作为，有了粗浅的了解和浮浅的认识，想谈出来共享，或许对现在的研究工作有些益处。

**图2　任继愈先生工作照**

我首先想到的是世界宗教研究所的人员构成。我们所青年中绝大多数没有学习过宗教知识，更没有这方面的实践体验。学习哲学时，接触了些宗教思想和宗教史，但不知教义仪式；学习历史的是从宗教在社会和政治方面所起的作用知道一些；学习文学的只是在文学作品中提到信仰者的行为与社会及人之间的互动关系。宗教所的人除了两位了解宗教理论和有一些这方面经验的外，全都是对宗教的教义、组织、仪式等不全知道者，更不要说有信仰了。就是郭朋和赵复三两位对宗教的教义、组织、仪式均熟知，但他们两位都是以马克思主义为指导研究宗教的专家，本身也不信教，再说任继愈先生虽研究佛教、道教、儒教，但他也不信仰宗教。任先生的老师汤用彤先生虽研究佛教而不信仰佛教，与当时名僧及佛教界名流素不交往。任先生说汤先生："他认为信仰某宗教，必然对它有偏好，有偏好就很难客观地评论其得失。"① 但汤先生对中国历史上的高僧大德还是有着人格上的崇敬。任先生从建立宗教所到后来提出要进行无神论的研究和宣传，他是一贯坚持研究宗教，而不能有宗教信仰的。他坚决贯彻了毛泽东主席的批示，恪守了汤用彤先生科学研究切身所遵循的原则。

任先生之所以坚定地以马克思主义作为研究的指导思想，这是他经过深思熟虑后的自我选择。自从 1949 年起，中华人民共和国成立，马克思主义哲学占了主导地位，学术界广大知识分子先后接受了马克思主义的观点和方法。任先生所认识的老先生中，有陈垣、汤用彤、朱光潜、贺麟、郑昕、冯友兰先生先后接受马克思主义的观点和方法，但在学术界也有不愿意放弃旧观点的，如熊十力、陈寅恪、汤漱溟等先生。任先生的老师汤用彤先生学习了马克思主义，接受了唯物史观使之过去所强调的"史识"有了质的改变。他表示要下决心学习好马列主义，"汤先生不止一次地说过：'若不是遇到全中国的解放，可算糊涂过了一生'。汤先生研究史学，把史识放在第一位，直到新中国成立后，学习了马列主义，才真正找到最高明、最科学的指导历史研究的原则——唯物史观"。② 这促使汤先生迫切产生了对佛教史的全新钻研，对过去的著作成绩要重新估价。因此汤先生一直想把中国佛教史重新写过，汤先生的这个愿望由任先生继承着。现在想起来为什么任先生在宗教研究所成立后，第一个大项目就是主编了《中国佛教史》。任先生用马克思主义的观点和方法实现着汤用彤先生未实现的愿望，同时通过撰写《中国佛教史》又培养出了一批人才。

中华人民共和国成立后，无论是汤用彤、陈垣、朱光潜、贺麟、郑昕，还是冯友兰先生先后接受了马克思主义的观点和方法，但在学术界也

① 《汤用彤先生和他的治学方法》，汤一介主编，王守常选编，任远、任重：《中国文化书院九秩导师文集·任继愈卷》，第 387 页。

② 《汤用彤先生和他的治学方法》，汤一介主编，王守常选编，任远、任重：《中国文化书院九秩导师文集·任继愈卷》，第 395 页。

有不愿意放弃旧观点的，如熊十力、陈寅恪、汤漱溟先生。任先生很客观的说他们"不论接受或放弃，他们都是认真考虑后才做出选择的"。① 任先生认识到了"冯友兰先生新旧两种哲学史很不一样，两书的差别是显而易见的。这里只想说明新旧哲学史之间衔接关系。在旧哲学史中包含着后来新观点的某些重要思想"。历史唯物主义的一个重要观点是发展观点，在旧哲学史中已有充分的表现。历史唯物主义强调社会存在决定社会意识，旧哲学史中在讲到某一时代的新思想时已充分注意到社会变迁与思想变迁的密切关系。马克思主义哲学有两个突出的特点，一个是阶级性，一个是实践性。阶级性是为了广大人民群众（儒家传统说法为关心天下忧乐），实践性是为学不尚空谈理论，这也是中国传统哲学的重点（为生民立命，为万事开太平）。旧哲学不是马克思主哲学，但旧哲学与新哲学之间可以找到某些衔接点。"正如佛教传入中国内地时，东方人不懂得佛教，很自然地把佛教与中国之方术祠祀相比附，认为黄老与浮屠教义'差不多'一样。马克思主义哲学不是排斥过去的旧哲学，而是继承旧哲学中一切有价值的遗产，消化、吸收以后，使它转化成新生的哲学的一部分。新哲学有容纳、改造旧哲学的功能。"② "他相信文化不能中断，新文化只能在旧文化的基本上建立，不能凭空构建。冯先生的哲学史一改再改，这里且不说他的某些章节的是非得失，而要大书特书他热爱优秀传统文化，随时给它注入新血液，拔除其中不应保留的东西，使它获得新生命。他对'周虽旧邦，其命维新'的新解释是足以说明他的爱国主义情怀的。"③ 任先生指出："正是由于他接受了马克思主义的历史唯物主义的观点，他才敢于提出马克思主义中国化是必由之路。割断旧传统，另起炉灶，自以为与旧传统彻底决裂，看起来很革命，到头来非但没有与旧观点彻底决裂，反倒招引出被打下去的旧社会的沉渣乘机泛起，造成了更为麻烦的倒退。"

真正地爱国者要对人类负责，要对历史负责，要有魄力吸收全人类一

① 《冯友兰先生在中国哲学史领域里的贡献》，汤一介主编，王守常选编，任远、任重：《中国文化书院九秩导师文集·任继愈卷》，第415页。

② 《冯友兰先生在中国哲学史领域里的贡献》，汤一介主编，王守常选编，任远、任重：《中国文化书院九秩导师文集·任继愈卷》，第415页。

③ 《冯友兰先生在中国哲学史领域里的贡献》，汤一介主编，王守常选编，任远、任重：《中国文化书院九秩导师文集·任继愈卷》，第415页。

切有价值的文化。哲学的发展有连续性，哲学史的发展也有连续性。我国第一代哲学史研究者的功绩应受到尊重。[①]"冯先生有他忠贞不渝的信念：中国有希望，中国哲学不是书本上的空话，他将继续过去的优秀遗产创造新文化，使中国真正做出现代的成绩。冯先生不顾置身事外，他决心参与这场文化上的历史性大变革。他比一些口头上曾念诵马克思主义词句的人更坚决相信，马克思主义在中国生根，就要中国化，光有马克思主义在中国，并不能保证马克思主义在中国生根发展，只有建成中国的马克思主义，才能使中国走向现代化。"[②] 任先生说："冯友兰先生写的中国哲学是生长在这个多灾多难的中国大地上知识分子的作品，特别是儒家关心天下安危及万患忧乐的传统体现。"[③]

任先生在中华人民共和国成立后，接受了马克思主义的观点与方法，也是他如同汤用彤先生、冯友兰先生一样经过认真加快过程后做出的选择。任先生如同汤先生、冯先生一样在研究中国佛教、中国哲学史和中国文化中深刻认识到马克思主义观点与方法为指导研究的重要，也深刻认识到马克思主义中国化在衔接新旧文化继承发展的必要性，这是他们爱国具有使命感的情怀体现。

任先生在《熊十力先生的为人和治学方法》一文中说："我和熊先生相处多年，相知甚深。我过去一直是儒家的信奉者。新旧中国相比较，逐渐对儒家的格、致、正之学，修、齐、治、平之道，发生了怀疑，对马列主义的认识，逐渐明确。在 1956 年，我与熊先生写信说明，我已经放弃儒学，相信马列主义学说是真理。'所信虽不同，师生之谊长在'，'今后我将一如既往，愿为老师尽力'。熊先生回了一封信，说我'诚信不欺，有古人风'。以后的书信往来，就不再探讨学问了。"[④] 但任先生坦诚地说："学习马列主义，也不能在言语文字上打转，也要身体力行，这方法

① 《冯友兰先生在中国哲学史领域里的贡献》，汤一介主编，王守常选编，任远、任重：《中国文化书院九秩导师文集·任继愈卷》，第 416 页。

② 《冯友兰先生在中国哲学史领域里的贡献》，汤一介主编，王守常选编，任远、任重：《中国文化书院九秩导师文集·任继愈卷》，第 417 页。

③ 《冯友兰先生在中国哲学史领域里的贡献》，汤一介主编，王守常选编，任远、任重：《中国文化书院九秩导师文集·任继愈卷》，第 416 页。

④ 《熊十力先生的为人和治学方法》，汤一介主编，王守常选编，任远、任重：《中国文化书院九秩导师文集·任继愈卷》，第 404 页。

和态度还是从熊先生的教诲中得来的。熊先生是我永远不忘的老师。"①

任先生在自己的研究和独立思考中，在学习老师们的认识转变道路和方法中，坚定地选择了马克思主义，并成为他和他主持成立和发展世界宗教研究所及其一生学术研究的指导思想。他不但继承了师辈的指导思想和观点，而且付之以研究的实践，继承与实现他们未完成的事业。这让我想起，任先生晚年为什么还要想再重写一部新的《中国哲学史》。年事已高的任先生联合季羡林先生给中央打报告，希望尽快地抢救整理出《中华大典》。任先生还焦急地给中央打报告，继续整理出版《中华大藏经（汉文部分)》的《续篇》，《续篇》将继续收集大量分散在海内外的藏外佛教经典。这些经典是中国传统文化的一部分，反映了中国传统文化的特点，具有中华文化的生命力和创造力。

任先生不是一位高喊马克思主义的人，他是在实践中坚守马克思主义作为研究的指导思想，并在新的文化转变时，在继承和发展中华文化中，承担着承上启下的人。遗憾的是他未完成生前的事业而逝世，我相信在学界能有真正认识他们的人，继续完成他们的未完成的事业。

## 二

建所以来，任先生不但是一贯坚持以马克思主义作为科研的指导思想，而且为奠定我们的知识基础，在研究的实践中培养和训练我们的知识基础，培养我们不断地学习新知识方面，煞费了苦心。他在《知识训练与人格铸造》一文中说："青少年时期，只要打好两个基础，一生受用不尽。一是打好知识技能基础，养成运用语文的能力。今天有不少大学生以及研究生，只知道专业范围内的一点点知识，对祖国的历史、文化所知甚少，文章写不通，标点用不对。这种不正常的现象是中学时期没打好基础造成的。这一关没有通过，终生受累。另一基础是树立正确的世界观，作为世界观可以有不同的层次，世界观可拔高到高深的哲学体系，也可以低到起码的是非善恶的准则。自己明白哪些事应当做，哪些不应当做，哪些绝对不能做，守住这一条底线，就有了主心骨。这也是世界观。有了这个

---

① 《熊十力先生的为人和治学方法》，汤一介主编，王守常选编，任远、任重：《中国文化书院九秩导师文集·任继愈卷》，第404页。

基本知识，遇事不会摇摇摆摆，随风飘荡。这种品格也要从青少年做起。"① 因为任先生是指导业务的所长，他在给我们打知识技能基础是下了大力的。

我还是从宗教所人员的构成，反思任继愈先生培养研究人才的用心。我们大多数人是学习哲学、历史、文学的，而且这三个学科都包括有专门学习中外两个专业的，既有他们各自的专长，又有他们知识的不足。因此他把这些不同学科不同专业的人，组建到不同的研究室，他们在一起既是互相学习又是互补。任先生认为，从事社会科学研究，要有起码的基本训练。"我们上一代的文化人，差不多不自觉地随了一种传统，文史哲三方面不要求过早地分科，几乎是综合训练的。"② 前人的经验是要具备文史哲的基础知识，过早地分专业，专业分得越细，视野越会受到限制。而且任先生总结 20 世纪的经验，他说："我们比较熟悉的中国文化学术界之所以人才辈出，有其共同原因。他们是产生于 20 世纪中国这块土地上的人才，20 世纪的中国哲学家只能产生在 20 世纪的中国，他们受到中国传统文化的熏陶，又亲身受过现代文化、科学的影响，有的还经过严格的科学训练。"③ 他放眼未来学科的发展培养人才。

建所初期，鉴于我们大多数人对宗教了解甚少，知识面又窄，任先生请来了文史大家胡绳、季羡林和主管宗教和研究宗教的专家肖贤法、宛耀宾等来给我们讲课。他们丰富了我们的文史哲和宗教的知识，并传授了治学的方法。任先生甚至亲自给我们讲怎样用标点符号，如何用逗号和句号。我当时不理解，认为这是教我们写文章，准确运用标点。其实他是在培养我们严谨的治学学风。他在《汤用彤先生和他的治学方法》一文中说得很清楚。他说："汤先生读书十分仔细，他治学严谨。对原始材料一字一句，一个标点也认真考虑，从不轻易放过。他早年写的几篇《大林书评》（收在《往日杂稿》中）对日本一些著名学者的著作提出评论。有根有据，平心静气地说道理，并严肃地指出他们的对古代汉籍的断句，标

① 《知识训练与人格铸造》，汤一介主编，王守常选编，任远、任重：《中国文化书院九秩导师文集·任继愈卷》，第 422 页。

② 《汤用彤先生和他的治学方法》，汤一介主编，王守常选编，任远、任重：《中国文化书院九秩导师文集·任继愈卷》，第 384 页。

③ 《中国知识分子的爱国主义》，汤一介主编，王守常选编，任远、任重：《中国文化书院九秩导师文集·任继愈卷》，第 441 页。

点的错误，从而造成对古人原文意义的误解。作为一个有修养的中国学者，对中国文化遗产的整理，应当最有发言权，也应当善于运用我们的发言权，为国争光。这一点，汤先生表现出中华民族的学术骨气，旧中国有些文化人，生就一副奴媚骨，在洋人面前不敢争是非，这种恶劣影响今天有待肃清。"① 现在我的理解是只有严谨的治学，准确理解中国的文化，才能肃清对洋人的媚骨，表现出中华民族的学术骨气。看起来是点标点小节，其实是任先生在培养我们治学的严谨精神，能准确弘扬中华文化和培养作为学者的骨气。

我们建所的初期，就是进行基本训练，为研究做准备，首先收集资料，各室建立了卡片柜。搜集资料做卡片，看起来简单，做起来枯燥，其实是在打知识的基础，积累历史的知识，尤其对我们新建学科尤为必要。任先生非常注意一个学者的史识，他认为除了广泛占有资料外，还要有科学的识见。因此，在他指导下的哲学、宗教、文化史研究，首先坚持尊重历史，不能歪曲恣意使用自己所需要的资料，故意忽略对自己观点不合的资料，混淆客观是非。要尊重历史，如史实与想法不一致时，要修正自己的想法，而不是修正史实。这是任先生研究中的科学的实事求是的态度。

任先生在研究哲学史、宗教史、文化史中，在坚持以马克思主义为指导的同时也用了历史的比较法。他总结近代几位有成就的历史学家的研究，不但要从中国看中国，还要从外国看中国。任先生用历史比较的方法作为一种辅助的研究方法。

任先生看到他的师辈汤用彤先生、冯友兰、贺麟等先生之所以有所成就。他认识到，虽然我国上一代文化人，差不多自觉地随了一种传统，文史哲三方面不要求过早地分科，几乎是综合训练，培养了不少基础扎实的专家、人才。但他们缺少近代科学的训练，缺少外国语文的知识，接受的是经院式的训练，因而局限了自己的视野。而汤先生、冯先生等这辈文化人与之不同，除了受过文史哲综合训练，又经过了近代科学的训练。如"汤先生自幼学习英语，后来又学习梵文、巴利文，还通晓法文、日文。他是我国第一代经过近代科学训练的学者，具有广泛的世界文化历史知识，对古代圣贤经传不那么迷信，敢于推敲、发疑，因此，具有超过前人

---

① 《汤用彤先生和他的治学方法》，汤一介主编，王守常选编，任远、任重：《中国文化书院九秩导师文集·任继愈卷》，第393—394页。

的条件"①。任先生说汤用彤先生："他在佛教研究工作中，比较注意文化与社会思潮的联系。"②"因为他看到了社会上文化思潮流行与佛教有某些联系的大量现象。"③"他从佛教传入后与中土文化的接触过程中看出：外来文化与本土文化必发生影响，但必须适应本土文化环境，即为本土文化所接受，外来文化也要经常改变自己原来的某些方面，以适应本土文化环境，而不能原封不动地移植过来。本土文化有它自己的衔接点，虽然接受外来文化，但不可能完全改变自己的特性，它的结果，将引起新的变化，外来文化变得适于本土文化环境，本土文化吸收外来文化后，自身也起了变化，……等到完全吸收后，外来文化即已变成中国文化的一部分，已不再是外来文化了。"④

　　任先生他的研究规划和对人才的培养的期望是很有远见。他希望宗教所这些人才，通过对中国的传统与现代知识的贯通，又能进行中外的比较研究，再加上现代科学的训练，能培养出一批有成就的宗教研究人才。所以我们建所初期的人员构成，是由文、史、哲人员构成，且每个学科都由中外文史哲人才组成。而且从所一成立到有毕业的研究生，所里是尽量派出国进行交流，进修或读学位，这就是按任先生所设想的适应宗教研究的需要和发展而形成的。当时我不知道为什么，了解了任先生的想法后，现在回想起来，才认识到，可为时已晚，我已离开宗教所。

　　后来任先生通过对宗教的研究培养人才，承启着中国的文化，他这样的远见灼识，是我现在才认识到的，而这种抱负可能至今未必被人们所理解。他在《贺麟先生》一文中说："指基督教，也一再提到《圣经》值得研究。当年我年轻，翻开《圣经》……认为没有什么看头，对宗教的社会作用很不理解。贺先生说：中国文化是礼乐；在西洋，他们的礼乐包容在宗教中。宗教与文化是一回事。光从哲学著作中还不足以认识西方文化

---

① 《汤用彤先生和他的治学方法》，汤一介主编，王守常选编，任远、任重：《中国文化书院九秩导师文集·任继愈卷》，第384页。

② 《汤用彤先生和他的治学方法》，汤一介主编，王守常选编，任远、任重：《中国文化书院九秩导师文集·任继愈卷》，第388页。

③ 《汤用彤先生和他的治学方法》，汤一介主编，王守常选编，任远、任重：《中国文化书院九秩导师文集·任继愈卷》，第388页。

④ 《汤用彤先生和他的治学方法》，汤一介主编，王守常选编，任远、任重：《中国文化书院九秩导师文集·任继愈卷》，第389页。

的全部。我对文化、哲学摸索了多年，自己已进入老年，才深刻懂得贺先生这一见解的深刻、正确。宗教是人类知识的源头。人类知识起源于宗教这个母体，以后每前进一步，又必须摆脱它的限制。不了解一个民族的宗教，即无法认识一个民族的文化。"① "欧洲最大的宗教是基督教，中国的宗教是什么呢？最后我终于找到中国的宗教是儒教。西方的礼乐含于基督教，中国的礼乐含于儒教之中。"②

其实早在 20 世纪 70 年代末 80 年代初，任先生就提出中国的宗教是儒教的观点。并以马克思主义为指导，割断儒教，来研究中国的宗教与中国的文化的关系。

任先生运用历史唯物主义的方法分析说："由儒学发展为儒教是伴随着封建统一帝国的建立和巩固逐步进行的，曾经历了千余年的过程。"孔子的学说共经历了两次大的改造。第一次改造在汉代，它是由汉武帝支持，由董仲舒推行的，这就是中国历史上所谓"罢黜百家，独尊儒术"的措施。"汉代大一统的中央集权封建宗法专制国家需要一套在意识形态上和它紧密配合的宗教、哲学体系。孔子被推到了前台，董仲舒、《白虎通》借孔子的口，提出完全适合汉代统治者要求的宗教思想。"③ "汉代的孔子就成了儒教的庄严、神圣的教主，他被塑造成神，成了永恒真理的化身。汉代封建统治者希望人民去做许多事，都假借孔子的名义来推广，封建宗法制度进一步得到巩固、加强。'三纲'说在荀子、韩非的著作中已开始摆出，但那时只是一家之言，表达一种政治伦理思想。汉代董仲舒以后，通过政府把他推广到社会生活中去。"④ "第二次改造在宋代，宋统治者集团利用机会从唐末五代分散割据的混乱局面中捞到了政权。他们鉴于前朝覆亡的教训，把政治、军事、财政、用人的权力全部集中到中央。宋朝对外宁可退让，对内则强化中央集权的封建宗法专制制度；思想文化领

---

① 《贺麟先生》，汤一介主编，王守常选编，任远、任重：《中国文化书院九秩导师文集·任继愈卷》，第 409 页。

② 《贺麟先生》，汤一介主编，王守常选编，任远、任重：《中国文化书院九秩导师文集·任继愈卷》，第 409—410 页。

③ 《论儒教的形成》，汤一介主编，王守常选编，任远、任重：《中国文化书院九秩导师文集·任继愈卷》，第 325 页。

④ 《论儒教的形成》，汤一介主编，王守常选编，任远、任重：《中国文化书院九秩导师文集·任继愈卷》，第 325 页。

域里也要有与它相适应的意识形态相配合。汉唐与宋明都是中央集权的封建宗法专制制度的国家，但中央权力却是越来越集中，思想文化方面的统治方法也越来越周密。为了适应宋朝统治者的需要，产生了宋明理学，即儒教。"①"宋明理学体系的建立，也就是中国的儒学造神运动的完成，它中间经过了漫长的过程。儒教的教主是孔子，其教义和崇拜的对象为'天地君亲师'，其经典为儒家六经，教派及传法世系即儒家的道统论，有所谓十六字真传。"②"儒教虽然缺少一般宗教的外在特征，却具有宗教的一切本质属性。僧侣主义、禁欲主义、'原罪'观念、蒙昧主义；偶像崇拜，注重心内反省的宗教修养方法，敌视科学、轻视生产，这些中世纪经院哲学所具备的落后宗教内容，儒教应有尽有。"③

任先生《论儒教的形成》一文中，概括了中国封建社会的五个衔接点和六个发展阶段后说："封建社会的上述历史衔接点和历史过程，造就了以儒学为核心的封建意识形态，这种同封建宗法制度和君主专制的统一政权相适应的意识形态，对劳动人民起着极大的麻醉欺骗作用，因而它有效地稳定着封建社会秩序。为了使儒家更好地发挥巩固封建经济和政治制度的作用，历代封建统治者及其思想家们不断地对它加工改造，逐渐使它完备细密，并在一个很长时间内进行了儒学的造神活动：把孔子偶像化，把儒家经典神圣化，又吸收佛教、道教思想，将儒家搞成了神学，这种神学化了的儒家，把政治、哲学和伦理三者融合为一体，形成了一个庞大的儒教体系，一直在意识形态领域占据着正统地位，对于巩固封建制度和延长其寿命，起了十分巨大的作用。"④

任先生清醒地分析孔子与儒教的区分。他说："自从五四运动开始提出'打倒孔家店'的口号，当时进步的革新派指出孔子是中国保守势力的精神支柱，必须'打倒孔家店'，中国才能得救。当时人们还不懂得历

① 《论儒教的形成》，汤一介主编，王守常选编，任远、任重：《中国文化书院九秩导师文集·任继愈卷》，第325、326页。

② 《论儒教的形成》一文，"人心惟危，道心惟微，惟精惟一，允执厥中。"汤一介主编，王守常选编，任远、任重：《中国文化书院九秩导师文集·任继愈卷》，《尚书·虞书》，第336页。

③ 《论儒教的形成》，汤一介主编，王守常选编，任远、任重：《中国文化书院九秩导师文集·任继愈卷》，第325—336页。

④ 《论儒教的形成》，汤一介主编，王守常选编，任远、任重：《中国文化书院九秩导师文集·任继愈卷》，第325页。

史地看待历史事件和历史人物，不善于用发展变化的眼光看待事物，因而
把春秋时期从事政治活动和教育文化事业的孔子和汉以后历经宋元明清封
建统治者奉为教主的孔子混为一谈。孔子只能对他自己的行为承担他的历
史功过，孔子无法对后世塑造的儒教教主的偶像负责。作为一个教育家、
政治思想家、先秦儒家流派的创始人，我们应当给以全面的恰当的评价，
历史事实不容抹掉，而且也是抹不掉的。孔子这个人在历史上的功过，现
在学术界还没有一致的意见，这是一个学术争论的问题，不可能短期取得
一致的意见。儒教的建立标志着儒家的消亡，这是两笔账，不能混在一
起。说孔子必须打倒，这是不对的；如果说儒教应当废除，这是应该的，
它已成为阻碍我国现代化的极大思想障碍。"① 他举例说："朱熹教人要从
格物、致知入手，进而正心，诚意、修身、齐家，以至于治国平天下。建
设社会主义的国家，也正属于'治国平天下'的范围。照朱熹的方案是
不行的。朱熹的学说讲了近千年，并没有解决人们的温饱问题，并没有使
中国人民真正站起来，朱熹的思想体系中有可取的地方，但朱熹建立的儒
教体系是不可取的。"②

任先生严肃地指出："总之，历史事实已经告诉人们，儒教带给我们
的是灾难、是桎梏、是毒瘤，而不是什么优良传统。它是封建宗法专制主
义的精神支柱，它是使中国人民长期愚昧落后、思想僵化的总根源。有了
儒教的地位，就没有现代化的地位。为了中华民族的生存，就要让儒教早
日消亡。我们只能沿着'五四'时代早已提出的科学与民主的道路，向
更高的目标——社会主义前进，更不能退回到'五四'以前的老路上去。
倒退是没有出路的。"③

任先生在《具有中国民族形式的宗教——儒教》《朱熹与宗教》《论
儒教的形成》等文章中，对儒教是中国的宗教阐释的很清楚。任先生之
所以坚持坚决批判儒教，宣传科学无神论，因为他敏锐而有远见地认识到
儒教是现代化的桎梏。这让我理解了任先生为什么设立了宗教学原理研究

---

① 《论儒教的形成》，汤一介主编，王守常选编，任远、任重：《中国文化书院九秩导师文
集任·继愈卷》，第337、338页。

② 《朱熹与宗教》，汤一介主编，王守常选编，任远、任重：《中国文化书院九秩导师文集
任·继愈卷》，第323页。

③ 《论儒教的形成》，汤一介主编，王守常选编，任远、任重：《中国文化书院九秩导师文
集任·继愈卷》，第342页。

室之后，又特别建立了儒教研究室。

任先生在有生之年不停地建设研究所，带领宗教研究所的同志并组织联合同界，研究中外的三大宗教，不但撰写三大宗教的历史和思想，还主编各大宗教的辞典，整理宗教经典，这些均是为继承中国的文化。现在我不但反思任先生的研究历程和抱负，我也在思考他的育人方法，目的是了解先生并向他学习。

三

在研究项目方面我没有机会向任先生求教，但在干校与他一起为老乡扎针时有所体会，同时我也在观察他与他的学生许抗生及其合作者之间的关系中感到。他并不是手把着手教的老师，也不是喋喋不休地讲解的前辈。他是让你感到你必须自己主动地学习，自觉地感悟到，他虽然不赞扬你，但他很高兴，还会跟你讲点笑话。如果你不自觉，他也不说什么，你会感到很尴尬，只能敬而远之。我们在干校开始十来个人一起去老乡家扎针灸，最后各种原因只剩下任先生、能开中药的语言所的金有景和我。我与他们去老乡家扎针灸，靠的是不断地买针灸书，看了书又在自己身上练，练好再用到病人身上。任先生从来也不教，我就像旧社会的学徒的一样，用心地看任先生，对什么病扎什么穴位，如何下针，回去再琢磨。最后他因眼疾回京治病，把重病人留给了我。我一直困惑他为什么不教？他学生许抗生告诉我，这是北大哲学系的教学传统。我在任先生写《贺麟先生》一文中确实找到了答案。任先生说："北大哲学系的老师都主张自学，从不把着手教。如能主动读书，可以有较大收获；如混日子，也不难混下去。后考上研究生，导师汤先生。北大文科研究所规定，导师外还要有一位副导师，我的副导师是贺麟先生，现在看来，这是个很好的制度，学生可以兼采导师的长处，中国哲学与西方哲学相结合，对以后成长有利。学生听课也自由，不限制听课的时数，有充分时间读书，准备论文材料。"[①] 任先生之所以不把着手教，一是锻炼学生的自觉性，可以不受限制地学，如同小乘佛教一样，要你自己修炼，自觉悟到；二是这样可以有

---

① 《贺麟先生》，汤一介主编，王守常选编，任远、任重：《中国文化书院九秩导师文集·任继愈卷》，第406页。

自己独立的思考，不受他的观点的限制。这不是他的自私，而是让你独立的学习，培养独立思考的能力。但这种方法让我们已习惯填鸭式的教学的人不适应，甚至不理解。

与任先生如果不深度接触，他是不苟言笑的，但时间长了，了解深了，会感觉到他对自己要求是非常严格的，而对别人是宽的，而且是热心的，尤其喜才。

他在干校时为老乡扎针灸是很认真的，并能开中药，每星期日必去。就是下着大雪，他也要踏着到膝盖深的雪，一步一步地拔着腿走，他感冒了让我给他扎几针还是坚持去病人家。因为只有星期日我们才有自由可以为老乡治病，老乡也都盼着、等着，不吃不喝、不要钱的"医生"。任先生的重点病号是一位又聋哑又有精神病的村妇，由于他坚持给扎针灸，并同时给她吃汤药，半年未犯病，我们一直坚持到返京。

干校返京后，恢复了科研工作。任先生平时看哪位年轻的研究人员有困难，就默默地给予经济帮助。自己也不要稿费，生活十分节俭，更不参与公款吃喝。他很喜爱人才，只要是研究的需要，他甚至不计前嫌，会尽最大的努力调进所，还帮助解决家属的工作。他对不同观点的同志还是宽容的。他在《贺麟先生》一文中说，贺麟先生为人忠厚，没架子，平等待人，还说即使遇到不痛快的人和事，也不疾言厉色。在重庆时，他和贺先生互换看日记。他说："贺麟先生在我的日记上，有时批注几句话，规劝我对人对事不宜过于严苛；为学读书不能过于峻急。"他还说：办事能做到日后不要失悔是最好的结果。青年人为了一时快意，不顾后果，给人以伤害，到了自己懂得道理多时，会感到后悔。我也从贺先生的日记中看到他对青年的爱护。他还善于发现青年的长处，青年身上容易犯的毛病也予以宽容。"[①] 任先生还赞扬贺麟先生厚道。他说："贺先生为人忠厚，即使别人对不起他，他也不记仇，不报复。'文化大革命'期间，文化教育界是重灾区，贺先生又是学术界的重点人物，有些人乘势落井下石，批他的政治，还批他的学术，批他的翻译。政治错了，连翻译的黑格尔哲学也打倒。事后贺先生对我说：政治可以批判我走错了路；我翻译黑格尔的《小逻辑》，确实呕心沥血，字斟句酌，连我的翻译也说得一无是处，感

---

① 《贺麟先生》，汤一介主编，王守常选编，任远、任重：《中国文化书院九秩导师文集·任继愈卷》，第409页。

到屈辱。'四人帮'垮台后，那位学生登门道歉，申明当时迫于形势，言不由己，贺先生对此人并未介怀，不再计较。"① 任先生对批判过他，或与他观点不同，甚至意见相左的人，他还是宽容的，并起用人才。任先生不管别人是否理解他，他还是听了老师的教诲。

但在做学问方面，任先生对别人的要求还是比较严格的。他自己记住并按熊十力先生所说的做，即"做学问，不能甘居下游，要做学问就要立志，当第一流的学者，没有这个志向，就不要做学问，要像战场上拼杀一样，要义无反顾，富贵利禄不能动心，妻子儿女也不能兼顾。天才是个条件，但天才不能限制那些有志之士"。② 任先生虽不是这样要求别人，但从如何对待评职称可以看出来。他在评职称时从不帮人说话，没评上职称的，他还让人家学熊十力先生，说熊先生是位大哲学家，他既没学历，职称也只是个讲师，但在学问上没人不佩服，敬重他，但他却不知现在的现实和过去是不同的。任先生固执己见，虽不批评人，也不疾言厉色，但不言语，就让人不理解，甚至敬而远之。这也可能是任先生受了熊先生的著作中反复申明的，要教人端正学习的态度，不要把学问当作知解看待，要学会体认"心之本位"影响的缘故吧。

我在任先生的研究学问和做人方面都看到了，他善于自觉地向老师学习。他也希望你能自觉学习、独立思考，所以他给我和段琦写的题词是："生也有涯，学无止境"。现在我明白了，这是教导我们在有限的生涯中，要不断地努力学习，向老师学习，向书本学习，在实践中学习，学无止境。

1980 年我离开了宗教所，但由于在干校与任先生接触多，离开后也不断请教。我离所后接触到的是：任先生在恢复研究工作后，有计划、有组织、有领导地继续培养科研队伍。他的研究布局是有远见的战略安排。我曾在院规划局负责全国招考科研人员的工作，当时宗教所招考的一位副研，听了他的论文答辩之后，我觉得不理想，而任先生是要定了。后来这位副研成了中国一个宗教的研究中心的领军人物，这样全国儒、释、道的研究就全了。当时这位副研究员研究的方面，正是全国所缺少的，任

---

① 《贺麟先生》，汤一介主编，王守常选编，任远、任重：《中国文化书院九秩导师文集·任继愈卷》，第 408 页。

② 《熊十力先生的为人与治学》，汤一介主编，王守常选编，任远、任重：《中国文化书院九秩导师文集·继愈卷》，第 401 页。

先生恰恰是从研究战略布局全面考虑，坚决录取了他。现在这位研究员的徒子徒孙已遍布道教研究界。

我后来听说和与任先生的交谈中，涉及他坚持马克思主义指导宗教研究，克服困难宣传无神论，极力抢救整理中国传统文化，十分关注教育和培养创新人才等方面，均有独到的见解。这些充分说明了任先生为研究中国的宗教、哲学、文化付出了一生，这也是他对祖国的热爱，是对人民对历史的负责。回忆与反思任继愈先生与宗教研究所的建立，对我们现今的研究工作，是大有启示意义的。

（杨雅彬，中国社会科学院社会学研究所研究员）

# 有关中国马克思主义宗教学研究的若干回忆[①]

## 杜继文

世界宗教研究所是根据毛泽东的提议于 1964 年建立的。我国对宗教进行系统的马克思主义研究，应该从这时算起。批语下来不久，"极左"思潮在全国泛滥，冲击着各行各业，宗教研究事业也未能幸免。所以真正开展宗教研究工作是在拨乱反正、改革开放以后。

—

从毛泽东的批语看，他并不是简单地把宗教研究当作一时的政治需要，而是从开拓国人视野，把宗教作为一门独立学科进行经常性关切和研究着想的。他既反对只把宗教当作神圣不可触动的信仰领域，也反对盲目地把宗教看作可以随意否定的对象。他强调对宗教要有所认识，同时给以马克思主义的研究。没有相应的知识，就没有发言权；没有马克思主义的指导，知识就很难得到正确解释。

毛泽东在批语中把任继愈谈佛学的文章，当作用马克思主义观点研究宗教的榜样。1963 年，任的《汉唐中国佛教思想论集》出版，所收 7 篇论文，主要是评析隋唐佛教宗派哲学。当时毛泽东看到的大约就在这个范围。通观这些文章，可以看到任继愈在研究上有三个主要特点。

第一，从社会存在决定社会意识、经济基础决定上层建筑的视角考察宗教哲学。论文认为，"18 世纪法国的启蒙运动者非常简单地肯定说，

---

① 此文选自《卅载回眸社科院》，方志出版社 2007 年版。

'宗教是由于傻子和骗子相遇产生的'",而没有指出宗教产生的社会和认识根源,这是旧唯物论的根本性缺陷。

论文《后记》引马克思的话说,"宗教的苦难即是现实苦难的表现,又是对这种现实苦难的抗议"。"废除作为人民幻想的幸福的宗教,也就是要求实现人民的现实的幸福"。马克思这里反复讲的"现实",指的是不合理的社会制度;要想彻底把人们从宗教的苦难中解放出来,将幻想的幸福转变成现实的幸福,就不能停留在思想的批判和理论的说明上,而必须变革不合理的现实社会,创造出符合人性生存和发展的客观条件。我们知道,这正是马克思超越费尔巴哈宗教观的关键所在。

社会发展是有客观规律的,它的阶段性不可超越,企图绕开对社会的实际变革,而用行政命令的手段去孤立地解决思想信仰问题,不是马克思主义。于是,如何正确处理宗教问题,就成了科学社会主义运动的一大课题。

第二,马克思主义从来不否认精神世界对于物质世界的主观能动作用,社会意识对于社会存在的积极影响,尤其是在革命和建设的关键时刻。只有正确地思维,才能正确地认识世界,制定出正确的方针路线,保证对实践的正确指导。马克思主义政党历来重视思想建设和思想批判,这是根本原因。因此,我们不能接受宗教"神学",不但有对人民群众负责的一面,也有正视现实,保证正确思维的一面。

第三,任继愈佛学论文的另一特点就具有这样建设性的批判精神。他从认识论和方法论上,揭示佛教哲学蕴含着的丰富内容及基本缺憾。统一的中国佛教,各派哲学却各呈异色,表明人的认识的复杂性和曲折性,以及导致谬误的多种可能性,我们今天的研究者应该从这些遗产中吸取必要的思维经验和教训,以助正确思维而少犯错误。

二

我们有许多老同志直接参加了世界宗教研究所的筹建工作,给我印象深刻的是任继愈在建所初期提出的两份项主张:一是积累资料,二是培养人才。道理很简单:我们把宗教作为一个独立学科,进行马克思主义研究,是一张白纸。没有资料,没有人才,就没有进行研究的起点。

搜集和积累资料的工作,在"文化大革命"期间也没有中断,宗教所保存了全国各大宗教可能受到毁灭的许多文献，使"文化大革命"后能够物归原主；当时的资料室，可以说是全国维护和保存宗教书刊最具特色的地方。一个研究机构，没有相对完备的资料和信息，出高质量的成果是很难的。至于人才的培养，可以说是宗教所做得最为成功的一项事业。目前国内宗教研究领域的学术骨干，绝大多数出自这个系统。

当年宗教研究人才的培养，没有现在这样多的渠道，主要是结合学科建设进行。一个研究室，就是一个学科；每个研究室承担一项重点课题，就是学科建设的实施。其中作为全所学科基础建设的有三项，一史、二论、三辞书。"史"指对相应学科历史的认识和研究；"论"指对宗教相关理论的认识和研究；"辞书"则是对有关宗教认识和研究的索引式记录和进一步探索的工具。

宗教所的第一个研究成果，应该是1981年出版的《宗教词典》。就其规模和完备程度来说，它都不如后来出的类似辞书。但就其意义和影响看，却是后来同类辞书难以比拟的。首先，它是马克思主义学者同宗教界学者共同合作的产物，通过这样的合作，协调了不同世界观学者在共同建设社会主义文化上的良好关系；其次，它向世人公告，马克思主义是把宗教作为一门学科去认真学习，认真研究的，简单的排斥和粗暴的否定，不是马克思主义学风；再次，它获得了社会的普遍承认和肯定，包括宗教界、学术界和需要宗教知识的其他行业。

这部简明的《宗教词典》在台湾出过盗版。台湾一个佛教团体编纂的佛教《大辞典》，将《宗教词典》中收入不多的教义词条，几乎全部纳入其中。这说明连当时处于隔离状态的海外宗教界和学术机构，也不能不承认马克思主义在宗教研究上的独特成就。

最早进入国家规划项目的是"中国佛教史"。该书原计划编写八卷，由于多种原因，只出版了三卷。即修正史这三卷，也引起相当大的反响。日本是佛教研究的传统大国，很快就将《中国佛教史》以"定本"的名义翻译成日文。译者指出，该史有许多衔接点和长处，归根结底，是采用了唯物史观进行研究的结果。

日本的佛教学者，对任继愈的佛学论著评价甚高。最早有冢本善隆，稍后有中村元、镰田茂雄等，加上《中外日报》社长本间昭之助，搭起了一个中日佛教学术长期交流的平台。这一模式的学术交流是成功的，效果是积极的。

任继愈策划和总编了三部世界宗教史：《佛教史》《伊斯兰教史》和《基督教史》，2006 年初又出版了新版；不到半年，就第二次印刷。它们经受了学术上的考验，也经受了市场的考验。这里以《佛教史》为例：

《佛教史》出版不久，台湾一家出版社就买去了繁体四号字竖排的台湾出版权。在出版说明中有这样一段说，《佛教史》"以共产主义'历史唯物论'为理论基础"，与台湾当局"现行政治思想意识形态有所扞格；然此书为研究佛教史学之重要参考书籍……本社秉持'尊重学术自由'之原则，上开词汇悉予保留，用以维持此书原有之学术价值"。特别有意思的是出版者最后的一段话："共产主义者之'历史唯物论'，对于观察历史有其特殊的角度，固亦读者阅读本书前应有所了解。"

就是说，我们用"历史唯物论为理论基础"写的著作，不但得到台湾同胞在学术价值上的肯定，而且因此引发他们去了解"共产主义之'历史唯物论'"的兴趣。

在马克思主义宗教理论的研究和学科开拓上，宗教所也有基础性建树，《宗教学通论》是其中的突出代表，在海内外引起广泛的注意，也有台湾版。

## 三

记得胡绳同志说过这样的话：在学术上坚持马克思主义领导，首先要体现在相关研究论著的学术水平上。

马克思主义不是口号，不是标签，不是仅仅为了引经据典，更不是政治棍子。它欢迎一切科学创造，吸取人类文明的一切优秀成果，并随着时间、地点和条件的变化而不断发展。但是，在防止盲目排他主义和狭隘宗派主义的同时，必须强调坚持马克思主义研究上的独立性和创造性。马克思主义的学术研究，不应该是人云亦云，亦步亦趋；更不应该唯利是图，趋势媚时。它应该把独立和创造视作自己的学术生命，并扎扎实实地体现在自己研究的全过程，而后才能生产出优秀的为读者折服的作品来。

任继愈是中国宗教学会的首倡者，也是第一任理事长，他同时也是中国无神论学会的首倡者。无神论研究和无神论的宣传教育，是他马克思主义宗教研究的组成部分。他有一句影响颇大的话：社会不但要脱贫，而且要脱愚。宗教信仰是公民的权利，必须维护；鬼神观念是愚昧，应该通过科学教育的途径从中解脱出来。就我国的历史和现状而言，我们缺乏的不是鬼神，而是科学；就马克思主义的立场而言，丢弃无神论，就称不上是马克思主义的宗教研究。

我们无神论工作，同样得到中央的支持。我们主办的《科学与无神论》杂志，面世已有多年，影响不断扩大；科学无神论的声誉不断上升。细说起来像是工作汇报，这里只表达一个意思：科学无神论在学术领域亦将成为一个独立的、可以大有作为的学科。

马克思主义的宗教研究，老一代学者给我们开了一个好头，可开发的课题非常多，有些还非常急迫；就整个国家而言，盛世事多，但前途似锦。我们相信，宗教研究一定会不断创新，产出更好的成果来。

（杜继文，中国社会科学院世界宗教研究所研究员）

# 我和《中国佛教史》

## 黄燕生

　　任继愈先生主编的《中国佛教史》第一卷于 1981 年由中国社会科学出版社出版，第二卷、第三卷分别于 1982 年、1985 年出版，迄今已经 30 多年。在这三分之一的世纪里，这套书多次重印，长销不衰，显示了其不朽的生命力。而有幸给这套书做责任编辑，是我职业生涯中的重要一环，令我终生难忘。

　　《中国佛教史》是在改革开放初期即 20 世纪 70 年代末订立的国家重点课题，主要执笔者为杨曾文先生、杜继文先生，其他执笔者还有余敦康、丁明夷等先生。

**图 1　2002 年春，黄燕生在中国社会科学院和任继愈先生合影**

古代印度的佛教在两汉之际传入中国后，经过不断的发展演变，成为中国传统文化的重要组成部分，对中国社会的方方面面产生了不可估量的影响，并传播到周边国家，给这些国家的意识形态、文化传统带来变化，形成独具特色的汉传佛教文化圈，促进了佛教的世界化进程。不仅如此，中国保存了浩如烟海的佛教经典和史籍，为研究佛教的历史和思想提供了丰富的资料。可以说，经过两千年来的发展，中国已经取代印度成为世界佛教的中心。为此，不仅是中国的历代学人重视对佛教的研究，海外学者，特别是日本学者，对中国佛教的研究尤其深入细致，其资料的搜集与整理，令人难以望其项背，而各种研究专著和论文，也可谓汗牛充栋。反观中国，在佛教研究方面虽然先后出现过汤用彤、吕澂、陈垣等大家，但在 20 世纪 50 年代以后就鲜有影响较大的学术成果了。粉碎"四人帮"以后，百废待兴，郁积了几十年的学术热情一下迸发出来，学术界一片欣欣向荣的景象，各种学术成果如雨后春笋般纷纷涌现。科研成果如泉喷涌，学术著作出版困难接踵而至。成立不久的中国社会科学院（前身是中国科学院哲学社会科学部）领导考虑到科研人员的现实困难，以远见卓识批准建立社科院自己的出版社——中国社会科学出版社。时任世界宗教研究所所长的任继愈先生大力支持这一新生事物，指示所里研究人员都要把科研成果交由中国社会科学出版社出版。

任继愈先生是享誉海内外的著名学者，毕生致力于中国哲学史和中国佛教史的研究，有多种著述存世，如《汉唐佛教思想论集》《中国哲学史论》《老子绎读》《任继愈学术论著自选集》《任继愈学术文化随笔》等，主编了《中国哲学史》《中国哲学发展史》《宗教词典》《中华大藏经》《道藏提要》等一系列大型项目。他于 1964 年在中央领导人的建议和指导下创建了新中国第一所专门从事宗教研究的机构——世界宗教研究所。对于世界几大宗教的研究、各种文献资料的搜集整理、专业人才的培养，他有一套完整的构想和实施方案，中国佛教史就是其中的一部分。应该说，任先生是中华人民共和国宗教学学科的奠基人，居功甚伟。

《中国佛教史》的主要执笔者是杨曾文、杜继文先生。杨曾文先生，1964 年毕业于北京大学历史系，宗教所成立时调入学部，是宗教所的元老之一。他曾任佛教研究室主任、中国佛教文化研究所所长，是博士生导师、社科院荣誉学部委员。他毕生研究佛教史、佛教思想史，除《中国佛教史》外，还有《佛教的起源》《神会语录研究》《日本佛教史》《隋唐佛教史》《唐五代禅宗史》等多种著作、译作出版，在国际学术界享有盛誉。杨先生在研究、著述之外，还培养了大批博士生、硕士生，其中有不少出家弟子，为我国佛教事业的发展立下丰功伟绩。

**图2 《中国佛教史》书影**

杜继文先生，1958 年毕业于北京大学哲学系，先后在内蒙古科学技术委员会、内蒙古大学从事科研和教学。1984 年调入社科院宗教研究所，历任研究员、世界宗教研究所所长，是社科院荣誉学部委员、博士生导师，著有《中国禅宗通史》《大乘起信论全译》《气功与特异功能解析》《中国佛教的多民族性与诸宗派的个性》等。杜先生还主编了《佛教史》等著作。多年来，杜先生协助任继愈先生编纂《中华大藏经》，任先生去世后，杜先生全力担当起主编的工作，为完成任先生的未竟事业勠力奋斗；同时，杜先生以八十高龄，站在了宣传科学无神论的最前沿，成为我国当前无神论研究的主心骨、带头人。

《中国佛教史》原计划撰写八卷。第一卷，论述佛教的传入和两汉三国时期的佛教。第二、第三卷，论述两晋、南北朝佛教。第四、五卷，论述隋唐佛教。第六、七卷论述宋元明清佛教。第八卷论述清末民初至中华人民共和国成立前的佛教。隋唐至明清几卷并含藏传佛教。

**图 3　《摩诃婆罗多》（全六卷）书影**

任继愈先生一贯主张从社会存在决定社会意识、经济基础决定上层建筑的视角考察宗教现象和宗教哲学，他说："佛教的产生和发展，有它的社会根源、思想根源。它的产生和发展不是偶然的，而是必然的"，"如果只看到佛教的活动，而没看到佛教是在一种什么样的更大范围的社会历史背景之下所起的作用，那就会对中国佛教的历史地位和影响难以做出适当的评价"。"考察中国佛教的历史，揭示出它的发展变化的规律，从而有助于加深认识东汉以后中国的古代封建文化，更好地认识中国的哲学史、文学史以及整个历史。"对中国佛教发展的社会历史背景、思想文化背景进行深入细致的梳理和分析，是本书的主导思想，贯穿始终。翔实、准确地把握、运用历史文献资料，对汉译佛经及僧传作细致的剖析，是本书另一大特色。这些都得到了学术界的高度评价。

在 20 世纪 80 年代初，科研条件还很差，远不能跟今天相比。几个人挤在一间狭小的办公室里讨论写作提纲，做卡片，写文稿，没有电脑、网络这些先进科技设备和手段，就是查一段引文，也要到图书馆去翻阅大量的资料。任先生和各位老师就是在这样的办公条件下呕心沥血，埋头著述，打造出学术精品。任先生是所长，每天要处理各种所内事务，还有很多社会活动，但他仍亲力亲为，三卷《中国佛教史》的每一句话、每一段文，他都仔细审阅，提出修改意见。交到出版社的书稿，是任先生的助手刘苏老师一笔一画誊抄在稿纸上的，工整漂亮的钢笔字楷书，令我们惊叹，都认为可以称为艺术品。阅读这样的书稿，真是赏心悦目。

任继愈先生对建构中国宗教学的体系有一套完整的设想，在抓科研成果的同时，还注重人才的引进和培养。他对我们这些由于"文化大革命"没有受到多少文化教育的"知识青年"带有深切的同情和理解，敢于大胆使用这批年轻人，在使用中培养。我有幸成为其中的一员。

那时候，为了胜任佛教史和其他宗教学类著作的编辑工作，我每周去北京大学听任先生和其他老师在宗教系开的课程，周日就去图书馆看书，充实、提高自己，同时也查资料、核对引文。买书、借书，加上家里有的书，我如饥似渴地读了汤用彤先生的《汉魏两晋南北朝佛教史》，任先生的《汉唐佛教思想论集》，任先生主编的《中国哲学史简编》等书，为我较好地完成任务提供了巨大帮助。

为了编辑这套书，我不仅经常去图书馆查阅相关资料，还经常去任先生家和杨先生家讨教。在我的 20 世纪 80 年代的工作日记里，有诸多相关记载。如 1981 年 2 月 24、25、28 日，3 月 2—7 日、11—14 日在出版社看佛教史校样。2 月 26 日，杨曾文先生来出版社看校样。3 月 12 日、28 日，4 月 1 日去杨曾文先生家，等等。可惜当时的日记很简略，具体谈了什么都没有记录，不外乎审读书稿时的一些疑问和错别字、错标点的修改等，以及就有关中国佛教史的知识向杨先生请教。时隔多年，虽不记得谈话的内容，但当时的场景还有印象，杨先生循循善诱，我等于是在听讲上课。

80 年代初，现今的中国社会科学院会堂、科研大楼都还没有动工，社科院的办公楼还是 50 年代海军司令部大院的样貌，一色灰砖砌成的三层筒子楼，两两并列排了三四排。那时的宗教所在西边的 6 号楼，位置大约在现在的社科会堂。"文化大革命"中学部人员从"五七干校"回京后，没有住房，大部分人就住进了学部办公楼，1978 年以后，中国社会科学院引进不少专业人才，一时解决不了住房，更多的人住进了办公室。住在 6 号楼的有杨曾文、金宜久、高望之、雷镇闻、张久宣等宗教所多位先生。

我每次走进 6 号楼，都感到十分的逼仄。狭窄的楼道里，堆满了纸箱、木箱和舍不得扔掉的旧家具，还有的门前支着烧饭用的小煤炉，一个人侧身走过都会感到困难。楼道里弥漫着烟味、炒菜味和别的什么气味。杨老师家里更是"紧凑",一家三口挤在一间屋子里,桌子紧靠着书架,书架靠着床,床上堆着书籍、卡片箱等,我和杨先生真的是"促膝而谈"。堂堂社科院的学者们当年的生活、工作环境,是现在的年轻人想象不出来的。就在这样艰苦的条件下,老一代的学者们孜孜以求,埋头疾书,为社会奉献出一部部的学术精品,很多人现在已经是泰斗级的大师了。

《中国佛教史》原计划撰写八卷,由于种种原因,最后只出版了前三卷。经常有读者或来函或来电话询问余下的几卷何时出版。这不仅是学术界的一大遗憾,也是出版界的一大遗憾。可堪告慰的是,已经出版的这三卷,30多年来反响极好,社会需求旺盛,不断重印。历来重视佛教研究的日本学术界将其作为"定本"翻译成日文出版,成为中日文化、学术交流史上的佳话。

这套书出版于20世纪80年代初,在论述中不可避免地留有时代的印记,但这毕竟是中华人民共和国成立以来的第一部中国佛教通史,也是第一部以历史唯物主义和辩证唯物主义为指导的佛教史,虽然未能完成八卷,虽然存在一些缺点和不足,但它的开创之功永远磨灭不了。

以编辑《中国佛教史》为契机,我走上了学习、研究佛学、宗教学之路,专业编辑之路,近40年来编辑出版了一系列的相关书籍,佛教方面除《中国佛教史》外,还有郭良鋆先生翻译的《经集》,她著作的《佛陀和原始佛教思想》,杨曾文先生的《隋唐佛教史》《宋元禅宗史》,杜继文先生的《中国佛教的多民族性与诸宗派的个性》及他主编的《佛教史》,魏道儒先生的《隋唐佛教论集》及他主编的《世界佛教通史》,黄宝生先生主编、译注的梵汉对勘佛经系列等;其他宗教和宗教学理论的书籍有马西沙先生的《中国民间宗教史》《古代中国民众的精神世界及社会运动》,徐梵澄先生翻译的《五十奥义书》,任继愈先生主编的《道藏提要》,牙含章先生主编的《中国无神论史》,杜继文先生的《科学与无神论文集》,吕大吉先生的《西方宗教学说史》和他主编的《中国各民族原始宗教资料集成》《中国宗教与中国文化》,牟钟鉴、张践先生的《中国宗教通史》,金宜久先生的《伊斯兰教史》《伊斯兰与国际政治》,吴云贵先生的《追踪与溯源》、译著《伊斯兰教》,唐逸先生的《基督教史》,马坚先生翻译的《古兰经》,等等。每一部书就是一部宝藏,我从中汲取到无尽的知识与智慧，其中有多种图书获得了国家级或省部级奖项，有的书几十年来一直在重印。能够和这些大师级的作者交往，是我一生中最大的荣幸。其中多位已经作古，但他们充满睿智的容貌、一丝不苟的严谨学风，永远留在我的脑海之中。

（黄燕生，中国社会科学出版社编审）

经 济 学

# 享誉海内外的经济史学科[①]

## 刘兰兮  武  力

中国经济史研究室的前身是"中央研究院"社会科学研究所。1953 年经济研究所建所伊始，设立经济史组，由副所长严中平兼任组长。1977 年，中国社会科学院成立后，经济史组建扩为中国经济史研究室，分设中国古代、近代、现代以及中国资本主义发展史等 4 个研究组，严中平又兼任研究室主任。该学科将中国古代、近代、现代经济史融为一体，进行系统研究，是社科院第一批重点学科。1991 年，现代史组独立，成立了中国现代经济史研究室，原中国经济史研究室内部不再分组，主攻近代经济史研究，兼及古代研究。这两个研究室办了一个季刊《中国经济史研究》，一个网上的"中国经济史论坛"，中国经济史学会也挂靠在这里。

## 研究中国经济史的重镇之一

几十年来，中国经济史研究室以其理论和专业方面的研究实绩、特点以及良好的学风，奠定了在中国经济史研究领域中的重要地位，享誉海内外经济史学界。

1986 年年底，中国经济史学会成立，下设古代、近代、现代和外国四个专业委员。学会隶属于经济研究所，学会秘书处就设在经济史研究室。到 2007 年，学会已召开全国性的年会和学术研讨会 9 届，并在学会

---

① 此文选自《卅载回眸社科院》，方志出版社 2007 年版。

内部发行《学会通讯》（不定期）。

多年来，中国经济史研究室为学术发展和学科建设做出了不懈努力，取得了被社会广泛认可的成绩。

第一，资料奠基工作。从20世纪50年代起，编辑出版了《中国近代经济史统计资料选辑》《中国近代经济史参考资料丛刊》等近代工业、农业、手工业、对外贸易、外债、铁路、航运史等资料集8种30多册。与上海有关方面合作，20世纪60—70年代，编辑出版了《中国资本主义工商业史料丛刊》及其他史料集，如《中国工商行会史料集》《清代工商行业碑文集粹》等。这批资料集推动了中国经济史，特别是近代经济史学科的建设和发展，受到了经济史学界的高度重视。

第二，专题研究和专著。几十年来，该研究室对中国古代、近代经济史进行了认真研究，出版论著几十部，发表学术论文2000余篇；其中获省部级优秀成果奖19项，孙冶方经济科学奖6项，郭沫若历史学奖3项，吴玉章奖3项，国家社科基金优秀成果奖3项。重要成果有：严中平主编的《中国近代经济史》（1840—1894卷）；汪敬虞主编的《中国近代经济史》（1895—1927卷）；许涤新、吴承明主编的《中国资本主义发展史》一、二、三卷；方行、魏金玉、经君健主编的《中国经济通史·清代经济卷》等。这些集体著作均获得过国家和中国社会科学院的多种奖项。

第三，对学术界重大问题深入研究的引领作用。20世纪80年代后期开始的中国近代史和中国近代经济史中心线索的讨论；关于地主制经济与商品经济的本质联系问题；关于传统经济与现代化的关系讨论；等等，或由该室研究人员发起，或由该室人员作为论战主力参与。

第四，近期研究计划。组织和完成3项集体研究项目。（1）完成国家社科基金项目《中国近代经济史》（1927—1937卷）的初稿审订工作；在此基础上，启动《中国近代经济史》（1937—1949年卷）的写作，完成对近代中国经济发展面貌的整体刻画。（2）完成《中国近代企业史》的写作。在《中国企业史·近代卷》的基础上，着重开展有关中国企业史的一系列专题研究。（3）完成院重大课题"家庭经营对中国经济长期发展的影响"的研究，采用文献资料与田野调查相结合的方法，深化对传统家庭经营与中国经济发展相互关系及中国现代化关系中的认识。

## 新中国经济史研究的重要阵地

1991年，中国现代经济史研究室成立后，即与中国经济史研究室共同承担起刊物《中国经济史研究》和中国经济史学会的事务。其主要研究领域为中华人民共和国经济发展史（包括中华人民共和国成立后的港、澳、台经济史，还包括中华人民共和国成立前1927—1949年革命根据地和解放区经济史）。著名经济学家薛暮桥、徐雪寒、吴承明等都担任过该室顾问。我国第一个中华人民共和国经济史的博士点就设在该室。

十几年来，他们先后承担了大量国家和院、所重点课题，出版了一大批革命根据地、中华人民共和国经济档案资料和研究著作，成为中国社会科学院重点学科研究室，并成为国内研究中国现代经济史的重要阵地。

1988年以前，该室主要从事中华人民共和国建立以前革命根据地经济史研究，收集、整理了大量史料（公开出版了一部分），并发表了一批研究成果，例如《中国革命根据地经济史料选编》《华北解放区财经史料选编》《中原解放区财经史料选编》《中国土地改革史料选编》《中国革命根据地经济大事记》《中国革命根据地经济史（1927—1937）》《中国土地改革史》等。

1988年以后，根据国家需要和院、所要求，该室将主要科研力量用于1949年以后中华人民共和国经济史研究。从1988年开始，承担了中国社科院与中央档案馆合作的国家重点项目"中华人民共和国经济档案资料选编"，到2007年已历时18年，到2006年年底，已经完成了1949—1965年的档案资料选编工作，已出版21卷，待出版10卷，共约35000万字，填补了这方面的空白。在此基础上撰写的《中华人民共和国经济史》第一卷获得中国社科院优秀科研成果一等奖。此外，该室的许多成果也获得社会的普遍好评，如《新中国工业的奠基石——"156项"研究》《解决"三农"问题之路——中国共产党"三农"思想政策史》《中国10个五年计划研究》。

近期该研究室继续实施中华人民共和国经济史研究的3大工程（国家和院重点项目）：多卷本《中华人民共和国经济档案资料选编》《中华人民共和国经济运行分析》《中华人民共和国经济史》。他们还计划建立国内第一个系统的中华人民共和国经济史资料和研究成果数据库。利用原有的无锡、保定农村调查积累，参加中国社会科学院国情调研项目。积极参与硕士、博士研究生和博士后的培养工作，为中国现代经济史研究学科培养和输送后备人才。

（刘兰兮，中国社会科学院经济研究所研究员；<br>
武力，中国社会科学院当代中国研究所研究员）

# 企业和产业竞争力研究成果丰硕①

## 李 钢

中国社会科学院工业经济研究所关于"竞争力理论与实践研究"在金碚研究员的带领下已形成一支"国内领先，世界一流"的研究团队，先后在《经济研究》《中国工业经济》《管理世界》《经济学动态》等学术刊物上发表了关于竞争力问题的学术论文50余篇，出版了《中国工业国际竞争力——理论、方法与实证研究》《竞争力经济学》《中国企业竞争力报告》等近10部研究专著，先后获得过"孙冶方经济科学奖"、全国"五个一工程奖"、中国图书奖等全国性奖项。

多年来，该研究团队取得了丰硕的学术成果，该项目的许多理论研究成果被转化为应用研究成果，在实际工作中得以使用，取得良好的社会效益。该项目形成的以虚拟团队和实体机构相结合的组织形式，为竞争力项目研究工作的持续进行提供了组织保障。该研究团队在科研方法、组织、成果转化和实际应用以及科研项目的可持续性等方面，进行了有益的探索，并取得了非常有价值的经验。

## 学术研究初绽芳蕊

从20世纪90年代中期开始，中国经济发展的态势发生了一个突出的变化，即整个国民经济的国际化程度大大提高，同时，我国与其他主要工业品生产国之间的竞争明显增强。随着经济开放程度的不断扩大，我国国

---

① 此文选自《卅载回眸社科院》，方志出版社2007年版。

内市场成为国际市场的组成部分，我国工业参与国际竞争的含义发生了很大变化：从争取产品出口，更多地进入国外市场，发展到必须在国内和国外两个市场上同外国产品进行市场竞争。由于我国潜在市场巨大，对有些工业品来说，我国已是世界上唯一尚未开发的大市场，所以，各主要工业品生产国争夺中国市场的竞争异常激烈，产业国际竞争力成为关系到我国工业以及整个国民经济发展生死攸关的问题。为了在理论上回答上述挑战，1995 年，金碚主持了中国社会科学院重点课题"中国工业品国际竞争力比较研究"。在研究过程中，研究团队认识到，产业国际竞争力问题研究具有强烈的现实意义，同经济研究的其他方面相比，产业国际竞争力研究当时还是一个比较薄弱的领域。发达国家的一些经济学家甚至根本否认研究国际竞争力问题的可能，他们认为，在国际经济关系中，只存在"比较优势"，而不存在"竞争优势"，所以，国际竞争力研究是缺乏经济学根据的。这种观点不仅反映了西方主流经济学的某些缺陷或弱点，而且反映了经济学所依赖的利益背景和所具有的"国家意识"，这恰恰说明产业国际竞争力问题研究具有强烈的现实意义。发达国家希望发展中国家相信，国际经济关系是由"比较优势"所决定的，而"竞争优势"只是子虚乌有的幻想。但发展中国家却坚定地认为，"竞争优势"可以突破"比较优势"的某些限制，在现实中，"比较优势"只有通过"竞争优势"才能体现和发挥出来，所以，"竞争优势"比"比较优势"更加实实在在。该研究系统地研究了中国工业主要产业的国际竞争力，取得了许多有意义的结论。这一课题的总报告获得 1999 年度"孙冶方经济科学奖"，其学术专著《中国工业国际竞争力——理论、方法和实证研究》获全国"五个一工程奖"。

在"中国工业品国际竞争力比较研究"课题结束时，课题组成员就意识到，在竞争力领域尚有许多理论问题需要研究。从 2000 年起，金碚开始主持中国社会科学院第一批重大科研项目"中国产业与企业国际竞争力研究"。在研究中，研究人员注意到经典经济学所进行的研究和分析是以假定"企业同质"为基本逻辑前提的，即假定企业都具有经济人理性、精于计算，并按微观经济学原理和方法进行决策和行动。但竞争力研究的目的却是要解释"企业异质"，即为什么有些企业竞争力强，有些企业竞争力弱；什么样的企业具有长久的竞争力，什么样的企业一定不会有竞争力。在经济学领域内，竞争力的实质就是经济效率或生产率的差异，对竞争力的经济学研究主要集中于：成本—价格和差异化现象。如果引入不确定性则可延伸到对"企业家"的创新和承担风险能力的研究，如果将竞争力研究深入企业内部，进入管理经济学和企业经济学领域，则形成了经济学同管理学相结合的研究范式。而当深入对竞争力的一些原生性因素的研究，即探讨企业"核心能力"时，则是将经典经济学所不涉及的因素—理念、价值观、文化等非理性因素引入了竞争力研究的领域。在研究中，研究人员力图把竞争力放在经济学的理论体系框架中进行分析。该课题的核心成果《竞争力经济学》的出版奠定了竞争力研究的理论基础，受到同行专家高度评价，获 2004 年中国图书奖。特别需要说明的是，在研究过程中，课题组成员借助工经所主办的《中国经营报》的媒体优势，对《中国经营报》近 21 年来积累的国内企业发展的现实案例进行分析和梳理，并就企业竞争力问题对百名企业家进行了专题访谈，使该研究既有深厚的经济学理论根基，又有颇具说服力的实际案例，学术价值和应用价值均很高。

2005 年起，竞争力研究团队认识到，随着中国加入 WTO，中国企业越来越强烈地面临国外企业的竞争。国内外大量研究表明，企业文化是提高企业竞争力的利器，中国企业在全球化背景下应培育什么样的企业文化，如何培育企业文化以提升企业竞争力的问题迄今仍没有得到科学的解决。对此问题进行深入研究，获得有价值的发现和有意义的分析结论，可以为中国培育有助于企业竞争力提升的企业文化提供理论指导，竞争力研究团队承担了国家社科基金项目"企业文化与企业竞争力"。

加入 WTO 后，中国显著加快了融入全球经济体系的进程。可以预计，由于自然资源禀赋的特点，以及现行的世界经济与政治秩序，通过商品（特别是工业制成品）出口来弥补自然资源的不足，并实现劳动力充分就业，将成为中国较长时期内经济发展战略的必然选择；另一方面，全球制造能力不断提升，需求增长相对有限，因而中国国内巨大的市场需求潜力对各国企业具有越来越大的吸引力。随着时间的推移，中国产业同世界产业的竞争关系将变得越来越复杂，研究中国产业特别是民族产业的竞争力问题将日益重要。为了研究中国加入 WTO 后中国产业国际竞争力变化新趋势，竞争力研究团队承担了国家统计局经济普查办公室委托的"中国工业国际竞争力现状分析及提升对策研究"，对中国制造业国际竞争力进行了系统评价。分析表明，加入 WTO 以后，中国制造业的国际竞争力有了较大程度提升；在与美国、日本、欧盟、韩国等国家进行竞争力对比时，发现加入 WTO 后，相对于上述国家，我国制造业的国际竞争力在不断提升；而与此同时，我国民族产业国际竞争力虽然也有提升，但相对于我国制造业国际竞争力的提升速度，民族产业国际竞争力提升较慢。

# 应用研究影响大

　　工经所的竞争力研究不仅在理论上取得了很多成果，还将理论成果发展为一个持续性、应用性项目——中国企业竞争力监测项目，成功开发了"企业竞争力评价指标"体系及相应的应用软件，并在《中国经营报》社成立了专门的竞争力工作室，负责对企业和产业竞争力进行常年监测和相关的研究组织工作。该体系从多个角度测评企业的竞争力水平，具有良好的操作性，为企业了解自身的竞争力状态提供了有力的工具。基于这一体系的应用成果，2002 年 12 月和 2003 年 2 月，举办了两次大型研讨会，产生了较大的社会反响。从 2003 年起，每年推出年度报告《中国企业竞争力报告》，每年召开企业竞争力年会，目前累计参会人员近 2000 人。社科院陈佳贵副院长对监测体系给予了高度评价，他认为，工经所和《中国经营报》社联合开发的"《中国经营报》企业竞争力监测"使理论和实践、学术研究和媒体传播得到了最有效的结合。参会的企业家也给予该项目高度评价，宝钢股份有限公司总经理艾宝俊认为，《中国经营报》企业竞争力监测，用简单数字反映复杂的体系，给注重竞争力管理的企业提供了一个有效的参照物和标杆。东方希望集团董事长刘永行认为，《中国经营报》搞企业竞争力监测，是一件好事，也是一件具有突破意义的事，不仅可以增强企业审查自身竞争力的审慎态度，还倡导健康竞争、有序竞争的意识。招商银行行长马蔚华认为，企业竞争力是一个非常复杂的现象，《中国经营报》探索推出的"《中国经营报》企业竞争力监测"是一个有意义的尝试！截止到 2007 年，已有百余家中外资企业不同程度地对CBCM 的监测成果加以应用。企业可借助其长期连续的监测结果，清晰地看到自己在行业中竞争态势的变化曲线。新浪、搜狐等网站对历年的竞争力年会进行了多次专题报道，各地门户网站均以头条对年会进行了报道、百余家网络转载。

　　鉴于该成果所产生的良好影响，国家新闻出版总署委托课题组承担一项应用性课题《报纸评估指标体系研究》，形成的报纸评估指标体系作为国家新闻出版总署 2003 年年中实行的报纸出版评估论证制度分析方法的核心内容。2004 年、2005 年连续在中国报业竞争力年会上宣布了对中国都市报竞争力监测的结果。

目前，中国无疑是世界最具吸引力的投资地，但中国各地区之间经济发展水平有很大差异，对跨国公司投资吸引力差异也较大。对于跨国公司而言，城市的投资条件是决定其是否投资的因素，而不是城市所处省份的投资环境，更不是城市处于东部还是西部。为了帮助跨国公司更好地选择投资地点，帮助中国各城市更好地改善投资环境，工经所联合《中国经营报》共同开展了"跨国公司眼中最具投资价值的城市"研究，并召开了高峰论坛。论坛召开后，国内近百家媒体先后进行了报道，国外也有数家媒体进行了报道。

在世界经济迅猛发展的今天，中国企业的崛起是我们热切的期望，为企业提供相关理论支持是学者的共同心声。工经所竞争力研究团队的实践证明，在不断拓展学术理论的同时，研究方法不断创新，重视社会各界广泛参与，不但能更有力地促进中国产业与企业国际竞争力的提高，也会促进社会科学研究事业的繁荣与发展。2007 年，成立了"中国产业与企业竞争力研究中心"，可以相信，以中心成立为契机，工经所在竞争力领域必将取得更多成果。

（李钢，中国社会科学院工业经济研究所研究员）

# 对小额信贷与普惠金融在中国发展的感触

杜晓山

为什么越是需要钱的穷人越是贷不到款？在金融世界里，"义"与"利"果真就没有调和的空间？很久以来，我一直在思考这样的问题。用有些学者的说法，只为富人服务的金融是坏金融，为所有有金融需求的人服务，尤其能为弱势群体服务的金融是好金融。我也认同这种观点，而且，能为弱势群体提供金融服务的，往往是小额信贷/微型金融和普惠金融。

## 一　我们的小额信贷研究和实践尝试

在经过内蒙古插队 10 年后，作为恢复高考制度后的第一届大学毕业生，1982 年，时年 35 岁的我从中国人民大学商业经济专业毕业后，被分配到中国社会科学院农村发展研究所，最初的研究领域之一是农村扶贫。我在研究工作中发现中国扶贫领域的资金扶贫效率低、效益差，尤其扶贫贷款存在的主要问题是资金难于到达穷人，还贷率低，以及扶贫贷款机构严重依赖外部补贴或资金支撑才能生存。

孟加拉国尤努斯教授的故事深深触动了我。那是 20 世纪 80 年代中后期，在一个国际研讨会上，我第一次通过文字"邂逅"了尤努斯。尤努斯在走访本国一个村庄时发现，其实只需 27 美元，就可以让 42 个有贷款需求的穷人购买原料，维持小生意，摆脱高利贷者的盘剥，就可以改变他们的命运！由此，他一手创办起孟加拉乡村银行（或称格莱珉银行，Grameen Bank），坚持贷款只给穷人，而且以贫困妇女为主。我惊讶地发现，这个乡村银行，完全借贷给无抵押担保的穷人，还款率却高达98%以上，而且运行良好的每个基层营业点都能自负盈亏。这完全颠覆了几百年来银行业的信贷哲学：对穷人是不能提供贷款服务的。此后，作为一个研究贫困问题的科研人员，我一直在关注乡村银行的发展动态，尤努斯和他的同事对贫困妇女贷款的实验开始于1976年，到1983年孟加拉政府支持和批准设立乡村银行，而乡村银行正是起源于尤努斯和他的同事们的大范围的成功试验。后来乡村银行越做越大，越做越好，现在已覆盖孟加拉全国93%以上的农村地区，而且运营质量很高，在世界上享有崇高的声誉。

**图1　杜晓山在新疆与农民合影**

　　我在一开始就隐隐感到，或许孟加拉乡村银行模式是解决中国扶贫贷款难题的一个"好招儿"。我和一些同事开始在刊物、报纸上发表文章，传播和倡导这一崭新的模式。尽管对这个模式在中国是否适用有争论，能否成功我们也并没有把握，但我与我所刘文璞、张保民等领导和同事在对我国农村贫困地区调研的基础上，还是决定在我国贫困农村试试，看这一模式是否可行，为此，我们组织了我所的扶贫小额信贷试验研究课题组。我们通过内部讨论并与当时离北京最近的国家级贫困县之一河北易县领导商量，如果我们能筹来试验所需的资金，就选定该县作为我们课题组的扶贫小额信贷试验基地。当时我内心里有一个特别强烈的想法，万一这套办法可行，外界无论支持或不支持，这个为穷人服务的小贷款机构都可以自负盈亏，自行持续运转，靠机构自己的力量帮助穷人借贷，而且招聘来的机构员工也可以有长期稳定的就业。如能借鉴推广，则对我国扶贫贷款机制和工作带来革命化的改变，惠及广大的低收入和贫困群体，助力他们脱贫致富。

1993 年 10 月，我到孟加拉乡村银行实地学习考察，还带去我们课题组的申请项目初步方案，并与尤努斯教授等进行了座谈和讨论。在他和他的团队的支持下，我们争取到孟加拉乡村银行信托基金（Grameen Trust）的 5 万美元分期拨付的低息贷款。之后不久，我们社科院课题组与国家级贫困县河北省易县政府协商确定实验项目具体事宜。在河北易县成立了第一个扶贫经济合作社（简称"扶贫社"），我国开始了与国际规范接轨的公益性制度主义小额信贷扶贫的探索。

我们"扶贫经济合作社"小额信贷项目除了寻求当地政府对项目合法性上的支持和请政府选派一两位我们同意了的当地干部作为项目专职人员参与我们的项目，在这些方面与孟加拉尤努斯试验项目有所不同外，几乎原封不动地把孟加拉乡村银行全套操作模式拷贝过来：以中低收入和贫困妇女为主体，5 人/户小组自愿联保，无抵押担保贷款，每周分期还钱，按照贷款额的 5% 收取小组基金和强制储蓄作为风险基金，按期还款以后还可以接着借贷并可以提高借款金额，可以无限期地循环贷款⋯⋯

我们课题组先后在我国中西部 6 个贫困县的约 20 年的实践试验，初步证明孟加拉乡村银行（格莱珉银行）的模式在中国贫困地区农村是可行的，是可以保本微利、可持续发展的。由于是自筹资金试验的公益小额贷款研究与实践活动，在后来的发展中，我们的试验项目存在后续投入资金不足、监管模式松散而难于长期有效监管等问题，2013—2015 年间我们与中国扶贫基金会所属的小额信贷组织"中和农信"达成协议，由它全面接管了我们基层"扶贫社"小额信贷组织；另外一部分不愿意并入"中和农信"的地方试点项目，根据中国人民银行总行的要求，转由当地地方政府监管。

出于一种善良的愿望做事当然很重要，但我们存在着程度不同的欠缺专业的知识、能力、管理水准，在内控机制、运作程序和人员素质等方面都有很多的漏洞和毛病。为此，我们与基层当地运营团队不断在实践中学习改进和提高。总的来说，20 多年来，尽管有一些挫折和问题，但我们在几个贫困县开展的扶贫小额信贷试验总体上是成功的。每次/户平均贷款额从最初的一两千元到后来的一两万元，低收入农户持续循环借贷，绝大多数农户生产生活有所改善，我们基层扶贫小额信贷组织"扶贫社"也做到保本微利和可持续发展。我们的试验研究项目取得的经济绩效和社会绩效总体上是显著的，获得了中国人民银行、银监会、国务院扶贫办等联合调研组的充分肯定。我们课题组撰写的调研报告、研究论文和科研专著成果也十分丰富。

## 二　小额信贷在中国的发展壮大

从 1996 年起，由政府或社会组织开展、国际机构援助的小额信贷项目也纷纷学习孟加拉乡村银行模式开展扶贫活动，在我国先后有约 300 个项目试点，很多机构和人士到我们在各处的试验点进行考察、学习和调研。接着，从 1996—1997 年起，国务院扶贫办与农行为落实"八七扶贫计划"也借鉴乡村银行模式，由政府部门负责运作贴息担保小额贷款扶贫到户工作。2000 年起，央行要求农信社系统开展农户小额贷款工作，农信社成为农户小额贷款的主力军。2005 年至今，中央监管部门鼓励民营和海外资本进入，试行商业性小额信贷活动。接着村镇银行、邮储银行、农村资金互助社等也加入小额贷款工作的行列。在城市，自 2002 年起央行等机构发文，针对下岗失业低收入群体的城市贴息担保等方式的小额信贷也开展起来。党中央和国家领导人从政策和讲话中都十分重视发展小额信贷，从 2004 年起，中央每年的一号文件都是谈如何搞好"三农"工作的，都要求发展农村小额信贷。

在开展"扶贫社"扶贫小额信贷试验的日子里，我们课题组也在积极推动我国小额信贷领域如何形成合力和自律的发展，发起并参与组建小额信贷联盟。为了推动小额信贷的健康可持续发展，我们社科院农村发展所、商务部国际技术经济交流中心和全国妇联妇女发展部于 2005 年共同发起建立了中国小额信贷联盟。2005 年成立之初，此联盟当时称为"中国小额信贷发展促进网络"，2010 年正式更名为"中国小额信贷联盟"。这是我国第一个小额信贷行业自律协会类组织，从最初成立时的以公益性小贷机构为主，到目前涵盖了从事小额信贷业务的各种类型的金融机构和服务类中介组织。

我们联盟的主要工作任务是：自觉履行行业自律；开展行业机构间的交流沟通；提高行业组织机构的能力素质；对政府机构建言献策；为成员组织机构筹资提供服务。我们联盟在推动我国小额信贷和普惠金融发展方面，一直发挥着应尽的责任和作用，在行业内有一定的声誉度。我们撰写的研究成果也产生了一定的社会影响力。

## 三　普惠金融的兴起和发展

2005 年联合国和世界银行分别在推动小额信贷的基础上，进一步提出和倡导普惠金融的概念、理论和实践。我们小额信贷联盟是我国第一家发起倡导和推动普惠金融的组织，联盟发起组织了联合国《普惠金融绿皮书》的翻译出版。我本人于 2006 年在我所《中国农村经济》学术杂志上发表了介绍普惠金融体系的学术理论文章。我在思考长期困惑我的一个问题：在经济和金融世界里，"义"与"利"难道就没有调和或兼顾的空间？实际上，答案现在已十分清楚，就是在本文开始处提到的，那就看你是信奉和践行"好金融"还是"坏金融"了，而"好金融"就是我们所需要倡导和践行的普惠金融。那段时期在媒体上也看到时任央行研究局副局长焦瑾璞，时任国开行行长陈元以及时任农行董事长项俊波也在大力宣传倡导普惠金融，我们也曾在一起发起和参与各种研讨会，撰写发表学术文章。

党中央国务院十分重视推动普惠金融的发展。2013 年 11 月中共十八届三中全会提出了"发展普惠金融"的目标。2015 年 12 月，国务院发布了《推进普惠金融发展规划（2016—2020 年）》，指出要发展普惠金融，立足机会平等要求和商业可持续原则，以可负担的成本为有金融服务需求的社会各阶层和群体提供适当、有效的金融服务，其中，小微企业、农民、城镇低收入人群、贫困人群和残疾人、老年人等特殊群体是普惠金融重点服务对象，增进社会公平和社会和谐，促进全面建成小康社会。2016年的 G20 杭州峰会中国政府又提出的数字普惠金融八项高级原则。总的说来，至此，普惠金融在理念、理论和发展原则及路径上已经清晰明确了，当然，人们的认识还在发展中。近期，我国政府还要求所有商业银行都要成立普惠金融部以推动普惠金融的发展，国人对普惠金融的认识也正在从好奇到普及的转换中。

从 2005 年至今，我本人担任中国小额信贷联盟理事长，我们联盟推动小额信贷的可持续发展，并积极配合政府有关部门促进普惠金融体系的建设。在推进普惠金融方面，我们小额信贷联盟在成立之初就引入联合国和世界银行建设普惠金融体系概念，进行国内推广。在十几年的发展时间里，我们小额信贷联盟的宗旨和使命始终就是致力于推动我国小额信贷和普惠金融的健康可持续发展，并组织相关的行业协会类活动、学术活动和科研成果的撰写。国务院正式发布的《推进普惠金融发展规划（2016—2020 年）》，意味着普惠金融在中国有了顶层设计，我们小额信贷联盟也受邀参与制定《规划》中的意见征求和制定后的宣传推广和科研文章的撰写等工作。

近年来互联网金融兴起，小额信贷联盟早在 2012 年年底就召集部分 P2P 网贷平台颁布并签署了国内首个 P2P 小额信贷信息中介机构自律公约。近两年在行业监管政策落地前后，小额信贷联盟多次组织 P2P 网贷机构讨论行业相关问题，一直致力于推动行业自律的工作。

# 四　几点感言

我认为，小额信贷从供给方性质上（服务目标群体和是否可持续发展）看，总体上分为三大类：福利性；公益性制度主义；以及商业性小额信贷。各类小额信贷都有其自身的优劣点和适用性，在我国也都有各自的实践表现形态。公益性制度主义小贷，也可以称"社会企业"型小贷，即追求社会发展的宗旨目标，运用市场化的运营模式，达到供求双方的可持续发展的小贷模式。它既不认同依赖外部补贴生存的福利性小额信贷，也反对追求利润最大化的商业性小额信贷。

在我国推动小额信贷的发展中，公益性制度主义小额信贷的发展是短板，实践证明，在微观上，它与其他很多国家一样，基本上是成功的，但在宏观上，它没有得到应有的发展，并不成功。从国家宏观政策法规的角度应予以高度的重视和切实的改进。

普惠金融体系实际上是在总结小额信贷和微型金融发展经验的基础上将零散的小额信贷产品和机构服务发展成为金融整体发展战略一部分的"微型金融产业"和外延的适度扩展，也就是构建一个系统性的小额信贷或微型金融及适度扩展服务对象的金融服务网络体系。因而可见，普惠金融体系和理论的产生是合乎历史发展逻辑的，是对小额信贷扶贫理论认识的提炼、深化和发展。从这个意义上讲，普惠性金融体系是对小额信贷理论和实践的新的更高层面的理论概括和发展。简言之，普惠金融是小额信贷的发展和延伸，即普惠金融＝小额信贷＋小企业金融服务。

我认为，西方"理性经济人"理论有其正负两面作用，它不应是指导经济学的主导理论。就普惠金融而言，这一理论的负面作用就更大。我认同的是：小额信贷（微型金融）、普惠金融，要在政府政策支持的基础上进行市场化操作，走保本微利的可持续发展之路。金融机构开展普惠金融和数字普惠金融至少都应贯彻经济效益与社会责任平衡的原则，即义利伴生准则。

我认为，普惠金融服务，对服务的供给方而言是一种责任，对需求方而言是一种权利。金融服务覆盖到最广大的有需求的人群，金融触角深及社会需求的最底层，才能够达到普惠金融的基本含义。一个健康的金融体系，应该惠及所有有需求的人。所有有金融需求的人，都有权利得到他应该得到的有效金融服务。富人可以贷到钱，穷人贷不到钱，这是说不通的。

当前我国乃至全球，小额信贷和普惠金融发展面临的根本挑战是三个：一是如何扩大它的规模，即帮助更多的弱势群体；二是如何到达更深的深度，即帮助更穷的穷人；三是如何保证良好的成本效益比，即服务的可持续发展。

我国普惠金融的发展目前仍处于初级阶段。我国的金融网点覆盖、存款账户覆盖，包括支付等做得好，就是说我们处于国际的中上水平，但短板是对弱势群体的融资服务。我国普惠金融的发展存在严重的地区和金融结构性不平衡，我国大多数地区普惠金融发展还处于比较低的水平。为此，我也多次提及普惠金融发展的具体建议。包括：第一，保障银行业金融机构农村存款主要用于农业农村；第二，为了解决上述棘手的"两难"问题，设立普惠金融发展基金可能是一种可行的选择。第三，引导银行业金融机构继续支持小微企业和农户发展；第四，积极培育新型农村和社区金融机构和小额贷款公司，同时出台支持鼓励公益性小额信贷组织（社会企业）发展的政策；第五，培育发展多类型的农村合作金融。第六，加强小微企业和农村各类经济经营主体的信贷担保体系建设；第七，各级政府和部门形成合力支持、监督小微金融发展；第八，注意发挥直接融资和保险及互联网/移动互联网金融对小微金融服务的重要作用。第九，努力改善信用环境和完善征信制度；第十，建立我国普惠金融指标、评审、考核、监督和奖惩制度体系；第十一，加快我国各项普惠金融法律法规的制定工作。

发展普惠金融需要从顶层设计上着手，解决对普惠金融思想认识和理论指导问题，进一步研究和制定包括政策性、商业性、合作性金融和民间金融协调发展和相互配合的完整的战略规划、执行计划、实施措施和监督考核制度。同时也应该鼓励自下而上"摸着石头过河"的改革发展实验。

我认为，可以预见，发展普惠金融，正规金融机构，包括农村信用社系统，肯定是主力军。但只要政策对头，再加上小额信贷业自身的努力，各种类型的小额信贷组织仍是一支重要的力量，而且有各自的优势。应注意鼓励非营利性可持续的扶贫小额信贷组织和合作金融这些短板的规范发展。

发展普惠金融既要运用传统金融业态，也要利用 POS 机、手机银行、网上银行等新科技手段，还要运用 P2P 网贷等互联网金融/移动互联网金融等新型数字金融业态。社会创新推动金融精准扶贫也表现出开放、分散、自下而上的特点，这要求金融扶贫主体领会互联网思维、善用互联网手段，积极打造扶贫开发的"社会创新"互联网支持平台和服务管理支持平台。另外，过去合作金融的主要形式是农信社，当前全国正在开展农信社改制转轨，但不应一刀切地把农信社全部变成农商行，应因社制宜，部分保留农村合作金融的形态，并努力发展新型合作金融形态。

（杜晓山，中国社会科学院农村发展研究所
研究员、中国小额信贷联盟理事长）

法学
政治学
社会学

# 法学所法理学研究室的辉煌历程

## 陈春龙

法学研究所法理学研究室，是 1958 年法学所创立时最早设立的四个研究室之一。"文化大革命"前是法学所科研成果的主要产出地；"文化大革命"后的 20 世纪 80 年代，法理学同人奋笔疾书，洞开全民法学启蒙之心智，开创人权研究之先河；90 年代论证依法治国之科学；进入 21 世纪后，为国家长治久安和正直、精髓的法学所所训献计献策。在中国法学之发展中取得了令国内外瞩目的辉煌成就，为国家法治建设做出了重要贡献。

## 初创设立　学术准备

1958 年 10 月 1 日，在老一辈革命家、法学家董必武同志多年呼吁和直接过问下，法学研究所经中国科学院院部批准宣告正式成立。设立第一、二、三、四共四个研究组。各组组长，由张友渔（所长），周新民（副所长），王慎之（研究员兼办公室主任），解铁光（研究员兼学术秘书）兼任。

第一组（即法理学研究室前身）着重研究马列主义国家与法的理论，特别是把马列主义理论在中国革命实践中作了辉煌的发展和运用的毛主席的著作；第二组着重研究国家法（包括宪法、土地法、劳动法等，原来属于民法系统的婚姻法等也由这个组研究）；第三组着重研究刑法、审判法（包括刑事和民事）等；第四组研究国际法。

《法学研究所 1958 年"深入实际、调查研究"工作方案》确定调查的主要内容是：（1）了解中国社会主义改造基本完成后的社会情况，例如阶级关系、生产关系、经济情况、人民生活情况和相互关系等；（2）了解中国现行政策和法律、法令中的情况和问题以及人民群众对它们的反映；（3）了解中华人民共和国成立以来司法工作的情况和问题，并搜集司法工作的实践资料（如案例、发案、办案等资料），了解中国国家管理机关对一般犯罪和轻微违法行为采取的措施，措施的种类或处理的方式方法；（4）了解人民群众对各种违法犯罪行为进行斗争和处理一般纠纷的情况和采取的方式方法及其效果；（5）了解旧法思想（包括资产阶级思想的、封建的）在中国司法工作人员和群众中曾经发生过的影响和目前情况。

确定的重要项目有：（1）中华人民共和国国家与法制建设的理论与实际；（2）中国的几项重要立法的基本原则和政策基础；（3）中华人民共和国司法制度的特点和基本问题；（4）对资产阶级法学理论的批判；（5）中国人民民主专政制度的特点及其在我国过渡时期的作用；（6）关于党的领导和审判独立的问题；（7）司法工作中如何区别敌我矛盾和人民内部矛盾等。

1960年5月7日，《法学研究所批判现代修正主义和资产阶级法学思想的初步意见》指出：（1）在无产阶级革命和无产阶级专政问题上，着重批判修正主义者否认无产阶级革命和阶级斗争在消灭帝国主义、建设社会主义中的作用，和"阶级调和""阶级斗争熄灭""专政已经过时"等谬论；（2）批判现代修正主义者在由资本主义向社会主义过渡问题上宣传的所谓"资本主义和平长入社会主义，和平过渡"等谬论；（3）批判现代修正主义者在阶级斗争、政权问题和帝国主义问题上的所谓"马列主义过时论"，列宁主义的"民族局限性"等反动观点；（4）批判现代修正主义者关于无产阶级专政、党对国家的领导、群众路线等问题上的反动理论；（5）在和平共处问题上，批判修正主义者的"积极共处"、社会主义同帝国主义"合作"等反动理论；（6）在战争与和平问题上，批判反对一切战争的"和平主义"；（7）批判资产阶级关于"民主、自由、平等"和法的人道主义等反动观点；（8）批判资产阶级的法学观点，如"法是永恒真理""法律面前人人平等""法律至上"等超阶级、超政治的法律观和法的完备性和稳定性以及"有利被告""无罪推定论"等法学思想。

为了使这一批判进行的深入，彻底肃清修正主义和资产阶级法学观点的遗毒和影响，在对上述修正主义进行批判时，追溯他们的老祖宗，如老牌的修正主义者伯恩斯坦、考茨基等关于无产阶级革命、无产阶级专政等方面的修正主义观点。

在对资产阶级法学思想方面进行批判时，可以追溯到资产阶级主要法学流派如现代的拉斯基、狄骥和资本主义上升时期的孟德斯鸠、卢梭等。

同时，组织首都和全国法学界举行学术讨论会或座谈会，其中反对现代修正主义的讨论会或座谈会有三项：关于"全民的国家""全民的法"问题的批判讨论。关于法律科学和阶级斗争问题的讨论。关于国家和法的几个问题的讨论。

《中国科学院法学研究所1962年工作计划纲要（草案）》指出：根据中央政法小组、中宣部、学部的指示精神，法学研究所的工作任务是：学习毛主席的著作，特别是国家和法的著作，并以马克思列宁主义同中国革命实际相结合的毛泽东思想为指导，研究中国人民政权建设和革命法制实践中的问题，总结这方面的经验；同时，研究国际共产主义运动和世界人民革命斗争中有关国家和法的新情况和新问题，同帝国主义、现代修正主义和资产阶级思想进行斗争；并培养法学理论研究干部，以加强法学理论战线。

20世纪60年代初的三年，法学所为了实现上述任务，在党的领导和全所同志的努力下，已经进行了一些工作，取得了一定的成绩。1961年根据中宣部的指示和学部委员会第三次扩大会议的精神，大抓了写书工作和资料工作，写出了专著4部，论文31篇，编辑资料集3种，《法学研究资料》41期。但是我们的工作还做得很不够，写出的东西质量也不高。1961年的写作计划，由于不断接受新任务（如审查《辞海》词目，编写《法学基本知识》教材，和多数干部调去参加整社），也没有全部完成。随着国际、国内形势的变化和发展，法学研究工作，更应当适应新的情况，而有进一步的发展。就国际方面说，马克思列宁主义同帝国主义、现代修正主义的理论斗争，越来越广泛和激烈，在法学方面，修正主义者针对马克思列宁主义关于国家和法的基本理论，发动了猖狂的进攻，提出了一系列反马克思列宁主义的谬误论断。根据中宣部的要求，作为中央理论战线上的助手和哨兵之一的法学所，必须对这些问题，进行系统的深入的研究，并积极参加这些理论斗争，写出论著，提供资料；在国内，由于中国社会主义革命和社会主义建设的迅速发展和深入，在政法工作实践中，不断产生新的情况和问题。作为政法小组领导下的法学研究机构的法学所，必须对这些新的情况和问题，进行深入的调查研究，从理论上加以概括和阐述，并对具体措施，提供意见和资料。同时，还必须对中国政权建设和革命法制实践中的经验进行研究，参加政法小组或主管业务部门领导下所进行的总结经验工作。

根据以上所述，法学所1962年的主要任务应当是：第一，研究项目：（1）社会主义国家和无产阶级专政的问题。（2）关于资产阶级议会制度的问题。（3）社会主义国家向共产主义社会过渡的形式和途径的问题。（4）不同社会制度国家间和平共处的问题。（5）社会主义法的性质和作用问题。（6）两类矛盾学说在政法工作中的体现和运用。第二，写作《国家和法的理论》（教科书），是1961年的重点项目，已完成一稿，要求在1962年内定稿。《法学基础知识讲话》，是应中国青年出版社的要求为批判新修正主义编写的青年读物。《无产阶级革命和无产阶级专政》，也是应中国青年出版社的要求为批判新修正主义编写的青年读物。以及《社会主义法的本质和作用》（论文）《关于无产阶级专政的几个问题》（论文）。

1963年1月20日，《中国科学院法学研究所方针、任务和今后五年工作规划纲要（修正稿）》指出：研究工作方面，今后五年的主要要求是，在已有的基础上，进一步对法学方面的问题，进行比较系统和全面深入的研究，争取写出有较高质量的法学著作。具体有如下几点。

国家和法的理论方面：（1）研究国家的理论问题，如：国家的产生或起源，国家的本质和职能，帝国主义国家的本质和职能，帝国主义国家人民革命和殖民地、半殖民地民族革命的道路，社会主义国家无产阶级专政的实质及其使命，无产阶级专政和人民民主，社会主义国家间的相互关系及其基本原则，由社会主义国家向共产主义自治组织过渡的形式和途径，国家的消亡等问题，批判"帝国主义本性变了""和平过渡""结构改革"，以及"无产阶级专政先国家而消亡""全民的党""全民的国家"等修正主义论断。（2）法的一般理论问题，如：法的起源，法的性质，法的作用，社会主义时期法的性质和作用，法和国家的关系，法律和政策的关系，法律和道德的关系，社会主义国家法律的发展方向及法的消亡等问题，批判"法是全民的意志""全民的法""全民的法制"等谬论。（3）研究当前共产主义运动中的三个修正主义纲领及纲领中提出的关于国家和法的修正主义论断并加以批判。

研究以上问题的目的是要弄清国家和法的本质、作用及其发展前途或消亡途径，揭露当前共产主义运动中反马克思列宁主义的国家观和法律观，批判修正主义的谬误论断。在对上述问题进行专题研究并写出必要论文的基础上，写出以下专著：《国家和法的理论教程》；《法的几个基本问题》。论文有：《为保卫列宁主义国家学说而斗争》、《法律科学与阶级斗争》、《过渡时期的无产阶级专政》、《从南斯拉夫新宪法看南的国家本质》、《读〈国家与革命〉〈无产阶级革命与叛徒考茨基〉》（读书札记）、《第二国际修正主义者对马克思主义国家理论的歪曲》、《阶级斗争和资产阶级法制》。

# 拨乱反正　法学启蒙

1978 年党的十一届三中全会召开，带来了法学事业的春天。法学研究所尤其是法理专业的同人以对饱受苦难的国家和人民的赤子之心，运用积蓄多年的法学知识，针对冤假错案遍于国中、思想理论僵化混乱、各项事业百废待兴的现实状况，夜以继日，奋笔疾书，在《人民日报》《解放军报》《北京日报》《红旗》《法学研究》等中央和地方报刊发表大量文章，出版各种著作，就国家与法律、政策与法律、民主与法制、人治与法治、法律面前人人平等、法的继承性社会性与阶级性、法律体系与法学体系等基本理论问题发表自己的看法。为解放思想、正本清源、拨乱反正，在全社会普及宣传法律知识做出了显著成绩，成就了我国法学事业的初始辉煌，为其后法学研究的正常开展清扫了道路。

其中比较有影响的有：吴大英在《北京日报》等报刊发表《民主是社会主义法制的基础》等 9 篇文章。刘瀚在《北京日报》等报刊发表《群众运动和法制》等 4 篇文章。吴大英、刘瀚在《北京日报》等报刊发表《大方向正确就可以不守法吗》等多篇文章，在《人民日报》等报刊发表《法的阶级性》等多篇文章。李步云在《人民日报》等报刊发表《坚持公民在法律上一律平等》《论我国罪犯的法律地位》等 3 篇文章，在《法学研究》等报刊发表《略论两类矛盾的相互转化》等多篇文章，在《西南政法学院学报》等报刊发表《法治与人治的根本对立》等多篇文章。李步云、王德祥、陈春龙发表《论以法治国》长篇文章。周新铭、陈为典在《北京日报》等报刊发表《什么是法制》等 4 篇文章，在《光明日报》等报刊发表《民主与法制的辩证关系》等多篇文章，在《红旗》等报刊发表《论自由》等多篇文章。陈春龙、刘海年在《人民日报》等报刊发表《社会主义法律会束缚自己手脚吗》等 4 篇文章，在《河北日报》连续举办《社会主义法制讲座》16 讲，在《未定稿》等报刊发表《论反革命罪》《资产阶级革命时期的人权口号》等多篇文章。陈春龙在《河南师大学报》等报刊发表《论法制的概念》等多篇文章。张忻、荣礼谨在《解放军日报》等报刊发表《社会主义法制教育问答》等 4 篇文章。此外，吴大英、刘瀚还参加院部写作组集体编著了《"四人帮"反动理论批判》一书。

陈春龙同欧阳涛等合作编写的《法律知识问答》1979 年由北京出版社出版。这是当时首次采用一问一答通俗形式普及法律基本知识的读本。中国老一辈法学家张友渔亲自为其审稿。《人民日报》、《光明日报》、《北京日报》和中央人民广播电台、中国国际电台等多家新闻媒体作了报道。全国多家地方出版社重印出版，并被译为维吾尔语、蒙古语等少数民族文字。发行逾百万册。1980 年，被武汉大学法律系列为研究生考试参考书。1980 年被西南政法学院，1982 年被北京政法学院与张友渔、王叔文著《法学基本知识讲话》一起列为函授考试参考书。1983 年、1984 年被北京市司法局列为政法干部晋级考试参考书。获全国政治通俗读物优秀著作奖。

陈春龙与肖贤富合作的《法学通论》1981 年由吉林人民出版社出版，1985 年大幅增修再版。这是国内首部通论式著作，由我国老一辈法学家李光灿审稿。在当时法学著述稀少的情况下，为广大法学爱好者提供了一本难得的教材，不少中年法学家以此作为参考书走上法学教学、研究和司法实践之路。陈春龙在此书中提出的法学学科分类的观点被法学界采纳。时任北京大学法律系主任张国华教授撰写书评，吴大英教授写作专稿推荐，获十三省市自治区优秀法学著作奖。

周新铭与人合著《法学概论》由甘肃人民出版社出版。吴大英、刘瀚、陈春龙、信春鹰、周新铭合著《中国社会主义立法问题》由群众出版社出版。吴大英、尹允正、李林合著《比较立法学》由法律出版社出版。

1981 年群众出版社出版的《法治与人治问题讨论集》中收录了吴大英、刘瀚《正确认识人治与法治的问题》和李步云、王德祥、陈春龙《论以法治国》。1984 年群众出版社出版的《法学理论论文集》收录了吴大英、刘瀚《建立中国式的社会主义法律体系》和陈春龙《法学体系初论》。1987 年群众出版社出版的《法的阶级性与社会性问题讨论集》中收录了吴大英、信春鹰《法的阶级性是法的本质属性》和李步云《关于法的阶级性与社会性》。

**图 1　1982 年中国社会科学院法学所法理室合影**
吴大英（一排左二），李步云（一排左三），周新铭（一排左一），
刘瀚（二排左三），陈春龙（三排左一），第一届硕士研究生信春鹰（二排左一），
第二届硕士研究生刘翠霄（二排左二），李茂管（三排左一）
陈世荣（三排左三）

## 学科发展　成果丰硕

1978 年 9 月，法学研究所党总支开会研究确定研究所的组织机构，国家与法的理论研究室是确定成立的 6 个研究室之一。吴大英、李步云分别为第一任正、副主任。大约于 1994 年，经法学所所长办公会和法学所、政治所联合党委研究决定，陈春龙任法理学研究室主任，李林、夏勇任副主任。至此，研究室名称才最终确定为法理学研究室。

研究室名称的演变足迹为：1958 年的第一研究组——1978 年国家与法的理论研究室——1994 年法理学研究室。历经 20 余年才最终确定的法理学研究室名称，深刻反映和揭示了我国法学研究对象的变化和法学学科本身发展的艰难历程。

几十年来，据不完全统计，法理学研究室研究人员出版了近 130 部学术论著和译著，发表了大量学术论文。这些学术成果在学界获得了良好评价，对于"文化大革命"结束后恢复和推动中国的法理学研究，形成、更新和丰富中国的法理学学科体系，促进中国法理学研究水平整体提升，具有不可低估的历史作用。其中，《法学通论》《政治体制改革与法制建设》《人权概念起源》《走向权利的时代》等著作曾获得全国十三省市社会科学优秀成果奖、中国图书奖、中国社会科学院优秀学术成果奖等奖项。

几十年来，法理学学科围绕一些重大理论和实践问题承担了多项国家级、院级等重大、重点课题，研究涉及民主和法制理论、人权和权利理论、法治理论、法律文化理论、法律与社会理论、法理学、立法学、司法学、比较法学、西方法哲学、法社会学、法解释学、法经济学、法律与政治哲学等诸多学术领域，对于推动中国法理学的发展贡献了力量。

法理学研究室在致力于法学基础理论研究的同时，也在实际工作中锻炼和造就了一批具有重要影响的学术人才和政治人才。自成立以来，吴大英、王家福、周新铭、刘瀚、李步云、陈春龙、陈为典、徐炳、信春鹰、刘兆兴、陈世荣、李林、夏勇、吴玉章、张恒山、张志铭、刘作翔、蒋兆康、钱弘道等相继在此工作。他们大多成为知名学者，其中，有数人曾获得"国家级有突出贡献的中青年专家""全国十大杰出青年法学家"等称号，有数人曾担任中南海法制讲座、全国人大常委会法制讲座主讲人，还有一些人后来在工作岗位上担任重要职务。

在学科建设和学生培养方面，以法理学研究室为主要依托的法理学学科是全国最早经国务院学位委员会批准的博士学位和硕士学位授权点之一，并于 2003 年 9 月纳入中国社会科学院重点学科建设工程。截至 2008 年，法理学学科共培养法理学专业法学硕士研究生 21 人，法律硕士 13 人。法理学专业法学博士研究生 75 人。法理学专业博士后 42 人。法理学专业访问学者 6 人。其中不少成为法学研究机构、大专院校、司法机关的骨干力量，如 78 级硕士生信春鹰任全国人大常委会副秘书长，王景荣任最高人民法院副院长，刘兆兴任中国法学会比较法学研究会会长，丁邦开任南京大学法律系主任。79 级硕士生陈世荣任北方交通大学法律系主任。87 级博士生李林任法学所所长。93 级博士生谢鹏程任最高检察院检察理论研究所副所长。1994 级博士生张根大任最高法院执行局长。1995 级博士生张志铭任国家检察官学院副院长。2001 级法理学专业博士后郝铁川任上海市委宣传部长，孙谦任最高检察院副检察长。2002 级博士后董皞任珠海市中级人民法院院长等。

# 集思广益　学术交流

中国法学理论研究离不开国内外学术交流。法学所法理专业同人在深入研究基础上，充分利用自身优势，积极组织、领导和参加各种形式的国内外学术交流。

早在建所初期的 20 世纪 60 年代，法学所即组织、发动了颇具全国影响力的三次学术讨论会。

1963 年 8 月 3 日，法学所同中国政法学会、《政法研究》编辑部召开关于"批判现代修正主义'全民国家'理论"的学术讨论会。1963 年 10 月 10—11 日，法学所同中国政法学会、《政法研究》编辑部召开关于"批判现代修正主义'全民的法'理论"的学术讨论会，北京各政法院、校、系，以及有关宣传出版单位 50 余人参加。

1964 年 5 月 14—15 日，法学所和政法学会研究部、《政法研究》编辑部联合举行学术讨论会，讨论法学研究的对象问题。参加这次讨论的除法学所和政法学会研究部、《政法研究》编辑部外，还有北京政法院校、政法业务部门，以及有关刊物和出版单位的同志共约 40 人。讨论会由法学所副所长、政法学会研究部副主任周新民同志主持。在会上发言的有北京大学法律系的陈守一、张宏生、芮沐、刘升平、楼帮彦、肖蔚云，人民大学的高明暄、谷春德，政法学院的谷安梁、吴恩裕、戴克光、雷洁琼、赵振宗，法学所的王珉、吴大英，《政法研究》编辑部的郭纶、杨继书以及学部学术资料室的孙越生等 18 位同志。他们的意见归纳起来有下面两种：（1）法学研究的对象是国家和法两种社会现象。持这个主张的有：张宏生、吴大英、芮沐、杨继书、雷洁琼、谷春德、王珉、刘升平、谷安梁、高明暄、肖蔚云、陈守一等同志。（2）法学研究的对象应该是法。持这个主张的有：郭纶、赵振宗、楼帮彦、孙越生等同志。

进入改革开放新时期以后，法学所法理专业更加积极地组织、领导和参加各种形式的国内外学术交流活动。其中 1981 年 4 月法学所与华东政法学院在上海联合召开的全国首届法学理论讨论会具有重要意义。该研讨会主题是：建立具有中国特色的社会主义法律体系和马克思主义法学体系。这是中国法理学界空前绝后的一次盛会，会集了不少"文化大革命"后幸存的老一辈法学家，如陶希晋、李光灿、潘念之、孙国华、沈宗灵、齐乃宽、郭道晖、张尚鷟、陈汉章、罗耀培、黎国智、张云秀、李放、谷安梁、毕子峦、吴玉璞、李济恒、张泉林、陈业精、尤俊意、吴大英、刘瀚等。陈春龙在会上提出由四大类三个层次组成的中国新的法学体系的观点引起反响，随后得到张友渔、吴大英、刘瀚等教授支持，并被记载在张友渔、王叔文主编的《中国法学四十年》之中。

1989 年 4 月法学所召开的"法制改革学术研讨会"，开启了法制领域政治体制改革的先河。1996 年 5 月法学所召开"依法治国，建设社会主义法治国家"理论研讨会。接着于 1997 年 4 月召开"依法治国与精神文明建设"理论研讨会，1998 年 5 月召开"依法治国与廉政建设"理论研讨会，1999 年 5 月召开"依法治国与司法改革"理论研讨会，2007 年 7 月召开"纪念依法治国基本方略实施十周年理论研讨会"。有力推动了依法治国的基本理论研究和依法治国实践的发展。

在人权研究领域，1991 年 6 月法学所主持召开了全国第一个人权理论研讨会。2007 年 4 月法学所派员参加南京大学主持的"全球化背景下的法治与人权研讨会"。

在中国共产党依法执政领域，2005 年 6 月，法学所联合中央党校政法部、中国法学会法理学研究会举办"中国共产党依法执政理论与实践问题"研讨会。2006 年 6 月，法学所和中央党校政法部再次联合召开"依法执政理论与实践学术研讨会"。

2008 年 3 月 23 日，法理学研究室召集所有在研究室工作过的人员在法学研究所召开"法理学研究室五十年与中国法理学"座谈会，全面系统总结法理室 50 年走过的光辉历程。

至于每年召开一次的中国法理学研究会年会，由于法理室刘瀚、李步云、陈春龙、李林、夏勇、信春鹰、张志铭、刘作翔等先后出任法理学研究会会长、副会长、秘书长等职务，均积极组织参与，提交论文。其中尤以在中国法理学研究会 2012 年会上陈春龙提交的《一党固定执政与法治国家建设》引起关注和争论。

在国际学术交流方面，1986 年夏，吴大英、刘瀚出席第 12 届国际法律哲学与社会科学大会。1991 年 6 月，在"法治与社会经济发展国际学术讨论会"上陈春龙提交《法治与国家稳定》论文。1995 年 8 月，刘瀚、夏勇、高鸿钧出席在日本东京大学召开的第 31 届国际法社会学大会。2000 年 12 月，夏勇、信春鹰、李林等筹备并参加由国际法学家委员会、瑞士联邦研究所和中国社科院法学所联合发起的"法治与 21 世纪"国际学术研讨会。2002 年 1 月，刘瀚、刘作翔赴香港参加亚洲法哲学大会第四届年会。2002 年 5 月，刘作翔赴加拿大温哥华参加国际法律与社会学会 2002 年年会。2002 年 7 月，陈春龙出席在法国巴黎召开的"中国法治改革国际研讨会"，提交《中国司法解释的地位与功能》论文。2004 年 2 月，陈春龙、刘作翔参加法国马赛第三大学和中国社会科学院欧洲研究所在北京主办的"中欧法律在线词典国际学术研讨会"，刘作翔作《21 世纪中国法律文化的发展》报告。2007 年 12 月，李林、李步云、刘作翔、胡水君参加法学研究所举办的"法治与和谐社会"国际学术研讨会，李林、李步云、刘作翔做主持人，刘作翔、胡水君作主题发言。

**图 2　中国社会科学院法学所"法理学研究室五十年与中国法理学"座谈会**
第一排（左起）张志铭、张恒山、李林、李步云、王家福、周新铭、陈为典、陈春龙、徐炳。第二排（左起）胡水君、赵承寿、蒋兆康、郑强、吴玉章、刘作翔、高全喜、钱弘道、邹利琴。第三排（左起）谢海定、贺海仁、刘海波、黄金荣、陈根发

在国际人权交流方面，1991 年 10 月，信春鹰、李林等作为中国第一

个人权代表团前往美国、加拿大考察访问，与美国助理国务卿、国会议员、外交部官员、著名人权教授、加拿大外交部副部长、联合国人权官员等进行了座谈。1998 年 10 月，李步云、李林、信春鹰、吴玉章等筹办并参加中国—瑞士"人权与宪政"学术研讨会。1999 年 4 月 16 日至 17 日，李步云、信春鹰、李林等筹办并参加"人权与 21 世纪"国际人权学术研讨会。1999 年 12 月，刘翰、钱弘道出席在韩国汉城召开的联合国人权教育会议，钱弘道在大会上作题为"权利义务应当平衡"的发言。2003 年 3 月 10 日至 11 日，夏勇、刘作翔参加"中欧人权对话"研讨会。2004 年 10 月，胡水君访问爱尔兰人权研究中心。2007 年 3 月，黄金荣到乌克兰参加"通过法律服务促进和保护人权"国际会议。

在国际司法交流方面，1997 年 4 月，陈春龙率中国法律代表团赴美国、墨西哥、哥伦比亚三国访问。1999 年 3 月，陈春龙率中国法律代表团赴澳大利亚访问。2000 年 11 月，张志铭、刘作翔参加法学研究所"反酷刑"课题组去丹麦考察访问。2005 年 2 月，贺海仁去美国考察访问有关公益诉讼问题。2006 年 2 月，贺海仁出访日本，在联合国亚洲预防犯罪研究所交流研讨有关犯罪国际化和国际刑事合作等法律问题。

# 联系实际 法治实践

法学所法理专业同人不仅在法理学理论领域辛勤耕耘，进行开创性、前瞻性和系统性研究，奠定和形成了中国法理学理论体系，而且积极运用科研成果参与国家法制建设实践，给党中央、全国人大、全国政协讲授法制课，参与起草中央文件，参与审判机关领导工作，将多党合作建议写进宪法，为国家法制建设做出了应有的贡献。

1. 给党中央、全国人大、全国政协讲授法制课

1995 年 1 月，王家福研究员在中共中央主办的法制讲座上主讲《建设社会主义市场经济体制若干法律问题》。

1996 年 2 月，王家福研究员在中共中央举办的法制讲座上主讲《关于依法治国、建设社会主义法制国家的理论和实践问题》。正是在这次讲座上，时任总书记的江泽民同志正式认可并提出"依法治国"的重要观点，随后经中共十五大确认并于 1999 年写进宪法，成为基本的治国方略。

1997 年 1 月 23 日，法学研究所根据司法部的安排，拟于中国政府对

香港恢复行使主权之际，完成中共中央举办法制讲座的任务，题目为江泽民同志圈定的《"一国两制"与香港基本法》。法学研究所接到这一任务之后，立即组成课题组，刘瀚、李步云、信春鹰、李林参加课题组。5月6日，由吴建璠研究员主讲。

1998年8月29日，李步云在人民大会堂为全国人大常委会作了题为"依法治国，建设社会主义法治国家"的法制讲座。参加听讲的有委员长和副委员长，正、副秘书长，各专门委员会主任、副主任，全体常委，办公厅研究室主任等170余人。会前，李鹏委员长亲切会见了李步云。首都各大报纸及中央电视台新闻联播都报道了这次讲座。

1998年11月，全国人大常委会举办法制讲座，本次讲座（第五讲）的题目为"关于社会主义市场经济法律制度建设问题"，主讲人为王家福教授。

1999年2月28日，刘瀚研究员在人民大会堂为全国人大常委会作了题为"法学理论的几个基本问题"的法制讲座。这是全国人大常委会举办的第七次法制讲座。全国人大常委会副委员长田纪云、姜春云、王光英、布赫、铁木尔·达瓦买提、吴阶平、滕代远、何鲁丽、周光召、曹志、丁石孙、成思危、许嘉璐、蒋正华，秘书长何椿霖，出席九届人大常委会第八次会议的委员和列席人员听取了讲座。首都各大报纸及中央电视台新闻联播都报道了这次讲座。这次讲座是人大常委会研究室根据李鹏委员长在多次会议上提出的有关法理学的一些基本问题，汇集起来，由课题组按这些问题编写讲稿，并确定由刘瀚研究员担任本次法制讲座的主讲人。课题组成员还有：刘海年、李步云、信春鹰、夏勇、李林、张志铭等。

2000年9月，夏勇研究员在江泽民总书记主持、中共中央举办的法制讲座上作了题为"西部开发与加强中西部发展的法治保障"专题报告，该报告课题组成员包括刘瀚、刘海年、信春鹰、李林、张志铭、刘作翔等。

2003年9月，李林研究员担任中共中央政治局第八次集体学习主讲人之一，主题为"坚持依法治国，建设社会主义政治文明"。

2007年11月27日，十七届中共中央政治局以"完善中国特色社会主义法律体系和全面落实依法治国基本方略"为题进行了第一次集体学习，胡锦涛同志主持。中国社会科学院信春鹰研究员和中国政法大学徐显明教授是主讲人。

2. 参与起草中共中央《关于坚决保证刑法、刑事诉讼法切实实施的指示》即 64 号文件

1979 年 7 月，为保证"文化大革命"后制定的第一批重要法律刑法、刑事诉讼法等能得到全党重视并顺利贯彻实施，胡耀邦同志要求起草一个中央文件，认真研究一下党内有哪些规定不利于这些法律的贯彻实施，应当改变。法学所决定李步云、王家福、刘海年参加，还有公安部的于浩成同志。该文件做出了取消党委审批案件的重要决定，指出刑法等七部法律"能否严格执行，是衡量我国是否实行社会主义法治的重要标志"。这是在党的重要文献中第一次使用"法治"这一概念。文件指出："执行法律和贯彻执行党的路线、方针、政策是一致的。今后，各级党组织的决议和指示，都必须有利于法律的执行，而不能与法律相抵触。"同时，还明确宣布，取消"文化大革命"中"公安六条"规定的"恶毒攻击"罪和"反革命"罪；明确规定，"摘掉了地、富、反、坏分子帽子的人，则都已经属于人民的范围，应保证他们享有人民的民主权利"。

"64 号文件"的发布，对我国法治建设的发展起了非常重要的作用。时任最高人民法院院长的江华曾这样高度评价这一文件："我认为这个文件是建国以来甚至建党以来关于政法工作的第一个最重要的最深刻的最好的文件，是我国法律建设新阶段的重要标志。"他还说："取消党委审批案件的制度，这是加强和改善党对司法工作领导的一次重大改革，改变了党包揽司法业务的习惯做法。"

3. 参与审判机关领导工作

1994 年 7 月，法学所研究员、法理学研究室主任、中国民主建国会中央委员、民建中央法制组组长陈春龙，经中共中国社会科学院党组和民建中央推荐，北京市人民代表大会常务委员会选举，由普通研究人员直接出任北京市高级人民法院副院长、高级法官，主管冤假错案国家赔偿、司法制度审判方式改革、法官学历教育职业培训和司法鉴定等业务工作。六年后，经本人申请重新回到法学所继续从事法学研究。

2000 年 7 月 14 日，北京市委政法委副书记慕平、市委统战部党外干部处处长李刚和市高级法院副院长池强、市高级法院政治部干部处处长翟晶敏，一同送全国政协委员、民建中央常委陈春龙同志从北京市高级人民法院回中国社会科学院继续从事法学研究工作。中国社会科学院党组副书

记、副院长李慎民，中国社会科学院法学研究所党委书记信春鹰，中国社会科学院人事教育局副局长韩乃锦、党办副主任张昌东、人事教育局干部一处处长赵岳红等热情接待了慕平一行。李慎民等领导真诚欢迎陈春龙同志在北京市高级法院任副院长六年，圆满完成了参政议政任务，回来从事法学研究工作。同时对北京市委和市高院党组积极贯彻落实党的统一战线政策，为民主党派参政议政提供政治舞台，并使之有职有权地完成任务表示感谢。慕平和池强对中国社会科学院和中国民主建国会选派这样高层次的专家来加强法院工作表示谢意，对陈春龙同志六年来的工作成绩给予了充分的肯定。同时希望以此为契机，沟通和强化司法实践部门和法学研究机构之间的联系，为依法治国、依法治市做出新的贡献。

此前，在宣布市高院领导干部调动会议上，市委常委、市委政法委书记强卫说："陈春龙同志1994年7月任命为北京高院副院长，作为民主党派和法学专家来审判机关工作，有利于发挥其法学理论专长。近六年来，他按照尽职而不越位、帮忙而不添乱、扎实而不表面的参政原则，认真履行职责，顾全大局，团结同志，谦虚谨慎，真诚待人，维护领导班子形象，为法院审判工作做出了贡献。陈春龙同志努力学习马克思主义和邓小平理论，精心组织和指导法院的学术论文写作和评比，连续六年在全国法院系统获奖。在分管的教育培训和国家赔偿工作中，深入基层，亲自讲课，编写教材，从基础工作做起，为国家赔偿法在北京市的贯彻执行打下了良好基础，为我党选拔党外干部参与司法实践工作积累了宝贵经验。考虑到陈春龙同志本人的请求和社科院的希望，经与有关方面协商，同意陈春龙同志不再担任高院副院长，回社科院继续从事法学研究工作。希望陈春龙同志回到社科院后能对法院工作继续关心并保持联系。"陈春龙同志表示，市委、市委政法委和高院党组的评价是对自己的鞭策和鼓励，六年司法实践使自己进一步体会到党的统一战线政策的正确。今后一定保持与法院的联系，从另一个角度与大家一起共同努力，为首都的法制建设做贡献。

4. 将多党合作建议写进宪法

1993年3月29日，第八届全国人民代表大会第一次会议正式通过了中华人民共和国宪法修正案，全文共九条，其中第四条宪法序言第十自然段末尾增加："中国共产党领导的多党合作和政治协商制度将长期存在和发展。"这是中国特色的政党体制第一次在根本大法上得到明确体现。

　　在这一宪法修正案诞生过程中，法学所陈春龙研究员作了深入研究并发挥作用，成为运用科研成果服务国家法制建设的一个成功事例。1988年9月，陈春龙参加了中国社会科学院法学研究所承担的国家"七五"重点科研项目《政治体制改革与法制建设》中关于共产党领导的多党合作和政治协商制度的专题研究，提出"在我国40年来已经取得的实践经验和已经建立的法制基础上，开始比较实际地探讨一下共产党领导的多党合作政党制度的法律化问题，是既有必要又有可能的。中国共产党领导的多党合作和政治协商制度的法律化，是一项宏大的系统工程，由立法、司法和法律监督等若干项子工程构成。从立法上讲，首先是对现行宪法的修改和补充。如果我们把共产党领导的多党合作的政党体制，当作我国一项基本的政治制度，认为它是我国政治制度的特点和优点，并决心长期坚持下去，《宪法》中应有更加明确、更加显著的原则规定。根据《中共中央关于坚持和完善共产党领导的多党合作和政治协商制度的意见》（14号文件）精神，《宪法》宜补充规定：中国共产党领导的多党合作和政治协商制度是我国的一项基本政治制度。中国共产党同各民主党派长期共存，合作共事，互相监督，共同致力于建设具有中国特色的社会主义和统一祖国、振兴中华的伟大事业"。

　　1991年2月，《法学研究》杂志在头条位置刊登了陈春龙的专题论文：《坚持和完善多党合作的政党体制—兼论政协的法律地位和政党立法》。1991年2月7日，陈春龙通过中国社会科学院《要报》向党中央提出《关于坚持和完善共产党领导的多党合作和政治协商制度的法律建议》。该建议迅速得到中央领导同志高度重视。

　　1993年1月，在中国人民政治协商会议北京市第八届委员会第一次会议上，陈春龙以"适当修改和补充宪法有关规定，坚持和完善中国共产党领导的多党合作和政治协商制度"为题作了发言并书写了提案。1993年3月，在全国政协八届一次会议上，陈春龙又以"积极推进多党合作和政治协商制度的法律化进程"为题作了发言。与此同时，作为中国民主建国会中央委员的陈春龙又通过民建中央将《民建中央关于在宪法中明确规定中国共产党领导的多党合作和政治协商制度的建议》正式上报中共中央。得到江泽民总书记和中央修宪领导小组乔石同志、王汉斌同志重视，将此建议写进《中国共产党中央委员会关于修改宪法部分内容的补充建议》。

　　1993 年 3 月 29 日，第八届全国人民代表大会第一次会议正式通过了《中华人民共和国宪法》（修正案），全文共九条，其中"第四条　宪法序言第十自然段末尾增加：'中国共产党领导的多党合作和政治协商制度将长期存在和发展。'"这样，中国特色的政党体制就第一次在根本大法上得到明确体现。这是中国宪政史上的重大事件，对中国社会主义民主政治建设已经并将继续产生深远影响。

（陈春龙，中国社会科学院法学研究所研究员）

# 当代中国宪法学的奠基

## ——回忆中国社会科学院法学所国家法室的开创性贡献

陈云生

　　经过近 40 年的改革开放，中国现在在政治、经济、文化等各个领域都取得了非凡的成就，举世瞩目！特别值得称道的是，中国目前已经基本上成功地实现了由传统法律向现代法律体系的过渡和转变，从健全社会主义法制到依法治国再到当前致力于大力建设的法治国家，在现代法治的大道上取得一个又一个阶段性的进步和巨大成就。当然，这些非凡的成就和巨大的进步的取得绝非一帆风顺，是经过改革开放以来几代人的艰苦奋斗，奋发拼搏而取得的。

　　正如自然界中的水有源、树有根一样，中国当代的法治特别是宪法之治是与一个特殊的智识群体和专业的法学研究机构的努力分不开的。万事起头难，正是这一特殊的智识群体和专业的法学研究机构在改革开放之初的开创性贡献和进行的艰苦的奠基工作，才成就了当代中国宪法学科的辉煌成就和独具中国特色的学科体系。这个特殊的智识群体和专业的法学研究机构，就是最早涌现出来的中国宪法学几位精英学者和中国社会科学院法学研究所国家法研究室，即今日的宪法行政法研究室。

　　我本人作为国家法室的一个成员，经历了那个时期的完整历程，也全部参与了其间的科研工作和活动，就个人的亲身经历和感受而言，我认为有以下几个重要的科研和学术活动的节点特别值得在此回顾和记述。

# 一 深度参与 1982 年《宪法》的制定

1982 年《宪法》的制定是时代的需要，是势所使然、势所必然的事情。1982 年宪法的制定是那个时期重大的国事活动，除了中共中央和全国人大高度重视和坚强领导以外，全民参与的热情也极为高涨，一时间宪法如何制定和全民参加讨论成为时代话语和国家、社会的主旋律。国家法室的全体科研人员除作为国家公民积极参与全民大讨论以外，还担负着一项特殊的使命，就是担负宪法起草委员会的智囊角色，从头到尾深度参与了宪法起草所需的资料收集和论证工作。

1980 年 8 月 30 日，中共中央向第五届全国人大第三次会议主席团提出关于修改宪法和成立宪法修改委员会的建议，建议全国人大成立宪法修改委员会，主持宪法修改工作，并于 1981 年上半年公布宪法修改草案交付全民讨论，以期第五届全国人大四次会议能够通过修改过的宪法；同时提出了包括中共中央政治局和书记处全体成员以及各民主党派、各人民团体负责人在内的宪法修改委员会名单。9 月 10 日，第五届全国人大第三次会议通过关于修改宪法和成立宪法修改委员会的决议，决定成立以叶剑英为主任委员，宋庆龄、彭真为副主任委员，另由 106 人组成的宪法修改委员会。9 月 15 日，宪法修改委员会召开第一次会议，会上决定设立秘书处，由胡乔木任秘书长，由吴冷西、胡绳、甘祠森、张友渔、叶笃义、邢亦民、王汉斌任副秘书长。先由秘书处起草宪法草案初稿，再交宪法修改委员会讨论。在宪法草案起草过程中，除征求各方面的意见外，还组织有关部门和专家研究了 1954 年宪法、1975 年宪法、1978 年宪法和中华人民共和国成立前的历次宪法以及世界各国的现行宪法和过去的宪法，在将近一年的时期内先后五次拟定了宪法修改草案的初稿。1981 年 7 月，中共中央决定彭真具体负责宪法修改工作（先期由胡乔木负责）。彭真随后组建了宪法修改工作班子，进一步明确了宪法修改的指导思想。鉴于时间紧迫，为了尽最大可能把宪法修改得比较完善，在 1981 年 12 月 13 日召开的第五届全国人大第四次会议上通过决议，决定推迟审议宪法修改草案的工作。到 1982 年，从 4 月 12 日开始，宪法修改委员会第三次会议用七天时间，对宪法修改草案进行了逐章、逐条、逐句、逐字的讨论修改。在经过人大常委会的审议修改之后，11 月 4 日至 9 日，宪法修改委员会第四次会议用 5 天时间，根据全民讨论过程中各方面提出的修改意见，对宪法修改草案再次进行了细致的讨论修改。12 月 4 日，在第五届全国人大第五次会议上，通过高票表决，1978 年宪法修改案，即 1982 年宪法正式通过并颁布实行。

法学研究所国家法室之所以能深度参与 1982 年宪法的起草工作，是由上述起草过程中的两大因素决定的。一是由秘书处的组成决定的，即秘书长胡乔木时任中国社会科学院院长，而张友渔时任全国人大法工委副主任同时兼任中国社会科学院副院长，此前还曾于 1978 年创办中国社会科学院法学研究所并长期担任所长。秘书处的宪法起草工作事实上由张友渔具体负责。由于秘书处这一组织安排，基于现实和过程的领导关系提供的便利和熟悉程度，法学所国家法室便自然而然地吸收到宪法修改草案起草工作中的资料收集和论证工作中来。二是法学所国家法室是当时中国最专业的研究机构，并不像大学的宪法教研室那样还要担负宪法学的教学工作。工作和业务专一，时间有保证，可以随时听候调遣，以满足宪法修改草案过程中经常的和有时急迫的需要。正所谓"招之即来，来之能战"。

国家法室及其团队成员之所以能够深度地参与秘书处布置的收集资料和论证工作，是与当时一位著名的宪法学家分不开的。这位宪法学家就是时任法学研究所所长兼任国家法室主任的王叔文先生。王叔文先生与张友渔先生之间虽没有明确的师生身份认定，但王叔文个人以及在法学所内部都公认他们之间不是师生胜似师生的学谊关系。有了上述官方和私人学谊这两层关系，便自然而然地让王叔文个人及其领导下的国家法室全体科研人员承担了更多的资料收集和论证工作，尽管国家法室研究人员从未宣布过与秘书处有某种正式的官方关系，诸如秘书处的工作班子或辅助人员等，然而实际上被秘书处或者确切地说是张友渔副秘书长认定是自己的工作班子或助手。在宪法草案修改过程中，每当秘书处有学术调研或资料收集任务，张友渔便将王叔文召至设在人民大会堂的秘书处办公室亲自交办具体任务。之后，王叔文便马不停蹄地赶回法学所召集国家法室全体成员到国家法办公室集合，然后把具体任务视情况具体分派到全体或个人，并立即着手进行。我当时作为国家法室一位成员清楚地记得，我们当时都不允许私自离开岗位，必须做到随叫随到，领到任务后也是立即着手进行，不能有稍许的延迟。我还清楚地记得，在宪法起草最繁忙的时刻，王叔文往往在很晚甚至在深夜从人民大会堂赶回法学所内布置任务，并声言秘书处明天就要草拟某一条文，于是我们便连夜工作，以便赶在秘书处开会之前准时送到所必需的资料或论证报告。所备资料必须具体，论证必须有理有据，稍有差池或瑕疵必须立即改正或返工重来。我本人就曾在收集资料或论证过程中有过瑕疵，而不止一次地重新做过，为此还要接受严厉的批评。当时国家法室的主要成员有周延瑞、张庆福、王德祥，还有刚刚研究生毕业后留下来从事科研工作的吴新平和我本人，他们也是不分资历和年龄，做着同样辛苦的资料收集和论证工作。记得自 1981 年下半年至 1982 年上半年，是宪法起草中最繁忙和紧张的时刻，起草小组每草拟一个条款，都要求参考有关国内外特别是外国宪法的相关资料，例如，宪法起草小组要草拟有关土地的条款，我们便分头行动，有的查找中国各旧宪法文本的规定，有的查找欧美国家宪法的规定，有的还要查找亚非拉各国宪法的规定。而那时的宪法资料相当匮乏，为查找一份资料往往需要查找大量的文献，各种资料汇集后，经个人或集体研究还要写出综合报告，并提出相应的草拟条文的内容。其辛苦和紧张程度可想而知。待 1982 年宪法制定完成并颁布之后，将国家法室全体成员所收集的资料和报告总汇起来，总计有七八百万字之多，其工作量之大由此可见一斑。顺便说明一件相关的往事，后荣升国家法室主任的张庆福先生曾几次提议将这些资料集结、整理出版，但由于经费无着，其愿望最终未果，至为遗憾。彼时倘能正式出版，相信一定能够成为研究 1982 年宪法起草历史的宝贵参考资料。

国家法室及其全体成员通过深度参与 1982 年宪法的制定历程，不仅培养了奉献精神和品质，而且也磨炼了科研意志和提高了科研水平及能力，为后来紧跟着的新宪法学习和宣传活动，乃至再后来宪法学研究范式的转型打下了坚实的基础。

## 二 大力开展新宪法的宣传教育活动

1982 年宪法颁布之后，在中国的宪法学界乃至法学界包括某些社科界，迅速在全国掀起了声势浩大的宣传教育活动，书写了中国宪法史上最耀眼和壮观的一页。在其中，中国社会科学院法学研究所国家法室全体研究人员当仁不让，以极高的热情迅速完成了由宪法制定的深度参与者的角色向广泛、深入的宣传教育角色的华丽转身。做到了人人参与，形式多样。

　　说到人人参与，首先必须提起宪法学泰斗张友渔先生的率先垂范。张先生其时年事已高，已是一位耆宿政治家。但他对新宪法的宣传教育活动的热情丝毫不让我辈年轻人。然而他终究是耄耋老人，且视力很差，已然不能独立写作，需要别人协助，我当时就是协助他写作的人之一，且工作量很大，从 1982 年至 1988 年，就曾协助他撰写一本《新宪法讲话》，报刊文章十几篇，分别发表在《法学研究》《政法论坛》《西南政法大学学报》等杂志上。除了张老率先垂范外，起带头作用的还有王叔文、周延瑞、张庆福、王德祥等前辈，都独著或合著《新宪法讲话》《新宪法释义》之类的宣传著述，至于发表在报纸杂志上的文章、论文更是多有，如果能够统计出来，那一定是一个可观的数字。我本人当时虽是后学，但也不甘寂寞，竟也自己或与他人合写了三本《新宪法讲话》或《新宪法简说》的宣传新宪法的小册子，此外还有几十篇文章或论文，分别发表在全国各地、各类的报纸杂志上。

　　中国法学界和社科界对 1982 年宪法的持续半年之久的深入宣传教育，历史地看，是对全国各族人民以及国家机关和社会各界进行一次大规模的宪法知识的普及活动。该项活动不仅使广大人民群众对什么是宪法；宪法为什么是国家的根本大法和总章程；宪法内容为什么会这样规定而不是那样规定；宪法总的指导思想是什么；宪法确立的国家和社会的基本原则是什么；宪法为什么是重要的；对国家、社会和每个公民都是重要的；宪法如何能够得到很好的贯彻实施；以及每个公民为什么和怎样模范地遵守宪法和不断地提高自己的宪法意识等方面有所了解，是一次极好的宪法教育和宪法知识的全民性普及。有此普及之后，我们会在人们日常的接触和交往中经常听到从普通人口里说出："宪法是国家根本大法"的话语，这是在 1982 年宪法制定前根本不可能出现的宪法现象。说到底，宪法的生命力就在于它与人民群众的生命、命运、前途、愿景、期盼有着密不可分的联系。从这个意义上来说，那场对 1982 年宪法的大规模普及宣传教育活动的成果是巨大的，功不可没。那样的活动史无前例，到如今也后无来者。其中的经验值得认真总结。对于现实在法治中国的大环境和背景下如何搞好"普法"特别是"普及宪法"的观念和知识，都有很好的启示和借鉴价值与意义。

# 三 积极实现当代中国宪法学研究范式的转型

如前所述，由于各方面的专家、学者包括法学所国家法研究室全体科研人员，在1982年宪法正式通过颁布后撰写了大量的释义性文章、论文和《讲话》等，有关新宪法的基本精神、指导思想和原则、内容及特点等各方面，可以说已经达到彻底阐释、详尽释义，甚至达到无一遗漏的程度。究实说来，时代赋予的对新时期新宪法的宣传教育活动，已经达到预期的目的和效果。正因为如此，大约到了1984年年底和1985年年初，近两年时间内充斥报纸、杂志以及各级各类出版社的文章、论文和著述迅速减少，宣传热度明显降温。从一般事理和逻辑看来，这很正常，新闻媒体也需要调整宣传的内容和角度。然而，从我们专业的立场上看，这是给予宪法学专业研究的一个强烈的信号，即宪法学的研究范式应当实现从普及性的宣传教育范式向深入学理研究范式的转变了。任何科学的体系都需要在不断的创新中向深入的方向发展。此时就正值中国宪法学研究范式转型的十字路口。

法学所国家法室宪法学研究范式的转型可以从以下几个方面加以说明。

第一，开始注意收集和整理基础资料。鉴于基础资料对宪法学研究的极端重要性，面对宪法学刚刚从知识的荒漠中走出来时期极其缺乏的现状；对鉴于在1982年宪法起草过程中对国内外宪法资料的高度依赖性的现时经验，国家法室全体科研人员特别是所、室两级领导人王叔文先生对宪法学基础资料的严重短缺所造成的论证和研究上的困难，可以说有着深切的体验，因而下决心尽快弥补这一宪法学研究上的短板。就在1982年宪法甫定，宪法学研究刚刚步入正轨的最初时刻，王叔文先生就带领我们全体科研人员紧锣密鼓地投入了基础资料的收集工作。记忆中有三个节点值得追忆。

一是翻译整理世界上一些主要国家的宪法结构。当时法学所后楼图书馆（现改为职工住房）一层还处在未开放状态，阴暗潮湿，充满霉味，长期积存的灰尘比现今的一元硬币还厚，就是在那种条件下，王叔文先生带领吴新平和我在其间安放一张简易的书桌和三把椅子。三人每天晚上准时就座，翻译一本英文版的《世界各国宪法结构》，主要将许多国家的宪法结构，即主要章节的题目记录下来，供研究时参考，并不涉及条款内容。这在当今不难找到，也早已不再视为稀缺材料。不过在那时还是视为宝贵资料。因为在制定 1982 年宪法时如何安排中国宪法的结构，特别是把公民基本权利与义务放在《总纲》之后，还是把《国家机构》放在《总纲》之后，曾进行过反复的讨论和论证。如在各国宪法结构中找到大多数国家宪法的相应安排，就可以对中国的宪法结构提供重要的参考资料，可以有力地说服不同安排意见的专家和起草人。尽管新宪法已经制定完毕并颁布，但相关资料已经入档封存，成为国家的机密文件，已经不能轻易用来供学术研究。如能将英文版的各国宪法结构翻译成中文，就可以大大地便利中国学者研究时参考。有了这样的动力，师生三人每晚定时围坐在书桌旁，借着昏暗的灯光进行艰苦的翻译工作，先由精通英文的吴新平读出英文的章节，然后三人反复斟酌、切磋，合力翻成适当的中文表述，最后由王叔文先生决断定夺。就这样，一直坚持近一个月之久，终于完成了这项翻译工作，人手一份，成为宪法学研究的参考资料。

二是收集、整理行政法资料。为了适应新时期对行政法研究的需要，法学所国家法室大约在 1983 年新辟行政法研究专业，开始专业化的行政法研究。为此，所、室两级领导还专门引进行政法专家张焕光先生进室专门从事行政法研究。张焕光先生是中国第一位行政法专业硕士，1957 年毕业于中国人民大学法律系。与此同时，王叔文先生还让我由宪法学专业转向行政法专业，主要致力于行政法专业研究。当时给我的第一项任务，就是收集、整理行政法资料，主要是其时仍有效的行政规章等，此任务不久即完成。

三是收集、整理张友渔先生的旧文稿，其中最大量的是在国民政府时期发表在重庆《新华日报》等报纸杂志上。由有关档案管理人员把文论复印出来，然后交付与我，由我负责甄别、整理，用了将近两年时间，最后整理成书，定名为《宪政论丛》，共上下两册，成为当时法学界重要的参考文献。还值得追忆的是，其时那项工作的工作量很大。记得经我手的复印资料叠加起来有一米多高，总计约近千万字；甄别的难度也很大，张老为了躲避那时民国主管部门的审察和迫害，用了 30 多个化名，还夹杂着其他作者的文章，经过反复揣摩，我终于摸索出一套甄别方法，主要根据张老的文风和个人经历进行甄别，所作判断大致不差，最终由近千万字的文稿中收集、整理张老《宪政论丛》两册文论，总计 80 余万字。由于工作繁重，用脑过度，又不舍昼夜，再加上当时生活环境和工作条件差（在楼道工作），在完成之际我突发脑中风，虽无大碍，但从此失去了一只耳朵的听力，至今都没有恢复。

第二，率先开拓行政法专业研究。前已指出，为尽快填补中国行政法研究领域的空白，法学所率先增设了行政法专业并进行研究，由于当时专业人员稀缺，又从零起步，所以将行政法专业设在了国家法室内，原本可能只是一时的权宜之计，不料此后不久竟得到其他法学研究机构和大专院校的认可和仿效，后又得到国家教育部门的正式承认，连教育部和国务院的学位办都把宪法和行政法归在同一个学位品类进行学位设置和管理。话说回来，国家法室随后也相应地改为"宪法行政法室"，该研究室名一直沿用至今。还应追忆的是，在1984年由著名学者于光远先生组织一次全国性的名为"政府机构改革"的大型研讨会，出席研讨会的专家有60名左右，会议地点选在云南昆明，我和张焕光也提交了论文。会上进行了认真的研讨，会后还出版了一本《论文集》。那是自中华人民共和国成立以来首次召开的行政法专业研讨会，不仅扩大了行政法的学术影响，还检阅了行政法专业的研究队伍，培养和锻炼了专业人才。

第三，深化宪法学专业的学术研究。在20世纪80年代中期以后，借助新宪法宣传教育开创的有利于深入宪法科研的大好局面和有利时机，整个中国宪法学术界开始逐步进入专业性研究的正轨，标志性的进展主要表现在以下几个方面：

为了适应已经步入正轨的大专院校宪法教学的需要，各宪法教研室先后著述、编辑各自的宪法学讲义，我本人也曾参与过中国政法大学法律系宪法教研室编辑的《宪法学讲义》。这些讲义不仅满足了宪法教学的需要，而且其本身就体现了较高或很高的研究水平，构成了宪法学深入研究成果的重要组成部分。

报纸杂志上发表了一系列有一定研究深度和影响力的专业论文。限于主题，这里无须详细统计和评价。值得提出的有两篇，一篇是王叔文先生在《中国法学》上发表的《论宪法序言的效力》一文，该文针对当时宪法学术界就宪法序言有无实际的法律效力问题，从马克思主义的立场上进行了详尽的论述。当时在宪法学术界具有较强的学术影响力。二是本人在《中国社会科学》杂志上发表的一篇长文：《论宪法实施的组织保障》，那是一篇自改革开放以来在那样高层次杂志上发表的第一篇法学论文，也算是开创了一个第一的纪录。

出版了一部具有一定学术影响的专著和一部译著。在 20 世纪 80 年代中期以后，宪法学术界的一些学术先辈，开始了从事真正具有科学规范意义上的创作，并相继出版了很有学术影响力的专著。在宪法学前辈和大家的垂范和影响下，我本人于 1987 年和 1988 年相继出版了一本译著和一本专著。译著是《成文宪法的比较研究》。该著是荷兰两位著名的宪法学家用时三年，对当时世界各国有效宪法利用计算机进行数字化处理，然后在量化的基础上进行论理分析。由于该著充斥着大量分解的宪法条文的统计数字，为中国宪法学乃至整体法学研究提供了便利的引用材料和数字，因而受到中国宪法学术界的极大欢迎。据说该著上的统计数字的引用率是最高的。值得提及的是，台湾的皇冠出版社背着我本人和原作者竟然堂而皇之地重印发行，这从一个侧面也反映出学术界对此类译作的市场需要。更值得一提的是，2014 年 10 月，在党的十八届四中全会上通过了具有里程碑意义的《中共中央关于全面推进依法治国若干重大问题的决定》。在习近平总书记对此文件的《说明》中，引用了两组数字以说明国家建立宪法宣誓制度的必要性和重要性，这两组数字就来源于上述重译再版的《成文宪法——通过计算机进行的比较研究》一书。这令我本人颇感意外之余又着实激动不已。另一本专著是《民主宪政新潮——宪法监督的理论与实践》，该著是在硕士、博士论文的基础上经深加工而成的。其主要特点是引介和分析了西方国家包括欧美等资本主义国家和苏东社会主义国家的宪法监督理念与体制，这在当时在中国的宪法学术界还是仅见的，一定程度上打开了宪法学术视野；当然，对于中国宪法监督体制上也提出了自己的具体建议。该著不仅在国内具有一定的学术影响，在国外也受到了关注，日本就通过中国图书进出口公司引进在日本销售，还曾被日本宪法学者引用过。此外，据我的一位博士生亲眼看见，该书还是原苏联和（现俄罗斯）莫斯科国立图书馆藏的唯一一本中文原版著作。

## 四　率先开展宪法学专业的研究生教育

为了培养国家的高等级人才，国家于 1977 年正式恢复高考之后，又于 1978 年正式决定开展硕士生教育。法学所也于当年正式招生。当时招生的门类有法理、民法、刑法等领域，由于宪法专业在当时的法学所还属于强项专业，故作为重点予以招收。经全国性统一考试，共录取 16 名硕士生，其中有贵立义、吴新平、敖俊德、陈云生被正式录取为宪法学专业硕士生（后因刑法招收名额未满，就把敖俊德调剂到刑法专业）。他们都于 1981 年顺利毕业，并被授予硕士学位。由于是改革开放以后第一批硕士生，被学术界戏称法学教育的"黄埔一期"。16 名硕士学位授予者后来都成为国家的栋梁人才，有的高居政府要职，有些成为知名的专家、学者。宪法专业的硕士贵立义在东北财经大学任教，长期担任该校法学院院长；吴新平成为著名的港、澳法专家；敖俊德长期在全国人大民族委员会担任要职；陈云生长期在法学所宪法行政法研究室从事宪法学的研究工作，迄未中断。

大约在 1982 年年底或 1983 年年初，鉴于国内一些大师级专家的年事已高，为传承他们的学术思想，急需一些接班人拜他们为师予以传承，于是国务院决定由四位泰斗级专家，其中就包括法学泰斗张友渔先生各自选拔一人（经严格考试）结为师徒关系。我有幸被张老选中。但师徒关系具有旧时代知识传承的特点，不契合现代国民教育的理念与体制，于是国务院决定自 1984 年起，在全国正式开创高等级的博士生教育，并于当年各学科实行全面的招生考试选取博士生。我于是正式转入中国社会科学院研究生院法学系，成为一名正式的博士研究生。延迟于 1987 年与第一批博士生一起答辩，并被授予博士学位。就这样，法学所就历史地培养了中国本土自己的第一位法学博士，而其专业就是宪法学，此时距 19 世纪 70 年代由福州船政学堂（校址在福建马尾）派遣，由法国巴黎第一大学培养的第一位中国法学博士，已经相去 110 多年了。

总而言之，当代中国宪法学的硕士、博士研究生教育始自法学所国家法室，当是一个不争的事实。

## 五　起始创办中国宪法学专业研究组织
### ——中国宪法学研究会

2015 年在贵阳举办的宪法学研究会的年会上，同时举办了中国宪法学研究会成立 30 周年庆祝活动，活动中由第一任中国宪法学研究会秘书长廉希圣教授详细介绍了该会第一届年会举办及其后来学会运作的情况。年轻的理事们和其他与会者听后感到兴趣盎然。不过，令人遗憾的是，对于第一届理事会成立大会前，还有历时一年多、颇有些曲折的筹备过程，在会上并没有得到表达。这个过程的亲历者只有我本人比较清楚。其过程可以简述如下：

大约在 1983 年年末，张友渔先生率团出席了在前南斯拉夫首都贝尔格莱德举办的世界宪法学协会年会。世界宪法学协会是一个全球性的宪法学研究学术团体，当时约有五六十个国家的宪法学会作为其成员，领导机构是一个称为执行委员会的组织，协会设主席一人，负责协调各成员国学会和执行委员的工作。在那届年会上，张友渔先生成功当选执行委员，并与时任协会的前南斯拉夫籍主席进行了一次友好会谈，主席希望中国成为正式的成员国，张老慨然应允。但当时中国并没有一个专业的宪法学研究机构，依世界宪法学协会的章程必须有一个此类组织才能具有加入协会的资格。于是，在张老回国后便与法学所的王叔文研究员、北京大学的肖蔚云教授等协商决定，立即着手建立中国的宪法学研究会。并决定交与法学所筹办，具体由王叔文负责，鉴于王叔文是时任所长兼国家法室主任。此决定使国家法室自然成为具体的筹办基地，又由王叔文亲点由我具体负责全程筹办事宜。

在王叔文的领导、支持下，我所做的第一件事就是对全国各大学的宪法教师情况进行摸底排查，特别是要排列出资深的宪法学教师名单，以作为理事的备选人员；与此同时，与各省、自治区和直辖市的司法厅联系，告之要成立全国性的宪法学研究机构，请予以支持与协助。这一过程持续了半年之久，最初筛选的理事共计 40 多名，并提出主席、常务理事、秘书长、副秘书长、秘书名单。拟定之后交与王叔文先生，由他会同张老、肖蔚云等领导最终确定。

学会理事和领导机构确立以后，面临的急迫问题是召开成立大会的问题。首先是开会时间，因为经过大半年的紧张筹备，有关理事会成立的一切实质事宜都已准备齐全，可以随时召开第一届中国宪法学会理事会的成立大会。经各方面协商，领导确定于 1984 年内尽可能快的召开。如果能如期召开宪法研究会，当是中国第一个成立专业会的法学研究会。然而，不料在会议举行的地点上出现波折，使原计划在 1984 年召开的成立大会被迫延迟到 1985 年才举行。

事情是这样的：鉴于毛主席在当时国内的巨大影响以及他对 1954 年宪法的制定与颁行所做出的巨大贡献，认为在毛主席的家乡湖南省湘潭市召开中国宪法研究会的成立大会最有意义。然而很遗憾，由于种种原因未能成行。

经多方努力，中国宪法学研究会成立大会终于在贵州大学和贵州省人大的大力支持下，于1985年顺利在贵阳召开，其中要特别感谢贵州大学法律系的廖克林教授和省人大法制工作委员会的温卓文主任的大力支持。端赖他们的热情支持和大力协助，才使中国宪法学第一届理事会成立大会暨学术研讨会顺利召开。遗憾的是，原计划在1984年在中国各法学学科率先成立研究会的愿望未能如愿实现。

# 六 几点感受和教益

在改革开放的初期，社会尚未完全进入复杂、多元的转型，人们和学术界包括法学界还保持较为浓厚的本真特色，更较少受功利化、商业化乃至奢华浮躁的污染。法学所国家法室及其科研人员在那时的理念与行动，现今回顾起来，仍有一些感受和教益，有记录下来和体味的价值。

第一，学科发展，紧随时代。

一般说来，在一个特定的时代，一个相对稳定的观念或思想体系和社会运作的基本模式，总会形成一股强大的观念或思想体系与社会的结构形式，生活在特定时代的人们包括学术界在内，或迟或早，或浅或深地总要受其生于斯、长于斯的社会观念和生活方式的影响，最终与社会观念主流和社会生活节律基本保持一致，这就是所谓的时代印迹或历史烙印。

科学技术也是一样，总是适应当时的社会情境而得到发展与进步，正如在人类社会之初不能奢望能坐火车，现在也不能就在现有的太空技术条件下能够实现便宜的、常态的太空旅行。在社会科学领域也是一样。法学所国家法室留给我们最宝贵的启示，应当就是适应新历史时期提出的发展社会主义民主，健全社会主义法制的现实需要，顺应改革开放的时代潮流，深度参与当时国家急需一部新宪法的制定、宣传教育，以及与健全社会主义法制，特别是宪制的各项宪法学研究活动。宪法学应当永远紧跟社会进步的步伐，紧随社会现时的脉动而开展自己的学术活动。法学所国家法室当很好地以实际行动诠释了这个理念。这应当是对现实仍有很好的启示和借鉴价值。

第二，家国情怀，淡泊名利。

我们前面说过，在改革开放之初，社会和国家还保持较为浓厚的本真特色，其中就蕴含了作为国家培养和教育成才的宪法学科研团队和其成员较少受到市场经济条件下世俗名利的影响。他们包括我个人在那时真诚地认为，我们是社会和国家教育培养出来的宪法学科研人员，我们所具有的一切，包括宪法学知识、科研能力以及简朴但也稳定的基本生活条件，都是社会和国家提供的，既受社会和国家恩惠，为社会和国家尽心效力视为理所当然。在那个时代，没有立法立项，除法学所日常的简单办公用品，如纸张、笔及信封等外，更没有一分钱的额外资金支持，科研人员们甚至从来都没有想过这类问题，总是全心全意地投入科研工作中，努力完成任务。我们并不否定在社会和国家发展到如今，通过投入或多或少，甚至大笔投资，以促使科研事业发展的科研管理理念及其取得的重大成就。但我们在那个时代通过树立正确义利观，发扬中国传统正直文人的家国情怀，也能在科研工作中做出自己的贡献，也是一种良好价值观的体现，我们至少我个人都很珍视那种不计个人私利的家国情怀和价值观，以及在那种情怀和观念指引下度过的激情岁月。

第三，功崇惟志，业广惟勤。

回顾法学所国家法室及其研究团队在20世纪80年代国家改革开放之初的所作所为，从一定的意义上来说，可以用两个字概括支持他们的精神力量，那就是"志"和"勤"。志当然就是指志向、志趣、远大理想、坚定信念等。且不论他们每个个人的志向如何，单就其集体志向来说，就是单纯的、明确的、充满正能量的。简单说来，就是要以专家的身份、资历，倾其全力协助国家的立法机关制定出一部适应国家新的历史时期所急需的根本大法，并在宪法制定颁行后又倾全力进行宣传教育，务使全民对新宪法的指导原则、内蕴精神及其基本内容做到家喻户晓，人人皆知，再之后，又迅速进行了研究范式的转型，加强宪法基础理论的研究，为建构具有中国特色的宪法学体系做出自己的开创性贡献。这种志向体现出一心为公的家国情怀，完全不掺杂一丝一毫追求个人或集体的私利欲求。这是一个宝贵的价值观，至今也是一个值得推崇的精神正能量。

"勤"就是勤奋，努力，不畏困难，不讲条件，全身心地投入工作。工作起来甚至不舍昼夜，我想我们在那时确实做到了勤奋努力。勤奋是由志向而生，而志向又有待勤奋才能实现。这两个方面相辅相成，缺一不可，我想国家法室及其团队在那时确实为志与勤密切关系做了很好的诠释。

第四，立足当下，着眼未来。

国家法室在国家改革开放之初，由时局决定，为适应新的历史时期的社会和国家的现实需要，而做出的工作安排，都是立足现实，听命中央对修改宪法的各项调研和论证部署。确实做到了国家立法机关招之即来，不折不扣地完成布置的各项任务。这种脚踏实地的作风，就是立足当下，使科研工作扎根在实地。而与此同时，也放眼未来，在修改、制定新宪法以及对新宪法宣传教育的紧张时刻，也不忘自己的职业本分，准备并及时地实现了宪法学研究向理论纵深的研究范式转型。这对当前的宪法学研究队伍来说也是一个可资借鉴的经验。

第五，鉴往察末，钩沉致远。

在深度参与1982年宪法制定过程中，国家法室全体科研人员查阅、收集、整理了大量的国内外宪法的有关资料，就外国宪法来说，我们几乎涉猎了当时所能找到的外国宪法，不限于美欧老牌资本主义国家的宪法，也包括亚非拉国家的宪法，尤其重点查阅、收集和整理了以苏联为首的社会主义阵营各国的宪法，以及亚洲和拉丁美洲社会主义国家的宪法。从时间范围来说，不仅涉猎了外国现时的宪法，也参阅了一些旧的宪法，如德国的魏玛宪法等。尤其值得一提的是，在整理的相关论证材料和建议报告中，还引用了大量自清朝末年至民国期间制定过的十几部宪法，包括宪法草案中的相关条文。从这个意义上来说，"鉴往"是做得比较充分的。至于"察末"主要针对中国当时的实际国情和现实的需要，又充分考虑在未来一段时期的国家发展和社会转型，在新宪法中作了一些具有前瞻性的内容规定。

"钩沉致远"主要体现在对有关资料的收集、整理做得精细方面，由于过往和现行的古今中外的宪法大多数条文都规定得比较抽象，但抽象并不意味着其内涵的意蕴就一定肤浅，恰恰相反，宪法条文的规定比起刑法、民法等法律条文的规定有一个明显的区别，那就是不刻意强调司法机关对它的直接引用与执行。在通常情况下，宪法条文往往留给司法机关和法官以更广阔的解释或阐释空间，以便在变化了的情势下可以根据时代的脉动和实际需要加以灵活地施行，这也是保持宪法相对稳定性的一个重要的前提条件。在国家法室全体宪法科研人员的参与制定1982年《宪法》的过程中，这种专业性的宪法意识和知识是明确的，也贯穿在实际工作中的始终。正因为如此，实际参与宪法制定的制宪者可以讲出每个宪法条文规定背后的有趣故事和经过；而宪法学者都能讲出蕴含在每个条文背后的深厚底蕴。至于说到"致远"，主要集中体现于当时制宪时的一个重要的指导思想，那就是尽最大可能保持宪法的相对稳定性而不必频频修改，尤其不要像 1975 年《宪法》和 1978 年《宪法》那样，只隔二三年就做出那样大幅度的修改。事实已经证明，这种目的在日后达到了。1982 年《宪法》至今已历经 30 余年，其间进行过 4 次局部修改，但总的体系仍适用当今社会转型和发展，并在可以预见的一段时间内无须做大的或彻底的修改。从这个意义上来说，"致远"的初衷和目标也实现了。

忆往昔峥嵘岁月稠，改革开放之初那样不平凡的创业历程所留给我们宪法学人的精神遗产，值得更深入发掘与体味。

（陈云生，中国社会科学院法学研究所研究员）

# 沈家本与其未刻书稿之保护与编纂

刘海年

沈家本，中国近代法制改革的先驱，在中国传统律学与近代西方法学结合研究，理论和实践中为推进中华法制文明做出了巨大贡献的法学大师。他生活的晚清民初，是中国历史又一次大变革时代。面对西方和日本帝国主义对中国的侵略及封建专制主义对人民的压榨，中华各民族人民奋起反抗。在爱国情绪高涨大潮中，大批社会精英基于自身条件，显现了高度文化自觉。有的伏阙上书，陈述时弊，奔走启蒙，力主维新；有的宣传主义，唤起民众，组织政党，进行革命；也有的提倡科学，发展教育，办理洋务，兴建实业。处于封建官僚体制内的沈家本，则是以近距离见闻和切身经历，总结经验，认真传承中华优秀法律文化，借鉴西方法律文明，尽其所能，大力推进法制改革。其声誉虽不及维新变法的康有为、梁启超，更不如领导辛亥革命的孙中山，甚至到今天知之其人的还不似主办洋务的张之洞，但他确实是清末脚踏实地推进法制改革的先行者、法学研究与教育的泰斗。其推进的法制改革的成果，已融入近代法制，已出版的著作，为几代法学人提供了营养。本文述及的沈先生之未刻书稿，内容也十分丰富，也是中华法律文化的重要组成部分。

## 一 沈家本的成长和仕途

沈家本，浙江吴兴人，1840 年生于湖州一个官宦诗书世家。其父沈丙莹，道光壬辰（1832 年）举人，乙巳（1845 年）进士，同年任职刑部后为山西司主事，1857 年任职都察院山西道监察御史，1859 年外放贵州安顺任知府。在其父任职刑部不久，沈家本便随父母赴京就读。《清史稿》本传记有其"少读书，好深湛之思"。是说他从少年时就喜欢读书并能认真思考。这一特点一直保持终生，使其能成就名垂青史的伟业。

1859年，沈丙莹外放贵州安顺，沈家本随母暂留北京。翌年（1860年），英法联军发动第二次鸦片战争，火烧圆明园。沈家本举家到北京西山躲避，《北京条约》签订才返回城中。1861年奉母携弟，途经数省颠沛流离赴父任所。袁世凯曾称其"时遭多故，辗转湘黔"。尽管如此，他从不忘读书。这使其能于1864年赴京援例以郎中任职刑部，次年又从京师回祖籍到杭州通过乡试成为举人。由此，他开始了漫长的刑曹兼攻八股文攀登更高学位之路。1866年、1868年会试未中，1874年、1877年、1880年又三科落榜。屡试不中，其精神虽受重创，但仍矢志不渝。1883年（光绪九年）会试，成绩优异。精诚所至、金石为开，沈家本终以43岁之年龄金榜题名，进士及第。

**图1　湖州市沈家本纪念馆布展大纲专家论证会**

长期科举攀登，虽路途坎坷，但却使之广览群书。由于家学熏陶，特别是在父亲影响之下，较早关注案牍，又经在贵州协助其父办案历练，中举任职刑部不久，便展示出引人注目的法律素养，获得"以律鸣于时"的赞誉。此后在刑部繁忙的办案同时，他不断注意总结司法实践经验，

"专心法律之学"，并注意对疑难案件处理结果分析，以此撰写了大量著述。其以正直的品德，精细的思维，丰富的经验，简练准确的文笔，很快成为刑部司员中的佼佼者和办案理事的主力。功夫不负有心人，1893 年以上等成绩通过京察考核后，便升任号称京师拱卫之地天津的知府。

1893 年冬至 1897 年夏，沈家本在天津知府任上供职三年半。《清史稿》本传称其"治尚宽大"。从北京大学李贵连教授在《沈家本评传》所列材料看，并"非一意为宽，实际上仍然使用封建统治者惯用的宽猛相济的手法"。"用律能与时变通也。"① 天津知府任上的一大收获，是他开始参与外事活动、处理涉外案件，作为地方官，近距离了解了他任职天津前，中法马尾海战南洋水师全军覆没、任职天津后中日甲午海战北洋水师失败的一些内情。无论是前者有海无防，还是后者北洋水师惨败，均暴露了统治者内部矛盾，使他对失败的根本原因不能不向制度上思考。

1897 年，沈家本奉命调任保定知府。职位虽为平调，但保定系直隶首府所在，地位更为重要，尤其还增主持直隶发审局事务，实际上是对其任职天津政绩的肯定。但时运不济，任职保定的第二年，戊戌变法运动发生。他虽未卷入其中，但"百日维新"失败，光绪皇帝被囚，"六君子"横尸街头，不能不引起包括他在内的整个社会震撼。与此同时，由山东起始的义和团运动，在内外危机之际，迅速蔓延并波及京畿。直隶广大地区由于发生焚教堂、杀教民事件，先为朝廷所利用，后成为八国联军入侵北京、占领保定的野蛮报复的口实。此事件以至于慈禧携光绪帝仓皇出逃山西，包括沈家本等在保定的多位地方大员被侵略军拘捕。虽经多方交涉，沈氏拘押近四月后获释，而被捕大员廷雍等却营救无效惨遭杀害。此事不能不让沈家本亲身体验治外法权的本质，进一步思考法制改革的必要与迫切。

1902 年 12 月 15 日，李鸿章在与八国联军《和议大纲》上画押的第二天，沈家本便离保定赴西安慈禧和光绪帝行宫。先是任管理皇室祭品、宴席和膳食的光禄寺卿。在慈禧回銮到达开封后，便下诏任命其为刑部右侍郎。"这一任命，给他生命和事业带来巨大转折。"② 按当时制度，朝廷之各部设尚书二人，满汉各一人，左右侍郎四人满汉各二人。对部政起决

---

① 李贵连：《沈家本评传》，南京大学出版社 2005 年版，第 56 页。
② 李贵连：《沈家本评传》，南京大学出版社 2005 年版，第 100 页。

定作用的，除该部尚书，只有一位当家堂官，近似后世主持常务工作的副部长。沈家本任职刑部后，先为右侍郎，后为左侍郎，直至光绪三十二年刑部更名法部，他一直是主持刑部大小事宜的当家堂官。

早在八国联军炮打北京之时，便对慈禧发出恫吓，威胁剥夺其权力，还政于光绪皇帝。这使她此时不得不以光绪帝的名义下"罪己诏"稳定民心，应对时局。同年（1902 年）12 月 10 日，又以光绪的名义发布变法诏书。诏书痛斥康有为、梁启超的同时，又接过戊戌变法志士的旗号，在紧急关头表示破锢习，更法令，为晚清实行新政变法修律表示了态度，以企挽救民怨沸腾下摇摇欲坠的皇帝宝座。正是在此种情势下，同年，沈家本与伍廷芳一起被委以修订法律之重任。1906 年清朝廷又宣布"筹备立宪"。为适应这一新的举措，法律改革由改造旧律转入制定新律。与此同时，沈家本被任命为大理院正卿。原设于刑部的法律馆直接隶属朝廷。其后的官制改革中，沈家本职务几经变动，为进一步加强法律制定，沈家本和瑞英被任命为修订法律大臣，专司法律修订。

无论在刑部任职主持法律馆或是被任命为修订法律大臣之后，沈家本先奉命对清律进行修改，后又奉命制订新律。尽管一切工作均在封建君主专制体制下进行，但他仍在条件允许的情况下尽其所能，吸纳人类文明进程的成果。尤其是 1906 年清廷宣布"筹备立宪"、法律馆重组直接隶属朝廷之后，他在这方面跨出了更大步子。其贡献可谓居功至伟。①

## 二　沈家本对修改清律和制定新律的贡献

沈家本清末推进法制改革，分为修改清律和制定新律两个阶段。1902年沈家本与伍廷芳奉命修律至 1905 年，为第一阶段。1906 年慈禧上谕宣布筹备立宪开始，为第二阶段。

第一阶段修改法律改变旧制，共删除、修改《大清律例》之旧文 344条。按其内容分类。

其一，废除残酷刑法。废除：凌迟、枭首、戮尸、缘坐以及刺字五项等。

---

① 以上参阅李贵连《沈家本年谱长编》，成文出版社 1992 年版；《沈家本评传》，南京大学出版社 2005 年版。

其二，有条件禁止刑讯。此议始发刘坤一、张之洞。得到沈家本、伍廷芳赞同（有所保留）。规定，除罪犯应死、证据已确而不肯供认者，初次讯供时及流徒以下罪概不准刑讯。其审讯应处笞杖罪者，依罪行轻重处以数量不等罚金，如无力缴纳者折合劳役。旗人有犯，照他族人一体刑断。盗窃罪应处笞杖者，亦折合劳役予以惩治。妇女犯罪，收赎改为罚金；犯不孝及奸盗诈骗罪应遣军流徒者，留本地习艺所；其他一般犯罪，允许赎罪，无力缴纳者，以罪行轻重折算时日改习工艺。

其三，删减死罪。至清末，清律死罪条目多达 840 余条。沈家本等上《虚拟死罪改为徒流折》，提出加以删减。指出戏杀、误杀、擅杀，外国法律仅仅惩役禁锢之刑；《唐律》对戏、误杀分别处以徒、流，擅杀分勿论、及徒、流、绞四等，亦不概问死罪。他们提出，戏杀改为徒罪，斗、误杀改为流罪，改为徒流后均不再发配，收入各地罪犯习艺所。"误杀、擅杀中的误杀其人之父母兄弟等项，并擅杀二命以上……不准一次减等者，酌加二年；如遇情有可原或情节较重者酌量办理。"

其四，改革死刑执行旧制。沈家本提出，死刑公开执行，本示众之威，俾以触目而惊心。此亦古之"刑人于市，与众弃之"之意。时至今日，"众弃"之旨全失。京师菜市口，决囚之际，不独民人喧呼拥挤，外人亦诧为奇事，升屋聚观，偶语私讥，既属有乖政体，并恐别酿事端。为使防卫既较严密，可免意外之虞，亦可使民人罕睹残酷情状，足以养其仁爱之心。他主张采用西方大多数国家死刑执行方法，"不令平民围观"。

其五，统一满汉法律适用。满族入关，清王朝建立，旗民在法律上处于特权地位。《大清律例》关于满汉人犯罪畸轻畸重，办法异处，将其改为"旗人犯罪俱照民人各本律本例科断"。在经济层面，旗人入关后，即不从事生产，由政府划给田地、房屋、银两，负担衣、食、住。沈家本力主改变这种满人和汉人及其他族群不平等制度。

其六，改革秋审制度。秋审制度（与之相联的上各省的会审）是一些由司法机构判处死刑的案件，每年秋天由九卿进行复审（地方由总督、巡抚、布政使参与称会审）。此制度在清代沿袭已久。1909 年沈家本上书清廷，请求改变这种制度。其理由是：会审之制本为严杜构陷锻炼之弊。现《法院编制法》已颁行，各级法官经过慎重挑选，法院实行三审制，合议、律师辩护制和公开审判制。凡为被告人谋利益者无微不至，详审之处，实无深故之虞，构陷锻炼之弊已去，会审之制理应停止，此其一。朝廷已明令行政不准干涉司法，若总督、巡抚、布政使和中央九卿继续会审，与违法干涉何异？司法独立，会审之制亦需停止，此其二。最后，秋朝审为录囚之规，推勘尤宜入细，各类案情十分复杂，法律条款繁多，必研习多年，斯无贻误；会审让素未涉猎之人负司法之重任，并非循名责实之意。而且，秋审时间短促，会审之员无暇审思，因此让他们参加会审，徒具形式，毫无实际意义。

其七，废除奴婢律例。奴婢之制沿袭已久，清律亦予肯定。废除之议始于署理两江总督周馥的条陈。其言："使用奴婢，只准价雇，仍议定年限。以本人过二十五岁为限，限满听其归家。无家可归者，男子听其自主，女子由主家婚配，不得收受身价。纳妾只准媒说，务须两相情愿，不得抑勒；母家准其看视，仍当恪守妾媵名分，不许僭越。"沈家本认定，欧美各国，尊重人格，均无买卖人口之事。为革除旧制，各国之法均可采取。为此，拟定十一条办法，虽不彻底，已遭阻碍，至被束之高阁。后经反复陈述，才由宪政编查馆奏请通行。

其八，增纂新法章条。晚清时局之变，各种新事层见叠出，旧律无从覆盖，需要增加新法章条。法律馆主持及参与者提出增添条款颇多。其中如：对伪造外国银币专条。随与外国通商发展，外币在国内通行，而伪造外币法律却无相应条文制裁。1906 年沈家本上书《伪造外国银币拟请设立专条款折》，主张比照伪造本国货币治罪条文，制定伪造外国货币治罪章程，以禁止伪造外国货币犯罪行为。依这一条折制定的办法，经清廷批准作为新章程颁行。又如：核定贩卖吗啡治罪条例。1908 年，沈家本与法部会衔，核定江苏巡抚陈启泰向清廷所上条陈，拟定："拿获制造施打吗啡之罪犯，不论杀人与否，应比照畜蛊毒律，斩罪以上酌减，为极边烟瘴安置。其贩卖吗啡之铺户，如查实未领海关专单者，亦照知情卖药律与犯人同罪。"后经批准颁行（以上八条均摘自李贵连《沈家本评论》第118 页至 128 页）。

第二阶段，修订法律。清末实行新政修订法律，是迫于当时内外形势发展，在仅对《大清律例》等一些条文修补不能适应形势需要的情况下，宪政编查馆为筹备立宪采取的紧急措施。以下所列，是修订的主要法典（包括草案）概略。

其一，1903 年基于通商需要，奉清廷之命，载振、伍廷芳制定商律。因商律门类繁多，非短期所能告成，决定先订公司条例。同年 12 月，编写商人九条，公司例 131 条合计 140 条，上奏后定名为《钦定大清商律》颁行。之后又陆续制定颁行了《公司注册试办章程》（18 条），《破产律》（69 条），《银行注册章程》（8 条），《大小轮船公司注册给照暂行章程》（20 条），《运送章程》（56 条）。以上关于商业的章程之所以能迅速颁行，乃当时形势所迫应急之需。清廷宣布预备立宪后，又着手编纂商法。由日本志田钾太郎起草的《大清商律草案》分总则、商行为、公司律、票据法、海船律五篇 1008 条；由日本松冈义正起草的《破产律草案》337 条，《保险规则草案》124 条；由农工商部据 1904 年之《钦定大清律》，参酌上海等各地总商会呈报之《商法调查案》形成之《改订大清商律草案》，分总则、公司两编六章 367 条。以上法案，由于辛亥革命爆发清王朝覆亡均未颁行。

其二，《刑事民事诉讼法》（草案）。依列强放弃领事裁判权改革"审断办法"之要求，沈家本、伍廷芳受命修律之后，即着手对司法制度进行改革，于 1906 年起草《刑事民事诉讼法》。该法合刑民诉讼法为一，下分总纲、刑事规则、民事规则、刑事民事通用规则、中外交涉案件，共五章 206 条，另附颁行例 3 条。草案提出设陪审员，要求各省会和通商巨埠及会审公堂，造具陪审员清册，遇有应陪审案件，依法分别试行。至于僻小地方，条件尚不具备，准其暂缓。草案还提出设置律师，以解一般人对簿公堂，惶悚之下，言辞失措之失。若遇重大案件，由国家拨予律师，贫民或由救助会派律师协助，不取报酬补助。律师来源由各省法律学堂培养。如各学堂骤难造就，遴选各该省刑幕之合格者入学精斯业。上述二者，均需考验合格，给予文凭，酌量录用。该草案拟定后，交部院督抚大臣签注。以湖广总督张之洞为首的督抚大臣，以其内容违背中国立法之本源加以反对，未能颁行。

其三，《法院编制法》。1906 年清王朝改革官制，刑部改为法部，专掌司法；大理寺改称大理院，专掌审判。沈家本由刑部左侍郎改任大理院正卿。沈上书《审判权限原定办法折》，同时进呈《大理院审判编制法》。该法案仿照日本裁判制度，确定全国审判为四级三审制。1907 年沈氏又上《酌拟法院编制缮单呈览折》，将《法院编制法》草案呈上。是我国最早的一部全国性的法院编制草案。共分 16 章，163 条。另有附则条。该法于 1909 年颁行。

其四，《违警律》。为防患于细微，导民于科禁，息福患于未萌，期秩之共守，使行政者有所依据，奉法者有所遵循，由民政部主稿，会同修订法律馆形成《违警律》草案。1907 年，民政部堂官与沈家本衔接上奏，1908 年经宪政编查馆核定，篇目共 10 章 45 条。经清廷允准于同年颁行。

其五，《大清新刑律》。《大清新刑律》从由修订法律馆起草，于1906 年脱稿，是年加派日本冈田朝太郎等人算起，又经六个草案，于1910 年由清廷上谕裁定第六草案与第五草案之分歧后予以颁布实行。此法摒弃传统诸法合体，为第一部专注刑法之法典。沈家本等专核两法中日之异同，比较新旧律之长短，对刑法做了五个方面改革。一曰更定刑名，将笞、杖、徒、流、死等刑罚名称更为死刑、徒刑、拘留、罚金四种，徒刑分有期与无期；二曰酌减死刑；三曰死刑唯一，合绞、斩于绞（如谋反、大逆及杀祖父母、父母等仍用斩刑）；四曰删除比附；五曰惩治教育，以犯罪时年龄确定承担施加惩治与教育，丁年之内为教育之主体。此刑律共分二编 53 章 411 条。

其六，《大清国籍条例》。关于《国籍法》史料记载不一。据李贵连教授考证，起因是 1908 年冬爪畦华侨被荷兰殖民者逼迫入籍，遭泗水商会抵制。全岛华侨商学会连续电禀清政府工商部。工商部即上书朝廷请求速定国籍法。由是，清廷于第二年下谕，令修订法律大臣会同外务部迅速编纂国籍法。1909 年修订法律馆筹备立宪清单，开列的当年应办事宜中，有"拟订国籍条例会同外务部办理"一条。修订法律馆初拟之草案全文28 条。1910 年 2 月清廷下谕："外务部会同修律大臣奏拟国籍条例缮章呈览一折，著宪政编查馆迅速核议具奏。"经宪政馆核议增损，颁行之《大清国籍条例》共分：固有国籍、入籍、出籍、复籍、附条 5 章 24 条。施行细则 10 条。后附（入复）籍呈式、（入复）籍保结式、入籍甘结式、入籍执照式、出籍呈式、出籍甘结式。

其七，《大清刑事诉讼律草案》。前面介绍有 1905 年《刑事民事诉讼法》草案因部院督抚大臣议其窒碍而搁寝。1908 年访行立宪之需要，随刑法、民法立法之发展，刑事诉讼、民事诉讼法单独修订即为必然。1910年 12 月沈家本、俞廉三采用各国通例拟定、进呈草案，弥补原法未备事项。一，诉讼以告劾程序取代纠问程序；二，检察提起公诉；三，摘发真实，即证据以法律定之，官员直接审理，并听两造言辞辩论；四，原、被告待遇同等；五，审判公开；六，当事人无处分权；七，用干涉主义；八，三审制度。草案六编 14 章共 515 条。按宪政编查馆原计划，此法律草案拟于 1911 年颁布，因辛亥革命爆发，清王朝倾覆，未能核议。

其八，《大清民事诉讼律草案》。此草案于 1910 年编纂完毕，并进呈朝廷。沈家本、俞廉三将其要旨归纳为四：一，民事案件审理首重审判权，法院管辖权与官员任职资格，依照法律规定；二，民事诉讼非俟人民起诉不能成立；三，诉讼有言词审理，书状审理、直接审理、间接审理诸名目，还有分第一审、上诉审、再审之区分；四，通常诉讼确当为先，简速次之，如有特殊诉讼皆必设特别办法以推行尽利。草案共四编 21 章 800 条。此草案亦因清王朝覆亡而未颁布。

其九，《大清民律草案》。1907 年已着手《大清民律草案》起草，原拟于 1911 年颁布。本此计划，沈家本、俞廉三等指示修订法律馆加快工作，并特聘日本松冈义正协助。在对国内相关情况调查的基础上，参照德国、瑞士、日本等国民法，其要旨为：一，着重世界最普通之法则；二，原本后出最精之法理；三，求最适于中国民情之法则；四，期于改进上最有利益之法则。草案分：总则、债权、物权、亲属、继承五编 37 章。因亲属、继承编需与礼学馆会商，故俞廉三等（此时沈家本已辞去修订法律大臣之职）仅将总则、债权、物权三编定名为《大清民律草案》奏呈朝廷。时辛亥革命业已爆发，此草案未经宪政馆核定，最终只是一个草案。

其十，《大清现行刑律》之编定。此前，《大清新刑律》虽已由清朝廷于 1910 年颁布，但由于是为宪政实行制定，而立宪定在九年之后。在此之前新律根本不可能实行。沈家本认为，"旧律之删定，万难再缓"（旧律指《大清律例》）。他建议以删除总目，厘定刑名，截取新章，简易例文等四条为指导对旧律进行修改，以应立宪前之急需。经一年多工作初稿编定。沈家本、俞廉三联衔上疏，呈进清单，经宪政编查馆核议、勘正，又依形势发展反复修正，最后定名为《大清现行刑律》。其文本：律文 389 条，例文 1327 条，附《禁烟条例》12 条，《秋审条例》165 条。卷首除奏疏外，有律目、服制图、股制。主文分三十门，次第为：名例、职制、公式、户役、田宅、婚姻、仓库、课程、钱债、市廛、祭祀、礼制、宫卫、军政、官津、邮驿、盗贼、人命、斗殴、骂詈、诉讼、受脏诈伪、犯奸、杂犯、捕亡、断狱、营造、河防。其中户役之内继承，以及婚姻、田宅、钱债等条中，纯属民事者，不再科刑。如前所言，此律之编定之初衷，拟为向宪政过渡期之应急举措，编纂告竣，已处风雨飘摇中的王朝即使颁行，也已无力实施（以上十部法律和法律草案均摘录自李贵连教授之《沈家本评传》第 169 至 186 页）。

　　上述修订法律和拟定的法律草案有的经清廷颁布，有的未能颁布，即使经清廷颁布的，由于执法、司法官体制未变，旧传统影响根深蒂固，加之时局不稳，实际上也未能贯彻实行。尽管如此，清末沈家本等修律的历史意义还是重大的。

　　第一，在时代发展的大潮的影响下，沈家本等奉命修律，虽系清统治者为稳定时局、维护统治所需要，但也反映了人民意愿。这种强烈意愿是改革的根本。第二，在封建专制制度统治下，言论自由被严格控制，任何对法律的重大修改都属"变更祖制"。清廷虽有笼统修律诏旨，但皇帝言出法随，稍有不慎，很容易以所谓"大不敬"施以重罪。而沈家本等却每每借修订法律陈述应该或必须修订之原委，以奏折形式说出平时无法表达的道理，对朝廷和比较高的官僚层起到了思想启蒙与舆论动员作用。此过程中礼教派的某些武断、甚至粗暴反对言行，虽然阻碍了修律进程，实际上对沈氏也造成了打击，不过却引起了社会精英们更深入思考，提高了他们对修律和改革必要性的进一步认识。第三，所修订和拟定的法律草案尽管未能全部颁布实施，但由于其不少内容与法条适应了当时国内外形势要求，所以沈家本清末主持的法制改革，实为我们传统旧法向现代法制的重要过渡，为辛亥革命后建立的北洋政府、甚至再后来南京国民政府的相关立法，一定程度上奠定了基础。

## 三　沈家本的法律思想

　　沈家本在坚韧不拔地进行法制改革的同时，也呕心沥血从事法学研究，为后人留下了大量法学著作和宝贵研究资料。

　　受清末社会变革影响，又眼见帝国主义对中国人民的野蛮暴行和身受英法侵略者侮辱，激发了沈家本爱国变法图强的思想。使他尽其所能将爱国思想融入所修改和起草的法律，最突出的还是反映在他的著述之中。其中有些法制改革思想，经与礼教派的论战，愈加鲜明深刻。

　　其一，沈家本高度肯定法律对于治理国家之重要。他指出："法者，天下之程式，万事之仪表也。"[1] 只有"法度立"才能"朝政明"，"从未

---

[1]　《寄簃文存》卷六《新律成规大全序》。

有无法之国而能长治久安者也"①。他还说："律者，民命之所系也。"②
对于治国理民法律之重要，沈家本则引用古人的理念予以说明，《管子》：
"立法以典民则祥，离法而治则不祥。"又曰："以法治国，则举措而已。"
他说"近今泰西政事，纯以法治，三权分立，互相维持。""以保护治安
为宗旨，人人有自由之便利，仍人人不得稍越法律之范围。"③并以日本
明治维新实行法治，国家富强的实例，说明实行法治之重要。希望中国也
能通过法制改革使国家强盛起来。

　　其二，沈家本认为只有良法才能实现善治。他很重视当时社会精英研
究国家贫弱的原因，指出，"方今中国屡经变故，百事艰难，有志之士，
当探究治道之原，旁考各国制度，观其会通庶几采撷精华，稍有补于当
世"④。制度是关键，而关键的重心莫过于法制。所以他指出："则法学之
盛衰，与政之治忽实息息相通。"⑤由此可见他大力推进法制改革，繁荣
法学，是为"补于当世"。如何实现改革补于当世，指导思想是"法律之
为用，宜于随时而运转"。为达此目的，一方面要继承传统法律中之优秀
内容，"当此法治时代，若但征之今而不考之古，但推崇西法而不探讨中
法，则法学不全，又安能会而通之以推行于世"⑥。另一方面，也要看到
西方国家法律优越之处，"盖立法以典民，必视乎以为法而后可以保民"。
总之，为了推进法制改革，制定时代发展需要的良好法律，正确的态度
是："我法之不善者当去之，当去而不去是之为悖；彼法之善者当取之，
当取而不取，是之为愚。"⑦

　　其三，在立法与司法中贯彻法律平等思想。清代法律除继承历代法律
等级特权制度，还有明显的满汉不平等。尽管清末以孙中山为代表的革命
派和以康有为、梁启超为代表的革新派，都已喊出实现法律上人人平等口
号，但如何将这一原则贯彻于立法和司法之中，不仅受旧法律制度束缚，
在一些领域还遭到礼教派的抵制。为了突破束缚，减少阻力，沈家本未泛

①　《历代刑法考》刑制总考三。
②　《寄簃文存》《重刻唐律疏议序》。
③　《法学名著序》《历代刑法考》，中华书局 1985 年版，第 2240 页。
④　《寄簃文存》卷六《政法类典序》。
⑤　《寄簃文存》卷三《法学盛衰说》。
⑥　《寄簃文存》卷六《薛大司冠遗稿序》。
⑦　《寄簃文存》卷六《裁判访问录序》。

泛论证"法律面前人人平等"对于修订旧律和制定新律之重要，而是采取曲线推进，将平等观念贯彻于对历史事件的褒贬，或具体制度的改革。如他抨击南朝士族享有法律和法外特权，使人只知士族匹庶之分，不复知善恶之分，此大乱之道。由此他提出不应无区别地推行传统法律沿袭已久的"八议""收赎"制度，说"至八议收赎之法，皆必有情可原者，亦非尽人而宥之"。① 他认为："法律为人人所当遵守，既定而颁行之，则犯罪不论新旧，断罪当自一律，不得再有参差，致法律共信之效也。"② 正是在这种认识基础上，他主持的修订的《大清新刑律》等，改变了旧律良贱同罪异罚；规定旗人犯罪俱照民人各本律本例科断，旗人词讼概归各州县审理；取消了沿用已久的"八议"制度。在实现法律平等上迈进了一大步。

其四，在刑事法律上引入了有关人权原则。沈家本是近代中国最先将"人格"概念引进法律的改革家。中国传统文化虽有"天生万物，唯人为贵"（《列子·天瑞》），"人者天地之心也"（《礼记·礼运》）等重视人的理念，但在封建等级制度下，人却分为三六九等，畜奴制度不仅存在，且以法律加以固定。沈家本在修律过程中引入了这一概念，忌于当时客观环境，尽管未将"人格"与"平等"公开联系，如考虑到他是在《禁革买卖人口变更旧例议》《删除奴婢律议》中提出这一问题，目的是为禁人口买卖，废除畜奴制度，其与"平等"相连就不言自明了。正因如此，李贵连教授说："删除奴婢律和禁卖人口，由于沈家本的推动，终于在修律中得以实现。这是'人格尊严''人格平等'第一次在中国立法上得以体现，是中国法制史上一个翻天覆地变化。"③ 立法上引入人权原则，还反映在刑法中关于"罪行法定"的规定。《大清新刑律》第一条："凡本律自颁行以后犯罪者适用之，若在颁布之前未经确定审判者，俱从本律处断，但颁布以前律例不为罪者不在此限。"《大清新刑律》第十条："凡律例无正条者，不论何种行为不得为罪。"以上规定之"罪行法定"，既有对传统法律的沿袭，又是借鉴西方法律的发展。文字表达是清楚的。后人对律文是从新、从轻、有不同理解和讨论，都不影响对沈家本的刑法思想

---

① 《历代刑法考》，《刑制总考三》。

② 《历代刑法考》，《明律目笺》。

③ 《沈家本评传》南京大学出版社 2005 年 3 月版，第 364 页。

是向保障人权方向进步的肯定。

其五，司法审判独立。作为封建官僚体制内长期从事司法工作的官员，沈家本对行政干涉司法，审判不独立的危害有深刻了解，由于实行宪政，废除西方列强侵犯中国主权推行的治外法权（领事裁判权）之需要，他积极主张并尽力推行司法审判独立，指出："司法独立，为异日宪政之始基。"在上呈之《酌拟法院编制法缮单呈览折》中，直接表示应借鉴外国经验："东西各国宪政之萌芽，但本于司法之独立，而司法之独立。实赖法律为之维持，息息贯通，捷于形影，对待之机，国不容偏废也。"意思是说要建立与之相关的法律制度，作为支撑和保障。在此重大问题上，沈家本的思想是开放的，指出了西方司法独立制度之优越："西国司法独立，无论何人绝不能干涉裁判之事，虽以君主之命，总统之权，但有赦免，而无改正。"但同时他也指出在中国实现这一目标不无困难，这是由于："中国则由县而道府，而两司，而督抚，而部，层层辖制，不能自由。"① 正因为有困难，所以他在前述奏折中既陈述了司法独立之重要，也指出了"实赖法律为之维持"，实际上是呼吁上上下下全社会都能认识其重要并予以支持。尽沈家本大声疾呼做了种种努力，但由于旧势力的非议和阻挠，并由于封建官僚体制的存在，他及其同人的努力终未能成为现实。

其六，重视司法官员选拔和法律人才培养。为使法制改革落到实处，司法独立真正得以推行，沈家本特别重视司法官员素质的提高和人才培养及遴选。对此他指出："官、职分也。有一官即有一官之职分，故任是官者，必皆能各尽其职分，而后国家乃非虚设此官也。"② 司法官员，职责是对案件依法律进行审判，不能按一般官员要求。这是由于："律者，民命所系也，共用慎重而其义至精也。根极于天理民彝，称量于人情世故，非穷理无以察情伪之端，非清心无以祛意见之妄。设使手操三尺，不知深切究明，而取办于临时之检按，一案之误，动累数人，一例出差，贻害数世。岂不大可惧哉。"③ 正因有此认识，他指出司法官员要有专门法律学知识才能处理复杂的法律案件。其任大理院正卿时，甚至主张由大理院决

---

① 《裁判访问录序》，载《历代刑法考》，中华书局 1985 年版，第 2235 页。

② 《历代刑官考序》，载《历代刑法考》，中华书局 1985 年版，第 2228 页。

③ 《重刻唐律疏议序》，载《历代刑法考》，中华书局 1985 年版，第 2297 页。

定大理院和各级审判庭法官的人选。他不仅思考现实法官员的遴选和配置，还考虑随司法改革与新订法律颁行实施的需要，为日后审判培养人才。他大力赞同伍廷芳关于"法律成而无讲求法律之人，施行必多阻阁，非专设学堂培养人才不可"的意见，与修订法律馆同人商量后，提出拨款设立京师法律学堂。① 1905 年经学部核议，学堂开始筹建，1906 年建成。是为中国近代官办的法律专业大学，沈家本为管理大臣。由此开始，各地方各类政法学堂相继设立。见此情景，沈家本满怀信心地说："吾中国法律之学其将由是而昌明乎。"②

## 四　沈家本已刊刻著述和未刊刻书稿保护与编纂

沈家本少年时即喜欢读书，并养成了善于思考和钻研的习惯。他博览群书，又长期从事司法实践工作，这种经历使他早期能倾注于对中华法律文化史资料积累和与之联系的盛衰经验剖析，之后又立足中国，放眼世界，融汇中西法律文化，尽可能依中国实际需要，或上书朝廷，或撰写文章，对法制提出具体改革建议并阐述改革之于国家和民族兴旺的意义。他为后人留下的千万言鸿篇巨制，奠定了以近代观念研究中华法律文化的基础，显现了他为中国近代法制变革、法学研究和法学教育那颗炽热的雄心。

沈家本的著作分为已刊刻和未刊刻两个部分。

### （一）已刊刻的著作

已刊刻的著作又分为沈氏生前刊刻和去世后刊刻的版本。生前刊刻和去世后刊刻的，均由其后学整理重新刊印于《沈寄簃先生遗书》之中。此《遗书》分甲、乙两编。甲编主要收入法学方面的著作，分《历代刑法考》和《寄簃文存》两大部分。《历代刑法考》收入的著述撰写过程较长，各篇体例内容除《刑制总考》四卷，《刑法分考》十七卷构成总考、分考相连的体系。其他如《赦考》十二卷，《律令》九卷，《狱考》一卷，《刑具考》一卷，《死刑之数》一卷，《唐死刑总类》一卷，《充军

---

① 《法学通论讲议序》，载《历代刑法考》，中华书局 1985 年出版，第 2233 页。
② 《历代刑法考》，《法学通论讲议序》，第 2233 页。

考》一卷，《盐法考》《私矍考》《私茶考》《酒禁考》《同居考》《丁年考》共一卷，《律目考》一卷等，上述在诸法合体之下与刑法都有关联，但形式上则系另立篇章。一些法律条文乍看起来有所重复，由于论证角度不同，且不少考释都从源流旁征博引，读之令人增长见识。至于其中收入之《汉律摭遗》二十二卷、《明律目笺》三卷、《明大诰》峻令一卷等，更是在前述通考的基础上，进一步对汉代和明代刑事法制的进一步考释。

甲编的第二部分是《寄簃文存》。此部分共八卷，分别按"奏议"、"论"、"说"、"考、释"、"笺"、"序"和"跋"等不同文体形式排列。比之第一部分，《寄簃文存》虽然篇幅较短，文字数量较少，但却是沈氏著述之精华部分。内容既有对顶层法制改革设计建言，又有对历史和当世名家著作评议，还有对法律概念探究和典型个案分析。前文介绍的重要法制改革理念，诸如推行法治、满汉法律平等、删除酷刑重法、废除奴婢制度、呼吁司法独立、倡导加强法学教育等，均在其中。为了达到改革之目的，他不惜触犯朝廷，也不惧得罪权贵，秉笔直书，大声疾呼，充分表现了其理论勇气和忠于国家和民族的风骨。

《沈寄簃先生遗书》乙编，收入的著述与法律关系不似甲编那么直接，多属于断代史研究，还有些属于小学。诸如《史记琐言》三卷，《汉书琐言》五卷，《后汉书琐言》三卷，《续汉书琐言》一卷，《三国志琐言》四卷，《三国志书目》四种（包括《三国志书目》二卷，《世说注书目》三卷，《续汉注志书目》三卷，《文选李善注书目》六卷），《日南随笔》八卷，《沈碧楼偶存稿》十二卷。除《文选李善注书目》六卷注明"嗣出"者外，乙编注明"嗣出"的尚有：《说文引经异同》二十六卷，《附录》二卷，《日南读书记》十八卷，《三国志校勘记》六卷，《汉书侯国郡县表》一卷，《古今官名异同考》一卷。

《乙编》中沈氏对前四史等的考释均称"琐言"，琐者，细微之意也，标以"琐言"表明其谦逊，也可以想见他治学之认真，是为后人的楷模。

沈家本先生著作陆续刊刻后，一直为学界所关注。《沈寄簃先生遗书》的整理出版，更是为研究中国法律制度史、思想史，尤其为研究中国近代法制和法律思想的变革与发展提供了丰富的资源。可以说一百余年来几代学人均从中受益。

尽管《沈寄簃先生遗书》甲、乙两编收录的著作多达两千多万言，但仍有相当一部分未能刊刻收入。被《遗书》整理编辑者列于甲编之后的"未刻书目"有：

《秋谳须知》十卷

《读例偶笺》三卷

《律例杂说》二卷

《读律校勘记》五卷

《奏谳汇存》一卷

《驳稿汇存》一卷

《雪堂公牍》一卷

《压线篇》一卷

《刺字集》二卷

《文字狱》一卷

《刑案汇览》三编一百卷

《借书记》一卷

《周官书名考》一卷

《奇姓汇编》一卷

《吴兴琐语》一卷

《金井杂志》一卷

总共十六种一百三十二卷

图2　《沈家本未刻书集纂》书影

需要说明的是以上"未刻书目"所列《刺字集》二卷，沈氏生前业已刊刻。"未刻书目"《刑案汇览》一百卷，沈氏自撰《刑案汇览三编序》："因复手自校订，除繁去复，排比成书，凡一百二十四卷，颜之曰《三编》。"① 现藏稿本为一百二十六卷。② 以上卷数不一，应是计算误差。

### （二）笔者接触和学习沈家本已出版著作的经历

半个世纪的学习和工作中，笔者曾接触和学习了沈家本先生的著作，受益良多，但并未进行专题研究。

第一次接触和学习是研究生时。20世纪50年代我在中国人民大学法律系学习，本科毕业后师从张晋藩教授读研究生，专业研修中国古代法律制度，方向定于唐代法律。经一段学习，毕业论文定"永徽律研究"。唐律的原始材料《唐律疏议》，图书馆倒是有存，但对于一个初学者说，读懂不无困难。张老师给予指导：先从历史背景切入，了解唐之前法律沿革及与之相关的社会经济发展、阶级斗争，了解唐代之前隋代的开皇律、大业律的沿革，特别是了解与现存《唐律疏议》直接关联的《武德律》和《贞观律》的制定过程。这些情况历史资料有笼统记载，可以加深对唐律形成的理解，但对唐律本身如何具体分析仍然有待进一步研究。当时急切希望找到论述唐律的文章以资借鉴。之后查到北京政法学院（现中国政法大学）戴克光先生写过研究唐律文章。便去拜见戴先生。我说明来意后，先生问我已看了哪些书。他说写的唐律的文章已是以前的事了，之后没再进一步研究。他建议我读沈家本先生的书和日本学者仁井田陞关于唐律研究的成果。按张老师指导和戴先生建议，我重点查阅了《沈寄簃先生遗书》甲编。通过沈先生的对历代法律的解析和对唐律的评述。使我窥见了春秋战国以来，儒法两家的法律观念，在传统法律的演变中，《唐律疏议》如何实现了外儒内法密切结合，一部刑杀之书终能寓以恺侧慈祥之意；窥见了在"律者，民命之所系也"的冠冕堂皇的词语下，如何维护封建皇权、族权、父权和夫权等伦理秩序；也使我初步学习如何对501条《唐律疏议》按近代法律观念进行分解。

---

① 见沈家本《历代刑法考》，中华书局1985年版，第2226页。
② 见李贵连《沈家本评传》，南京大学出版社2005年版，第341页。

　　第二次学习沈家本先生的著述，是"文化大革命"最后一年参加整理云梦秦简。1975 年年底，湖北云梦县城关公社在修建农田水利工程时，在一座秦代墓葬中发现大批竹简记载有大量法律条文。第二年 3 月中旬，竹简发现的信息由新华社发布，《人民日报》和《光明日报》刊载，立即在国内外引起广泛关注。当时"文化大革命"正掀起"评法批儒"，我和法学所部分同事在北京第二机床厂劳动。基于所学专业关系，看到此信息内心颇为兴奋。几天后所总支一位委员找到我，说竹简整理单位（国家文物局）需要研究中国古代法律的人员参加秦简整理工作，问我是否愿意参加？我心中很高兴，但却未贸然答应，怕卷入"文化大革命"派性斗争。待到国家文物局找同学了解整理工作纯属学术研究，才表示同意。

　　云梦秦简记载的法律，是公元前 3 世纪至秦始皇统一全国后一个基层官吏抄录的，从内容看只是秦律的一小部分，且多涉及基层治理。尽管如此，由于它的发现填补了这段历史文献记载的空白，十分珍贵。但法律内容涉及广泛，条文用语不少与后世差距较大，有的颇为生僻。为了做到准确识读，对于一些字词，不仅要借助《尔雅》《说文》等字书，还需查阅《易》《诗》《尚书》《周礼》等十三经和诸子与前四史及其注疏。在此过程中沈氏的著述对历代刑事法律的解析为我们提供了重要参考。

　　第三次较集中学习沈氏著作，是"文化大革命"结束改革开放之始。在参加云梦秦简整理过程中，中华书局骈宇骞编辑，曾几次到整理小组拜访与其相识。整理工作结束后，他向我透露拟点校《沈寄簃先生遗书》甲编，我表示支持。他希望点校后请我复校。由于研究生招考和相关研究工作正忙，未敢肯定答应。谁知有一天到研究室看到办公桌上堆放了大量复印的书稿。研究室同事说是中华书局送来请我复校的。没办法，只能勉为其难。对古籍的点校并非易事。20 世纪 50 年代国家有关单位组织对二十四史点校，请的都是有关断代研究著名专家，但出版后学界对不少断句意见纷纷。最后大家认为，只要不违反原意，句子长短不能强求一致。按照此原则，我对邓经元、骈宇骞先生点校之《历代刑法考》（附有《寄簃文存》）复校时，除涉及刑法的断句个别失当外，基本未作变动。此书1985 年 10 月出版，本人为此获点校者赠书一套。以往学习沈先生的著述，都是按需要查阅其中相关内容。这次校阅尽管思想未能在先生论及的诸多问题上逗留，却使我对《遗书》甲编的内容有了较全面了解，又一次被先生渊博的学识所折服。

笔者前后读了沈家本先生著述，但只是泛读或从中查找所需资料。也曾想，但却始终没能坐下来认真进行研究。所以我说自己只是沈家本先生的仰慕者。本文在介绍沈氏未刻书稿如何保存、保护及整理经过之机，甘愿冒"掠美"之险，主要借助李贵连教授所著《沈家本年谱长篇》《沈家本评传》及其他学者的研究成果，对沈老先生在近代法制改革和法学研究上的贡献予以介绍，目的是希望更多后学对先生个人业绩及其研究成果予以更多关注，使其顺应历史潮流的变革思想与大力推进的法制改革实践，在新时代中国特色社会主义法治文化建设中发挥应有的作用。

### （三）未刻书稿的保存、保护和汇集

前文谈到《沈寄簃先生遗书》甲编最后附有"未刻书目"总计十六种一百三十二卷。其中《刺字集》二卷沈氏生前已刊刻；《刑案汇览》三编一百卷，卷数有误；沈氏《自序》统计为一百二十四卷，李贵连《沈家本评传》："现藏稿本为一百二十六卷。"《刑案汇览》档案有藏。除上述被《遗书》整理者入列未刻书稿之外，是否还有其他书稿？它们藏何处？一直为学界所关注。

1964 年我研究生毕业，在参加学校"新五反工作"之后，按双向选择的办法，于当年 12 月到中国科学院（1977 年以该院哲学社会科学学部为基础建立中国社会科学院）法学研究所报到。上班不久便听说沈家本先生的后人将先生的手稿捐赠给了法学研究所。书稿内容不详。当时我猜想并希望其中应包括"未刻书目"所列的书稿。

据后来了解，情况是这样的：沈家本先生去世后，书稿和字画由其四子沈承煌及承煌之妻赵六如夫妇收存。承煌英年早逝，他们的儿子沈仁坚去世时也只有 42 岁。全家一直靠赵六如女士支撑。六如女士祖籍保定。沈家本日记 1908 年润三月十四日有如是记述："为四儿联姻赵氏松生景林之女，忠郎公之堂侄女也。"沈氏曾知府保定，传统礼俗联姻讲究门当户对，可知赵六如是出自保定名门之家。六如女士毕业于京师女子师范学堂。正因为她是具有较高文化的大家闺秀。虽然适沈承煌后，以相夫教子与儿媳一起抚养孙儿、孙女为业，但对沈家本先生之遗稿、字画的历史文化价值却有足够认识。使这些珍贵文物历经风雨战乱、世道变换得以较妥善保存。

对于字画与手稿的保存细节，沈家本之曾孙沈厚铎在《枕碧楼藏书

与沈家本手稿》一文中有如下回忆："我的祖父去世后，我的父亲跑到重庆追随蒋委员长抗日去了，而那个汉奸丁举人不知从哪里嗅到了信息，三天两头来打听沈子固哪里去了？（父亲沈仁坚，字子固）使得婆媳二人惶惶不可终日。直到我的母亲产下我的妹妹，祖母决定回南。为了保护我这老四房的独苗，于是她老人家打发母亲带着我先离开北平。她在北平悄悄将一应什物分别存放到亲友家，把书籍存放到琉璃厂来熏阁。据说来熏阁陈氏家族和祖母娘家很有渊源，自然肯于帮忙，那时连同《沈寄簃先生遗书》等书的木刻板和书籍，一股脑都存到那里，然后卖掉房子。带着我的妹妹也离开了北平这一是非之地。"

"1949 年北平和平解放，大约四月，父亲携全家回到了北京（北平又叫北京了）。然而错过了时机，他失业了，家庭生活陷入困境。变卖成了生活唯一的来源……住的房子越来越小，东西越来越少，父亲身体越来越差，等到几乎家徒四壁的时候，年仅 42 岁的父亲撒手人寰了，留下年过花甲的母亲和 37 岁的妻子，带着只有 13 岁的我和两个妹妹。那时家里只剩下了六个书箱，听祖母说，这是绝对不能卖的，后来才知道那是太公的手稿。"

从以上沈厚铎先生回忆可知，他幼年丧父，是祖母和母亲将其和两个妹妹带大。20 世纪 60 年代初沈家本的孙女、沈厚铎的堂姑姑余谷似（原名沈仁垌参加革命后改名）动议将沈家本之遗稿捐献。余谷似早年参加革命，历经抗日战争和解放战争。曾在北平地下党组织城工部工作，其子牺牲于人民解放战争之中。中华人民共和国成立后，她曾任职于内蒙古党委办公厅，最后任北京文史馆党委书记。当她动议捐献沈家本先生手稿时，长期保管这批手稿的赵六如女士有所犹疑。此时余谷似就找到正在北京师范学院（现首都师范大学）中文系读书的沈厚铎代为说服赵六如女士。沈厚铎曾说："大姑妈在我心目中地位是崇高的，这不仅因为我自幼丧父，大姑妈给了我不少关心和帮助，更重要的是她早年参加革命，抗日战争、解放战争中长期从事革命工作，付出过许多艰辛，她在我心目中就是革命的象征，因此大姑妈的话我是深信不疑的。于是我就和祖母说了许多捐献给国家意义重大等我也不太明白的大道理，总之祖母是同意了。"

捐献的意见定下后，捐献给某高校的运作未果。余谷似就于 60 年代初代表沈氏家族，将这批珍贵的书稿通过中国科学院哲学社会部副主任兼法学研究所所长张友渔，捐给了建立不久的法学研究所。张友渔 50 年代曾任北京市副市长，与余谷似相识。一听到有沈家本手稿捐赠便十分重视，收到后视若珍宝。

法学研究所1958年建立，建立时接收了中央人民政府政治法律委员会在北京和平解放时收集的书籍，其中还有1952年院系调整时接收的清华大学移交的法律部分外文图书，总数约30万册。内有中国古代善本书、北洋政府政报等有关图书资料。据说，董必武曾指示：这部分藏书十分宝贵，将来机构无论怎么变动，图书资料都要整体移交，不要分散。迄今除李祖荫60年代初借走的两三轮车图书因故下落不明外，其他均保存完好。沈家本先生手稿收藏，无异为这个高质量的法律专业图书馆又增添可引以为豪的新内容。法学所"文化大革命"前办公条件简陋，藏书条件不佳，但董老的指示和研究所人员热爱图书的素质，尽管在"红卫兵"大串连侵入办公楼毁坏了不少东西，但沈家本先生手稿等图书资料却得到了妥善保护。

"文化大革命"中期，1970年林彪发布"第一号令"进行战备动员。属于中国科学院哲学社会科学部的法学研究所，以走"五七道路"之名下放河南省信阳息县劳动。全所70余人在军、工宣队带领下，编为干校第13连。为了保护珍贵图书资料，开始曾拟将沈家本先生手稿等装箱运往陕西华山。当将干校安置于淮河之滨放息县之后，这批资料最后随之被运到信阳鸡公山存放。1971年"9·13事件"发生，林彪等叛逃中途飞机坠毁于蒙古温都尔汗。1972年麦收之后，学部整体迁回北京。不久，沈家本手稿等珍贵图书资料经历长途旅行也得以运回。

沈家本未刻书稿由余谷似代表赵六如、沈厚铎等沈氏家族捐赠法学研究所的是主要部分。其余还有北京大学图书馆藏稿本三种；日本东京大学东洋文化研究所图书馆一种；沈厚铎先生另提供一种。在所收集到的稿本中，有两种内容与法学研究所稿本相同。一种是《日南读书记》、一种是《古今官名异同考》。

沈家本未刻书稿能以在历经风雨近百年后基本完好保存和保护，当然首先要感谢已故去的赵六如、余谷似女士为代表的沈氏后人；同时要感谢中国社会科学院法学研究所、北京大学图书馆的诸位同事；还要感谢沈厚铎先生和李贵连先生。沈厚铎作为沈老先生的嫡传曾孙，既是书稿的守护者，又是力主捐献的支持者，还是书稿整理的积极参与者；李贵连教授是改革开放后第一批研究生，多年来他将主要精力倾注于沈家本研究，漂洋过海寻回流失的沈家本的书稿，研究成果卓著，改革开放后成为沈家本研究的开拓者和重要专家。

### （四）沈家本未刻书稿的整理与出版

以上未刊刻之书稿，除沈氏后人捐赠、由法学所收藏部分，其余是陆续收集的。《刑案汇览》之外，总计三十三种一百一十卷。前已介绍，《沈寄簃先生遗书》甲编所附未刻书目中，《刺字集》沈氏生前已经刊刻属误列，《刑案汇览》卷帙浩繁，只能留待另行整理。此外，《沈寄簃先生遗书》乙编目录开列九种，而只刊刻四种。其他注明"嗣出"而实际并未刊刻。《遗书》甲编所列"未刻书目"和乙编"嗣出"预告后出的书目，在本次所汇集的书稿中多数业已发现，只有个别尚无下落。如前文引《清史稿》所言称沈家本"少读书，好深湛之思，于周官多创获"。先生精于法学研究，对小学、经学和史学研究也留下了骄人的成就，甚为可贵。

法学类有：《律例校勘记》、《律例偶笺》、《律例杂说》、《刑法杂考》、《刑部奏删新律例》、《法部通行章程》、《旧抄内定律例稿本》、《刑案删存》、《校稿汇存》、《奏谳汇存》、《压线篇》、《雪堂公牍》、《晋书五行刑法二志校语》、《秋谳须知》、《秋审比较条款附案》、《叙雪堂故事》、《叙雪堂故事删誊》、《读律赘言》、《续修会典事例》（残卷）、《妇女实发律例会说》、《律例精歌括》等。此部分内容丰富，涉及领域广阔，有研究历代和当代律例研究的成果，有为刑部代拟之奏稿，有为推进法制改革对大清律例应删除之条例的列举和论述，有法部改造旧律、制定新法的抄件。关于秋谳须知等几种，是对大量疑难案件的分析和由此总结出秋审文书册籍之写作范式。《秋审比较条款附案》是关于清代秋审的一部重要著作。序言以下，设职官、服制、人命、奸盗抢劫、杂项、矜缓比较等六目。该书本着"会通繁赜，剖析毫芒，事不厌于推求，旨必归于平恕"的原则，采比案于各条款之后，考证细腻，论说精到。集中系统阐释了秋审案件的经验，也反映了沈家本改革秋审制度的思想。《妇女实发律杂说》是关于犯军、流、徒罪之妇女，准予实际执行的例文汇总与分析。按清律，妇女犯上述罪，均准收赎。唯情节重者，有实发之条。然犯罪分妇女实犯和因缘坐牵连，实发又有为奴与不为奴之区分，例文歧出，准确理解并非易事，沈氏"妇女以名节为重，实发系属不得已之法，"要求

"司谳者自应详加考究"。为此，他详列相关律例条文，加以按语，予以具体分析。《律例辅言歌括》是以韵文形式编写的传播法律的通俗读物。开宗明义指出："读书万卷不读律，致君尧舜终无术，东坡此言真有味，个中精要须明晰。余将律例全纂成，知之方可理刑名，若能记取最简要，岂独官员与幕宾。"以下依律例内容分段编写，既有实体法律，又有程序法律；类似前代官箴，更是当世法律普及读物。以沈家本先生之高位，关心法制改革及宣传如此细心，清楚地感受到了他那颗以法律强国的赤子之心，着实令人敬佩！

小学类最早的是咸丰九年（1860 年）成书的《周官书名考古偶纂》。时沈氏仅 20 岁，即能做到微稽探隐，删谬补缺，力求穷书。其小学功底可见一斑。而沈著未刻书稿中最典型的是《说文引经异同考》。东汉许慎的《说文解字》是我国最早的一部字书，也是古代小学的最早的一部经典著作。此书引证的千余条经书文句，与传世的文本多有异同。清代学者从《说文》引经异同入手，考证古代文字变化和各派经师之学说。指出不同派系在对经学、训诂做出诸多贡献的同时，也存在诸多分歧，读者往往莫知所从。沈氏汇集众说，提出自己的见解。据自序，编写此书始于光绪五年（1880 年），成于光绪七年（1882 年），共二十六卷。然检阅稿本仅二十一卷，所称附录二卷亦不见存。是自序记数有误，抑或手稿缺失，有待进一步考证。尽管如此，该著仍不失为清世乾、嘉两朝之后，训诂学发展的一家之言。

未刻书稿之经、史类，在具体著述中相互联结难以区分。实际上关于古代法律的阐释与考证亦如是。为了叙述方便，此两类合并介绍。《日南读书记》是沈氏长期研究十三经的重要成果。该书对十三经的文字、典故与内容进行了精湛考释，对历代学者解说舛误之处有根据地予以指出，多有匡正。《三国志校勘记》作者分别对魏书、蜀书、吴书进行了校勘。在对所收到的九种版本文字异同互校之后，对各版本之正误加以论证。过程中除利用三国志本文，还利用《汉书》和《后汉书》有关传文、文集以及类书中的史料。充分展示了作者深厚的史学功底与严谨的治学态度。《晋书·五行刑法二志校语》是对《晋书·五行志》和《晋书·刑法志》的引文出处进行考证，校正了其中的舛误。其他《古代官名异同考》《明史琐言》也属于经史类。

杂抄类收入有：《沈观杂抄》《奇姓杂抄》《吴兴琐语》《借书记》

等。名实相符，内容繁杂。《沈观杂抄》是汇集的清末若干大员关于国家或地方经济、政务等方面奏折电文及时论；《奇姓杂抄》是其曾祖父收录之奇姓和本人"阅见"以及《居易录》《缙绅录》记载的奇姓；《吴兴琐语》摘录了明清浙江湖州一带文人名士事迹；《借书记》记载了沈氏1862年至1866年客居长沙时借阅多达近300种书的记述。每篇"撮具大旨，以存崖略"，间或予以评说。由此可见其年轻时读书之刻苦用心，最后能成为法学大师绝非偶然。《药言》与《冰言》是关于修身齐家的论述，似家训箴规。如告诫："岂有子孙皆靠父祖过活之理，若肯立志，大小自成结果，若只逸乐自娱，虽得前人百万家资，必有贫困之日。"还告诫要学以致用："学举业者，读诸般经书，以安排作时文材料，用已全无干涉，故其一时所资进身者，皆古人之糟粕；终身所得以行事者，诚所谓书自书，我自我，与不学者何以异！"总观全篇，如沈氏语："常谈也，至言也"。此可谓做人治学立世之圭臬。

沈家本日记，为沈厚铎先生收藏。稿本十四册，最早始于1861年，止于1912年。其中相当部分虽在"文化大革命"中散失，现存约近70万字，对研究沈氏生平仍有重要价值。20世纪90年代初，在筹编《中国珍稀法律典籍集成》时，基于其对清末法律改革研究的价值，决定将其收入该书丙编。该《集成》由刘海年、杨一凡主编，科学出版社1994年出版。当时由于主要对外发行，投入大，印数少（500部），定价高。国内仅有个别图书馆收藏。有鉴于此，为使其能与广大读者见面，在沈氏未刻书稿整理出版之际，我与韩延龙、沈厚铎商量决定将沈氏日记一并收入。

上述未刻书稿大部分是手稿，字潦草凌乱，辨识较为困难。部分抄稿虽较整齐，有的且经沈氏校阅，但错漏之处所在多有。经韩延龙先生初步查看后，参加校点的同事共同商量的整理原则是：异体字、明显的点画之伪，以及脱漏衍倒确有坚实理据者，予以径改；实在难辨认、上下文又不便联结的，以方括号示之；书稿应分段而未分段的，由整理者斟酌划分段落。除此，尽可能维持原稿，不加改动。

未定稿的整理出版得到了中国社会科学院大力支持，由经法学研究所法制史研究室全体同人和李贵连、沈厚铎、张少瑜、宋国范、田禾、张积等同志共同努力，书稿的整理点校，历时一年终于完成。之后，又经中国社会科学院语言研究所王克仲、国家图书馆缮本部杜晓明两位先生复校，中国社会科学出版社任明先生细心编审，《沈家本未刻书集纂》得以于1996 年出版。《集纂》出版，学界勉励有言。之后，发现前者整理时对书稿有所遗漏，又从外部搜集若干。为使沈氏著述完整面献世人，决定以续编刊出，命名为《沈家本未刻书集纂补编》，于 2006 年出版。

《沈家本未刻书集纂》及其《补编》相继出版之后，中国政法大学法律古籍整理研究所与中国社会科学院法学研究所法制史室，在中国政法大学和沈氏故乡浙江湖州市人民政府支持下，在《沈寄簃先生遗书》甲、乙编和《沈家本未刻书集纂》、《沈家本未刻书集纂补编》的基础上，又搜集其散佚的诗文等，整理编纂《沈家本全集》，由中国政法大学出版社于 2008 年出版。至此，中国近代会通中西法学思想、以巨大理论勇气推进法制改革，学养深厚的法学大师沈家本之全部著作已完整面世。这是对先生的最好纪念，也是对我国法律文化建设的重要贡献。

（本文成稿过程中，承蒙李贵连先生与沈厚铎先生提供了相关资料，初稿草成后二位又分别提出了修改意见，在此谨表谢意！）

（刘海年，中国社会科学院法学研究所原所长、研究员）

# 韩延龙对中国法律史学研究的贡献

刘海年

我 1964 年在中国人民大学研究生毕业，12 月分配到法学研究所，到所时，大部分研究人员都下乡或到外单位参加"四清"工作。元旦过后的春节联欢会上才与韩延龙第一次见面。春节后，我与张仲麟、李淑清去最高人民法院收集革命法制史资料，他继续参加"四清"。同年 9 月，中国科学院哲学社会科学统一组团赴北京房山县南尚乐公社参加"四清"，延龙和我都是其中成员。二人劳动、工作虽在相距十多里的两个生产队，但开会时毕竟有几次接触，又因是同一研究室，相互有所交谈。

1972 年回到北京后，学部五七干校 13 连恢复了中国科学院法学研究所建制。不久中央派林修德、刘仰桥、宋一平三位老干部组成学部领导与军宣队共同领导学部的斗批改。虽恢复了建制，但除上面必需（如考古），各所研究人员均不得与报社、出版社联系。这倒使各研究所人员因"祸"得福，一方面研究人员可以多一些时间读书；另一方面参加当时全国范围所谓批判的压力大为减轻，对仍继续发生的事多一些时间思考。由于我和延龙、兆儒都是在二组（法制史研究组），能够经常交换看法。大约是1975 年小平同志"文化大革命"第一次复出，学部各研究所比照科学院各所进行整顿，延龙和我被指定为二组正副组长。研究组组成了，却不能开展研究工作。

## 一 支持我和高恒参加云梦秦简整理

1975 年年底，湖北云梦县城关公社在兴修水利工程中，发现了秦代记有多种法律的竹简。1976 年 3 月，报纸上消息引起我极大的注意。不久研究所临时总支一位委员找到我说，有关单位询问法学所有无研究古代法律的，问我是否愿意去参加整理新发现的云梦秦简。我听了很高兴，但怕到外单位工作弄不好陷入什么派性斗争招惹是非，未敢贸然答应。听说这批竹简整理工作归国家文物局领导，我就先到文物局找一位在那工作的同学打听，他告诉我这属学术研究，有关考古、古文字、历史学的专家已开始集中，应当参加。他的介绍进一步提高了我的积极性。接着便与韩延龙商量，并告诉他可以再去一人，得到了他大力支持。我们俩商量，先征求高恒意见，他如愿意，建议总支允许高恒与我一起参加。在韩延龙的支持下，从 1976 年春到 1978 年春，我和高恒与历史所、北京大学，湖北、四川博物馆、北京师范大学等不同专业的同人一起从事了两年秦简识读、注释、翻译等整理工作。这既完成了一项国家重要工作，我们个人也学到了不少知识，成为我研究生涯的一件幸事。由此启动的先秦和秦汉法律史研究，后来成了法制史研究室的强项。

## 二　推动法学所和法学界思想解放

1977 年中央为使哲学社会科学更好为社会主义建设服务，决定将原属中国科学院的哲学社会科学学部升格为中国社会科学院，由胡乔木任院长，邓立群、于光远任副院长。中国社会科学院建立，三位马克思主义理论大家任命为院领导，至少在这里标志对"文化大革命"拨乱反正开始。法学研究所和其他研究所陆续组建了新领导班子，原所属之研究组，更名为研究室，韩延龙和我被任命为研究室正副主任。之后，又增吴建璠为副主任。

1978 年夏天，全国对《实践是检验真理的唯一标准》开展的讨论，引起了大家对"文化大革命"前和"文化大革命"中发生的许多问题的反思。延龙是敏感又善于思考的人。此时他表面上仍然一如既常的温文尔雅，熟悉他的同事却能感到其内心的激情开始燃烧。大约是当年夏秋的一天，他到西藏驻京办事处参加了一个座谈会。回来后颇为兴奋地告诉我，座谈会规模不大，他属于"小字辈"，其他都是北京法律界、法学界的名流。中宣部原副处长（中宣部当时的处相当于后来的局）林涧青参与主持了这次座谈，但他在座谈会开始和结束都没多讲话。简短开场白中表达的意思是明确的，即让大家畅谈法学界存在哪些问题应提出讨论。参会的同志众说纷纭，其中有理论问题，如：人治与法治，法律继承性问题；也有 1954 年宪法已有规定，但 1957 年"反右"却加以否定，"文化大革命"中又曾加以批判的问题，如：法律面前人人平等，人民法院独立审判等问题。我听了也很兴奋。但多少年后谈及此次会议时，延龙却弄不清什么人让他去参加这次座谈，记得参会的人有北京大学的陈守一，其他人由于不熟悉，再也无印象。我曾提出是否林润青要他去的，林"文化大革命"前"四清"与他相识，家住法学研究所附近。我们一起碰见时，多点头示意。延龙不止一次向我介绍此人。林不苟言笑，说话简练。是否林让他参加的？延龙也记不起来。我印象中，王家福也参加了这次座谈。记得当时王家福也曾向我谈及这次座谈会的内容，且在全所会讨论时，是延龙与王家福两人一起做的传达。

他们传达后，所里进行几次讨论。讨论中对上述问题和其他法学、法律中的问题，也有诸多分歧意见。有的是从法理和宪法规定的原则为标准；有的是依当时执法、司法中的事实为依据；有的仍摆脱不掉 1957 年"反右"曾加以否定、"文化大革命"中进一步强化的观念。好在大家刚刚经历了这场"被运动"，并身受其害，都能较平静讲道理。经几次热烈讨论，观点逐渐趋于一致。在此基础上，所里领导召集各研究室负责人联席会。参会的同志普遍认为，应以法学研究所的名义举办一次大型研讨会，以推动法学界更大范围敞开思想，提高认识。但主持会议的临时总支书记却犹豫不决。好在那次联席会有已经"解放"但仍未正式任职的前副所长韩幽桐同志参加。她实在不忍心这种尴尬的局面再继续下去，便毅然发言支持与会绝大多数同志意见，拍板举办一次邀请在北京的法学界和法律界知名专家学者参加的民主与法制研讨会。

1978 年秋，在前门东大街北京市高级人民法院大法庭举办的这次民主与法制研讨会，约有近百人参加。与在法学所的讨论一样，研讨会无严格预设程序。主持人只简要说明："文化大革命"中民主法制遭到破坏，积累了许多问题。为了深入批判林彪、"四人帮"反革命集团，要敞开思想，把多年来被破坏的民主法制领域存在的问题予以揭露，以推进国家民主法制建设。开场白之后便是自由发言。韩延龙作了发言，我和陈春龙当年 4 月在《解放军报》发表了干部要带头遵法守纪，反对特权，呼吁法律面前人人平等内容的文章，也就此内容作了发言。会议发言者在阐述法学理论问题时，多联系"文化大革命"中对民主法制被破坏和对人民权利的侵犯的事实，发言踊跃深刻，研讨会很成功。后来才意识到，研讨会和会后发表的多篇文章，有力地配合了同年11月召开的中央工作会议和十一届三中全会。

1978年11月至12月召开的党的十一届三中全会预备会和正式会议，是党和国家社会主义建设发展史上划时代的大事。全会以实事求是思想路线为指导，确立的解放思想、改革开放的方针，总结了历史经验，为社会主义事业健康发展指明了前进方向。在党中央领导讲话和全会精神的鼓舞下，韩延龙和全研究所的同志一样，都焕发出了科研的青春。十一届三中全会之后，法学所不少同志投入了国家立法和中央政法工作政策咨询及有关文件起草工作。当时国家社科规划由中国社会科学院领导，办公室由院科研局兼任。1979年年初，韩延龙和我参加了第一次全国社会科学规划会的筹备工作。他参加法学部分规划的制定，我和王家福、吴建璠到京西宾馆参与起草这次规划会的领导讲话。两人工作地方虽不在一起，但工作内容是同一整体，稍不同的只是原则与具体有所侧重。这是改革开放后也是中华人民共和国建立后第一个全国社会科学规划，本身就说明党和国家对哲学社会科学的重视。我俩几次交换意见，都认为要不负重托，将所承担的任务完成好。由于是第一次，没有相应的资料，就抓紧学习三中全会文件，广泛调查研究，听取各方面意见，后期又学习了小平同志在人民大会堂发表的关于《坚持四项基本原则》讲话。最后我们都认为，规划指导思想和具体内容，一定要坚持解放思想，改革开放，坚持四项基本原则。经反复研究起草的规划稿，经全国社科规划会进一步讨论，形成了更完善的社会科学发展蓝图。在十一届三中全会开辟的发展新阶段，对包括法学在内的哲学社会科学研究、教学起到了重大推动和引领作用。

韩延龙对思想解放和改革开放做出的贡献，还表现在人权理论研究问题上。人权领域的思想解放是十一届三中全会后，较晚冲破的禁区之一。尽管宣布"文化大革命"结束，不少领域揭露出大量群众和干部权力被侵犯的事实，党中央的文件和领导讲话也提出，为了保障人民权利，必须加强民主法制。但大家发言和文章除谈具体案件，多只谈保障某一方面某一部分人的权利，或最一般谈保障人民权利。尽管所谈均属人权，但却都避开"人权"一词。尤其是一些主流媒体仍不加分析笼而统之宣称"人权是资产阶级口号"，很是吓人。随国内改革开放步伐，农村以户为单位联产承包责任制实行和城市个体经济、私营经济发展，人民群众对权利的要求更加普遍，更加迫切；加之 20 世纪 80 年代末 90 年代初，东欧国家剧变，苏联逐步解体，以美国为首的西方国家将人权斗争的矛头重点指向中国，通过国际组织施压，妄图改变中国颜色。为适应国内外形势发展需要，1991 年年初，江泽民同志提出，人权问题回避不了，要进行研究，并将理论研究交给了时任中国社会科学院长的胡绳同志。可能考虑人权保障重点属法律问题，胡绳院长将此项研究任务交给了时任法学所领导的王家福和我。我去听中央关于对人权研究的指示传达后，立即在所内进行了传达讨论。中央提出对人权进行研究，这一禁区总算打破了，大家颇为兴奋。不过对人权从概念、主体、客体怎么看，人权概念与人权观念是什么关系，人权概念、观念与人权保障制度又是什么联系，我们应如何对待人权等问题，都要有清楚认识。

在所内进行系列讨论，初步达成共识的基础上，为了更广泛传播中央精神，听取意见，1991 年 6 月初，法学所举办了一次全国性的人权理论研讨会。这次研讨会开得很成功，从人权概念、观念、人权理论和制度历史发展，重视人权理论研究和人权制度建设的意义以及人权与主权的关系等都有重要发言。与会专家、学者情绪普遍高涨，一致拥护中央关于要开展人权研究的决定。韩延龙在会上以革命根据地的相关史料，阐述了党在新民主主义革命中重视人权的历史联系实际作了发言。尽管讨论并非在所有问题上都达成共识，但在人权研究思想解放上起了重要推动作用。会后，韩延龙和李林一起，为《要报》撰写了《我国应高举社会主义人权旗帜》一文。他们在《要报》中指出：高举人权旗帜有利于我国参与国际人权活动，同西方国家利用人权干涉我国内政进行斗争；有利于维护我国和第三世界国家的共同利益，挫败美国等西方国家和平演变战略；有利于加强我国人权保障和各项权利充分实现。文章同时指出，共产党人的宗旨是全人类的解放，中国共产党几十年来就是领导中国人民为实现自己的人权而奋斗。这篇《要报》与我撰写的《关于人权的概念》，刘楠来、朱晓青撰写的《划清对人权国际保护和以人权为借口干涉别国内政的界线》，上报中央后受到领导重视，成为中央调整政策，国家完善法治以及国务院新闻办公室撰写和发表的《中国人权状况》白皮书等一系列工作的重要参考材料。

基于国内人权建设和国际人权斗争与交流的需要，人权理论与对策研究，整个 20 世纪 90 年代都是法学研究所的一项重要任务。尽管韩延龙大部分时间从事近现代法制史的研究，一旦中央交办人权研究紧急任务，他便不辞辛苦，义无反顾地投入紧急任务所需。1991 年春，中央部署进行人权理论研究不久，中宣部组织编辑大型人权研究资料丛书，法学所负责组织编辑《中国人权建设》和《发展中国家与人权》。前者由研究所组织中央和国家有关部委同志讨论并撰稿，后者由研究所出面与我驻有关国家使馆和有关国家驻华使馆联系。《中国人权建设》文稿集中后，由史探经和韩延龙主编，李步云撰写序言。这是第一部系统、全面反映中国人权保障的资料型书籍，社会效果良好。1993 年维也纳世界人权大会前，外交部委托法学所撰写一篇中国代表团参会的理论对策和建议。此报告经多次集体讨论后，委托夏勇起草。在讨论和修改过程中韩延龙发表意见的思考、思路都是超前的。为报告的撰成做出了贡献。此报告为外交部所重视，中国参会的代表团成员人手一册。其中的不少观点为大会最后文件——《维也纳宣言和行动纲领》所采纳。

上述《要报》与我和王家福、韩延龙等后来赴北美、西欧、南亚进行人权考察所写的系列《要报》，以及由集体讨论、由夏勇执笔撰写的《关于我国参加 1993 年世界人权大会的理论对策和建议》的报告，先后获中国社会科学院优秀科研成果奖。

## 三　潜心研究近现代法律历史

1979 年，全国社科规划会后，我两一致认为，我们自己和研究室的全体同志都要抓紧时间扎扎实实搞好研究，以弥补"文化大革命"前参加运动和"文化大革命"十多年时间造成的损失。法制史研究室人员调整后有减有增，我们俩商定，我和高恒继续以云梦秦简法律为切入点研究战国秦汉法律制度史。他与常兆儒从研究革命根据地法律文献为基础，进而研究近代现代法律史，其他同志按自己基础和志愿选择不同断代法制研究。1981 年我和韩延龙一起随韩幽桐副所长赴日本访问，了解日本研究中国法制史的学者之所以能对一些断代法律研究那么深入，是他们对每个专题、每一个断代研究都花了很长时间，收集了大量资料，如仁井田陞、滋贺秀三对唐律，岛田正郎对辽代法律，几乎是以毕生精力。这使我们更坚定了对研究室分工的安排。此后韩延龙一直坚持原来的计划并取得了骄人成就。而我虽然也获了一些学界认可的阶段性成果，但由于职务变动，却不能不把主要精力转到其他研究领域，留下了深深遗憾。

革命根据地建设，是我国新民主主义革命在全国胜利的三大法宝之一，对党领导的武装斗争、统一战线发展都有重要作用。其法律是根据地建设的支撑。现有法律史料，包括第二次国内革命战争、抗日战争和解放战争时期，各革命根据地依党中央政策结合实际情况颁行的历史文献，屡经战火得以保存，并在中华人民共和国成立初期由董必武等老一代政法界领导指示汇集，主要部分保存于最高人民法院。"文化大革命"前法学研究所立项拟对这批史料进行研究。1964 年开始先后到最高法院抄写、复印资料的有张仲麟、李淑清、刘海年、刘楠来、常兆儒等。最高院所存资料收集毕，王可菊、马骙聪等参加了资料整理工作。研究工作由副所长韩幽桐主持。此项研究尚未正式进行，由于"文化大革命"而中止。1979年社科规划会后，这一研究工作理所当然地落到了法制史研究室。如前所述，具体由韩延龙和常兆儒承担。

韩延龙和常兆儒的研究，也从文献资料研究切入。这样，革命根据地法制文献进一步整理便列入法学所研究规划。经他们进一步筛选、主编的《中国新民主主义革命时期根据地法制文献选编》四卷本，于 1981 年和1989 年由中国社会科学出版社先后出版。它的出版，为与之相关的问题研究，打下了坚实资料基础，对我国立法、执法、司法工作和法学教育以及现代政治史、经济史研究，提供了较系统的珍贵历史资料。该书于1993 年 10 月再版，书名《革命根据地法治文献选编》（三卷本）。

常兆儒同志去世后，韩延龙以革命根据地法制史料为基础，与中国人民大学张希坡教授合作，编著了《中国革命法制史》（上、下卷），该书系全国哲学社会科学规划"六五"基金项目，由中国社会科学出版社 1987 年和 1992 年先后出版（2001 年再版时合并为一册）。此书是中华人民共和国成立后第一部系统论述新民主主义革命时期法制的专著。书中对 1921 年至 1949 年革命根据地制定的宪法性文件、施政纲领、政权机构建设、土地政策等进行了系统分析研究。它将这一时期革命政权和法制演变基本上划为萌芽、初创、形成和胜利四个发展阶段，具有重要的理论和文献价值。甫一出版，便受到法律界和史学界关注与好评。上述《中国新民主主义革命时期根据地法制文献选编》四卷本，1991 年获中国社会科学院优秀科研成果奖。《中国革命法制史》1999

年获国家社会科学基金项目优秀成果二等奖（当届一等奖空缺）。该书于 2007 年由中国社会出版社再版。

韩延龙编著的另一部重要著作是《中国近代警察史》。20 世纪 80 年代初，公安部赵苍壁部长等领导，为提高国家警察队伍素质，通过群众出版社委托法学研究所法制史研究室，编写中外警察制度发展的学习材料。对于我们来说，这也是一项有意义的工作。不过当时室里各项研究工作均已开展，各位同志手头都有不同任务，很难挤出时间专门查阅文献组织编写出比较系统的东西。面对如此情况，延龙和我与出版社总编刘林春等同志商量，先就研究室各同志正研究的项目和熟悉的领域，将历史上与治安、警察有关的法律制度和案例予以充实整理，形成不同形式的专题，以通俗文字简要加以介绍。按双方商定，总题目为《警察史话》，写出一篇发一篇。反映这方面的法律制度史料云梦秦简中有一些，我和高恒同志正在研究，就结合《史记》《汉书》中有关战国、秦汉历史的记载，先写出了几篇。据出版社返回的信息，《史话》印发公安系统司局级干部范围看后，反映良好。这鼓励了大家的积极性，先后写出印发了 20 多期。此后赵息黄同志又撰写了多篇外国警察史专题，反映也颇好。此工作一年多基本结束。韩延龙和我及出版社都认为，我国历史上关于警察的法制史料很珍贵，不能就此止步。便与室里同志合计，以现有的《史话》作框架，充实内容，尽可能补上所缺的朝代相关制度和事例，形成连贯性、有特点和学术性的集子，展示出中国警察制度历史沿革的脉络。经研究室同志齐心协力，又经一年多，完成了初稿。由于延龙忙于其他任务，最后由俞鹿年和我定稿。定稿后，韩延龙和我一致意见，书名定《中国制度历史沿革》或《中国警察制度历史发展》，总之应将"史"凸显出来。但出版社却认为凸显出"史"可能影响书的销路，坚持定名为《中国警察制度简论》。考虑到与之合作的关系，我们也没再坚持。这本书于 1985 年出版。

《中国警察制度简论》初稿撰写中，我们发现，学界关于中国警察史的研究基本上处于空白状态。如果说清代中期之前，各朝代尚无警察称谓，研究难度大，那么从清末实行新政，1898 年开始建立警察算起到 1949 年经半个世纪，警察制度的沿革，也应予以理清。这是近代法律史的重要内容，对我国社会主义警察制度完善有现实意义。尽管资料不全，困难较大，韩延龙和常兆儒也决心承担，并很快开始了前期研究工作。常兆儒同志去世后，韩延龙与苏亦工共同主持。并吸收赵九燕、林炎炎二同志参加共同合作研究。为了收集足够材料，他们先在北京各大图书馆查阅相关著述和资料，之后又不辞劳苦赴重庆并两次赴南京查阅历史档案。经过努力，终于完成了《中国近代警察制度》，1993 年由公安大学出版社出版。该书对中国近代警察制度的产生、发展、结构、职能及相关法制、规章等作了系统介绍，资料比较丰富，内容充实。它一出版，便受学界和有关方面关注。2000 年在原有基础上进一步订正，更名为《中国近代警察史》，由社会科学文献出版社再出版。2017 年列入"社科学术文库"，由中国社会科学出版社再版。

在对新民主主义革命法制史和中国近代警察制度史研究的基础上，韩延龙和徐立志、马小红等合作，并由他牵头申请了国家社科基金"八五"规划重点项目，对中华人民共和国法制史进行研究。在他的主持下，经他与徐立志、马小红、赵晓耕、舒国滢等同志共同努力，《中华人民共和国法制通史》上、下两卷四编 44 章 180 万字于 1998 年由中共中央党校出版社出版。这部鸿篇巨制，按时间顺序分阶段论证了中华人民共和国成立以来各时期立法、执法、司法状况及政策实施对法制发展的影响。作者们以大量史料为依据，尽可能实事求是，力争秉笔直书，使全书基本反映中华人民共和国成立法制建设的实际情况。它的出版填补了此研究领域的空白，对政法工作提供了参考，为教学和进一步研究奠定了基础。

韩延龙和我与全研究室从事的几项重要研究工作，还有改革开放之初编写的《中国古代办案百例》。这是一本知识性普及读物，出版后颇受欢迎，后曾增订再版，印数达 29 万册。另一部，是受最高人民检察院委托，组织全室同志完成的《中国历代贪贿案件资料汇编》。其中汇集的案例，大部来自正史、官书，也有采于杂记，均应为真人真事。案件有贪污贿赂罪和公职人员其他经济方面的犯罪。资料 50 余万字，由最高人民检察院内部印发。由于经费不足，经与法律出版社联系，由我和韩延龙主编，忍痛删去了一部分案例，1988 年由法律出版社出版。本书所选案例均依年代顺序排列，原有标题的，采用原标题，原书无标题的，由编著者斟酌内容拟定标题。所有案例，附有简要注释，除民国时期案件外还附有译文。其内容不仅可使读者了解历史上处理贪贿案件情况，对现时反贪腐也有一定参考价值。

韩延龙和我一起组织法制史同志完成的另一项重要工作，是整理出版沈家本先生未刻文稿。沈家本先生是清代末年法制改革的先行者，思想深邃开放，是我国近代以西方法学阐释中华传统法律，并在立法和司法实践中做出了巨大贡献的法学泰斗。他一生留下了大量著作，虽大部分已经刊刻面世，一百多年来丰富了一代又一代法律界、法学界学人的思想，然而仍有一部分未刻文稿散落下来。其中一部分由沈先生后人余谷似（沈仁垌）、沈厚铎捐赠法学研究所，另一部分存北京大学图书馆和其他地方。捐赠法学所的这一部分，法学所同志们十分珍惜。1971 年学部"五七干校"被安置河南息县时，这部分未刻文稿与图书馆的缮本书及革命根据地法律史料，整体转移到信阳鸡公山保存。学部回到北京，形势好转后，才又搬回。韩延龙和我早想将这些未刻稿整理出版，但碍于当时手头有更紧急的任务，一直未能如愿。20 世纪 90 年代初，适应法学界研究和教学发展需要，我们商量，由我牵头申请社科基金，以法制史研究室人员为主，吸收兄弟单位研究力量，开始了整理工作。沈先生原稿是毛笔快速写成，其中不乏草字和行书，字迹不易辨认。为让出版社顺利编排，延龙对文稿顺序排列花了不少时间和精力。对其承担部分每天埋头伏案，辨认、点校，并一字一句用钢笔誊写在稿纸上。经大家分工合作，多次讨论，终成《沈家本未刻书集纂》，于 1996 年由中国社会科学出版社出版。在整理交付出版之后，我们又发现仍有相当一部分未刻文稿未能收入，内容虽不似已出版部分完整，但也很有价值。遂动议整理出版《补编》。之后又有我牵头申请国家社科基金，由参加整理《集纂》的原班人员进行整理。《沈家本未刻书集纂补编》两册 180 万字，仍由中国社会科学出版社于 2006 年出版。《集纂》的正编与补编虽均由我牵头申请国家社科基金，整理的原则与体例由韩延龙和我组织参加人员一同商定，而我除点校了分工的部分，联系语言所王克仲研究员对全部文稿进行审校和对他提出一些问题进行讨论外，其余文稿收集、点校分工及与出版社联系等大部分复杂、细致的组织工作，均由韩延龙承担。尤其在组织《补编》过程中，他虽病魔缠身，但仍坚持不懈，实在令人感动。《集纂》正编完成时，我提出整理负责人他排在我前面，他坚决拒绝。补编完成时，我再次提出，并颇严肃说，如不同意，将陷我于不义之地。他仍不为所动。实在无奈，我只好电话向出版社陈述意见，后又写信给出版社说明情况，问题才得以解决。

# 四 参与组建、领导中国法律史学会

1979 年春，在北京召开的全国社会科学规划会议上，参会的一些法律史学者建议，由中国社会科学院法学所牵头，举办全国法律史学研讨会，并筹备建立中国法律史学会。当时百废待兴，国家法制很不健全。他和我商量并报经领导同意后，我们俩和常兆儒、高恒等，开始与北京兄弟院校从事中外法律史教学和研究的学者沟通。当时一些院校尚在恢复之中，不少老师居住分散，甚至居无定所，每个学校要跑两三趟，尤其那时交通和通信联络均不发达，与北大、人大、中国政法大学和北京首都师范大学学者沟通，均靠骑自行车。好在我们正值中年，我身体好，韩延龙也算可以，我俩多跑几趟也不觉得累。常兆儒或老高参加时，路上还相互开些玩笑。天热我衣帽不整，常兆儒说学会建立后，谁会想到当年几位学者就如此短裤汗衫搞筹建工作啊！

各校同专业的老师听说相聚讨论学术问题，商量筹建法律史专业研究学会，积极性高涨。特别是张晋藩、张国华二位同志一再表示，通过学会这一研究平台，加强学术交流，推进中国的法律史学研究，一定要"争口气"，将中国法律史学会建立起来，并使研究中心回归中国。在与北京的学者沟通过程中，我们还就学会的名称、分支学科专业设置和研究对象广泛征求了大家意见，为研究会章程起草和研讨会开幕领导致辞、讲话撰写做了必要准备。与北京同人大体达成共识的同时，便开始与上海、武汉、重庆、西安和长春等地的政法院校法律史专业的老师和相关领导联系。吉林大学法律系在校领导大力支持下，主动表示愿承办研讨会会务。整个筹备工作和会章起草由韩延龙负责；我带几位研究生负责起草领导讲话和会议简报撰写等资料工作；崔治平负责财务并与吉林大学栗劲、刘富起两位老师联系具体事务。大家戏称他为"崔司库"。会前韩延龙和我就法律史的研究对象和方法进行了讨论并形成了纲要。

中国法律史研讨会暨中国法律史学会成立大会于 1979 年 9 月 12 日至 18 日在长春召开，是为中华人民共和国建立后我国法学界第一次大规模的学术研讨会，所建立的中国法律史学会是改革开放后法学界成立的第一个全国性的学术团体。研讨会收到中外法制史和法律思想史学术论文和相关材料 50 余件。与会学者发言热烈，对法制史与法律思想史的研究对象与方法问题进行了重点讨论。我和韩延龙就此作了联合发言。会后经进一步斟酌，形成《关于法律史的研究对象和方法问题》正式文稿，发表于1981 年出版的学会刊物《法律史论丛书》第一集。大会经过充分讨论，选举法学研究所副所长解铁光为会长，李光灿研究员等为副会长，吴建璠等为常务理事，韩延龙为理事兼秘书长（列席常务理事会）。这次研讨会不仅是全国法史学界的盛会，对法学界其他专业领域的学者组建学术团体开展学术交流、深化学术研究，也产生了积极影响。武汉大学著名刑法学家马克昌先生等一行，就不远千里到长春了解大会筹办、会章起草和会议进行情况。他对与会学者谦虚地说是"取经"。事实上，这次会对中国法学会的复建也起了推动作用。

学会建立后，法学所作为学会的挂靠单位（受中国社会科学院委托），法制史研究室实际上成为学会的办事机构，成为各集体会员与会员的联络中心。有鉴于此，韩延龙和我都觉得任务很重。我俩认为，比之于兄弟院校的老专家，我们研究室相对较为年轻，一定要有自知之明，为人处事要谦虚谨慎。对内，自身要抓紧专业学习和研究，加强团结，对各兄弟院校集体会员及单个会员要一视同仁。"文化大革命"后有的单位遗留一些内部矛盾，我们了解后绝不议论、不介入，要促和谐。国家社团法制逐步建立后，韩延龙成为法律史学会的法人代表，事务工作进一步增加。而我和吴建璠很快又被指派去参加林彪、江青集团案的审判工作，大量工作全部落在了他一人身上。尽管如此，由于他能秉持前述原则，和室里同志一起较为圆满地完成了研究会建立后的繁重任务，并使之逐步走上正轨。此后研究会经两次换届，他作为副会长一直发挥实际组织领导作用。1995 年至 2004 年他出任会长兼任《法律史论集》主编，在马小红、高旭晨副主编协助下，连续出版了 6 集，受到学界广泛好评。

从 1979 年中国法律史学会建立到 2004 年，20 多年中，延龙一直是研究会的重要组织者和领导者。他坚持党的方针政策，依照研究会章程，与兄弟院校同人不断沟通，及时化解了一些矛盾。按照各时期形势和法律史学科发展需要，对相关问题组织讨论和交流，有效地促进了中国法律史学会建设，推动了法律史学健康发展。近 40 年来，一大批年轻法律史学者成为知名专家，一大批优秀法律史著作相继问世，得益于法律史学会的推动。也是他为之付出的辛勤劳动结出的累累硕果，获得了学界同人广泛赞誉。

**图1　法律史学会成立20周年合影**

# 五　为研究生教育呕心沥血

　　中国社会科学院研究生院法学系，由研究生院与法学研究所联合举办，双重领导。招生由双方共同负责。研究生院负责后勤、教务、基础课程教学和学位审批；法学系负责专业教学、论文指导、学历和学位评定。系主任负责全面工作，由法学研究所任命。自1978年开始招收第一届硕士研究生后，随国家社会主义建设发展需要，各系、各专业博士点相继建立，研究生院获得授予博士学位权利。之后，法学系又举办在职法学硕士研究生班。在此之前，法学所被批准建立法学专业的博士后流动站。此项工作虽隶属人事，但不少教育和研究事务，也由法学系兼理，这使研究生教育成为法学所一个重要工作。为了加强领导，1988年后所党委就一直考虑法学系主任一职的合适人选。我考虑，无论人品、学识、组织领导能力，韩延龙都是最合适的人选。我提出后，党委成员一致表示同意。不过临征求他意见前我产生了顾虑：他是研究室主任，又是法律史学会的主要领导，再请他兼任法学系主任，负担是否过重？内心颇为忐忑。当与之商量时，虽然他也流露了与我类似的想法，但角度却是怕力不从心，影响工作。其态度之真诚实在令人感动。

他兼任法学系主任职务后（2000 年后为法学系顾问），对研究室和学会的工作做了妥善安排。对法学系的工作首先从制度建设抓起，先后与黄儒贤、高鸿钧、胡云腾、李明德、王敏远和崔燕云等同志合作，协调各方面关系，以教学为中心，狠抓研究生教育质量。对招生和资源分配上出现的不正之风，及时反映，依据原则，坚决抵制。其间他虽罹患癌症，仍然念念不忘包括研究生教育的各项任务。之后病稍好转便又投入了紧张工作。延龙对研究生教育倾注的心血，有力地推动了法学系制度建设，为研究生教育质量提供了保证，赢得了广大学子的爱戴。

**图 2　韩延龙、刘海年与研究生合影**

回顾我所了解的延龙的人生历程，从以优异的成绩中学毕业到苏联列宁格勒大学学习，再从 1960 年学成回国到中国科学院从事法学研究，可以说他的一生是努力奋斗的一生，是积极奉献的一生。政治运动和"文化大革命"虽然耽误了许多宝贵时光，但"文化大革命"结束便积极参与推动法学界解放思想、改革开放，接着即按照全国社会科学规划会精神，潜心进行法学研究。20 多年中连续撰写、编著出版了几部近现代法制有分量的鸿篇巨制，在近现代法制史研究上留下清晰的印记；他积极组建、领导中国法律史学会，广泛深入推动法律史学的研究与交流，终于使中国法律史研究中心回归祖国的愿望成为现实；他不辞劳苦地从事研究生教育工作，完善相应制度，提高教育质量，呕心沥血的奉献，将法学系建成了培育众多年轻学子成为有造诣学者和政法战线骨干的基地。

半个多世纪以来，我与韩延龙从相识到相知，共同的法学研究事业和对问题愿意思考的特点，把我俩紧紧联结在一起。其间虽历经风雨，"文化大革命"中甚至道路坎坷，但总能相互搀扶，砥砺前行。他思虑缜密，作风沉稳，对我帮助和支持良多。近年他几次生病住院，在病榻之上，还与我讨论工作中有关的学术问题和国内外发展形势。这次他罹患癌症，手术后五天就突然走了，家人、亲友和医生都始料不及。韩延龙走了，我痛失挚友，家人、朋友和同事们都深切怀念他！在追思会上，大家都表示，一定要学习他忠于理想、热爱事业、刻苦钻研、严谨治学的品德和学风，要用实际行动，让半个多世纪他从事的法律史研究，和其与同人们一起用心血灌浇的中国法律史学会，永远成为林木郁葱、开不败花朵的园地，以告慰他的在天之灵。

（刘海年，中国社会科学院法学研究所原所长、研究员）

# 与法学辞书相伴的岁月

## 曾庆敏

我一辈子就是一个书生。1949 年年末，我正在上海震旦大学附属中学学习，恰好华北大学俄文专修班到上海招生，我高中还没有毕业就考入了该大学，1950 年 10 月，中国人民大学成立，我即随着其他同学一起进入该大学俄文系学习。1952 年 4 月，离毕业还差两个月，我被派去留苏预备部学习，当年 9 月就赴苏联列宁格勒大学法律系学习，专业是刑法。由于我学习成绩优秀，还能随着苏联同学一起参加各种社会活动，在大学三年级时被系里评为优秀学生。1957 年毕业时同样是鉴于 5 年学习成绩优秀而获得优秀文凭。毕业回国，被国务院政法办指派我到法学研究所，先参加筹备工作。由于我工作积极努力，做出了一些成绩。在 20 世纪 50 年代末被中国科学院以及哲学社会科学部评为先进青年。我感到研究所这样的单位，其实类似于学校，尽管需要进行各种调查研究，但仍然是以书本为主，根据自己的研究写些文章。鉴于我一直在学校的经历，研究所的工作对于我来说还是比较适合的。

在"文化大革命"之前，我的主要工作是编辑一些资料，翻译一些国外的法学书籍，写一些应时文章，参加一些所里组织的专题研究，有的时候由于工作需要我陪陪外宾，当当翻译或者是领队。而我最主要的工作还是参加全国人大常委会组织的刑法修改，以及刑事诉讼法的修改。参加这些工作需要翻阅大量的资料，还要了解社会的实际情况，这对于以后的研究工作大有裨益。我搜集了大量的资料，但是经过"文化大革命"，又下了"五七干校"，我的资料丧失殆尽。"文化大革命"以后至今的改革开放 40 年，自从我参加了第一部法学工具书的编写，我的工作被人们所认可，从此一些出版单位就不断邀我编写各种版本的法律工具书，致使我在大部分时间一直与法学辞书相伴。我编写的辞书大概有 10 部以上之多。在这些工作中，我经历了喜和悲，有收获有损失。但是，从社会需要的角度来说，我还是满意的。此外，我还写了 3 部专著，以及一些相关的论文。尽管这些书和论文的观点，同他人甚至同官方的意见不同，被称为所谓的新观点。其实，我的这些观点，有的只是常识性的，充其量是想纠正社会上流行的对某些事物的误解，有的的确是通过认真思考以后写的。我的许多合作者都因年老而早已作古，而我现今也已年老，也应在改革开放40 年的今天将我的一些工作过程和结果粗略汇总一下，以感谢我的那些已作古，以及还健在的老朋友。

由法学研究所组织的我国第一部《法学词典》从 1977 年开始筹备，1978 年召开第一次编辑工作会议，1979 年秋冬统稿，1980 年 6 月出版，全书共 87 万字。这部书的出版是中华人民共和国成立后第一次出版这样的书，也是我第一次参与这样重大的学术工作。从现在的学术水平来评价，应该说它只是一部中型偏小的工具书，似乎是一项很普通、平常的工作。而我在改革开放 30 周年时，经有关单位邀约，我写过一篇回忆性文章，把它提到"科学与民主的实践"的高度来阐述，现在看来似乎有些夸大其词。但是，当我们处在 40 年前的时代来回忆，不得不承认这是一件很了不起的工作。组织此项工作，需要勇气，需要智慧，需要尊重人才，需要实事求是的处事精神，更需要科学的治学态度。

# 一　问题的提出

"文化大革命"十年之后，人们再也经不起"乱"的滋扰，人心思治，人心思法，已是广大群众的强烈愿望。但是，十年"文化大革命"将法律秩序破坏殆尽，上至宪法，下至交通规则都成为废纸，而法学更不被看成一门科学，并被视为畏途。粉碎"四人帮"之后，一切百废待兴，包括司法工作。司法工作者为了提高自己的业务，安徽省高级人民法院办公室的一位主任来法学所向我求索资料，我们却拿不出像样的、符合实际需要的东西，使我们增加了很大的压力。在百般思索之后，想起在"文化大革命"之前我们曾经协助过上海辞书出版社编写过一本《辞海》政法分册，其中有一部分法律词目，篇幅很小。我就向出版社索要了 20 余本赠予了这位朋友。尽管这样的资料不能解决他们的实际需要，但总算是聊胜于无，而这位朋友却似乎"如获至宝"。对于这种情况，作为国家的法学科研机构不能不闻不问，总要为社会做些什么。我即将这样一个私人问题向法学所一位领导科研工作的长者——王珉灿同志作了汇报。王珉灿同志是一位热衷于事业发展的领导。经他深思熟虑之后，提出了三个方案，一是编写各个学科的专著；二是编写各个学科的教科书；三是编写一本法学词典。在这三个方案之中，他更倾向于第三个方案。他认为，写专著解决不了司法工作人员对法律学科的基础认识，写教材不是在一个较短的时间内可以完成的，而写词典可以将各个法律学科中的基本概念串联起来，可以使司法工作人员对各个学科的概貌有一个基本的认知。据此，他认为，与其分散写各个学科的教科书或专著，不如先写一部集中各个法学学科的专科词典，可以说，这对提高司法工作者的法律知识是一种短平快的做法。同时，据他了解，中国社会科学院经济研究所正在编写一部政治经济学词典，这说明在社科院以写词典的方式作为普及有关专业知识已经有了先例。为了稳妥起见，他准备在所内先让大家讨论一下，看看对此具有一些什么样的见解。殊不知，绝大多数人持不支持的态度。得到这样的结果，完全可以理解。这是当时的历史条件所决定的。譬如说，法学根本没有被当作一门科学来对待，更被视为畏途，又何谈法学的体系；经过长时间的"文化大革命"，连宪法都被取消何来其他的专门法律；没有法律依据，又如何来解释法律词目；尤其是在当时"左"的思想还占有相当的地位……但是，即便是在这样的条件下，还是有四位同志积极支持编写一本词典。这已经是难能可贵了。即便如此，王珉灿同志还是向中国社科院当时的领导胡乔木同志请示，并得到了胡乔木同志的大力支持。于是，编写法学词典就在法学所立项了。

## 二　设立词典组

为了能及时地、专心地开展工作，1977 年下半年在所内设立了一个不在编内的词典组，作为完成此项工作的专门机构，王珉灿同志指定我具体负责组织编撰工作，王珉灿同志成为我的直接领导人。而我实在感到有些为难，希望还能有人参加。但是，现实很骨感，没有人愿意参加这样的工作，甚至还有人私下跟我说，这样的工作不能做，没有法律依据是要犯错误的。然而，王珉灿同志诚恳地同我谈了两次，说清了做好这项工作是法学所义不容辞的责任。我为他所说的情理深表同意，且深为感动。事实上，在法学上真正要为社会做一些贡献都要付出一定代价的，没有什么捷径可走。于是我也下定决心要把这件事情做好。一个人负责也有其特定的好处，在编撰的技术上好在我曾参加过《辞海》政法分册的编写，还有过一定的正面和反面的经验。

决心下了，就要实践，绝不能浪费时间。经过认真考虑，首先要抓紧时间为开一次编辑工作会议做好准备工作。具体说要有一个具体的、基本的词目表，其次要准备出一份编写词目释义的基本原则，再次要组织一个精干的、专业造诣深邃的、能为法学事业献身的编写队伍。具备了这些条件，才有可能开一次编辑工作会议。这些都需要我具体来做。于是，我首先翻遍了图书馆的各个学科中外文的法学书籍，准备了一份包括法的基础理论、法律思想史、法律制度史、宪法、行政法、刑法、民法、婚姻法、劳动法、经济法等门类中的术语、法规、学说、学派、人物、著作等词目表，并请研究所各个研究室的同志提出意见。同时，我又准备出一份编写词目释义基本原则的草稿，强调词典是一本为读者提供知识的工具书，作者研究的对象是概念，而阐释概念本身就是一门科学。从哲学的角度而言，概念是理性思维的一种形式。人们对事物的认识是从感性到理性的。在感性认识的基础上通过比较、分析、综合、抽象、概括等方式，逐步揭示出事物对象的特有属性，也就是它的本质属性而形成概念。与此同时，科学求实的阐释概念，绝不能随大流、人云亦云，或者根据政治的变化来阐释。因此，参与编写的一些专家们在编写《法学词典》的时候，就是慎重对待每一个概念的撰写，始终坚持正确运用各种科学的、客观的方法来揭示概念的本质属性，保证了概念的科学性和客观性。这应该是我们来写这本书的基本要求，也是我想将这个思想提供编辑委员会讨论的基本想法。

至于组织编写队伍，应该是最为复杂的一项工作。王珉灿同志还在所内物色一些同志参加写作，最终物色到三位同志，而且仅局限于国际法范畴的专家，显然为完成此项目的人力是不足的。必须开阔思路，面向全国来组织队伍。

# 三 组织队伍

说到组织队伍，必须打破旧的框框。所谓旧框框，大致可以从两个方面来分析。一是片面地强调集体力量。那就是找某一个学校的某学科教研室的负责人来承担一个学科，而这位负责人将这个学科的词目分给他教研室的成员大家来写。这就是当年的所谓集体主义，否则就是所谓的个人英雄主义。二是片面注重权力。一般都认为位高权重的就是专家，就是权威，就能胜任或主持某项学术工作，哪怕他根本就不懂学术，充其量有一点文化而已。这是多年积累下来的旧习惯势力。这样的习惯势力使组织工作简单化了，但是作品的质量却不能保证，而且劳民伤财。在我们的观念里却很明确，不打破这两个陈腐的观念就不要想顺利完成好此项工作。这是我们首先需要改变的观念。

我们需要的写作队伍，目标是寻找法学领域中具有特定专业、具有真才实学的人才，不论他是否是中共党员，也不论他是否有过什么"政治问题"。在那个年代，那些有真才实学的老知识分子有几个没有在政治运动中经历过各种坎坷。当我们去邀请这些专家的时候，出现了两种不同的现象。一种是欢迎此项工作，他们认为此项工作颇具现实意义，符合当时的时代需要，值得做。同时，这些专家在"文化大革命"刚结束后，还没有其他的事情缠身。另一种是对于"文化大革命"尚心有余悸，尤其是那些多年来一直靠边站的老知识分子，他们不敢表态，当我们把问题说清楚，使他们感到我们的真心诚意以后，才勉强同意。但是，在我们有了相当一段时间的接触之后，这些老先生感到我们并不是说说而已，而是具有十分的诚意和决心来完成此项工作的时候，他们的积极性也随之高涨，并且充分贡献出他们的学术才智。

有一位老先生不得不提一下，那就是当年 68 岁高龄的陈盛清先生。他曾经是中华人民共和国成立前暨南大学的教授，在政治运动中屡屡受到冲击，当时已远离北京赋闲在家。他和王珉灿同志相熟，1978 年，王珉灿同志邀请他的时候，他已年近古稀。由于熟人关系，来到北京，住在我的办公室，同我一起工作，没有一点老教授的架子。在整个编写、组织工作中，他始终起到了不可或缺的作用。在他的介绍下，还有其他一些有真才实学的老先生参加了我们的编写队伍，尤其重要的是，毕生研究罗马法的专家、当年已是 69 岁高龄的周柟老先生，在中华人民共和国成立前曾是暨南大学法学院的院长，屡次政治运动中历经坎坷，但他为人正直、待人诚恳、学术精湛、不计名利，在以后的民法、罗马法的编辑过程中，起到了不可替代的极其重要的作用。类似这样优秀的老先生还有好几个，都为《法学词典》做出了不朽的贡献，起了不可替代的作用。

在基本队伍形成之际，开始物色出版单位。我们同北京一家著名的出版社联系，当他们还在犹豫不决的时候，上海辞书出版社得知消息，立即同我们联系，希望将来完成之后，交由他们出版，并且愿意配合我们的工作。现在看来，他们的领导确实有远见、有勇气，能摸到时代的脉搏。

## 四 第一次编辑工作会议

在筹备工作基本完成，以及队伍基本确立之后，我们即于 1978 年 8 月在山东省泰安市召开了第一次编辑工作会议，参加者除了我们邀请作为撰写队伍的专家外，还邀请了不参加撰写的某些法学界的领导同志，以及出版社的某些领导和编辑人员。

**图1 《法学词典》第一次编辑会议参加会议全体人员合影**
**第一排从左至右：骆静兰、丘日庆、周子亚、潘念之、解铁光、**
**张友渔、芮沐、曾昭琼、陈盛清、巢峰、王珉灿**

这些专家共同对如何编撰好中华人民共和国建立后中国第一部法学专科词典商讨几个原则性的问题。

第一，对词典筹备组提出的词目作一个原则性的讨论，而不是讨论逐个词目。在讨论中发生分歧是正常的。基于多少年来，法学从来没有被真正作为一门科学来研究，因此有领导同志对法学概念内涵的理解较为狭窄，似乎只有刑法、民法、诉讼法这一类词目才是法学要研究的对象，如劳动法之类的词目都应该属于经济类词目，不属于法学词目；而大部分同志从本人研究的学科出发，认为某些词目看起来似乎是属于经济类的词目，甚至像"女工"这样的词目，乍看起来根本不是法学词目，但是女工的权利保护必然是有法律内涵的，在我们的《法学词典》中一定要有所反映，包括工资制度、工龄等一系列的词目，这样才能使法学的概念丰满。讨论的结果是同意多数专家的意见，反映出参加者尊重科学，尊重客观实际，"不唯上"的科学态度，也反映出在学术面前人人平等的学术民主精神。这样的问题在今天看起来似乎很平常，但是在 40 年前，这应该是一个很大的突破，并且在学术上为后来的工作做出了很好的榜样。

第二，讨论如何撰写词目释义的基本原则。参加者一致同意筹备组提出的意见。首先词典是一种工具书，而不是论著，因此它必须以丰富的知识为前提，没有具体的知识就不能成为读者借助的工具，在研究学问时也起不到辅助作用。其次，强调词目释义的科学性。在阐述概念的内涵时，要坚持该概念的本来应有的含义，而不应该有任何发挥、联想甚至杜撰的因素。再次，坚持概念内涵的客观性，而不能按照我们的政治需要加以政治上的修饰。如此等等。在讨论这些原则的同时，大家也没有忘了词典的政治性。几乎所有人都同意写词典需要考虑词目释义的政治性，但是反对穿靴戴帽式的政治性。上海辞书出版社出版的《辞海》，由于过去年代存在的"极左"思潮，使《辞海》花了 22 年，在粉碎"四人帮"之后才得以定稿出版，其原因就在于跟不上所谓的政治形势的发展而需要不断的修改。这个情况引起了大家的共鸣。而我们认为的政治性，应该寓于知识之中，要强调科学性，坚持客观性，也要客观反映不同的学术观点，不同的学术观点也是一种知识。我们在这些原则方面达成了共识，并且反映在其后撰写的词目释义中。在 20 世纪 80 年代初我国掀起一个所谓"反自由化"运动，使我们所坚持的这些原则的正确性得到了检验。当所内一些专家翻查这部词典是否有"自由化"倾向时，有专家向我反映，翻了几遍居然没有发现词典中有自由化的问题。可以想象，在"文化大革命"结束后的初期，人们"左"的思想还没有得到彻底清理，还处在心有余悸的状态之中，不能不认为这些专家们进行了一次思想大解放，在学术领域里尝试着拨乱反正，将撰写这部词典作为科学的实践。

第三，讨论成立编委会的原则。大家一致反对挂名制，认为应该先成立一个常务编辑委员会，参加常务编辑委员会的同志原则上应该是亲自撰稿的人，而且没有必要设立主编。有人私下同我说，"我们这里的人，没有人有资格担当主编的角色"。这种看法主要还不是因为有些领导同志在"文化大革命"之后还没有真正落实政策，而是因为没有能够通盘了解法学各学科的人才。提出这样的思想既否定了多少年来形成的惯例，只要当权，不论是否参加具体工作，就有资格当主编，而真正出力的人反而将名字排在后面；同时又实事求是地反映出当时学术界的实际情况。这样的设想不仅是大胆的，而且改变了某种陈腐的观念。在这样的设想指导下，我国第一部法学专科词典设计成一部没有主编的集体著作。应该说，这是一种集体主编的形式，是一种根据实际需要出发的先进思想。可惜的是，这种思想不能为一些有地位或者有财势者所接受。

这是一次成功的编辑工作会议。会议充分发扬了民主，人们大胆地提出自己的观点，其实作为纯粹的知识分子无非是在这次会议上能够有机会实事求是地反对过去的一些陈腐的惯例而已。由于大家的思想一致，增强了团结的凝聚力，为以后的成功写作铺平了道路。

# 五 团结一致 坚韧不拔

在这次会议之后，各位专家都回去写作自己学科的词目释义。一个突发事件发生了，在法学所出现了人事变动。王珉灿同志突然被调出法学所，这意味着我们这个"词典组"没有具体的上级领导人。而所内也没有任何领导来同我们交换意见或布置工作，似乎什么事情都没有发生。摆在"词典组"面前的是以后应该走什么道路的问题：是使此项工作不了了之呢，还是继续前进，真的如什么也没有发生一样。当陈盛清先生同我共同商议之后，认为必须继续工作，不能因为人事的变动而对不起那些正处于热情高涨状态下的专家们，更不能使那些专家们认为法学所是言而无信的单位。我们必须自己挑起这副担子，如同什么也没有发生一样地继续工作着，继续不断地同各位作者以及出版社联系，看样稿、讨论样稿、讨论各种疑难问题，以及解决一些技术性的工作，等等，使整个工作能够按部就班地进行着。

# 六　不唯书　不唯上　只为实

从 1978 年 8 月第一次编辑工作会议，直至 1979 年 7、8 月间，整部书的稿件陆续寄往出版社审读，并决定在 1979 年 10 月起集中大部分常务编委、部分编委，以及出版社的部分编辑人员在一起统稿。由于词典本身独有的性质，以及许多词目是由各位学者单独写的。要将这些分散的词目编辑成有内在联系的一本书，确实是一件重大工程。但是决心已下，既然集中各科主要撰稿人在一起统稿，那就必须成功，不能失败。应该说，参加者，包括出版社的同志，个个斗志昂扬，团结一致，我本人也极有信心能够将此项工作完成好。

但是，突发事件又发生了。曾经参加第一次编辑工作会议的一位所内的领导同志，将他曾经提出的要删去劳动法、经济法等词目的意见以行政命令的口气对我提出，如不删，不如不搞。也是由于我的修养不够，当即表态："学术问题有不同意见必须讨论解决，行政问题您说了算——是否继续编撰词典——但也必须在会上向大家公布并说明理由以及善后处理，明天我召开会议，请您参加说明情况。"交谈已无法进行，我即离开他的住地，准备第二天开会听取他的意见。然而，第二天这位领导及时找我并告诉我，在我走后，他同屋的一位抗日战争时期的老干部、党内的老专家批评了他，说："政治问题都可以讨论，为什么学术问题不能讨论。你们所搞那么大一个项目，就来了他一个人，你不支持他，还给他出难题。"我们的这位领导对所外的人的批评却无言以答，他不想在会上出现难堪，更承担不了因此而出现的后果，也就同意我将词典统稿继续进行下去。

我算是又过了一次难关。然而，我却深深思考"不唯书，不唯上，只为实"是国家领导人陈云同志提出的，是国家发展的一个重要指导性意见。但是，要真正实现这个信条，作为一个没有绝对权的个人来说是需要有重大条件的；第一需要有"只为实"的科学理论依据。当然这是必需的条件，没有这一条，就会发生胡搅蛮缠，严重的甚至会发生社会混乱。第二需要有充足的勇气，即需要准备好在以后的任何时候承受权力的打击报复。如果你不具备这两个条件，就只能绕着它走。对于我来说。我已经为此项工作花费了无数的精力，现在只剩下最后一个步骤，我不能对不起所有参加此项工作的专家，即便是被动地不让继续搞，我也要想尽一切办法把它完成。这不是我的个人利益，是参加此项目的所有人的利益，说到底还是法学所的信誉、法学所的利益，不能因为某一个人的阻挠而造成巨大的损失。

# 七　统稿会议

统稿会议开始了。我在各位专家面前作了一些说明。表示这次统稿只有这些时间、这些钱，统稿必须毕其功于一役，不留尾巴。因此，我们不能只是在那里挑毛病，而是要解决存在的所有问题。经过三个月的苦战，终于接近完成。出版社兴奋之情溢于言表，有一位编辑私下说，"桃子快熟了！"是的，桃子熟了，要提防别人来摘桃。正在这个时候，有来自北京的一位常务编委提出要某位领导同志来担任主编，并说出一堆理由。但我们坚持第一次编辑工作会议的一个经过民主讨论的意见。我们也不想将大家辛辛苦苦做出的成果——那个已经快熟的桃子——拱手送给他人。而我们更担心的是，如果某位领导同志因工作忙，请秘书看看，挑挑毛病，那么我们再也没有机会集中专家来讨论了，出版此书将会遥遥无期。在专家的心血和领导挂名之间我们更在乎前者。我们的作品由我们自己负责就可以了。尽管我们因此会得罪某个人，或者某个领导。但是，只要此项成果能顺利完成，其他一切都是次要的了。

整个统稿过程，会发生各种各样的困难。在稿件方面遇到困难时都是在民主讨论的基础上进行的，但不是议而不决，而是同该词目有关的专家共同研究后即刻做出决定。在生活方面发生困难时，由大家相互谅解共同来解决。使我们终生难忘的是，有一位20世纪30年代末参加共产党的老革命、刑侦方面的老专家、现年已97岁的四川大学的老教授周应德先生。他没有丝毫的老革命、老专家架子，总是在我们安排生活方面发生困难时，主动替我们分担，甚至当统稿工作基本完成，许多专家已经离开会议时，他也没有急于离开，因此在最后阶段，当我们复查某部分稿件发现仍有一些问题时，他仍然参加我们的讨论，共同做出决定。这样的老革命的品格应该是人们学习的榜样，我们已成莫逆之交。1979年年底，对"词典组"的工作而言，全部工作已经完成。

**图2　参加《法学词典》杭州统稿会议的部分专家**
**前排自左至右：陈盛清（左二）、杨祖希（左三）、周子亚（左四）**
**周柟（左六）、郭宇昭（左七）、曾昭琼（左八）、周应德（左九）**
**后排自左至右：曾庆敏（左一）、王珉灿（左二）**

　　统编之后的书稿，出版社是满意的，对我们的工作是肯定的。于是，该书很快在1980年6月出了第一版、第一次印刷，首次印刷就印了13万册。随着时代的发展，社会的要求，词典组的工作又要启动了，仍然邀请这批专家进而写出了《法学词典》增订版（1984年）、第三版（1989年），使原来的一部中等偏小的词典发展成一部中等偏大的词典。全部印刷计8次，共1191000册。在专科词典中印数名列前茅。

**图3　《法学词典》书影**

# 八　社会效应

　　有一位常务编委向我反映说，常务编辑委员会名单中有许多人有政治问题，是否会出问题。我当时的答复是，如果《法学词典》受到大多数人的欢迎，那就皆大欢喜，功劳是大家的；如果在政治上出了问题，由我承担责任，与他人无关。事实是，《法学词典》出版后，在社会上引起强烈的反响。首先是我们的一批老专家（即被认为是有政治问题的）被社会所重新认识。当我们还在统稿的时候，安徽大学法律系派员直接到我们统稿的住地，邀请陈盛清、周枏两位老先生在书稿完成之后去安徽大学任教授。中南政法学院的曾昭琼老先生告诉我：有朋友原以为他早不在人世，见到《法学词典》后才知道他仍健在。之后就邀请他去中山大学讲学，使他的学术生涯获得了新生。周枏老先生在 96 岁临终之前还加入了中国共产党，终于实现了他的政治愿望。还有一些当年的中年专家在晋升职称时，此书就成为重要的依据之一。值得一提的是，当我到北大法律系给当年的系主任陈守义同志（党内的老专家）送书的时候，他拿了书看了看说"你们居然还真弄成了"。他的话很有代表性，确实有人怀疑我们能在相对较短的时间内能编写成功。所以我把这句话的内涵当成褒义词来听。我答复说："这是各位专家努力的结果。"最重要的是，这本词典不仅成为司法工作者认识法律学科的基本工具，而且也为那些法律科教工作者以及法律院校的学生所倚重。很显然，从这本词典印刷的数量来看。它所起到的普法作用、所产生的社会效应可见一斑。

　　在国外，这本词典同样受到重视。中国的法律代表团出国，常常将这本词典作为礼物赠送外宾，譬如 1982 年中国律师代表团访美时，带去唯一的礼物就是《法学词典》，美国朋友抢着要。许多国外大学和研究机构的图书馆来函订购此书，瑞士洛桑大学比较法中心的王泰铨博士 1983 年应中国司法部邀请访华，有关部门赠送他一本《法学词典》，王回去后来信说："建议《法学词典》在国外发行。"美国华盛顿大学法学院教授威廉·琼斯在《亚洲研究》上发表评论文章说，"回顾过去一些年中国的法学研究情况，这本词典实在是一项非凡的成就。这么一本巨著能够在 18 个月内完成，这说明这样一个事实：中国拥有一支精通世界上大部分法律体系的法学家队伍，这些法学家在人数上可能不多，而且年龄老迈，但是他们尚健在。"

最能说明这本词典国际影响力的是，本书一位编委魏家驹先生在美国做访问学者时，出席美国法院审理的一件涉华案件，他介绍自己是中国某研究机构的助理研究员，美国法官大为不解。当他出示《法学词典》，说明他是本书的编委，法官欣然接受其以《法学词典》编委身份担任专家证人。

40 年后看这本词典，作为研究概念科学的书，其概念的阐述仍有相当的稳定性，按其内容来说仍有相当的可取性。之所以有这样的成绩，主要还是因为一批老专家坚持科学与民主的观念的结果。

## 九　莫逆之交

经过长时期的合作，相互之间有了较深的了解，相互尊重，相互坦诚，相互帮助，相互交流。很显然，尽管我与他们之间，在年龄上有较大的差距，但仍然能够成为忘年之交。而我们这一班人在后来的中国大百科全书出版社组织编写的《中国大百科全书·法学卷》，大多被吸收进去，又共同在一起为国家项目尽心尽力。这些老先生大多数已经作古，仅周应德老先生健在（现年 97 岁）。不管他们是否在世，他们对《法学词典》所付出的努力和支持，我将终身铭记在心。

## 十　续签合同

《法学词典》出版十年后，出版社要求我再同他们签订十年出版合同。我表示我只是常务编委的一员，没有权利擅自做主同出版社签订合同。如果你们能同其他常务编委沟通，同意委托我同你们签订合同，那我可以执行，否则难以从命。出版社同意我的意见，向各位常务编委发函征求意见。不久之后，出版社向我说明常务编委，包括张友渔同志都已经表态委托我代表常务编委会同出版社签订合同，并将同意书寄给我。因唯独有位所领导对告知没有表态，出版社希望我能够在北京提醒他一下，然后将意见寄出版社。也是由于我缺乏经验答应了他们，给这位领导打了一个电话，转达了一下出版社的意见。之后，所里即写了一封信给出版社，提出要让这位曾经的领导当主编，曾庆敏当第二主编，王珉灿当第三主编。

出版社将这封信寄给我了。我没有任何兴趣当什么主编，《法学词典》已经出版了十年，还来谈什么谁当主编的问题，真是不可理喻。出版社当即给法学所回了一封信，明白表示合同已经同曾庆敏同志签了（三年），有关主编问题请法学所自己同各位常务编委联系。就此，闹剧算是告一段落。应该说，这也是一种腐败，是一种学术腐败。遗憾的是，这种腐败在当今社会仍然存在。

# 十一　参加《中国大百科全书·法学卷》编写

1978 年国务院决定出版《中国大百科全书》，并成立中国大百科全书出版社负责此项工作。成立之初，该出版社的人力资源较少，要正式出版一部大百科全书是十分困难的。当时中国大百科全书出版社的领导人姜椿芳、张友渔等一批学界泰斗，决定将出版工作分两步走。第一步按学科分卷出版。哪个学科条件比较成熟，就先出那卷，全书共分 74 卷。第二步待条件成熟时再出混合版。

1979 年，《法学词典》的书稿即将完成之际，张友渔同志认为我们邀请的一些专家可以成为《中国大百科全书·法学卷》的基本队伍，希望能够在《法学词典》完成之后趁热打铁，接手中国大百科全书出版社《中国大百科全书·法学卷》的工作。于是，他亲自来法学所找到我和那位所领导同志共同交换意见，他希望我能参加这项工作，并协助其法学卷编辑部的一些工作。在我看来，编辑《中国大百科全书》，是填补我们国家的一项空白，而且是一件十分重要的工作。尽管我觉得此任务极其繁重，但我还是表示了同意，毕竟张友渔曾是法学所的老领导，而且在他看来我还是有所可为。我所的那位领导也表示了同意。张友渔同志表示满意地说："我们三头会面都同意，那就说定了。"不日，中国大百科全书出版社《中国大百科全书·法学卷》的责任编辑张遵修同志前来同我联系，交换意见。张遵修同志是一位极有才华，极其能干，又极为亲和的同志。我给了她一份名单，上面标明了这些都是我们编写队伍中的佼佼者，尽管他们之中可能有过某些政治问题，但请您不要纠结，这些问题肯定不会影响他们为国出力的。以后的事实完全证明了我的判断是正确的。在词典出版之后，这些老先生正为一些单位所重视，承担了更为重要的任务。我还告诉她，"您还需要什么样的专家，您可以通过您的渠道再去邀请"。并且我告诉她"我们准备在十月国庆节后开《法学词典》的统稿会议，你们可以提前几天到会议地点，先开《百科》的准备会议，大家可以相互认识熟悉一下"。张遵修同志完全同意我的意见。

1979 年的 9 月下旬，两部分专家都已纷纷来到我们的统稿地点杭州，准备开会。人们都知道，这在中国是第一次做这样的工作，难度很大，还有许多问题不清楚，需要由大众的智慧来共同解决。在会上，大家对《百科》应当怎么写，它同词典有什么区别，它的条目应当怎么设定等基本问题进行了大讨论，总算有一个基本共识，如果说要完全确定还需要在实践中解决。这就是这次会议的大致成果。

此次会议散会以后，张遵修同志仍然留在我们的会议上，没有马上离开。她出于一个记者出身的本能，与各位专家，以及辞书出版社的一些资深编辑进行交流。这是她的工作需要。她对我说，她的收获很大，甚至认为生活安排也要改变以往的观念。

会议以后，各学科主编由出版社聘定，我被安排为刑法学科的主编，并为《法学卷》编委会成员之一。希望我马上设计出刑法学科的条目，还让我再聘请一些专家来撰写条目的内容。撰写的进程同我们撰写《法学词典》大致相同。

我协助编辑部的工作，是在张遵修同志的领导下，尽心尽力地看一些稿件，参加个别学科的讨论会议，提出一些参考性意见。张遵修同志在整个编写过程中，付出了她所有的才能和智慧，她现年已 94 岁，还将以往的编写过程写成一本小册子将要出版，其中包含了编写中的许多故事，希望读者能够看到。

有一件小事值得一提。在一次编委会的讨论稿件时，有一位编委提出："罪刑法定在中国古来有之。"这句话被我国的刑法泰斗曾昭琼老先生注意到了。会后，他即问我："罪刑法定在中国是古来有之吗？"我答："不是，它是资产阶级革命的产物。"他接着说："我也这么认为。但是，这样一种常识性的错误怎么会在中国的学界有一定的代表性呢？是望文生义，还是人云亦云？总之持有这种观点的同志，绝对不是经过自己研究的结果。对于学术来说，这是一个危险的信号。难怪法学所有一位学者去日本做访问学者，回来后写过一篇学术动态告知，日本学者对《法学词典》写的罪刑法定主义释义很好理解，而对于刑法教科书所描述的罪刑法定主义却很难理解。"

1984 年，《中国大百科全书·法学卷》终于出版了，全书约 200 万字。出版后，在社会上引起轰动性效应。销售量约有 60 万册。总之，此书被认为内容丰富、资料翔实，在当年正好为那些对法学知识求知若渴的读者所需要。

1993 年，《中国大百科全书》各卷已出版完成。中国新闻出版署颁发给每位编委和学科主编一份荣誉证书。而出版社还给我赠送了一枚 24K 镀金的纪念章，对此我万分感激。这是一份重大的荣誉，我感觉有些难以承受。

**图 4　《中国大百科全书》编辑荣誉证书及纪念章**

## 十二　参加《中国百科大辞典》编写

出版这种形式的《百科辞典》本是出版社任务之一。那些退休的老编辑组织《百科》各卷的责任编辑来写这部书，是国家"九五"规划重点图书之一。而张遵修同志推荐我参加这部书法学部分的编写。幸好我那时有时间，我也就答应了。当我第一次参加编辑部会议的时候，我发现工作量好大哟。内容包括全部社会科学和自然科学，它就是百科全书的词典式版，所以书名就是《中国百科大辞典》。全部完成后将要出版厚厚的 10卷，真是一部浩大的工程。我成为他们的编委成员之一，他们对我的参加是很高兴的。因为我是《中国大百科全书·法学卷》的编委，在他们看来，我算是自己人，还有过写词典、写百科的经验，比较容易沟通。在编写之余，我还承担了一些稿件的审阅任务，还被列为特约编辑。全书在1999 年 9 月出版。据说销售量还不错。若干年之后，又编写出版了该书的第二版，我也参加了编写。

图 5　《中国百科大辞典》书影

## 十三　编写《法学大词典》

上海辞书出版社在 20 世纪 80 年代末，拟出版系列《大词典》，并申请列入国家出版计划，其中包括了《法学大词典》。按照出版社的计划是先出《大词典》的若干分卷，在出齐之后再正式合订出版《大词典》。他们邀请我来主编这部书，我当时已经 57 岁，身体也因主持和撰写《法学词典》等工作的过度劳累，胃大出血，患上心脏病等疾病，感到难度很大。特别是首先遇到的问题是没有资金，再就是人力资源缺乏。但是。由于我觉得不能辜负出版社对我的信任，我勉为其难答应了。恰好当时有一位美籍华裔朱传榘先生捐助法学所 20 万元。所里即将其中的 5 万元拨给我们作为启动资金。为了简化工作，我即在所内找了一些专家来承担各个分册的撰写工作。但是，经过规定的时间后，真正完成编写任务的只有《刑事法学词典》。其他各册都因各种原因离完成书稿还有相当的距离。如果再这样继续下去，将会影响整个出版的要求。出版社果断地提出，除了将刑事法学词典单独出版（1992 年 10 月出版，印刷数量为 10000 册），其他各分册即停止编写，不再出版，但要求我们做好善后处理。《法学大词典》第一次的编写工作就此宣告失败了。

但是，上海辞书出版社对我并没有失去信心。由于我主编的《刑事法学词典》已经完成，可以尽全力去组织人力重新编写。他们希望我继续工作，再次组织专家重新编写《法学大词典》。我不能辜负他们的信任。

第二次组织专家的时候，除个别需要特殊专业知识的专家外，我仍然主要邀请北京地区的专家，例如我在法学所、中国人民大学、警官学院、中国海事仲裁委员会等单位物色人才。其他地区的有安徽大学、复旦大学、上海社会科学院法学研究所、华东政法学院、华西医科大学、西南政法大学、重庆医学院、中山大学等单位。其中有一部分还是曾经参加《法学词典》编撰工作的老朋友。

由于这本词典的规模较大，涉及的内容较广。因此，设立的学科也较多，包括：法理、宪法、行政法、刑法、民商法、婚姻法、经济法、劳动法、诉讼法、国际公法、国际私法、国际经济法、海商法、犯罪侦查学、侦查语言学、法医学、司法精神病学、公证和律师、中国法律史、外国法律史、罗马法。收词 10837 条。共写有 4525000 字。

虽然出版社邀请我为这本词典的主编，但我不能贪图其他编者的功劳。我以我的名义聘请其他主要学科、编写数量较多的学科主编共 16 位作为这本词典的副主编，包括：（以姓氏笔画为序）叶孝信、史探径、朱曾杰、李启欣、杨怀英、周柟、周应德、赵万一、徐庆凯、郭宇昭、陶正华、曹建明、章尚锦、程辑雍、傅宽芝、黎学玲。还聘请几位老同志、老专家作为这本词典的顾问班子，包括：（以姓氏笔画为序）毛铎、陈盛清、周柟、周应德四位同志。

鉴于有许多编写者还是第一次参加编写词典，对编写词典的要求并不是很清楚。我们请出版社将编写要求以书面形式发给编写者，并要求作者先按时写些样稿，待样稿通过后再开始写正式稿件。这是一个必经程序，以达全书统一体例的目的，同时还需要观察作者对概念知识的认知程度。在我们对所有样稿经过仔细研究后，准备开一次各学科主编和主要撰稿人的编辑工作会议。在这次编辑工作会议上，由我和出版社的徐庆凯同志作主要发言。我的发言主要是针对每篇样稿作出评价，提出样稿中存在的问题，并提出修改意见。而徐庆凯同志即对写词目释义应该注意的问题提出自己的看法，并具体举例说明。之后，各位作者提出各式各样的问题进行讨论。应该说，经过这次会议，编写者对如何认识对概念的研究有了较深的认识。当然，有许多问题还是需要在编写实践中来解决。

在各个学科主编的带领下，编写者严格把握撰写词目释义的基本原则，以达到整部词典要求的质量。为了达到这个目的，我们严格审读每条词目释义，当发现有疑问即同学科主编沟通，希望作者重新思考，甚或重新编写。总之，大家本着一个目的，使《大词典》写出最适宜、最符合该概念的本质属性，使读者能够获得对该概念最准确的本质属性。

经过三年的努力，各学科基本上都已完成编写工作。出版社的各位责任编辑都可以全力进行编辑工作。这是一项很重要，而且难度很大的工作。他们要在各科词目中对有重复的、矛盾的地方进行修正，对不太合适的词目进行删除，将需要合并的词目，采取其合理部分进行合并，尤其是《罗马法》和《民法》中有许多词目在合理的合并以后才能使某个词目的本质属性完全被揭示出来，对于有些重要词目释义的内涵解释得不够清晰，需要修改，或者还需要作者重新撰写，如此等等。其工作量和难度非常之大。当然，他们修改过的词目释义，还需要作者的认可，毕竟法学词目的专业性是很强的，编辑工作者也很难正确把握。

在出版社的编辑过程中，不知道什么原因传来了一条消息，认为解释词目释义要以社会上多数人的观点为依据，而且编辑正是这样在执行的。以致他们对有些学科的词目释义作了相当多的修改。当他们将这些修改过的词目释义返回给我们看的时候，作者不同意，我也不同意。我们强调编辑同作者对编写词目释义的原则要求应当是一致的，即应当坚持释义的科学性、客观性等原则。这些原则本就是我们在出版第一本《法学词典》的时候提出的，后来同出版社提出的原则也相一致。而现在提出的所谓以多数人的观点为依据同以往所执行的原则是相悖逆的。在实践中有许多多数人观点是不可取的，就因为他们的观点是不科学的，不客观的。由于出版社的编辑对作者所写的词目释义修改的相当多，我们必须邀请编辑部的同志来京共同商榷。

在商讨过程中，我们还是用"以理服人"的态度来说服对方。我们还是强调在编写《法学词典》中编者和出版社共同商讨的基本原则，这些原则是我们编写成功、为读者认可所不可替代的重要支柱。而编写《大词典》的难度要更大于编写《法学词典》。为了保证《大词典》的质量，既不能随波逐流，也不能人云亦云。成功的秘诀只有强调科学性、客观性等一系列词典应具备的独有原则。我们的要求是要使这本词典的每一个概念尽我们的能力科学地、客观地、准确地反映该概念的本质属性。而在 20 世纪 90 年代有许多观点正好是将一些并不适合中国国情的西方国家的观点套用过来，那些有些名望的学者从外国回来后言必西方、言必英美，使许多人崇拜得五体投地，所谓的多数人也就是因为"随大流"而形成的。这样的多数人的观点并不是科学的、客观的。还有些观点也是由那些所谓有名望的人对某些概念没有经过自身的刻苦研究，而是想当然地说来就来，后面跟着的一些人也只是"人云亦云"而已。写词典对于我们编者来说，是一门研究概念的科学，或者说是一门严肃的科学，有时候当我们在研究学问时，由于对某个概念的理解失之毫厘，便会谬以千里。因此，我们怎么可以摒弃科学的原则随便跟着他人走呢。这是对读者的不负责任，也是对出版社自身的不负责任。于是，我们将修改过的词目释义逐条来说明该词目的来龙去脉、它的本质内涵应该是什么、与社会上所流传的观念有什么区别等，并且使该编辑能够认同我们的意见，收回了他所修改的意见。虽然我们花了整整三天的时间来研究和说明我们为什么不能同意编辑修改的意见，但是，所花的时间是值得的。这说明我们对工作的态度是认真的，对社会是负责的，对原则问题是不妥协的。也说明了在学术问题上，有不同意见完全是可以用讨论的方法来解决的。

应该说，在学术问题上有不同意见是正常的，我们同样认为作为责任编辑的他们也是尽力发现作者在编写时存在的不当之处。尤其是第一责任编辑商晓燕同志，对这本词典具有极强的责任心，把上万条不同学科的词目处理的清清爽爽，该合的合，该删的删，该修改的修改，大大小小的问题都由她处理。而且，她谦虚谨慎，许多问题都同主编沟通。她的任务十分繁重，但是，她能平心静气地逐个处理，在她处理问题时，同样本着实事求是的原则，经过她处理后，词典的质量明显提高。但这都需要时间，整本词典的出版连写带编辑共花了8年时间。在这8年中，作者同编辑的配合应该说是令人满意的。

1998年12月，《法学大词典》终于出版了。出版以后同样出现了良好的社会效应。首先，上海市委订购了一批，作为学习资料。在社会上的销售量也算是不错的。出版社也因为这本词典获得了国家辞书一等奖，以及国家图书奖提名奖。这个荣誉是属于出版社的，但是也应该属于编写者，是出版社和全体编者的精诚合作，共同为社会献出一份精良的礼物。

**图6　《法学大辞典》**

但是，反思第一次编写的失败，我应当负一定的责任。而出版社对我仍然抱有信心，坚持由我继续工作下去，使我更增加了动力，继续为此而工作。现在回忆起来，任何工作都可能会有失败的可能，只要不是出于私心，不要患得患失，坚持才会得到胜利。遗憾的是，在后期，我因病有一部分稿件没有看完，好在商晓燕同志能够补缺。我应当感谢她。我还应当感谢的一个人就是那位美籍华人朱传榘先生，我受了他5万元的捐助，至少解决了我的办公费用，花了有8年之久。

为此，在《大词典》出版后，我将这个成果给他寄了一本，他收到后十分高兴，声言在他回国的时候，要同我见一次面，并要请我吃饭。终于有那么一天，他同他的夫人一起回来了，见到了我，我感谢了他，他还要感谢我。他说："我在国内捐助了大约有4000万元。给法学所也捐助了20万元，只有你花了区区5万元，做出了这么厚的一本书，还寄给了我，使我看到了我捐助出去的钱得到的结果，其他的钱是怎么用的，我却一无所知。"他的夫人也表示得很兴奋，用手表示出书有多么的厚。

# 十四 编撰各类法学小词典

作为专业出版辞书的上海辞书出版社，除了出版他们的主业《辞海》（每十年一版）以外，其他时间就要编撰各类的专业词典。编撰法学类的辞书当然也成为他们的主要工作之一。首先要感谢他们对我的信任，不断地邀请我为他们出版社编撰各类法学辞书。

在《法学大词典》出版后不是太久，他们感觉到该词典篇幅太大，重度与厚度也过大，不便于携带，也不便于查阅。出版社在经过编委会的授权后，又授权我单独来改编这部《大词典》为一部《精编法学词典》。《法学大词典》的字数为452.5万字，改编后的《精编法学词典》的字数为140.2万字。于2000年出版。这部书成为中等偏上的一部中型词典。

此后，我又经上海辞书出版社邀请，为其编写了《法律小词典》共56.1万字，于2002年12月出版；《刑事法律小词典》共51.9万字，于2004年5月出版；《简明法律词典》共63万字，于2005年8月出版。上述各类法律小词典的出版，在社会上曾经起到一定的作用，使公民对一些基本法律有所了解，对于公民法治意识有一定的帮助。

党的十八大的政治报告特别强调依法治国的方针，要求全社会增强学法、遵法、守法、用法的意识。为了达到这个目的，首先要增强法律的完善。而随着时代发展的需要，立法机构在不断地修改已有的法律。由于修改的法律增多，使有些法律概念的内涵发生了变化，有些概念消失了，又出现了许多新的概念。这样的情况真是太多了，可以说是数不胜数。这样的情况使公民难以应付，甚至是基层的司法工作人员也感到困惑。那些已经过时的法律概念释义将会贻误理论或实务的某些工作。编写和出版一本新的应用型的法律词典，使读者在案头上能够备有一本能够及时查阅到的、以法律作为依托的法律概念工具书，这对于法学工作者来说，无疑是一件刻不容缓的义务。

**图7　曾庆敏所著《老年立法研究》等**

**图8　《应用法律词典》书影**

　　幸好我在 2012 年得到了中国社会科学院离退休干部工作局老年科研基金的资助，即时动手编写《应用法律词典》，笔名：浦法仁。这是在以往我编写的、已经出版过的法律词典的基础上，除了保留仍然有用、与现行法律不相矛盾的内容外，根据新颁布的法律及具有法律效力的司法解释，对这本词典的词目释义作了较大幅度的补充和修改，使其成为一部内容较丰富的中型法律词典。本词典于 2015 年 11 月出版，共 110 万字。但是，这不是一件一劳永逸的事。遗憾的是，出版必然是有一个周期的，当这部词典出版的时候，就在这个周期中，有些法律已经又作了新的修改，或者又有新的法律诞生。这说明在这部词典出版见诸大众的时候，有些地方就已经过时了。这就提醒我们,为了人民和国家的需要,过几年还应当有人再作修改。那也许不是由我们来做此项工作了。

《法学词典》第一版出版至今,恰逢新中国成立 70 周年,中共中央宣传部在国家博物馆主办《书影中的 70 年·新中国图书版本展》中,《法学词典》被选为参展物之一,在本院法学所的出版物中是唯一的参展物。作者们为之庆幸和鼓舞。2019 年 11 月 4 日《中国新闻出版广电报》第 5 版,出版周刊中《本期关注:书影中的 70 年》。中华人民共和国图书版本展中的《这些书中有着许多令人回味的故事》和 2019 年 12 月 9 日该报的第 6 版出版中,出版背后栏目中的头条《新中国第一部法学专科词典诞生记》,分别对《法学词典》作了报道,可见对这些参展物的重视。

(曾庆敏,中国社会科学院法学研究所研究员)

# 改革开放以来的中国公共行政学

杨海蛟　　许开轶

中国公共行政学自 20 世纪 80 年代初恢复以来，不论学科建设还是学术研究，紧跟时代变革的步伐，经过 40 年的探索和发展，形成了"百花齐放、百家争鸣"的局面，取得了辉煌的成就。回顾改革开放以来中国公共行政学的发展历程，总结历史的经验，检视当下的问题，不仅有利于我们坚定理论自信和文化自信，也有利于我们抓住机遇、迎接挑战，推动中国公共行政学不断开拓创新，继续砥砺前行，这对于繁荣中国的社会科学研究也具有重大意义，从而为中国的改革开放和现代化伟业做出更大贡献。

## 一　改革开放以来中国公共行政学的发展历程

公共行政学在我国一般又称作行政管理学或行政学，在国外亦称作公共管理学，是一门研究社会公共权力执行的组织形式及其对社会公共事务进行有效管理的具有理论性、综合性和应用性的学科。任何科学和理论的产生都是时代需要和时代呼唤的产物，在中国，公共行政学是在改革开放这一时代背景下得以重建的，经历了从恢复重建，到初步发展，再到走向成熟的过程，是沿着中国特色的社会主义道路一路前行的。

### （一）中国公共行政学恢复与发展的过程

1. 公共行政学科恢复重建阶段（20 世纪 80 年代初期到 90 年代初期）

由于历史的原因，20 世纪 50 年代以后，高等学校院系中撤销了行政管理学专业，相关课程的教学和研究工作陷于停滞，导致该学科的发展严重受挫。1978 年党的十一届三中全会实现了中国社会主义事业发展的伟大转折，确立了改革开放的基本国策，为了适应形势发展的需要，行政体制改革被历史性地提上了议事日程，从而也凸显出了行政管理学研究和学科建设的重要性。1979 年 3 月，邓小平在理论工作务虚会上指出，"政治学、法学、社会学以及世界政治的研究，我们过去多年忽视了，现在也需要赶快补课"。① 这个指示对建立和发展行政学起到了极大的推动作用。1982 年 1 月 29 日，夏书章教授在《人民日报》发表了《把行政学的研究提上日程是时候了》一文，提出："要搞现代化建设事业，就必须建立和健全现代化管理（包括行政管理）和实行社会主义法治（包括行政立法），这样，我们就需要建立社会主义的行政学和行政法学。"② 这犹如一声春雷，唤醒了沉寂多时的中国公共行政学，对其恢复与重建具有里程碑式的意义。

1984 年，国务院办公厅、原劳动人事部主持召开全国首次"行政管理学科研讨会"，会议对开展行政学研究和建设行政管理学科体系的必要性、原则、任务等问题进行了充分研讨，达成了一系列共识，成为公共行政学进一步发展的新起点。1988 年夏，中国行政管理学会建立，中国社会科学院、中国共产党各级党校、一些高等院校也纷纷成立了行政管理学的教研机构。一批行政管理学著作和教材先后出版，其中夏书章先生主编的《行政管理学》一书在行政学中断近 30 年之后，首次对行政学的主要内容和体系进行了比较系统的归纳和阐述。

之后，政治学专业和政治学系开始复建。1986 年，我国高等教育的政治学一级学科中设置了行政学（行政管理）二级学科，行政管理四年制本科专业获准开设，其中，开设最早的学校是武汉大学和郑州大学。1988 年，中国人民大学率先招收行政学硕士研究生。1994 年，作为培训高、中级国家公务员的新型学府和培养高层次行政管理及政策研究人才的重要基地的国家行政学院正式成立，这标志着行政管理学不仅在学科建设层面得以恢复，而且开始纳入国家行政建设的序列。

---

① 《邓小平文选》第 2 卷，人民出版社 1994 年版，第 180 页。

② 夏书章：《行政学的研究提上日程是时候了》，《人民日报》1982 年 1 月 29 日第 5 版。

2. 公共行政学科重建后的初步发展阶段（20 世纪 90 年代中后期）

20 世纪 90 年代中后期，中国公共行政学整体上处于学科重建后的初步发展阶段。在这一阶段，从本科到硕士的教育体系得以逐步建立，同时西方公共行政学的经典研究开始被引荐到中国，学者们积极吸收包括港台地区在内的境外学者们的优秀研究成果。1997 年，首次在研究生教育中增设公共管理一级学科，原属于政治学的行政管理学划为公共管理的二级学科。1998 年，中国人民大学、中山大学、复旦大学成为具有中国行政管理博士学位授予权的首批 3 所大学。1999 年，国务院学位委员会决定开展公共管理硕士（MPA）专业学位教育，成为我国行政管理教学研究与国际接轨以及学科建设规范化的新起点。与此同时，学术界初步形成公共行政学研究的各种学派。经过这一阶段的初步发展，公共行政学已经成为一门独立的学科，取得了自己应有的学术地位和社会地位，并且初步确立了公共行政学研究的基本范畴和框架体系，初步形成了相对独立的教学科研体系。

3. 公共行政学科的发展成熟阶段（进入 21 世纪以后）

世纪之交，中国公共行政学的博士研究生教育和 MPA 教育开始起步，这对中国公共行政学的发展而言，既是新挑战，也是新机遇。除了中国人民大学、中山大学等"985"高校之外，一批"211"高校也先后获得了行政管理专业博士授予权，北京大学、复旦大学、中山大学、中国人民大学、武汉大学等高校陆续设置了公共管理博士后流动站，从而使公共行政学人才培养体系逐渐完整。公共管理硕士（MPA）专业学位教育也获得了长足的发展，从 2000 年首批 24 所高等院校试点至今，已经有 7 个批次以及 4 家高校通过学位点置换设立的 236 个公共管理专业硕士（MPA）学位点获准建设，已经培养了数万名 MPA 学生。经过最近十几年的迅速发展，公共行政学的研究队伍不断壮大，研究范围进一步拓展，研究层次不断深化，研究成果更加丰富，公共行政学的发展步入了快车道。

**（二）公共行政学科恢复和发展的理论基础和实践依据**

1. 理论基础

（1）公共行政学科恢复和发展的理论基础在于政治与行政二分法视野下的学科分化与整合。"我国公共行政学研究不断深入，得益于学科的分化整合过程与国际化'生态'的有机结合。公共行政学是综合性学科，科际整合特征比较明显，研究公共行政必须研究行政生态，即行政的经济生态、政治生态、社会生态以及学科生态，才能获得'生态动力'"。1887年，美国学者威尔逊在《政治学季刊》上发表《行政学研究》一文，第一次提出了把行政管理作为一个独立的领域加以研究的意见，并受德国政治学家布隆赤里的影响，明确了政治——行政二分的原则，认为："政治是在重大而且带普遍性的事项方面的国家活动，而行政管理则是国家在个别和细微事项方面的活动，因此，政治是政治家的特殊活动范围，而行政管理则是技术性职员的事情，政策如果没有行政管理帮助就一事无成，但行政管理并不因此就是政治。"① 他还提出应当建立一门独立的行政科学，并为之确立一个总体性的研究框架，即重点研究组织、人事和一般性的管理问题，强调尤其需要关注组织的效率与有效性问题。政治和行政二分原则的确立具有重要意义，其为行政学这门学科的形成提供了基本前提。威尔逊之后，古德诺在《政治与行政》一书中进一步阐发了政治——行政二分原则，他提出，"在所有的政府体制中都存在着两种主要的或基本的政府功能，即国家意志的表达功能和国家意志的执行功能。……政府的这两种功能可以分别称作政治和行政"。②

（2）中国公共行政学的发展还得益于其他学科的发展。公共行政学是一门经过科际整合而形成的综合性学科，涉及政治学、社会学、心理学、经济学、法学、管理学、历史学等学科的相关知识，而这些学科从20世纪80年代初开始也都得到了迅速恢复与发展，成为公共行政学汲取知识营养的重要源头，为其发展奠定了坚实的理论基础。

2. 实践依据

实践是真理的来源。中国改革开放后，经济、政治、社会、文化、生态文明体制改革不断深化，给行政学的研究提供了大量的实践素材。特别是政府体制改革与创新、公共行政人员的职业化、公共领域的问题与危机可谓是中国公共行政学科恢复和发展的主要实践依据。

---

① ［美］伍德罗·威尔逊：《行政学研究》，载彭和平、竹立家《国外公共行政理论精选》，中共中央党校出版社1997年版，第15页。

② ［美］弗兰克·J. 古德诺：《政治与行政》，王元译，华夏出版社1987年版，第10、12页。

（1）政府体制改革与创新。随着改革开放的不断推进与深化，中国社会面貌日新月异，发生了巨大变化，出现了许多新情况与新问题。这对政府行政体制改革提出了非常紧迫的要求，不仅政府管理自身存在的问题不断暴露亟待解决，而且也需要通过改革来适应不断变化的新形势。"政府体制改革与创新成为全面深化改革、完善市场经济、解决经济社会发展中的诸多深层次矛盾和问题的关键所在。改革政府需要科学的理论作为指导，思考如何建立与社会主义市场经济体制相适应的、体现科学发展观、促进和谐社会发展的政府体制是时代对中国行政学发展的要求。政府改革与创新直接成为中国行政学发展的推动力，亦成为中国行政学研究的核心主题。"①

（2）公共行政人员的职业化。改革开放特别是 20 世纪 80 年代末国家公务员制度实施以来，中国公共行政部门人员逐步向职业化方向发展。如何使如此庞大规模的干部队伍尽快实现角色的转化，并适应形势变化的需要不断提升公共管理的技能，这不仅是一项艰巨的实践任务，而且也需要从理论上予以阐释，并有针对性提出对策与建议。这些都为公共行政学科的发展提供了很好的机会。

（3）公共领域的问题与危机。不可否认的是，改革开放在取得巨大成就的同时，也出现了不少问题，在公共领域突出表现为环境污染和生态危机问题、阶层分化与社会稳定问题、食品安全与公共卫生问题、分配不公与脱贫问题等。仅靠政府的力量很难回应和解决这些问题，需要公共行政学者们展开相关问题的研究来提供智力支持。而且，当代社会出现的这些问题也直接影响了公共行政学的研究取向，提供了丰富的研究素材，一定程度上左右了其发展的轨迹。

## 二　改革开放以来中国公共行政学发展的成就

中国公共行政学伴随着改革开放的步伐不断发展，逐步从政治学等其他学科中分离出来，成为一门独立的学科，进而在人才培养与专业建设、学术交流、科学研究、政策实践等方面都取得了巨大的成就，极大地推动

---

① 张成福：《变革时代的中国公共行政学：发展与前景》，《中国行政管理》2008 年第 9 期。

了中国公共行政实践的发展。

### （一）在人才培养与专业建设方面

1. 高等院校公共行政学科"学院化"

高等院校公共行政学科的"学院化"，亦即在高等院校中普遍成立了独立的公共行政教学与研究机构，这不仅表明公共行政学独立的学科地位得到了社会广泛认可，而且使本学科的发展和人才培养有了最基本的平台依托与组织保障，这也是学科和专业繁荣的突出表现。

2. 建立了完整的专业教育体系

经过40多年的努力，中国公共行政学已建立起了从本科到博士、包含学术型和专业型两类学位的完整教育体系，培养出一批批公共行政学的专门人才。在20世纪80年代末，仅有少数的大学设立公共行政专业。而截至目前，全国设立行政管理本科专业的高等院校已有273所，设置行政管理硕士学位点167个，具有公共管理一级学科博士授予权的单位48家。有236个公共管理专业硕士（MPA）学位点获准建设，已培养数万名MPA学员，为政府部门及公共机构培养了大量德才兼备、适应社会主义现代化建设需要的高层次、应用型、复合型的管理人才。人才培养和专业建设的成就很大程度上得益于高水平师资队伍的建设。几十年来，公共行政学的师资队伍不断扩大，整体教学与科研能力和水平不断提高，师资队伍中大部分人拥有博士学位，形成了一批以教授、博导为核心的研究团队，在学科发展中起到了引领作用。

### （二）在学术交流方面

1. 专业性学术组织蓬勃发展

专业性学术组织的建立和发展，是学科发展走向成熟的重要标志。自1988年成立中国行政管理学会以后，各个省、自治区、直辖市也相继成立了本地区的行政管理学会，行政管理学会内部又先后建立了6个专业领域的研究组织，即全国行政管理教学研究会（1987年）、县级行政管理研究会（1990年）、政策科学研究会（1992年）、后勤管理研究会（1994年）、公安管理研究会（1996年）、绩效管理研究会（2006年）。随着公共行政实践的发展，近些年来，公共行政学术论坛也不断增多，公共行政智库建设也取得了很大成绩。这些学术组织在学术交流、科学研究、政策

咨询、人才培养等方面做了大量卓有成效的工作，为中国公共行政学科的
发展做出了重要贡献。

2. 创办了一批专业学术期刊

除了中国行政管理学会的会刊《中国行政管理》之外，《公共管理学
报》《公共行政评论》《行政论坛》等正式的学术期刊相继创办，另外还
有各种以书代刊的集刊，如《中国公共政策评论》《公共管理评论》等，
北京大学、复旦大学、中国人民大学、武汉大学、中山大学等高校的学报
也大量刊发了公共行政学研究的成果。专业学术期刊的创办具有深远意
义，为公共行政学术研究成果转化提供了重要平台。

3. 积极开展国际学术交流

中国公共行政学自复建以来一直都是以开放的姿态积极引进、学习、
借鉴和吸收国外公共行政理论研究成果和实践经验，坚定地走国际化的道
路。（1）一大批国外公共行政领域的经典著作、教材等被翻译引荐到中
国，为国内的学术研究、专业教学和实务工作提供了很好的学习素材。
（2）政府和学界承办或举办了多次国际性的学术研讨会，大量学者和留
学生走出国门，参与国际会议或访问交流与学习，众多国外学者获邀来中
国访问，不同层次的机构之间和学者之间的国内外学术交流日益频繁。
（3）一些高校或研究机构就共同关心的议题积极与国外相关单位或国际
机构积极开展国际合作研究，促进了公共行政研究的国际化。（4）大量
知名中国学者逐渐活跃于国际舞台，中国学者越来越多的研究成果在国际
学术刊物上发表，使中国公共行政学科研成果的国际影响力不断提高。

### （三）在学术研究方面

1. 研究领域的拓宽

在早期恢复和重建时期，公共行政的研究领域相对比较狭窄，主要偏
重于公共行政一般理论的介绍和研究。经过 40 多年的发展，公共行政学
研究领域由浅入深、由表及里、由内及外不断拓展，呈现出百花齐放、百
家争鸣的态势。当前的公共行政学研究主要包括公共政策、公共关系、公
共服务、公共危机管理、行政体制改革与政府职能转变、服务型政府建
设、政府绩效管理、非政府组织研究、地方政府改革与创新、新型城镇化
建设、全球公共治理、大数据和人工智能在政府治理中的运用等，涵盖了
公共行政实践的主要问题与领域。

2. 研究范式的转换

西方公共行政学的研究，主要经历从传统的公共行政学（Public Administration）到新公共行政学（New Public Administration），再到（新）公共管理学（New Public Management）三次研究"范式"的转换，中国公共行政学研究的范式受到西方行政学研究范式的深刻影响，也大致经过了"行政管理""公共行政""公共管理"三种范式。① 公共行政学的研究范式的转化可以看作该学科自由开放研究精神的一种表现，也可看作该学科勇于探寻真理的一种试错与创造。

"行政管理"范式是中国公共行政学恢复之后一段时间内特有的范式。该范式的研究以行政效率为核心，形成了以行政环境、行政职能、行政组织、人事行政、行政领导、行政立法、行政文化、行政执行、行政监督为中心内容的结构框架。将行政界定为"国家权力机关的执行机关依法管理国家事务、社会公共事务和机关内部事务的活动"②。

"公共行政"范式产生于 20 世纪 90 年代初。这一范式对"公共"做了全面的阐释，认为公共是相对于营利性的私人企业而言的，因而政府的行政活动注重向社会提供公共产品；明确了行政活动的目的和性质主要是为公众提供公共服务；公共的性质决定了它应负的社会责任和义务。其工作绩效不能简单的用利润效率为尺度；强调公共的参与性与行政的公开性。③ 由此可见，公共行政的内涵比行政管理更为丰富。

"公共管理"范式是进入 21 世纪后开始流行起来的。公共管理是一种包括国家事务、政府事务、社会事务在内的具有公益性、泛适性的管理方式，它强调政府、企业、社会的互动以及在处理社会及经济问题中的责任共负。④ 其是由传统政府管理模式向现代政府治理模式转换的一种行政理念。陈振明提出"公共管理"范式的特征主要有四个：一是将研究的对象由政府行政机关扩大到其他非政府组织的公共机构（非营利组织、第三部门）甚至私人部门的公共方面，二是公共管理学实现了由公共行政学的内部取向向外部取向的转变，三是公共管理学更具跨学科、综合性

①　陈辉：《中国行政学的范式研究：回顾与思考》，《中国行政管理》2008 年第 4 期。

②　夏书章：《公共行政学》，中山大学出版社 1998 年版，第 2 页。

③　郭济：《中国公共行政学》，中国人民大学出版社 2003 年版，第 2 页。

④　陈辉：《中国行政学的范式研究：回顾与思考》，《中国行政管理》2008 年第 4 期。

的特点，四是公共管理学既是实证的又是规范的。①

### 3. 研究方法的改进

社会科学研究方法的价值在于提供分析问题、建构理论的支点和工具，它重在解决科学研究中的合理性问题。20世纪90年代末以来，中国公共行政学经历了一场"实证主义运动"，显著提高了研究的"科学性"和研究品质。经过40多年的发展，中国基本的公共行政研究学术规范已建立起来，研究方法也大幅改进，除了规范理论研究以外，更加重视实证研究、案例研究、比较研究等方法，不少研究论文通过参与式或非参与式观察、问卷调查、深度访谈等途径来获取研究数据。资料分析的方法也不再单调，文献定性分析方法和实地调查定性分析方法、统计文献分析方法等都被大量使用。

### 4. 话语体系的构建

毋庸讳言，改革开放以来中国公共行政学的重建一定程度上是建立在对西方行政学的引介基础上的，这主要是由于"中国当代改革的学术理论处于初创期，学术上对发展中问题的解释能力相当贫乏，公共行政学不得不借助于引进吸收西方理论框架来谋求发展"②。不过，近些年来，已有不少学者开始意识到中国公共行政学本土化建设的重要性，强调要"从简单学习西方、传递西方理论和思想，转移到关注本土、研究本土、解决本土问题，并创立自主、内生和独特的思想、理论和话语体系"③。并提出了对传统资源进行理论开发、对西方学说进行理论借鉴、对中国经验进行理论提升等本土化的路径选择。尽管本土化建设目前还存在很多问题，依然任重而道远，但加强本土化建设已经成为公共行政学界的主流认知，已经涌现了不少本土化的话语概念塑造和基本理论建构。

### 5. 重大问题的探讨

20世纪80年代初至90年代末，中国公共行政学发展的主要任务是学科重建，即建立学位点和教育体系。进入21世纪后，科研越来越受到公共行政学者们的重视，研究队伍也迅速壮大走向成熟，中国公共行政学

---

① 陈振明：《公共管理范式的兴起与特征》，《中国人民大学学报》2001年第1期。

② 娄成武：《中国公共行政学本土化研究：现状与路径》，《公共管理学报》2017年第7期。

③ 娄成武：《中国公共行政学本土化研究：现状与路径》，《公共管理学报》2017年第7期。

研究开始呈现全新的格局。① 除了研究方法、研究范式等的推陈出新之外，对重大理论与现实问题的探讨成为学者们关注的重心。这其中有三条研究主线：一是行政体制改革研究。这是中国公共行政学重建以来经久不衰的持续性研究主题，与我国的行政体制改革实践相辅相成。改革开放以来，我国行政体制有 8 次大的改革，改革的重点大体上经历了四次调整，即机构精简和人员分流（1978—1992）；减少对微观经济干预（1993—2002）；公共服务体系（服务型政府）建设（2003—2012）；深化"放管服"改革加快转变政府职能（2013 年至今）。与之相应，公共行政学界对上述重点问题进行了深入研究，产出了一大批高质量研究成果。二是国家治理研究。中国这样超大型社会的国家如何实现长治久安，一直是学者们潜心思考的问题，在党的十八届三中全会召开之前，公共行政学界就已经有不少学者讨论了"乡村治理""城市治理""社区治理""公共危机治理"等各类治理问题，开始阐释"网络化治理""多中心协同治理"等理念，而在党的十八届三中全会明确将推进国家治理体系和治理能力现代化作为全面深化改革的总目标之后，国家治理问题的研究更是掀起了高潮，学者们进行了多角度立体式的探讨，取得了丰硕的研究成果。三是信息化与大数据在政府行政过程中的应用研究。信息化时代公共行政从理论到实践都面临着巨大的变革，学界在这个问题上也倾注了极大的研究热情。早期的研究主要是围绕政府的信息化管理与建设展开的，而近年来，随着"大数据"概念的引入，大数据与政府管理创新的研究迅速成为公共行政学界最热门的研究课题之一。学者们主要围绕大数据时代政府管理面临的挑战与机遇、大数据与"互联网＋"时代政府管理创新、大数据与电子政务创新、大数据与政府专项管理创新、大数据与政府管理的技术伦理等主题进行了积极研究。目前这方面的研究还处在起步阶段，无论在研究广度还是研究深度上，都有着巨大的发展空间，特别是随着人工智能与区块链技术的成熟，如何将其运用到政府行政过程中，这是亟待公共行政学界在理论和逻辑上予以阐释的重大问题。

## （四）在政策实践方面

公共行政学的发展来源于公共行政的进步，公共行政的发展变革为公

---

① 马骏：《中国公共行政学研究：反思与展望》，《公共行政评论》2012 年第 1 期。

共行政学研究提供了丰沃的实践土壤，同时，公共行政学对公共行政实践也具有指导作用。

1. 为政府决策提供咨询服务，推动政府改革与创新

政府在制定改革方案、实施改革进程中主动听取公共行政方面专家和学者的意见和建议，专家学者积极建言献策，这已经成为决策科学化、民主化的重要保证。例如在绩效评估、公共危机治理、公共政策、公共服务、公共预算等领域，都有许多公共行政学专家向各级政府提供有价值的政策建议，一些知名学者还亲身参与了公共行政改革方案的制订。另外，公共行政智库也在政府决策制定和推行的过程中发挥了重要作用。40 多年来，围绕着政府管理和改革中的许多重大理论和现实问题，公共行政学者展开了深入研究，积极献言献策，推动和促进了中国的行政体制改革。

2. 助推公共服务型政府建设，促进政府职能转变

服务型政府适应了现代社会的需要，是中国政府建设的发展趋向，而这一概念就是由公共行政学者张康之教授首次提出的，此后，又有许多学者全面阐释了建设服务型政府的内涵、政治理念、价值取向以及实现路径等问题。公共行政学界这一重要的研究成果直接助推了我国公共服务型政府的建设。在 2005 年，"建设服务型政府"写进了《政府工作报告》，确立了建设服务型政府为中国行政体制改革目标之一。此后，在如何建设服务型政府，尤其是如何实现政府职能的转变问题上，公共行政学界又展开了全面而深入地探讨，提出了一系列科学的思想和建议，很多被政府部门所采纳，从而有力地推动了政府改革的进程。

3. 培育公民公共精神，维护社会公共利益

一个社会需要有公共精神，发达的公共精神是良好社会治理的决定性因素，公共精神作为现代公民应当秉承的精神价值，关系到社会的稳定与发展，同时也是建设和谐社会的基石。随着经济的发展，社会上也出现了一些公共精神缺失与公共利益私化的现象，究竟如何看待和应对这种困境，学者们通过深入研究，提出了很好的建议。例如，谭莉莉提出以公共精神为导向的公共行政应该实现三个大的转变：从"无限行政"向"责任行政"转变、从"行政管制"向"行政民主"转变、从"消极行政"向"积极行政"转变。① 张文提出公共精神的塑造与培育需要充分施展非

---

① 谭莉莉：《公共精神：塑造公共行政的基本理念》，《探索》2002 年第 4 期。

营利组织在公共精神培育中的力量、全面发挥学校作为公共精神培育主阵地的作用、激励社会公众主动传承公共精神。① 陈富国提出公共精神是立足于公共交往与公共生活，以公共领域为载体，以公共事务为指向，以公共利益为价值旨归的伦理精神，而重塑治理结构、正确架构国家与社会间的关系，拓展公共领域、壮大公共精神的生长场域，发展社会组织、夯实公共精神，等等，是现阶段提升公共精神的重要进路。② 公共行政学者们的研究成果对培育公民公共精神、维护社会公共利益起到了很好的引导作用。

# 三　中国公共行政学发展面临的挑战和机遇

经过 40 多年的努力，中国公共行政学已经发展成为一门独立的学科，无论在人才培养还是科学研究方面，都取得了很大进步。不过，中国公共行政学的未来发展仍然存在着不少问题，面临很大挑战。而全面深化改革的逐步推进，互联网与大数据技术的应用，国家治理现代化水平的提高，则不仅为公共行政实践也为公共行政理论研究创造了巨大的发展机遇。

## （一）未来挑战

### 1. 本土化的理论体系尚不完备

现代公共行政学产生于西方，中国公共行政学研究的范式也深受西方影响。中国行政学的发展应当遵循从引进、消化、吸收到借鉴、提高，进而创立具有中国特色的行政学这样一个自然的过程。但经过多年的发展，中国公共行政学在思维逻辑和理论体系上还没有完全跳出西方行政学的窠臼，在理论建构上突破和创新不足，虽然有一些本土化的研究成果，但还没有形成完备的本土化理论体系，也难以全面科学地解释中国特色公共行政的实践，无法高效回应实践的需要。

### 2. 研究方法的结构性失衡

虽然近年来研究方法越来越受到公共行政学界的重视，特别是实证研

---

① 张文：《转型背景下公共精神的内涵与重塑》，《山东社会科学》2017 年第 1 期。

② 陈富国：《公共精神的中国生成：现代国家治理视界的论证》，《理论与改革》2016 年第 4 期。

究，但还是相对不足，最新的定量研究方法，如实验研究、模拟研究等，应用的还不够充分。"绝大部分的经验研究都是以定性研究尤其是以案例研究为主。此外，调研范围绝大部分都只局限在某个区域，全国范围的调研比较少，小范围的区域性的调研是无法有效地回应中国问题的"①。研究方法的结构性失衡严重制约了中国公共行政学系统化理论的建构，也会导致对公共行政实践缺乏深入了解，进而无法做出科学的分析与判断。

3. 独立的学科地位遭受质疑

公共行政学研究领域、边界及学科理性上的不确定性，引发其在公共行政理论和思想范式方面的危机，并对其独立学科地位提出了挑战。同时，"中国公共行政也面临着现代性与后现代性的双重挑战，公共行政既要解决现代性缺失问题，又要吸纳后现代性的有益因素"②。另一方面，在中国具体的公共行政实践中，政府有效性缺失、腐败行为的滋长、生态环境的恶化等引发公共行政的危机，实践的危机导致学科研究的不确定性及争议性。不过，也有学者指出，"对危机的关注表明了公共行政学科的一种反思性的理论自觉，而一个学科的生命力，正是来源于其不竭的自我反思"③。因此，我国公共行政学的发展要在不断反思中构建公共行政学的学科理性，摆脱身份危机，促进公共行政学的进一步繁荣，从而更好地指导公共行政实践。

**（二）发展机遇**

1. 全面深化改革为公共行政学研究提供了丰沃的土壤

当代中国正发生深刻的社会转型，经济、政治、社会都处于历史性的变迁之中，在这一大变局中，公共行政将扮演更加重要的角色。党的十八大以来，经济发展进入新常态，改革开放进入新阶段，中国特色社会主义发展进入新时代，党中央审时度势，开启了全面深化改革的新征程，改革涉及经济、政治、文化、社会、生态文明等各个领域，围绕适应和引领经济新常态、供给侧结构性改革、践行五大发展理念等改革主题，国家出台

---

① 马骏：《中国公共行政学：回顾与展望》，《中国行政管理》2012 年第 4 期。

② 刘耀东：《现代性与后现代性：中国公共行政面临的双重挑战》，《公共管理与政策评论》2015 第 5 期。

③ 刘亚平：《公共行政学的合法性危机与方法论径路》，《武汉大学学报》2006 年第 1 期。

了一系列战略举措，这些不仅主要需要公共行政部门来落实和执行，也需要公共行政学在理论上进行回应并提出一些前瞻性的构想，从而进一步凸显了公共行政学研究的重要价值。这些变化既是挑战更是机遇，为中国公共行政学研究提供了丰沃的土壤。

2. 互联网与大数据技术为公共行政理论创新带来了新的机遇

随着网络传播与数据分析技术的迅猛发展，以互联网、物联网、云计算、人工智能、区块链等为代表的新兴技术对公共行政研究产生了重大影响。全球化和网络化时代，越来越多的信息化手段被应用于公共行政领域，网络科技不仅为政府职能转变、管理服务模式创新提供关键的技术支持，促进公共行政的重大变革，还为公共行政的研究提供新的发展机遇。特别是网络化产生的大数据，对于公共管理变革具有重要意义。大数据不仅是数据，也是技术、能力，更是价值、思维。一些学者把大数据与公共行政研究的领域相对接，产生了许多崭新的思想和观点。当前，互联网与大数据技术对公共行政的影响仍在进一步深度扩散，学界对这一现象的研究虽已取得了一些成果，但还远远不够，还不能满足日新月异的实践发展的需要，这实际上也为公共行政学提供了巨大的研究空间。

3. 国家治理现代化使公共行政学发展面临更加广阔的前景

党的十八届三中全会提出了推进国家治理体系和治理能力现代化，第一次把国家治理体系和治理能力与现代化联系起来，着眼于现代化，并以现代化为落脚点，揭示了现代化与国家治理之间的内在关系，国家治理离不开现代化，现代化构成国家治理的题中应有之义。而政府治理是国家治理的重要组成部分，在推动国家治理现代化过程中扮演着重要角色，创新社会治理体制也是推进国家治理体系和治理能力现代化的重要内容，国家治理现代化还推动了公共政策、公共服务、公共危机治理的现代化等，这些都为公共行政学的研究提出了一系列重大理论和实践问题。国家治理现代化不仅为中国公共行政事业的发展提供了空前的机会，也使公共行政学的研究面临更加广阔的前景。

# 四　进一步推动中国公共行政学发展的建议

面对新的形势和新的任务，我们需要认真思考究竟如何应对目前面临的挑战，抓住历史赋予的机遇，进一步推动中国公共行政学持续健康发展。中国公共行政学应该树立大国公共行政学应有的学术抱负，在全面深化改革的宏观背景下，基于中国社会转型和政治发展经验，回应社会变革，立足现实，积极探索公共行政学理论的本土化，创新公共行政研究模式和方法，努力构建中国特色的公共行政学话语体系，为中国行政体制改革提供理论支撑和智力支持，也为进一步全面深化改革，实现国家治理现代化做出应有的贡献。

### （一）回应社会变革，积极开展公共行政学的本土化研究

作为一门实践性很强的学科，公共行政学的生命力在于紧密围绕公共行政实践积累学科知识，探索实践问题，积极回应和满足社会变革的需要。这对中国公共行政学的研究也提出了很高的要求。中国公共行政学早期的发展具有较为明显的移植色彩，通过对西方公共行政学的核心概念、研究范式、理论体系等的引进、吸收、借鉴，促进了我国公共行政学的复建。但是，任何学科发展的根本目标都是服务于本国实践，公共行政学科也不例外。不少学者在反思中国公共行政学发展历程与现状时都突出强调，中国公共行政学的研究应以中国经验、中国情境为出发点提出理论，不能简单地套用西方的理论来解释中国的问题，公共行政学的研究要植根于中国的具体实践，努力实现本土化。当然，本土化是一个长期的过程，首先，中国的公共行政学者要根植于中国特色的公共行政实践，树立明确的本土化问题意识和危机意识，界定与厘清中国公共行政中的核心问题和前沿问题，在深化改革实践的基础上提出适应本土化的理论，并指导实践的发展。其次，"要关注中国政府的执政理念、角色定位、组织结构和行为逻辑等方面的改革和变迁，因为这些问题最能体现中国政府在塑造本国所特有的社会状况、民族特征、文化传统和生活习俗中所扮演的角色"[1]。这些问题处在行政场域的聚焦位置，对这些问题的回答，也是实现公共行政学本土化的关键所在。再次，公共行政学要在本土化的基础上实现国际化。中国公共行政学的发展也需要得到国际公共行政学同行的认可，实现和国际公共行政学研究对话和接轨，在对话和接轨中实现"寓国际化于

---

① 丁煌、李晓飞：《摆脱"身份危机"：中国行政学若干基本问题的再反思》，《江苏行政学院学报》2011 年第 5 期。

本土化，寓本土化于国际化"①，最终实现本土化和国际化的有机统一。

### （二）立足实践，创新公共行政学研究范式和方法

创新是学术研究的生命，创新需要科学研究者和实际工作者具有批判意识和创造性思考的精神。中国公共行政学要超越其发展困境，就需要立足公共行政的发展实践，提倡研究途径的多元化、研究方法的多样化、研究领域的交叉融合与相互渗透，在反思中创新其研究模式和方法。首先，要通过多种方式来推进研究工作的开展，充分利用假设检验、案例研究、政策过程分析等方法分析和论证中国公共行政的实践，对核心问题大胆假设，科学论证，在总结实践经验的同时不断反思。其次，充分利用定性和定量相结合的研究方法，深入"公共行政田野"②，对实践者进行深度的访谈，争取在全国范围内对所研究的问题进行大范围的调查，只有这样才能更加深刻了解和理解实践者的行动，进而可以构建出能够解释真实世界和指导具体实践的公共行政理论。再次，"中国公共行政学研究方法要结合行政学的学科特质和中国行政学研究的核心问题"③，充分利用大数据提供的信息和数据，来设计理论模型，创新研究方法。

### （三）坚定学术自信，构建中国特色的公共行政学话语体系

中国公共行政学发展的根本任务是科学揭示中国公共行政改革与发展的特殊规律，有效指导公共行政的发展，为其提供理论支撑和智力支持。为此，必须在本土化研究的基础上提炼和总结具有中国特色的公共行政学思想理论与知识谱系，构建中国特色的公共行政学话语体系，只有这样才能适应全面深化改革和实现国家治理能力和治理体系现代化的需要，也只有这样，中国公共行政学才能彻底清除对西方公共行政学的移植色彩，才能够在国际上拥有更多的话语权，才能够真正赢得普遍的尊重。建设有中国特色的公共行政学话语体系，首先要坚持学术自信、理论自信、文化自信，坚信能够在中国丰富的公共行政实践的基础上形成"具有中国风格、

---

① 周志忍：《迈向国际化和本土化的有机统一：中国行政学发展 30 年的回顾与前瞻》，《公共行政评论》2012 年第 1 期。

② 马骏：《中国公共行政：回顾与展望》，《中国行政管理》2012 年第 4 期。

③ 丁煌、李晓飞：《摆脱"身份危机"：中国行政学若干基本问题的再反思》，《江苏行政学院学报》2011 年第 5 期。

中国气派、中国特色的行政学"。其次要通过扎实的实证研究，从我国政治建设、经济建设、文化建设、社会建设和生态文明建设五大体系语境中建立起公共行政学的新坐标，形成自身独特的概念系统、研究方法和学术标准规范。再次，中国特色的公共行政话语体系要基于对中国核心问题的深切关怀，基于对中国经验的深度理解，基于对中国文化传统的深厚积淀，从中国独特的发展经验中探求理论意义，在此基础上，与西方国家公共行政学研究构成理性对话，使中国的公共行政学研究从国际学术的边缘进入核心圈层，彼此互相交流、借鉴，共同发展。

回顾历史，展望未来，中国公共行政学伴随着改革开放的大潮筚路蓝缕、砥砺前行，在几代学术人的辛勤耕耘下，取得了辉煌的成就，令人欢欣鼓舞。尽管目前还存在一些问题，面临着一系列挑战，但我们已经打下了良好的基础，并沿着正确的方向前行，而当代中国所处的历史性变革也为其提供了巨大的发展机遇，因此我们有足够的信心乐见中国公共行政学发展的美好未来。

（杨海蛟，中国社会科学院政治学研究所研究员；

许开轶，南京师范大学教授）

# 社会学应在构建和谐社会中发挥更大作用[①]

陆学艺

社会学是邓小平同志在 1979 年明确指示"社会学……需要赶快补课"后重建恢复起来的。时任中国社会科学院院长的胡乔木约见费孝通教授，请他来我院工作，组建中国社会学研究会和社会学所，主持社会学的重建。1979 年，社会学研究会建立；1980 年 1 月，社会学所建立。费先生出任第一任所长，开展了全国的社会学的重建，推动高等院校建立社会学系，各省市建立社会学所和社会学会，并在院领导的支持下，在北京、天津、武汉，多次举办社会学培训班，培养了第一批社会学业务骨干。其时，中国社科院社会学研究所是全国社会学重建、发展的中心。回顾总结这段历史，可以说，社会学这个学科的恢复、重建和发展是社科院建院以来诸多学术成就中的一项。

1987 年 2 月，我奉调到社会学所，协助社会学所的第二任所长何建章工作，1988 年 6 月出任第三任社会学所所长，那时，我还是个副研究员。20 多年来，在院领导和院直各部门的关怀、帮助、支持下，在前面两任所长工作的基础上，继续做了一些社会学的重建和发展工作，继续做了社会学所的学科建设和队伍建设的工作，我自己也逐步成长为一个社会学工作者。

回顾总结中国社会学恢复、重建和发展的历史，大致可以分为三个阶段。1979 年至 20 世纪 90 年代中期，是社会学的恢复、重建阶段；90 年代中期至 2004 年是社会学有较大发展的阶段；2004 年，自党的十六届四中全

---

[①]　此文选自《卅载回眸社科院》，方志出版社 2007 年版。

会提出构建社会主义和谐社会的战略任务以后，社会学进入了大发展的阶段。

到 2007 年，中国社会学学科已经成长起来了。全国已有 70 多个大学建立了社会学系、社会学专业，有 186 个社会工作系和社会工作专业。全国已建立 25 个社会学博士点（其中人类学 9 个），115 个硕士点（人类学 28 个）。各级各类社会学研究所 40 多个。2005 年，在校社会学本科生约 4 万人，研究生约 3000 人。专门从事社会学教学和研究的专业工作者有 4000 多人。

社会学重建恢复以来，已经有了很大发展，作为一个学科可以说已经建立起来了；但比起兄弟学科来，还比较年轻、薄弱，特别是相对中央提出构建社会主义和谐社会后社会需要来说，还很不相称。

**图1　社会学家陆学艺**

社会学是在 19 世纪 30 年代后期，在欧洲工业化城市化快速发展，社会矛盾、社会问题大量增加的背景下创建的一门新学科，目的是要建立新的社会秩序，促进社会进步。因为社会学适应社会的需要，20 世纪中期以后，在工业化国家逐步发展成为与经济学并驾齐驱的一门显学，教学与研究的专业队伍的社会地位和人数仅次于经济学。在欧洲，社会学与经济学的专业人员大致是 100：120，美国为 100：150。我最近做了一点调查：2005 年，美国的社会学本科学科点 651 个，当年毕业人数 26939 人（经济学为 24069 人）；硕士点 271 个，毕业人数 2009 人（经济学 331 个点，2824 人）；博士点 138 个，毕业 558 人（经济学 178 个点，毕业 849 人）。

中国的社会学，是在改革开放后重建的，基础弱，加上在 20 世纪 80—90 年代各学科大发展的机遇没有赶上，现在与经济等学科的差距悬殊。2005 年，社会学的本科生约有近 300 个点，招生 1.2 万人（经济学招本科生 145512 人，相差 12.1 倍）；硕士点 115 个，招生 1083 人（经济学有硕士点 1477 个，相差 12.8 倍，招生 15950 人，相差 14.7 倍）；博士点 25 个，招生 160 人（经济学 405 个点，相差 16.2 倍，招生 2662 人，相差 16.6 倍）。

社会学学科的队伍建设和学科建设已经很不适应国家发展的需要，特别是中央提出构建社会主义和谐社会的战略任务以来，这种状况亟待改变。党的十六届六中全会提出，要建立一支宏大的社会工作者队伍，这是构建社会主义和谐社会的需要。如按工业化国家每千人有 1.5—2 个社会工作者计，我国则需要有 195 万—260 万人。

现在社会学学科的发展，本科已经有了一定的数量，最主要的是缺少高素质的专业人员，发展的瓶颈是硕士点、博士点太少。为适应社会的需要，应采取特别措施，加快社会学学科队伍的提高和发展。

中国社会科学院在中国社会学的恢复和重建中，发挥了突出的作用，做出了重大的贡献。社科院应在这次社会学大发展的过程中，继续发挥带头、示范和推动作用。2005 年 2 月 21 日，胡锦涛总书记对景天魁、李培林同志说过，现在提出建设和谐社会，是社会学发展的一个好的时机，也可以说是社会学的春天吧！他鼓励社会学要做出表率。

改革开放初期，中国社会科学院为适应经济体制改革和经济发展的需要，把经济学所一分为四，新建了工业、财贸、农经三个研究所，以后又新建了数量经济与技术经济、人口、金融等所。20 多年来，中国社会科学院经济学片各所，出了大批成果、培养了大批人才，为经济建设做出了突出贡献，也扩大了社科院的影响。现在要建设社会主义和谐社会，社科院的社会学学科也应有一个较大发展。应在社会学研究所的基础上，新建增建社会学的新的研究所，以适应社会发展的需要。

（陆学艺，中国社会科学院社会学研究所研究员）

国 际 学

# 凝聚初心的"9000号信箱"

## 闫立人

2019年1月2日、4月9日，中共中央总书记、国家主席、中央军委主席习近平就中国历史研究院、中国非洲研究院成立发来了贺电，代表党中央表示热烈祝贺。这极大地鼓舞了历史学者和哲学社会科学工作者。抚今追昔，使我联想起中国社会科学院的历史。我深切感到我院学科的发展是在党中央亲自关怀培育下发展起来的，以中国国际研究学科为例，是在中华人民共和国成立后开始建立发展的。

纵观中国历史，尤其近几百年来在闭关锁国状态下，没有国家级的专门研究世界各国历史、政治、经济、社会、人文的研究单位，只有一些孤立的调查与考察组，或散落在高等教育单位的研究者，即使民国时期也是如此（只有历史语言研究所和社会科学研究所，主要工作是对中国社会调查及西北和安阳考古）。

中华人民共和国成立后，中国陆续与社会主义国家和发展中国家建交。当时对国外的研究还停留在以前的水平。1955年世界召开的具有重大历史意义的亚非（万隆）会议，推动了亚非民族运动发展。党中央为了加强中国与世界各国的交流亟须加强对国际问题的研究，成立外国研究所的紧迫性被提上了议事日程。1955年，中国科学院哲学社会科学部（简称"学部"）建立后，1956年年初在制定规划时向中央提出建议：要成立涉外研究所。中共中央宣传部于当年11月24日即批准成立了的国际关系研究所。①

---

① 1956年国际关系研究所所长孟用潜，副所长陈翰笙、刘思慕，内设欧、美、亚、非洲等6个研究组。《中国科学院（1949—1956）》，科学出版社1957年版，第7页。

国际关系研究所是我国真正形成规模的涉外研究机构，它的建立开拓了中华人民共和国国际研究学科，也是中国历史上第一家国际研究所。原从属于中国科学院哲学社会科学部，1958 年归属外交部。此后，在"1958 年 11 月 3 日，根据周总理批示在经济研究所下成立世界经济研究室，并同时设立中国科学院世界经济研究所筹备处"。从此相继在哲学社会科学部历史研究所内设立了世界史研究组、在文学研究所内设立了外国文学研究组。

"1961 年根据毛泽东主席的指示，在周恩来总理和中央的关怀下，于当年 7 月 4 日在中国科学院哲学社会科学部组建了亚非研究所和拉美研究所。"① 成立这两个研究所有个插曲，在 20 世纪 50 年代末，毛主席在一次会议上，指着地图上的非洲、拉丁美洲问，这两块这么大，国内有没有人研究？总理答，没有。毛主席说，应该去研究。不久，在周总理的关怀下，筹建了亚非所和拉美所。

# 一 "9000 号信箱"的由来

20 世纪 60 年代初，随着国内外形势的变化，1962 年印度侵占我国领土发生了边界纠纷，我们与苏联从意识形态分歧发展到边界摩擦，1963 年我国又酝酿与西方法国建交。国际情况错综复杂，为了更快、更好地了解掌握外国的情况，以适应国际发展及对外交流的需要，陈毅和廖承志领导的中央外事小组于 1963 年 12 月 15 日向中央呈送了《关于加强研究外国工作的报告》。报告指出："根据主席的指示，总理在离京前亲自主持，召集有关部门负责同志，讨论了加强研究国外工作的问题。"② 研究报告分析了目前的研究工作远不能适应当前形势的需要，国际研究不能很好地服务于国际斗争，国家"专门的研究机构和研究人员太少，只有 200 多人，研究骨干尤其缺乏"。③ 报告中，还就国际问题研究规划，外国的资料补充利用，研究机构的方针任务，国际研究部门协作问题，高校国际研

---

① 中国社会科学院院史研究室编：《中国社会科学院编年简史（1977—2007）》前纪第 3 页（单天伦执笔），社会科学文献出版社 2010 年版。

② 摘自中央外事小组 1963 年 12 月 15 日《关于加强研究外国工作的报告》。

③ 摘自中央外事小组 1963 年 12 月 15 日《关于加强研究外国工作的报告》。

究学科的设置，人才培养等问题，提出改进措施。为了改变研究机构、人员现状，提出包括在各有关部门新建一批研究机构，加强现在的研究机构（如建立苏联东欧所、美国所、西欧所、日本所，加强国际关系研究所，建立印度所，把亚非所分为东南亚和西亚北非研究所，加强拉美所、国际经济所、世界历史所、外国文学所、亚非拉文化所、国际工人运动所，把国际行情所改成国际贸易所），共 14 个研究所，同时培养研究干部，购买外国图书和资料等，加强国际研究中的协作。在高等院校中也建立一些研究外国的研究所，加强和充实高校中有关国际政治的院系，逐步建立地方上对外国的研究工作。

这个报告送给毛主席审阅。党中央和毛泽东主席批准了这个报告。毛主席于 1963 年 12 月 30 日批："这个文件很好。"并指示要研究"世界三大宗教（耶稣教、回教、佛教）"。① "12 月 31 日，中央在转发中央外事小组的请示报告上加了两条批语：一、中央同意《关于加强研究外国工作的报告》，现将这个报告连同毛泽东同志的批语一并发给你们，望按照办理。二、国际研究指导小组。"② 中国科学院哲学社会科学部 1964 年 5 月 14 日发文"根据国务院外事办公室的要求，请各外国研究所（筹备）在五月廿五日以前提出建所报告"③。随后，在 1964 年 5 月 19 日，中央批准在哲学社会科学部正式成立世界经济研究所。1964 年 5 月，中央宣传部也批准哲学社会科学部在世界历史研究室的基础上，经调整扩充，建立了世界历史研究所。1964 年 7 月开始筹备成立苏联东欧研究所。1964 年 8 月，成立了世界宗教研究所筹备处，同月，以文学研究所的东方文学组、西方文学组、苏联文学组、东欧文学组和中国作家协会所属《世界文学》编辑部为基础，成立了外国文学研究所，此后又陆续成立了一批国外情况研究所。

随着研究世界问题的开展，研究所机构人员扩编，首要的是房舍问题。没有必要的办公条件，形成以下几种局面；有的挤在原单位办公室，如世界历史所和拉丁美洲所挤在建国门 5 号哲学社会科学部 4 号二层小楼里（现在已扩建为院部餐厅）；有的筹建研究所挤占外单位的房子，如世

---

① 《加强宗教问题的研究》《毛泽东文集》第八卷第 353 页。
② 摘自下发中央外事小组《关于加强研究外国工作的报告》。
③ （64）社科字第 16 号文件。

界宗教研究室在北京大学校内；还有的等房子集中。总之，研究办公用房成了当务之急。当时，国内正值三年自然灾害之后，1964 年中央在全国经费紧张的情况下特批经费，为开展涉外研究工作创造条件。中央外事小组、中央宣传部、外交部、中国科学院都在积极想办法解决办公用房问题。说来事也凑巧，国务院专家局友谊宾馆属下的西颐宾馆中馆由于苏联专家撤离，宾馆进行了调整，个别外国专家集中到南馆居住。调整后，把西颐宾馆中馆（也称友谊宾馆中区）全部腾出交给中央涉外研究所使用。考虑到涉外研究的时效性，经过与有关部门协助设立了北京"9000 号信箱"。

## 二 "9000 号信箱"的历史回忆

1964 年年初，几个筹建扩编的研究所陆续搬入宾馆，宾馆根据各研究所人员情况、藏书量多少进行了楼门单元房屋分配。宾馆内共有 16 个单元门号，其中按外国的习惯没有 13 号单元，实际只有 15 个单元。至 1965 年年初拉丁美洲研究所、苏联东欧研究所、亚非拉研究所、印度研究所、世界经济研究所、世界宗教研究所、中国近代史讨论会、世界历史研究所都相应的分到办公用房。宾馆商务楼是研究所的图书馆，一层大厅（曾经是友谊商场）是世界历史研究所图书馆的大书库，高耸的 1 层大厅里摆满了绿色铁书架、各国图书、报刊，把大厅挤得满满的，像书林一样很壮观。在进门处用许多卡片柜、报柜、阅览桌排列设计为阅览区。世界史专业图书馆馆藏各国外文期刊、参考资料、外文图书种类繁多近 30 多种，为国别及类别研究打下基础。有些藏书是在 20 世纪 60 年代国家外汇紧缺的情况下特批购置的，大多数图书是全所干部总动员从北京、上海等地新旧书店淘来的，来之不易。

迁入的研究所研究方向各有不同，有的研究外国历史、有的研究现状、有的对国外某一方面进行专题研究。各研究所落住"9000 号"后，随着研究所来了一批著名的学者和学术大师，他们来宾馆上班、居住、指导工作。

比如，全国人大常委会副委员长兼秘书长、中联部部长刘宁一常到拉美所、苏东所检查指导研究工作；时任外交部顾问、中国科学院哲学社会科学部学部委员、经济学家、社会学家、历史学家、世界历史研究所创始人陈翰笙经常来所检查业务进展；曾任国务院科学规划委员会副秘书长、时任中国科学院哲学社会科学部副主任姜君辰兼任世界经济研究所所长；由毛主席亲点的著名哲学家、宗教学家、历史学家任继愈负责筹建世界宗教研究所；根据彭真指示，组建了以近代史所副所长、《历史研究》杂志主编、历史学家黎澍为主要力量的"中国近代史研究会"（中苏边界问题小组）。1964 年 5 月 21 日—6 月 3 日，中国近代史学术讨论会召开会议。吴玉章出席小组会，中宣部副部长周扬、毛主席秘书田家英在大会上做报告，黎澍主持会议。围绕中苏中俄历史及边界、中国近代历史、反对修正主义等问题进行讨论；由著名文艺评论家、文学艺术家、翻译家、社会活动家、文化部副部长、中国文联副主席夏衍任亚非拉文化研究所所长。各所还有一批专家，一时间大师云集"9000 号"，开始根据各自的特点带领研究所完善机制、制定规划，培育人才。

　　如，陈翰老指导年轻学者在选题上要注意：（1）课题有意义，为社会所需要；（2）能够收集到资料；（3）个人、研究所要有近期设计和长远规划。陈翰老经常到研究所来，找研究组的负责人汇报工作，或找研究人员了解科研工作情况，帮他们提出适当的研究课题。陈翰老指示：（1）用马列主义观点研究外国历史，对我们来说还是新事物，要反对歪曲历史，要还历史的本来面目。要用马列主义观点总结经验教训，接受先进文化遗产，为祖国社会主义建设事业服务，为世界阶级斗争事业服务。要进行理论斗争，推动科学事业前进；（2）研究工作要集体进行；（3）研究人员的条件：①要有独立思考的能力；②至少要通一门外语；③要有扎实的专业基础知识；④进人最好是进研究生，或归国留学生。会议讨论了世界史学科的方针、任务，一致认为应规划编写我们自己的世界通史，国别、地区史，断代史、专史等；批判修正主义问题；同时进行各国民族解放运动史和国际共产主义运动的研究。要出版内部刊物《外国史资料》送外交部门参考。

　　又如任继愈用历史唯物主义的观点发表的文章，得到毛主席极高的评价"已如凤毛麟角"，1964 年 5 月由任继愈担任所长负责筹备成立国家第一个宗教研究机构——中国科学院世界宗教研究所，任老亲自往返于北京大学与"9000 号"之间组织搬迁工作，成立正式的研究室，佛教研究室、基督教研究室、伊斯兰教研究室，编译室等相继成立。研究室进人由任老把关，事必躬亲。任先生选人要求，年轻人一定要有培养前途，政治上比较好、思想意识好、个人主义不太严重；老学者要能发挥专长。搬迁到西颐宾馆（中馆）后，研究所具备了建立图书馆的条件。遂开始组织大家学习马恩列斯论宗教、学习毛泽东选集有关宗教问题的论述、周恩来有关宗教问题的指示，以便于提高理论水平和业务研究能力。又举办有关学术研究会宗教知识的讲座，邀请专家讲课。先后受邀的有胡绳、陆平、季羡林等人。此时，任先生经常向所内同志强调"积累资料、培养人才"的办所方针。开始筹备内部刊物《世界宗教研究资料》出版。

"9000 号"里的涉外研究所，初创阶段，其基础十分薄弱。在宾馆时期确立了学科建设发展方向。确定了研究机构的设置，明确了工作方针任务是：以马克思列宁主义、毛泽东思想为指导，搜集和掌握学科资料，有计划、有重点地、系统地调查各国社会的基本情况，包括政治、经济、文化思想、社会生活等，阶级关系及其变动，重大群众斗争及其背景，各国革命运动发生和发展及其变动情况。如：世界经济研究所从基础做起，共设两个组、一个室，即社会主义国家组、资本主义国家组和编译室。主要任务是为中央有关经济部门服务，提供有关世界经济方面的研究报告和参考资料，为我国的经济建设服务，把研究现实问题放在比较突出的地位上。同时在理论方面进行研究和探索，创办《世界经济资料》成为该所的内部刊物。

## 三　"9000 号"凝聚着党的初心

对于一个研究机构来说，55 年并不足以称之为历史悠久，但是在中国的特定历史条件下，大批量建立涉外研究机构对国外情况开始系统研究是不多见的，这使我们深切地感到是党为了国家的发展走向未来倾注了大量心血；是党结束了中国没有国家级涉外研究的历史；是党开创了国际问题研究事业，为中国填补了空白；是党在 20 世纪 60 年代的举措和推动，结束了"我国国际研究机构和研究人员太少，只有 200 多人的状况"。

从 1964 年蓬勃发展到今天，涉外研究所已经走过了 55 年的历程。各个国家级研究所不断发展，面对剧烈的社会变革，在党的领导下依然充满希望，令人感到欣慰和自豪。今天，中国社会科学院已经发展到九个国际研究单位，国际研究学部有世界经济与政治研究所、俄罗斯东欧中亚研究所、欧洲研究所、西亚非洲研究所、拉丁美洲研究所、亚太与全球战略研究院、美国研究所、日本研究所，和平发展研究所主要从事国际现状研究。

世界历史研究所主要从事世界、国别、地区的历史研究，中国边疆史地研究所（其前身是中苏边界研究小组）主要从事我国历史疆域的研究，现在已归属到中国历史研究院。世界宗教研究所，外国文学研究所已归属到文学哲学学部。

目前，我们党从三个层次发展国际研究学科，有国家级研究智库（国务院发展研究中心和中国社会科学院下设的国际研究学部）；有省市级社会科学院和部级国际研究智库；还有院校级国际研究智库。三级涉外研究网络互相配合，时而开专题会议就国际问题沟通讨论；时而参加国际会议。形成多角度、多层面的研究成果，为党和国家服务。

从 1963 年中央《关于加强研究外国工作的报告》以来，几十年来，各省区市社会科学院都设有与本地域相近的国际问题研究所，如东北有俄罗斯、朝鲜、韩国研究所，天津有日本研究所。各高等院校也有相应的研究所，如：云南大学的西南亚研究所、厦门大学的南洋研究所、内蒙古大学的蒙古研究所等。目前公开发行的国际问题研究期刊有 150 多种，（按一种刊物的受众面在 3000 人左右计算），从事国际问题研究的人员有十几万人之众。这些都是党和国家的宝贵财富。2019 年，在中国成立 70 周年之际，纪念我党开创的事业，贯彻习近平提出的"一带一路"倡议，整合中国国际研究力量，以便再创辉煌。

## 四　"9000 号信箱"里的青年学者不忘初心

往事悠悠，转眼 55 年过去，回想在西颐宾馆中馆的三四年（1964 年至 1968 年）间，初创的研究所里年轻人居多（300 多人），许多是中国公派归国的留学生，有的研究所归国留学生人数达 30 多人。他们中有的亲耳聆听了毛主席在莫斯科大学的演讲，"世界是你们的，也是我们的，但归根结底是你们的。你们青年人朝气蓬勃，好像早晨八、九点钟的太阳，希望寄托在你们身上"。他们中有的是留苏预备班的代培生，大部分人是从国家重点大学挑选来的优等生，是我们党在中华人民共和国成立后培养的第一代大学生。他们到宾馆后刻苦学习秉书夜读，莘莘学子踏上了知识报国之路。"9000 号信箱"里的学者后来根据中央交办的任务完成工作，比如，中国近代史讨论会为我国与有关国家勘定边界提供了有力的历史证据和学术支持。又如，由胡绳到世界历史研究所传达毛主席的指示要研究两次世界大战史。战史稿完成出版，突破了西方对二战的概念，确立了中国在二战中东方战场的地位。宗教研究所学者对世界三大宗教的主要传播地区作了初步摸底，画出世界宗教地域分布图，分析了美国和苏联的宗教历史和现状，刊出不少资料性文章。1978 年改革开放的春风给他们带来了机遇，他们实时地根据改革需要在报刊、电视台等舆论平台发表评论，大量介绍外国变革过程，如：美国的南北战争、英国的工业革命、意大利的文艺复兴、日本的明治维新，从中总结经验。针对改革进程倡导教育、启迪心志、揭露邪教。从苏联东欧演变中分析成因和教训，及各国经济走向与政治关系研究，而且经过不懈努力为国家发展填补了学科理论空白，组织编著《中国大百科全书》，等等，使我国在国际社会科学和人文科学中占有一席之地。另外各研究所还契合国家的发展在不同时期写出了大量研究报告，起到了党中央和国务院参谋部智囊团的作用。看今朝回想当年的情景仿佛就在昨天，当时的青年学者没有辜负党中央毛主席的希望，把各个研究所逐步发展成多门类多学科的国际研究理论基地，成为全国研究世界问题的重要学术机构。他们经过几十年努力，写出大量论文、研究报告并著书立说，在各个方面取得丰硕的研究成果。如今他们是研究员、教授，他们是博士生导师，他们是学部委员、荣誉学部委员，可谓人才济济。岁月如烟，这批人老了，已经七八十岁了，但不忘初心仍然笔耕不辍，关心着国际关系研究事业的发展。60 年代北京存在过的，中国社科院前身使用过的"9000 号信箱"，经历过最初阶段的困难，是社会科学国际研究学科萌芽成长的过程，凝聚着党的希望和社科工作者的初心。

（闫立人，中国社会科学院世界历史研究所图书资料室原主任）

# 世界经济与政治研究所苏联东欧研究室发展历程

叶灼新

　　1963 年，为了加强国际问题的研究，中央决定成立一系列国际问题研究所，世界经济研究所是其中之一。1964 年 5 月 19 日，世界经济研究所宣告成立，成为中国科学院哲学社会科学部的一个新成员。1965 年 3 月，笔者从北京大学经济系研究生毕业后来到世界经济研究所工作。世界经济研究所是在中国科学院哲学社会科学部经济研究所原世界经济研究室的基础上建立和发展起来的。世界经济研究所成立后所址设在西颐宾馆（现友谊宾馆）中馆，包括一栋独立的楼房（办公楼）、一个单元的楼房（集体宿舍）以及两层楼房（图书馆），办公和住宿的条件较好，24 小时供应热水，每年的租费为 6 万元。当时西颐宾馆集中了一些研究国际问题的研究所，除了世界经济研究所外，还有苏联东欧研究所、拉美研究所、东南亚研究所、西亚非洲研究所、外国文学研究所等单位。外国文学研究所也属中国科学院哲学社会科学部管辖，世界经济研究所的王鼎咏、袁文祺和叶灼新曾多次与外文所的同志进行了羽毛球的友谊比赛，互有输赢，增进两所之间的友谊是最重要的。苏联东欧研究所、拉美研究所、东南亚研究所和西亚非研究所在领导关系上曾在短期内实行中联部（负责业务）和中国科学院哲学社会科学部（负责编制、经费）的双重领导，1965 年 9 月之后，经中宣部同意，上述四个研究所改由中联部统一领导。从中央设置一系列国际问题的研究所研究重点看，世界经济研究所和苏联东欧研究所无疑是中国研究世界社会主义国家和苏联东欧问题的重要队伍与力量。

# 一 从社会主义国家研究组到
# 苏联东欧研究室的演变

世界经济研究所（简称世经所）的前身中国科学院经济研究所世界经济研究室原设有社会主义国家组，世界经济研究室原主任是勇龙桂、副主任是郝一真，社会主义国家组组长是梅文彬。世界经济研究所成立后仍然保留社会主义国家研究组，当时社会主义国家组是世经所人数最多的研究组，人员曾多达近 50 人。社会主义国家组的负责人从中央党校调来，渭涛任组长，仇启华、梅文彬任副组长。社会主义国家组下设 5 个研究小组：综合组，杨庆发任小组长；工业组，史敏任小组长；农业组，孙振远任小组长；分配组，唐恺任小组长；经互会组，白靖宸、王文修任小组长。1965 年年初，笔者到世经所工作，分到农业组研究社会主义国家的农业问题，当时农业组的成员有孙振远、王树桐、叶灼新、徐振华和朴奎植。

社会主义国家研究组人员的构成大致分为三部分。其一，来自 20 世纪 50 年代留学苏联东欧回国的学生。这是研究社会主义国家和苏联东欧的重要力量，涉及的语种比较齐全。留苏的人员有：王文修、孙振远、陈德照、陈云卿、王树桐、杨庆发。留东欧的人员有：留学波兰的许木兰、留学匈牙利的徐振华、留学捷克斯洛伐克的唐恺、留学保加利亚的曹英、留学东德的白靖宸。留学苏联东欧的人员，具有较高的专业知识和熟练的外语水平，如许木兰当年就曾为毛泽东主席会见外宾时当过翻译。其二，来自大学毕业的研究生和大学生。如杨树林、师玉兴、叶灼新、魏燕慎、袁文祺、罗肇鸿、林水源、刘开铭、温伯友、毛惠良、黄学忠、沈华嵩等。其三，来自经济、外交等国家部委单位。如来自外交部的谷源洋、来自国家计委的梅文彬、来自国家统计局的熊家文。社会主义国家研究组一直保留到"文化大革命"爆发前。随着工军宣队的入驻，1969 年世经所从西颐宾馆搬到世界历史研究所所在的东总布胡同 19 号集中搞运动。1970 年世经所与哲学社会科学部一起前往河南省息县（后来在信阳）"五七干校"。1972 年返回北京，世经所与法学所同在沙滩北街 15 号的办公楼办公，直至 1983 年才搬到建国门内大街 5 号的科研大楼。从河南干校返京后，在工军宣队驻所期间，社会主义国家研究组的编制仍然保留，叶灼新是该组的召集人之一，负责组织有关文件的学习。随着驻所工军宣队的撤离，社会主义国家研究组又改成苏联东欧研究组。1975 年 3 月至 1978 年 9 月，该组组长由梅文彬担任，副组长是杨庆发。

1977 年中国社会科学院宣告成立。随后，1980 年 12 月也成立了世界经济与政治研究所（简称世经政所）。世经政所成立后，苏联东欧研究室的设置几经变化，它的设置和变化取决于多种因素，其中重要的有三点：一是为了加强学科建设的需要。如在研究室的设置时，突出了比较经济学、转型经济学的研究领域。二是取决于世界经济与政治研究所本身的特点与任务。世经政所是研究世界经济与政治的综合性研究所，长期贯彻理论性、综合性、战略性、现实性的研究方针，因而有别于社科院国际片中侧重于研究国别和地区的研究所。三是与国际局势的变化有关。20 世纪 80 年代末 90 年代初，苏联东欧国家发生了剧变，世界社会主义进入了低潮。研究室的设置与任务也发生了变化。

1978—1982 年，在钱俊瑞任所长期间，设立了苏联东欧研究室，室主任是梅文彬，副主任是杨庆发、王文修。1983—1985 年，浦山任所长期间，设立了苏联东欧经济比较研究室，室主任是杨庆发，副主任是江春泽，研究室共有 24 人。1985—1988 年，在浦山续任所长期间，继续保留苏联东欧经济比较研究室，室主任是王文修，副主任是朱行巧，研究室共有 23 人。1989—1993 年，在李琮任所长期间，仍保留苏联东欧经济比较研究室，室主任是王金存，副主任是田春生，研究室共有 14 人。1994—1998 年期间，在谷源洋任所长期间，设立了世界经济体制比较研究室，室主任是田春生，副主任是王耀媛，研究室共有 13 人。从 1999 年起，世经政所就没有再设立专门研究有关苏联东欧问题的研究室。

## 二 苏联东欧问题研究走过的历程

世界经济与政治研究所有关社会主义国家和苏联东欧问题的研究大致分为四个时期。

### （一）世界经济研究所成立至"文化大革命"时期

中国科学院经济研究所原世界经济研究室的领导关系是国家计委，1964 年世界经济研究所成立后的领导关系转到了中宣部。在哲学社会科学研究方面，当时任中宣部部长的陆定一提出要"出人才，出成果"。为了培养人才，除了不断提高研究人员的研究能力和水平之外，加强政治思想方面的修养和锻炼是必要的组成部分。社会主义国家研究组的人员参加世经所在辽宁省大连市金县或北京市房山县的"四清"，为期一年左右，在政治思想上经受了锻炼和提高，收获颇丰。

在研究工作方面，一方面，研究人员关注和研究苏联东欧国家的经济问题。苏联东欧国家长期实行计划经济，其所有制、经济体制、经济结构、经互会等的变化和调整对我国具有借鉴意义。研究人员在这方面的研究成果刊登在世经政所红字头的《世界经济资料》上。另一方面，在研究工作中把批判苏联东欧国家的修正主义思潮放在突出的地位。当时为了配合"九评"的发表，深入批判苏联东欧国家的修正主义思潮成为社会主义国家研究组的重要任务。其中一项重要的研究工作是完成中宣部交办的批判苏共二十二大的课题，着重对苏共背叛马列主义的背景和原因，特别是对苏联经济基础的变化进行分析，写出的研究报告刊登在世经所黑字头的《世界经济资料》上。

### (二) 从"五七干校"返京后至改革开放前时期

从河南"五七干校"返京后，在恢复研究工作过程中，所里做了两件事，一是组织马克思主义基本理论学习。受所里委托，由叶灼新负责组织《资本论》的学习，先后由罗元铮（后任常务副所长）、王守海（后任副所长）、罗肇鸿（后任副所长）、沈华嵩等同志给所里同志讲授《资本论》有关专题。当时在经费不大富裕的情况下，还从负责财务的办公室主任刘述之同志那里争取到讲课费，每次讲课费为 30 元。另一件事是办外语学习班。由留学美国的贺载之同志给参加英语班的研究人员讲课，社会主义国家研究组不少同志参加英语班的学习。由罗元铮同志联系在京的一位法国女学者给学法语的同志教口语，当时处在较封闭的环境下，接触外宾之事还曾引起安全部门的关注。

世界经济研究所从干校返京后，中央领导同志给所里交办的研究任务，一是研究资本主义经济危机问题，二是研究社会帝国主义问题。当时是从反修、防修的角度对社会帝国主义进行研究的。为了研究社会帝国问题，当时曾召开一系列学术研讨会，既有在京的有关研究单位和高校，也有来自外地的研究单位和高校，除了世经所及哲学社会科学部有关研究所外，还有中联部、中调部、外经部、新华社、农科院、总参二部、北京大学、黑龙江省社会科学院、吉林大学、辽宁大学等单位。

1978 年，在我国改革开放前，宦乡同志组织一个班子在钓鱼台编写一部有关社会帝国主义问题的专著，社会主义国家研究组（苏联东欧研究组）部分同志参加该专著的讨论和编写。

为了贯彻知识分子与工人相结合的方针，社会主义国家研究组（苏联东欧研究组）的孙振远、罗肇鸿、叶灼新、温伯友和毛惠良等同志前往北京北郊木材厂，与工人一起对苏共修正主义进行理论大批判，研究成果刊登在 1975 年商务印书馆编印的《经济译丛》第一期上。为了批判苏共关于发达社会主义社会的理论，孙振远、师玉兴、余德全和王瑞芝四位同志编写了《论发达的社会主义社会》，刊登在同年《经济译丛》第二期上。

在这个时期，社会主义国家研究组（苏联东欧研究组）的同志还关注苏联东欧国家的学术动向。如 1978 年 6 月，上海译文出版社出版了由杨庆发、王金存、秦国翘等同志翻译的伊诺泽姆采夫所著《现代垄断资本主义政治经济学》。

### （三）改革开放后至 20 世纪 80 年代末时期

1978 年 12 月 18—22 日党的十一届三中全会的召开，做出了改革开放的伟大决策，标志着我国迈进以经济建设为中心和实行改革开放的新时期。哲学社会科学也随之相应得到发展和繁荣，世界经济和政治的研究也发生了新的变化。

这个时期苏联东欧问题研究工作有如下几个特点。

第一，把学科建设放在重要的地位。

这个时期钱俊瑞所长提出建立马克思主义的世界经济学的任务，苏联东欧研究室的研究人员与全所研究人员一道以极大的热情投入这一工作。钱俊瑞主编的《世界经济概论》《资本主义与社会主义纵横谈》等专著是世界经济学学科建设的重要组成部分。钱俊瑞主编的《世界经济概论》（上、下册）1983 年由人民出版社出版，参加该专著撰写的研究人员不少是全国著名的学者、专家、教授，全书共分七篇，苏联东欧研究室的研究人员参加撰写了其中的《社会主义国家经济》和《苏联经济》两篇。参加该专著撰写的苏联东欧研究室的同志有江春泽、孙振远、杨庆发、梅文彬、熊家文。该专著获得首届吴玉章奖励基金世界经济学特等奖。钱俊瑞主编的《资本主义与社会主义纵横谈》专著，是社科院重点项目，还是全国总工会指定的学习参考书，1983 年由世界知识出版社出版。该专著是世经政所一些同志的集体创作，对资本主义与社会主义这两种社会制度的本质区别和社会主义优越性，以及从资本主义过渡到社会主义的长期性、复杂性、艰巨性等问题，作了比较系统和深入的探讨。该书出版后获得了社会各界的好评，印数一再增加。研究苏联东欧问题的研究人员王守海、王金存、叶灼新、江春泽等同志参加了该专著的撰写。值得提出的是由叶灼新撰写的第二篇《社会主义》中的第三章《多样化的社会主义建设道路》受到苏联学术界的关注。该章在区别社会主义基本经济制度和社会主义经济管理体制的前提下，认为社会主义经济管理体制呈现多样化，把社会主义各国的经济管理体制归纳为四种类型：一是苏联高度集中的计划经济管理体制；二是南斯拉夫的企业自治和以市场经济为主的经济管理体制；三是匈牙利的计划调节与市场调节有机结合的经济管理体制；四是有中国特色的社会主义经济管理体制。而苏联官方和学者却把社会主义的基本经济制度与社会主义经济管理体制混为一谈，把苏联高度集中的计划经济管理体制模式看成社会主义唯一的、普遍的和不变的模式。《多样化的社会主义建设道路》的基本观点切中了苏联学者观点的要害，因而引起他们强烈的反响。[①] 1984 年王守海主编《苏联东欧国家经济体制》的专著，由中国社会科学出版社出版，较集中反映苏联东欧经济研究室同志的集体研究成果。该专著用比较的方法对苏联东欧国家经济体制的发展进行综合考察，揭示共同的趋向和特点，并总结其经验教训，是一部有深度、获得好评的专著。同时，专著中每篇有一个《本篇小结》，概括若干带有规律性的结论，具有新意。该专著无疑会进一步推动比较经济学学科的建设。

第二，研究成果数量增多，质量提高。

1978 年苏联东欧研究室在恢复研究工作后的第一项研究工作是为中央农村工作会议上报十几份外国农业参考资料，如由叶灼新撰写了《苏联农业机械化及其经验教训》。这些参考资料由钱俊瑞所长直接上送，获得好评。1979 年由世经政所编辑出版了《国外农业简况和工农产品比价

---

① 参见［苏］《远东问题》1985 年第 1 期。

问题》一书，其中包括苏联东欧研究室同志撰写的有关苏联东欧各国农业问题的论文。1980 年由本所编辑出版的《苏联和部分东欧国家经济改革》论文集，主要是苏联东欧研究室同志的研究成果。1980 年农业出版社出版了孙振远和叶灼新的译著《跨单位合作条件下的生产组织和管理》。1981 年人民出版社出版了《东欧国家经济管理体制概况》一书，该书为汪丽敏、许木兰、白靖宸、曹英、李福增所撰写。1981 年中国财政经济出版社出版了王金存的专著《苏联经济结构的调整》，这是国内分析苏联有关经济结构问题最早的论著，该书当时还仅限于国内发行。1981年熊家文撰写的《南斯拉夫的农工联合企业》专著由山西人民出版社出版。同年，农业出版社出版了汪丽敏撰写的《南斯拉夫农业》；三联书店出版了曹英的专著《战后保加利亚经济史》；工人出版社出版了梅文彬、王金存等合著的《苏联经济管理体制的沿革》；苏联经济研究会编辑出版的《苏联经济体制问题》，包括杨庆发、孙振远、王金存、白靖宸等同志的研究成果。1982 年中国展望出版社出版了由本所编辑的《外国长期计划》一书，包括熊家文、罗肇鸿、杨庆发、孙振远等同志的论文。1983年农业出版社分别出版了钱亚军、许木兰的合著《波兰的农业和食品问题》和白靖宸、曹英的合著《东欧国家农业》。1984 年除王守海主编的《苏联东欧国家经济体制比较》专著外，毛惠良、刘秀莲等翻译苏联学者的《政治经济学词典》由北京师范大学出版社出版，罗肇鸿撰写的《苏联经济学界关于社会主义制度下商品生产与价值规律作用观点的演变及教训》研究报告，获中国社会科学院优秀研究报告奖。1985 年辽宁人民出版社出版了孙振远的《苏联四个时期的农业体制改革》专著，农业出版社出版了刘开铭的《罗马尼亚农业》专著。1986 年中国社会科学出版社出版了杨庆发主编的《苏联东欧国家价格体制》专著，反映了苏联东欧研究室集体研究的成果；农业出版社出版了孙振远撰写的《世界粮食问题概论》；经济科学出版社出版了徐更生、刘开铭的合著《国外农村合作经济》。1987 年孙振远、黄汲清的译著《农业企业经济活动分析》由农业出版社出版；经济出版社出版了王守海、王金存、林水源的合著《世界社会主义经济的理论与实践》；叶灼新、徐更生、刘振邦等撰写的《国外农产品加工业的研究》一书获农业渔业部科技进步二等奖；朱行巧撰写的《国外沿海港口大城市和开发地区农业发展方向》研究报告获农业渔业部科技进步三等奖；国家体改委编辑出版的《苏联东欧改革新浪潮》

一书中，包括王文修、江春泽、杨庆发、毛惠良、熊家文、孙振远、王金存、叶灼新、朱行巧、汪丽敏、冯存诚、曹英、白靖宸、李福增等同志的论文；中国财政经济出版社出版了阎以誉、冯舜华主编的《苏联东欧国家价格概论》，这是经国家教委批准的高等院校文科教材，苏联东欧研究室的阎以誉、叶灼新、王金存参加了该专著的撰写；江春泽的译著《社会主义计划工作》也于同年出版。1988 年中国计划出版社出版了罗肇鸿、王金存等主编的专著《国外科技进步与产业结构变化》，获 1990 年国家科委科技进步二等奖和国家计委科技进步一等奖，王金存、叶灼新、杨庆发、毛惠良等同志参加了该专著的撰写。1989 年，罗肇鸿、王金存、朱行巧主持的"七五"（1986—1990 年）国家社科重点课题《苏联东欧国家经济体制改革的理论与实践》宣告结项，这个课题集中反映了苏联东欧经济比较研究室同志们的研究成果。

第三，重视研究人员的培养。

1978 年 10 月，经邓小平、叶剑英同志的批准，中国社会科学院成立了研究生院并开始招收硕士研究生。罗肇鸿、王金存、叶灼新、王文修、陈云卿先后担任研究生院 1978 和 1979 届硕士研究生导师，随后，孙振远、白靖宸、江春泽也带了硕士研究生，有的同志还担任了博导，如罗肇鸿带了博士生张宇燕、田春生。罗肇鸿、叶灼新曾给研究生院 1978 届研究生讲授《资本论》课程。一些研究生毕业后留在苏联东欧研究室或本所工作。为了培养研究人员，20 世纪 80 年代初王文修被派往我国驻苏联使馆调研，罗肇鸿赴英国进修比较经济学，白靖宸和刘开铭分别到东德和罗马尼亚进修研究，江春泽前往美国进修研究。

第四，对外学术交流明显加强。

1987 年，苏联世界经济与国际关系研究所所长普里马科夫和苏联社会主义世界研究所所长博戈莫洛夫应邀来访，浦山所长也应邀出访苏联，双方加强了在学术上的交流沟通和了解。1988 年 7 月 15 日至 9 月 2 日，张宇燕应联合国大学世界发展经济学研究所的邀请，在赫尔辛基进行《社会主义经济》项目研究。1988 年 9 月 12—26 日，罗肇鸿、孙振远、林水源应苏联世界经济与国际关系研究所邀请，访问了苏联，先后访问了莫斯科、基辅和第比利斯，主要是考察当时苏联经济改革的理论与实践。1988 年 11 月，白靖宸出访联邦德国。

### （四）苏联东欧国家剧变后的时期

苏联东欧国家剧变后，世界社会主义进入了低潮，为人们所关注，其剧变前夕的动向也是值得研究的课题。苏联东欧比较研究室在这方面加强了调查研究。此期间，在所领导的重视和支持下，田春生、王金存先后前往苏联的研究机构进行为期一年的考察研究。1990 年孙振远撰写的《戈尔巴乔夫东欧政策的政治经济背景》研究报告，由苏联东欧局势研究组办公室以增刊 1 直送中央政治局常委杨尚昆、万里同志。按语指出："反映了对苏东问题的一种看法……有一定的参考价值。"1990 年 1 月 8—24 日，根据世经政所和苏联世界经济与国际关系研究所协议，叶灼新、陈云卿、朱婉娟、朱莉一行四人访苏考察，在 17 天的访问中与莫斯科、基辅、塔林等地的 8 个研究所进行了 10 次学术交流。由叶灼新执笔撰写的访苏考察报告刊登在当年年初的《世界经济调研》上，并向胡绳院长、郑必坚副院长和全体院学术委员会委员汇报访苏的主要观感。当时访苏考察后形成的观点主要有两点：一是苏联可能要解体。加盟共和国民族分裂倾向严重，苏联有可能解体；二是苏联经济有可能出现负增长。苏联经济形势日趋恶化，1990 年苏联经济可能出现战后以来首次负增长。后来实践证实上述观点是正确的。1991 年 9 月 12 日至 26 日，叶灼新参加国务院发展研究中心代表团赴苏联考察访问，主要是考察苏联农业土地实行私有化问题。1990 年 10 月 13 日至 26 日，根据世经政所与苏联科学院世界经济与国际关系研究所的学术交流协议，以赖尔·西蒙主任为团长的苏联科学院经济学者代表团一行四人访问北京、广州、深圳、上海等地，在此期间与世经政所进行了学术座谈。

随着苏联东欧国家的剧变，中央和学术界比较关注苏联东欧国家剧变的根源，为了探讨苏联剧变的根源，由王金存主持、研究室集体参加撰写了《苏联演变的经济根源》的研究报告；叶灼新、田春生完成中央交办的研究报告《苏共"人道民主的社会主义"的提出与苏共的解体》，获得郑必坚副院长的好评，经他审阅后上报中央，刊登在院《要报》1992 年 2 月 1 日增刊第 11 期；1994 年 1 月中国社会科学出版社出版了江流（社科院原副院长）、陈之骅（世界历史所原所长）主编的《苏联演变的历史思考》专著，这是社科院的重点研究课题，是一部深入分析研究苏联演变过程和根源的重要专著，获得胡绳院长的好评。该专著由世界经济与政治研究所、世界历史研究所、东欧中亚研究所及民族研究所的学者参加撰写，叶灼新撰写了第三章《苏联演变的经济根源》；1992 年北京出版社出版了王金存的专著《苏联社会主义经济七十年》，从经济史的角度考察苏联经济发展的过程和问题。

苏联东欧国家剧变后的经济转型及其变化，也是世经政所研究苏联东欧问题的学者所关注的。1997 年由田春生主编、研究室集体参加撰写的《东欧中亚国家社会结构的变化和主要社会问题》专著出版。1999 年第 5 期《欧亚社会发展研究》发表了王金存撰写的论文《俄罗斯经济转轨模式的特点及其失败的原因》。2001 年叶灼新撰写的研究报告《21 世纪前十年俄罗斯社会经济发展战略研究》（院离退休人员研究项目）刊登在老干部工作局编的《老年科研基金成果汇编》一书中，并以《宏观经济决策的失误及其代价——21 世纪前十年俄罗斯社会经济发展战略研究》为题，从 2002 年 5 月 11 日起在《中国经济时报》连载。1996 年 4 月至 11 月，叶灼新前往俄罗斯莫斯科考察研究并兼任中国香都（俄）股份公司顾问，在此期间撰写了《实现中俄贸易额两百亿美元目标的难度与对策建议》刊登在社科院《信息专报》第 101 期，获 1996 年度院"优秀对策研究成果·优秀信息"二等奖。1996 年谷源洋所长、田春生和陈沙应俄罗斯世界经济与国际关系研究所邀请赴俄罗斯访问考察，并参观了中国香都（俄）股份公司在全俄展览中心的中国商品馆。

原社会主义国家研究组以及后来的苏联东欧经济比较研究室长期以来，在主要从事社会主义经济和苏联东欧经济研究的同时，也关注和研究世界经济中重大的综合性、理论性和战略性问题。如张宇燕撰写的专著《经济发展与制度选择——对制度的经济分析》，获得 1995 年中国社会科学院第二届青年优秀成果奖一等奖。1997 年中国国际广播出版社出版了叶灼新、李毅的专著《世界当代经济史》。1999 年华东师范大学出版社出版了王金存的专著《破解难题：世界国有企业比较研究》。2000 年华东师范大学出版社出版了罗肇鸿主编的专著《国际经济学概论》。2002 年经济科学出版社出版了谷源洋、林水源、朱行巧主编的专著《世界经济概论》。

1999 年 3 月，以美国为首的北约借口解决科索沃"人权危机"对南斯拉夫联盟实行大规模的轰炸。世经政所的研究人员，特别是研究东欧中亚问题的研究人员对此作出了强烈的反应。这些同志一方面通过《世界经济》进行笔谈，分析揭露以美国为首的北约对南斯拉夫联盟侵略行径的背景、本质和影响；另一方面通过院《要报》等渠道向中央反映情况。如叶灼新撰写了《科索沃危机对世界经济的影响》，刊登在《要报》1999年第58期。1999年6月24日《中国资产新闻报》（后改名为《中国产经新闻报》）以整版篇幅刊载《战争与经济——与国际战略专家叶灼新对话》。在此期间，叶灼新和外交部国际问题研究所的夏义善研究员在央视第四频道专题谈论北约轰炸南联盟和科索沃问题。

在研究工作中，还有必要提到的是国务院发展研究中心欧亚发展研究所的成立，它有助于苏联东欧问题研究的进一步开展和深入。欧亚发展研究所成立于1989年7月，其主要任务是研究苏联和东欧地区各国的政治、经济、对外关系、内外政策及其与全球政治、经济发展的相互影响问题。研究所人员结构的特点是除设少数的专职研究人员和工作人员外，多数研究人员采取定期聘任制。一些研究机构和高校的资深学者、专家被聘为研究员，如北京大学的张康琴，对外经济贸易大学的秦宣仁，世界历史所的陈之骅，新华社的唐修哲，东欧中亚研究所的陆南泉、许新、高中毅。世经政所的阎以誉、王金存、孙振远、叶灼新、林水源、白靖宸、曹英被该所聘为研究员。该所所长由中国社会科学院苏联东欧研究所原副所长金挥担任，欧亚发展研究所在职研究员苗华寿担任副所长。该所下设苏联经济研究室、东欧经济研究室等多个研究室，阎以誉同志被聘任为苏联经济研究室主任，世经政所被聘任的同志分别参加苏联经济研究室和东欧经济研究室的学术活动，长达十多年之久。笔者1991年参加国务院发展研究中心赴苏联访问考察，也是由该所安排的。被聘任的研究员在该所的研究工作中，一方面为该所的学科建设和研究工作做出了贡献；另一方面也有助于被聘任者自身学术水平的进一步提高。当时，世经政所一些同志参加欧亚发展所的学术活动得到李琮所长的大力支持。可以说这是一次开门办所的尝试。

## 三　研究工作随想

经过几十年的研究工作，感想颇多，主要谈三点。

应把经济研究与政治研究结合起来。从经济基础与上层建筑之间的关系可以清楚地看到经济与政治之间有着紧密的联系。世界经济中没有脱离政治的所谓纯粹的经济问题，每个国家的经济活动、内外政策和战略都贯穿着国家的利益和政治诉求，在研究工作中有必要把经济与政治结合起来。在探讨苏联东欧国家剧变的根源时，应当看到这是一个综合的因素，既有经济因素又有政治因素，还有民族、宗教、文化、外部干预等各方面的因素。

应把国际问题研究与国内问题研究结合起来。研究国际问题是为国内的发展、改革与安全服务，而研究和了解国内问题，又进一步推动国际问题的研究，使国际问题研究更有针对性。笔者被国家统计局中国统计监测中心聘为"中国百名经济学家信心调查"特邀经济学家，每个季度进行一次问卷调查并提交宏观政策建议，以便为中央提供决策参考，从20世纪90年代至今已坚持了近30年。参加经济学家信心调查无疑是了解和研究国内问题的一个重要渠道。由于对国内问题的关注，笔者对一些重要国内问题的看法也有一点发言权。如1999年7月22日，中国社会科学院召开专家学者座谈会，维护祖国统一，批驳李登辉的分裂言行，笔者作了《"两国论"出笼的国际背景》的发言，除了在院《要报》《领导参阅》《中国社会科学院通讯》刊登外，国内一些报刊也进行了转载，并在中央人民广播电台国际台英语全文播放了该发言。

把研究工作与改造世界观结合起来。毛泽东同志在《实践论》中指出："改造客观世界，也改造自己的主观世界——改造自己的认识能力，改造主观世界同客观世界的关系。"这段话颇有深意和启发，在研究工作中同样适用。研究工作的过程也是改造主观世界、提高思想认识的过程。2012年中国社会科学院离退休工作局编辑出版了《雷锋精神赞》一书，笔者在该书中撰写了《学习雷锋精神从小事做起》一文，现从中摘抄两段。

雷锋听党的话，在行动上做到"党叫我干什么，我就干什么，决不讲价钱"，为我们树立了榜样。笔者是共产党员，在工作中也应自觉服从组织的分配。在职期间有两次任职对自己是一个考验，从个人角度考虑并不完全乐意，但从工作需要出发，还是服从了调动。从1984年至1985年有一年半时间，领导把自己从研究室借调到科研处担任科研处副处长，分管外事工作。当时浦山同志任所长很重视外事工作，拥有高水平英语同声翻译人员好几位，院外事局经常委托世经政所筹办大型国际会议，世经政所为社科院外事活动最繁忙的单位之一，科研处工作与研究室相比，一是从不坐班改成了坐班，二是从研究工作变成了大量的行政工作。从组织服从提升到思想服从的过程就是战胜自我的过程。从 1988 年至 1996 年的 8 年多的时间里，在研究室从事研究工作的同时，所领导要笔者兼《世界经济调研》（当时为上报中央的机密级刊物）的常务副主编，刊物的工作量占整个工作量的三分之一，同时编辑工作也不列入研究系列职称的考核范围。因此，如何正确对待刊物的兼职并把刊物办好，自己又一次面临考验，这时，我就用雷锋的"螺丝钉"精神来激励自己。

世经政所的许多老同志在各方面的表现堪称模范，值得学习。不少老同志从政治思想上关心和帮助自己，在业务上指导自己，笔者心存感激，永志不忘。在这里值得提出来的是孙振远同志在俄语方面对笔者的指导和帮助，孙振远同志曾留学苏联，是资深研究员，20 世纪 70 年代初从河南"五七干校"回来后，是他帮助笔者恢复和提高了俄语水平，他从苏联的报刊书籍中选择了大量有关文章让笔者翻译，他进行校对，而分文不取，并合作出版了译著。孙振远同志淡泊名利、助人为乐的高尚品德值得笔者学习。

（叶灼新，中国社会科学院世界经济与政治研究所研究员）

# 中国社会科学院梵学研究发展小史

## 李　南

　　梵学博大精深，源远流长，典籍浩瀚，影响深广，其宝贵的科学研究价值遍及宗教、哲学、文学、医学、天文学等广泛领域，在世界学术史上占有十分重要的地位。我国曾经有着悠久的梵学研究历史，在学界有着重要的学术地位，尤其是卷帙浩繁的汉译佛经，更是梵学研究领域中一座不可多得的巨大宝库。然而由于种种原因，近代以来，相较于欧美日等国家和地区，我国的梵学研究在国际上仍处于落后地位，国内梵语人才更是凤毛麟角，长期稀缺。

　　我国现代学术意义上的梵学研究，应该始于百年前的北京大学。在从欧洲回来的蔡元培校长的积极倡导下，在胡适、梁漱溟、陈寅恪、汤用彤、许地山等自欧美留学归来的学者以及外籍学者钢和泰男爵的热情参与和大胆尝试下，北京大学开始了印度学以及梵学的学科建设与教学科研工作，不仅培养了梵学人才，而且产生了一批颇有分量的学术成果，这是一个可喜的开端。不过，中国现代梵文研究学科真正意义上的建立，还是应该始于1946年。这一年，在傅斯年、陈寅恪、胡适与汤用彤的主持下，北京大学建立了东方语言文学系，甫自德国负笈归来的季羡林被聘为教授并兼任系主任。季羡林先生留德10年，精通印度和中亚的古语言，包括梵语、巴利语、吐火罗语等，是系主任的不二人选。1948年，曾经长期在印度学习的金克木先生也进入东语系。金先生对于印度的梵文和梵文典籍、印度文学、印度哲学，有着深入独到的见解。两位学术泰斗承传着东西方梵学研究两大体系的优秀传统，在梵学研究领域中优势互补，相得益彰。1960年，北大东语系梵巴专业首招本科生，两位老先生亲自授课，在他们的辛勤培育下，中华人民共和国第一代梵语学者成长起来了。该届17 名毕业生中，有 8 名进入了我院的前身——中国科学院哲学社会科学学部，并在日后成为中国社会科学院梵学领域的中坚力量。而如今，这些学者以及他们的学生也迎来桃李满天下的收获季节。

# 一　发轫期（1955—1978 年）以及老一辈梵学家

中国科学院哲学社会科学学部自 1955 年成立后，先后引进一批研究梵学的学者，如吕澂、王森、吴晓铃、徐梵澄、巫白慧等先生，皆为在该学科中享有盛誉的老专家。他们在梵学领域中辛勤耕耘，获得累累硕果。

吕澂（1896—1989）学养深厚，治学领域广泛，在学界有着深远的影响。他曾先后就读于常州高等实业学校和南京民国大学，后留学日本。吕澂先生精通英、日、梵、藏、巴利等语言，在梵学领域尤其是佛学领域造诣甚深，著述丰硕，出版有卷帙浩繁的《吕澄佛学论著选集》，研究范围涵盖了印度（包括南传）、中国与西藏的三系佛学。此外，他于梵藏佛典的校勘及版本目录等文献学亦颇有建树，曾以一人之力勘校出 177 部佛籍，在佛学研究史上前所未有，其成果为后代研究者广泛采用。1956 年，吕澂先生任中国科学院哲学社会科学学部委员，兼哲学研究所研究员。1961 年，吕先生受学部委托，在南京开办佛学研习班，为期 5 年，开设"中国佛学"和"印度佛学"两门课程，后将授课笔记整理辑成《中国佛学源流略讲》《印度佛学源流略讲》《因明入正理论讲解》等书。该佛学班的开办，不仅为我国的佛学研究培养了人才，吕澂先生一系列的研究成果以及其创始的治学方向、谨严的治学态度和洞烛幽微的深刻见解，更是对其后我国几代佛学研究者产生了重要影响。

王森（1912—1991）是我国著名藏学家、宗教学家和古文字学家。他精通梵、藏、英语，学兼文、史、哲，系陈寅恪先生在我国开创的历史语言学派的重要传人。王森先生早年就读于北京大学哲学系，学习印度哲学和佛教哲学。毕业后先后任职于清华大学、中国佛学院、北京大学、中央民族学院，从事佛教哲学教学工作，并对勘汉藏文佛经。1958 年，王森调入中国科学院哲学社会科学部民族研究所，为该所的研究员。他历任历史室主任、所学术委员，并兼任中国社会科学院研究生院教授、世界宗教研究所研究员、中国藏学研究中心顾问、中国宗教学会理事等职。王森先生多年从事藏传佛教研究，早在 1965 年，便完成了《关于西藏佛教史的十篇资料》，并于 1987 年正式出版，更名为《西藏佛教发展史略》。该书内容全面翔实，见解精辟独到，结论令人信服。对于许多藏学研究者和学习者来说，确是一部不可或缺的学术著作。王先生撰写了《宗喀巴传论》《宗喀巴年谱》等文，是藏学领域深入研究格鲁派创始人宗喀巴的重要代表作之一。他在梵学、藏传因明研究方面亦成绩斐然，曾编撰《佛教梵文读本》（二册），发表《关于因明的一篇资料》《现观庄严论》《因明在西藏》等一系列因明学论文，并为《中国逻辑史》撰写《藏传因明》专章。先生于 1989 年出版的《释明代梵藏汉文（法被图）》，堪称研究佛教文物，解读梵、藏文献的范本。此外，他还为民族文化宫图书馆编写馆藏贝叶经目录 259 号翻译、校勘因明典籍。回顾王先生的一生，一直奉行科研与教学并重，为国内外培养了一批藏学、因明学和宗教史学等方面的人才。

吴晓铃（1914—1995）是著名古典文学研究家，他 1937 年毕业于北京大学中国语言文学系，在校期间，曾师从胡适之、罗常培、魏建功诸先生，于音韵、训诂、校雠、考据等学科方面打下坚实基础，后在北京大学等多所院校任教。1942 年至 1946 年，吴先生在印度寂乡泰戈尔国际大学中国学院任教授。1947 年起任法国巴黎大学北京汉学中心通检组主任，并兼任北京大学、清华大学、辅仁大学、中央戏剧学院教授。他先后获法国巴黎大学荣誉哲学博士和印度国际大学荣誉文学博士学位。1951 年任中国科学院（1955 年后分出中国科学院哲学社会科学部）语言研究所研究员，兼学术秘书；1957 年转入中国科学院哲学社会科学学部文学研究所，任研究员，并兼任民间文艺研究会顾问，中国曲艺家协会理事，国家文物咨询委员会委员等职。20 世纪 80 年代，吴晓铃先生赴加拿大多伦多大学任客座教授，为该校开设本科学生的"中国古典小说"和研究生院的"《金瓶梅》研究"等课程。吴先生是我国著名的古典戏曲和小说研究专家，主要著作有《西厢记》校注本，《关汉卿戏曲集》《大戏剧家关汉卿杰作集》、《话本选》（合编）、《西谛题跋》（七卷）、《马连良演出剧本选》《郝寿臣脸谱集》等，并参与编写三卷本《中国文学史》《古本戏曲丛刊》等。吴先生精通梵文，多年致力于中、印两国间的文化交流与合作，并译有梵文戏剧古典名著《小泥车》《龙喜记》等剧本。

徐梵澄（1909—2000）是我国著名的印度学专家、哲学家和翻译家。

徐先生 1926 年考入武汉中山大学历史系，又于 1928 年考入上海复旦大学西洋文学系，1929 年至 1932 年留学德国海德堡大学，回国后翻译尼采作品，是最早将尼采的著作系统地译介到中国的学者。抗战期间，他先后任教任职于中央艺专和中央图书馆（任编纂），并兼任中央大学教授。1945年，徐先生赴印度任泰戈尔国际大学教授，又于 1951 年入南印度室利阿罗频多学院，翻译、著述、讲学长达 27 年。先生于 1978 年年底回国，任中国社会科学院世界宗教研究所研究员。先生精通 8 种古今语言，学贯中西印文化。他一生淡泊名利，却苦学笔耕不辍，取得了极其丰硕的学术成就，堪称学人楷模，学术大师。先生著作等身，出版有 16 卷的《徐梵澄文集》，该文集收录了先生大量的著述及译著。徐先生的学术贡献涉及多方面多领域，首先，他系统翻译了尼采的作品，如《苏鲁支语录》《尼采自传》《朝霞》《快乐的知识》等。其次，以英文著述中国古代的学术精华，将其介绍给印度和西方，计有《小学菁华》《孔学古微》《周子通书》《肇论》《唯识菁华》《易大传——新儒家入门》等著作。再次，以精神哲学阐发中国古代哲学思想，如《老子臆解》《陆王学述》等。最后，翻译多部印度哲学文学之古今经典，如反映古代印度文明的经典名著《五十奥义书》《薄伽梵歌》《行云使者》（即《云使》）以及印度室利阿罗频多学院创办人圣哲阿罗频多的《神圣人生论》《薄伽梵歌论》《社会进化论》《瑜伽论》等。其中《神圣人生论》被印度视作现代唯一经典。他还翻译了室利阿罗频多学院法国院母密那氏有关瑜伽等问题的答问和释义，共 6 辑，题为《母亲的话》。

巫白慧（1919—2014）为我国著名哲学家、梵文学家和佛教因明学家。他于 1940 年赴印度留学，先后就读于印度国际大学、蒲那大学，获哲学硕士学位。1952 年回国后，巫先生在北京大学东方语言学系任印地语讲师，1958 年入商务印书馆任外语编辑。先生于 1978 年调入中国社会科学院哲学研究所，并于 1983 年创建东方哲学研究室，担任首届室主任，后评为研究员。1984 年被印度国际大学授予名誉文学博士学位、最高荣誉教授称号；1992 年荣获"印度总统奖"。巫先生系中国佛教协会顾问，2006 年，当选为中国社会科学院荣誉学部委员。他学贯中西，精通印度古典语言文字，能够熟稔地以梵文为媒介对印度哲学和佛教文化进行科学的研究。先生以精湛的学术成就，为中印学术文化交流做出了卓越的贡献。他的学术成果繁多，除了发表多篇印度哲学领域的论文，还先后出版了《印度哲学》《圣教论》《奥义书哲学与佛教》《〈梨俱吠陀〉神曲选》等多部具有重要学术价值的著作或译著。尤其从哲学思想发展入手，对于鲜有学者问津的印度最古老的吠陀经典的研究，更是独树一帜，意义重大。

## 二　成长期(1978—2000 年)和中生代梵学家

如前所述，1965 年，作为两位梵学泰斗季羡林教授和金克木教授的亲传弟子，北京大学第一届梵巴专业 17 名本科毕业生中，有 8 名进入了社科院的前身——中国科学院哲学社会科学部。这些中华人民共和国培养的第一批梵学家十分优秀，日后理所当然地成为社科院梵学领域的中坚力量。但是由于"文化大革命"十年浩劫，文化荒芜，他们长期不能正常从事梵学研究及其教学工作。改革开放为他们迎来了真正意义上的学术春天，他们个个厚积薄发，在学术上获得出色成就。

这批学者当中，首先要提一提两位英年早逝的优秀学者。二人皆是废寝忘食，焚膏继晷，为学术事业而献身。一位是赵国华（1943—1991）。赵国华老师进入中国社会科学院后，先后在历史研究所、南亚研究所（即后来的亚洲太平洋研究所）工作，系亚太所研究员、南亚社会文化研究室主任，并兼任中国印度文学研究会理事，中国南亚学会理事。作为勤奋著述的梵学家，他是著名印度大史诗《摩诃婆罗多》第一卷的主要译者，可以说是这一浩大学术工程的开拓者之一。他的译著还有《摩诃婆罗多插画选》。此外，他还是一位比较文学文化的研究者，著有《论孙悟空神猴形象的来历》《论中国的献人供妖与义士除害型故事》等学术论文。他首次在中外学术界提出生殖崇拜文化新概念，对于生殖崇拜文化的研究有着独到杰出的贡献，其专著《生殖崇拜文化论》影响巨大。可惜天妒英才，正当他处于风华正茂岁月、可以在学术天地大展拳脚之时，每天十七八小时的超负荷工作，严重损害了他的健康，突发的心脏病瞬间夺去才华横溢的赵国华老师年仅 48 岁的年轻生命，令人扼腕叹息。

另一位是蒋忠新（1942—2002），与赵国华相同，蒋忠新老师也是先后在社科院历史研究所、南亚研究所和亚太研究所工作，为亚太所研究员。蒋老师是我国著名梵文学家，印度学研究者。他学术功底深厚，治学严谨，长期从事贝叶经的梵语对勘整理，是我国梵语古抄本研究领域最为优秀的辨读考释专家，也是我国梵语佛教文献学在梵文写本研究领域的开先河者。我国虽然保存着数量丰富的梵语佛经写本，但在蒋老师之前，对这一富矿的发掘整理却乏人问津。经过多年的辛勤耕耘，他先后对勘转写整理出民族文化宫图书馆、旅顺博物馆、中国藏学研究中心等处所藏的多种梵文《妙法莲华经》和其他佛典抄本。其中，1988年问世的篇幅巨大的《民族文化宫图书馆藏梵文〈妙法莲花经〉写本》（拉丁字母转写本），是中国学者首次运用通行的梵语佛教文献学的方法对重要的梵文典籍写本进行校勘整理，具有填补空白的开拓意义，并在国际上引起很大反响。季羡林先生盛赞这部转写本"具有在国际学术界扬国威的意义"。蒋老师于1990年获得国家有突出贡献的中青年专家称号，并任东京国际佛学研究所和日本创价大学国际佛教学高等研究所等学术机构的客座研究员。蒋老师翻译的另一部梵文古典名著《摩奴法论》也具重要意义，并获颁韩素音—陆文星中印友谊奖。蒋老师发表译著、编注和学术论文计20余种，为中国印度学做出了卓越的贡献。此外，蒋老师还从事梵文教学工作，任20世纪70年代末北大与社科院合办的南亚所研究生梵文班的授课教师，为解决梵学人才的断档问题做出重要贡献。蒋老师身染沉疴多年，年轻时便不幸患上不死之癌——强直性脊柱炎，后又与数种严重疾病抗争多年。然而，虽然身体状况如此之差，但是对于学术事业的挚爱和不懈追求，使他常年忍受着常人难以想象的巨大病痛，顽强地坚守在教学科研第一线，从未退却，直至60岁那年油尽灯枯，永远倒下。用那句名诗"春蚕到死丝方尽，蜡炬成灰泪始干"来形容蒋老师，真是再贴切不过。

黄宝生，1965年毕业于北京大学东方语言文学系，同年入职社科院的前身——中国科学院哲学社会科学部，是上述两位梵学家的同窗。他历任中国社会科学院外国文学研究所研究室主任、副所长、所长，《世界文学》主编，中国外国文学学会理事，中国翻译工作者协会理事，中国社会科学院梵文研究中心主任。50多年来，黄宝生老师孜孜矻矻，在涉及中印文学、诗学、哲学、佛学等诸多梵学研究领域中辛勤播种耕耘，获得累累硕果。他著作等身，是目前我国梵学界当之无愧的领军人物。他在梵学研究的数个领域中做出突出贡献，其中专著《印度古典诗学》填补了国内梵学研究中的一项学术空白，不仅为中国的比较诗学提供了第一手的宝贵资源，且对于打破"欧洲文化中心论"、加强较为薄弱的东方诗学研究乃至打通西方、印度和中国诗学，皆具重要学术价值，并因而获得中国社会科学院第二届优秀科研成果奖。1993 年，黄老师开始主持另一项重大的学术工程：印度古代梵语史诗《摩诃婆罗多》的翻译。该史诗又称"第五吠陀"，在印度享有神圣地位，而其内容，则广泛涉及宗教、哲学、历史、政治、伦理、地理、天文、传说、神话、民族、语言、文学、习俗等印度学的各个领域，向有"印度丛莽"之喻，以状其深邃难解，但也因而成为后世印度文化特别是文学取之不竭的丰富源泉。该史诗规模宏大，号称有"十万颂"（现代精校本约为八万颂）。除了中文译本，至今印度以外尚无这部史诗的其他语言全译。黄老师不仅承担了浩繁的翻译任务，而且还负责全书译稿的校订和统稿，并为每卷译文撰写导言。为了完成这部巨著，黄老师夙兴夜寐，甚至夜以继日地工作，称自己"有一种愚公移山，每天挖山不止的真切感受。而劳累时，看到眼前已经完成的工作量，又会激发信心和力量"。当时我院亚太所文献室的研究人员席必庄、郭良鋆、葛维钧、李南等以及北京大学的段晴教授都参加了黄老师所主持的大史诗的翻译工作，是完成这一浩大而艰巨的学术工程的主力。经过十数年的不懈努力，终将这部 400 百多万字的鸿篇巨制、印度古代文化的百科全书、印度教的圣典翻译出版，这项伟大工程于 2002 年竣工。史诗汉译的完成不仅为中国的印度学研究提供了第一手的基本资料，也成为中印文化交流的一大盛事，并在国内外学界引起轰动。该书于 2008 年获得国家级奖项——首届中国出版政府奖。除此之外，黄老师还出版了印度古代著名诗人迦梨陀娑所著《罗怙世系》的汉译本，该作品被奉为古典梵语叙事诗的最高典范，并被评为中国社会科学出版社 2017 年优秀出版成果。

众所周知，梵汉佛经对勘意义重大，是佛经翻译、解读与传播过程中的一项基础工作与重要手段。虽然佛经翻译在中国历史悠久，汉译典籍更是浩如烟海，梵汉对勘有着其深厚的历史根源，而吕澂先生也于 20 世纪 20 年代开启了现代学术意义上梵汉佛经对勘的先声。但时至当代，由于种种时代与历史的原因以及梵学人才的短缺，肇始于吕先生的研究方法却无人继承和发展。从 2009 年开始，作为项目首席专家，黄老师又开始主持《梵汉佛经对勘丛书》这一重要的梵学研究项目，大力继承发展了吕澂先生创始的事业。黄老师认为：梵汉佛经对勘不仅对于解读汉译佛经与梵文原典以及对于佛经翻译史和佛教汉语研究等具有多方面的学术价值，而且对于彰显汉译佛经的价值，提升汉传佛教的地位，弘扬中国传统文化，有着广泛而深远的意义。如今，勤勉过人的黄老师已然推出多部该项目的研究成果。黄老师还在培养梵文人才方面做出很大贡献，不仅开办梵文班，亲自授课，并编写了多部相关教材。半个多世纪以来，黄宝生老师在梵学研究的许多荒原中，以深厚广博的学术功力，勤奋严谨的治学态度，筚路蓝缕，开垦耕作，获得丰厚成果。他出版多部学术专著，翻译、编写教材和语法，堪称质优量高；他为国内梵文学科的建设奠定基础，填补多领域空白。为此，他在国内外广受赞誉，成为中国第一位同时获得印度总统奖（2012）和莲花奖（2015）的学者。2012 年，时任印度总统普拉蒂巴·帕蒂尔颁发的总统奖授奖词中对他作出恰如其分的评价："黄宝生先生是中国的梵语/巴利语学者，并以半个世纪的成就确立了他杰出东方学家的地位。"

郭良鋆，1965 年毕业于北京大学梵巴专业，同年进入中国科学院哲学社会科学部从事研究工作，先后在中国社会科学院哲学研究所，南亚研究所和亚太研究所工作，为亚太所研究员。需要指出的是，郭良鋆是我国少有的学兼巴利语和梵语的印度佛教研究专家，系我国首屈一指的巴利文专家。她长期潜心于阅读和分析巴利语佛典，出版了巴利语译著《经集——巴利语佛教经典》（巴利语译著）和《佛本生故事选》（巴利语译著，合译），以及中国学者直接利用巴利语佛典撰写的第一部学术专著《佛陀和原始佛教思想》，该书征引广博，论证严密，观点扎实可靠，以尽可能真实的面貌反映了佛陀生平和佛教早期思想，从而填补了我国佛教史研究的一个空白，堪称学术精品。郭老师还翻译了数部梵语经典著作，如《故事海选》（梵语译著，合译），以及参与《摩诃婆罗多插话选》和印度大史诗《摩诃婆罗多》的汉译工作，为此付出了大量的艰辛劳动，并有多篇观点独到的梵学领域的学术论文问世。此外，郭老师在培养梵学人才方面也是倾注了大量的心血，她曾经为北京大学梵巴专业 1984 级本科生授课，后与葛维钧老师一起，主持了梵文中心梵文学习班的基础教学工作，并与葛老师共同编写出版了教材《梵语入门》。郭良鋆老师是黄宝生老师的妻子，这对同为梵学家的学术伉俪，均为我国的梵学研究做出突出贡献，传为一段佳话。

韩廷杰，亦于 1965 年毕业于北京大学梵巴专业，并于同年进入中国科学院哲学社会科学部从事研究工作，为中国社会科学院世界宗教研究所研究员。韩老师曾于 1987 年至 1989 年赴斯里兰卡研习巴利文和上座部佛教，并在该领域从事多年的研究工作。他勤奋著述，尤其在佛教唯识因明学研究方面取得突出成就，获得丰硕成果。先后出版了《三论玄义校释》《印度佛教史》《唯识学概论》《三论宗通论》《中论译注》《成唯识论译注》《大史》（译自巴利文）、《岛史》（译自巴利文）、《新译大乘起信论》等多部专著及译著，并发表学术论文多篇。

席必庄（1929—2012），南亚所（后为亚太所）研究员，是印地语与梵语专家，除了在印度学领域勤于著述，也曾参与《摩诃婆罗多插话选》和大史诗《摩诃婆罗多》第一卷以及其他卷的翻译。

葛维钧，北京大学与中国社会科学院合办的南亚所研究生，1982年入职社科院南亚所（现为亚太与全球战略研究院）工作，为研究员，知名印度学家。系《摩诃婆罗多》译者之一，并著有《印度文明》（合著），主编《南亚大辞典》（常务副主编），《中印文化交流百科全书》，等等。他发表了多篇高水平的印度学与梵学领域的学术论文。此外，葛老师还与郭良鋆老师一起，主持了梵文中心梵文学习班的基础教学工作，并与郭老师共同编写出版了教材《梵语入门》，对于培养梵学新生力量耗费了大量心血和汗水，可谓功不可没。

李南，亦为北京大学与中国社会科学院合办的南亚所研究生，后系北京大学梵巴专业博士，师从季羡林教授。1982年入职中国社会科学院南亚所（现为亚太与全球战略研究院）工作，为研究员。李南出版了《胜乐轮经及其注疏解读》，该书系密教金刚乘重要典籍贝叶经写本的对勘整理和译注，《胜乐轮经》（或称《胜乐根本续》）并未收入汉文大藏经，亦无汉译本，因此该书系用梵文写本与藏文本做对比进行校勘译注的出版物，当时在国内恐怕是第一部。因此，应当说此书具有原创性和开拓意义，并为从事相关研究工作的学者们提供了第一手的可靠资料，该书于2011年1月获社科院优秀科研成果奖三等奖。李南也加入到印度古代梵语史诗《摩诃婆罗多》的翻译团队，承担了大史诗的部分汉译工作。她还出版了论文集《梵学探幽：印度文化论集》。同时发表了多篇印度学与梵学领域的学术论文。

孙晶，为中国社会科学院哲学研究所东方哲学研究室研究员、博士生导师，中国社会科学院梵文研究中心副主任。孙晶老师于1986年毕业于中国社会科学院研究生院，导师巫白慧；1988年赴日本东京大学文学部留学，导师前田专学教授，学习印度哲学和梵文。2000—2005年再赴东京大学大学院人文社会研究科攻读博士学位。他的主要研究方向是印度哲学、梵文、易经，主要代表作为《印度吠檀多不二论哲学》，该作荣获中国社会科学院第三届优秀科研成果奖三等奖。在印度学方面，尚有《印度六派哲学》等专著问世，梵学领域的代表作为印度古典哲学著作《示教千则》梵语版的汉译与注释。

**图1　梵文研习班合影**

成建华，哲学博士，研究生导师，现任中国社会科学院哲学研究所研究员，中国社会科学院研究生院教授。他于1986年至1994年留学斯里兰卡克拉尼亚大学，攻读巴利文和南传上座部佛教，先后获文学硕士、哲学硕士学位。2003年6月，获中国社会科学院研究生院哲学博士学位。成建华老师主要从事佛学研究，尤于佛学义理和佛教哲学领域研究成绩斐然，成果突出。

## 三　发展壮大期（2000年至今）与新生代梵学研究者

21世纪以来，中国社会科学院在梵学领域中获得突飞猛进的发展。首先是引进了一大批梵学研究的新生力量，他们大多为来自北京大学与其他高校毕业的博士、硕士研究生，于研究生在读期间，便已然于梵语、梵学乃至印度学领域打下较为扎实的基础，起点较高。入职中国社会科学院后，又有幸遇到黄宝生等名师的不倦教诲和辛勤培养，正在苗壮成长。他们是：外文所的郑国栋、唐蕾、姜南、党素萍、张远、于怀瑾、黄怡婷和宗教所的周广荣等。

图2　导师葛维钧

图3　郭良鋆为学员们讲课

2009年，中国社会科学院接受了国家社科基金重大委托项目《梵文

**图 4 葛维钧为学员们讲课**

研究及人才队伍建设》，并整合外国文学研究所、亚洲太平洋研究所（现为亚太与全球战略研究院）、哲学研究所、世界宗教研究所等机构的梵文研究力量，成立了梵文研究中心，工作主要分为梵学研究和人才培养两大方面。在研究方面，制定了有关梵学各领域的研究计划。首先，作为研究中心主任，项目首席专家，黄先生又开始主持《梵汉佛经对勘丛书》这一重要的梵学研究项目。如今，笔耕不辍的黄先生已经率先推出多部项目成果：《梵汉对勘：入菩提行经》《梵汉对勘：入楞严经》（上下册）、《梵汉对勘：维摩诘所说经》《梵汉对勘：神通游戏》《巴汉对勘：法句经》。而在培养梵文人才方面，中心开设了一个为期三年的梵文班。对此黄先生也是呕心沥血，洒下辛勤的汗水。他不仅亲自授课，主讲基础教程之后的课程，还编写了《梵语文学读本》《梵语佛经读本》《巴利语读本》《实用巴利语语法》等辅助读物。另外郭良鋆与葛维钧教授也在该班教授梵语基础课程，倾注了大量心血，并编写了《梵语入门》教材。如今该班已经结业，成功培养了一批梵文中青年人才，为我院的梵学研究注入了新鲜力量，使梵学研究薪火相传，后继有人。梵文中心还多次召开或联合举办梵学、佛学与印度学方面的学术会议，其中，于 2011 年 10 月在苏州成功召开了"梵学与佛学研讨会"，来自全国各地包括台港地区从事梵学与佛学研究的近 50 名学者参加了会议，收到论文 36 篇，与会者就中国当前梵学与佛学的研究、人才培养以及未来发展趋势展开了热烈讨论与交流。这些会议的成功举办，有力地促进了国内梵学学者的学术交流活动与梵学研究工作的开展。

**图5 黄宝生先生为学员们讲课**

**图6 黄宝生先生与梵文研习班学员合影**

图 7　黄宝生先生在梵文研习班讲话

图 8　李南与台湾学者合影

令人欣慰的是，如今，一批具备扎实深厚的佛学知识、印度学知识和相当的汉语水平，并掌握梵巴等语言的中青年学者已经成长起来，并获得初步的研究成果。在梵文中心梵文班结业的有数位优秀学者，本已在各自的学术领域中颇有建树，却被梵语梵学的巨大魅力深深吸引，虽深知梵学的艰深难习，却纷纷以不惑之年毅然投身于这个领域，从最初的阶段开始发奋学习，最终以优异成绩结业，并开始在梵学研究领域崭露头角。其中，傅浩研究员的梵语古典名著抒情诗集汉译《阿摩卢百咏》已然问世，梵文古典诗歌的翻译颇有难度，但傅浩的精湛译文优美晓畅，彰显出译者深厚的中文语言文学功底和不俗的梵文水平，深受业内专业人士好评。刘祥柏研究员也开设了梵语学习班，为培养梵文人才做出贡献。他们当中，英年早逝的石海军研究员（1962—2017）本已开展印度梵语古典名著《薄伽梵往世书》的汉译工作。《往世书》是印度古代一类著作的共同名称，被印度教徒奉为圣典，同时也被认为是古代的史籍，是古代历史、传说、神话、故事的汇集。《往世书》共有 18 部，几部主要的《往世书》直至现代还广为流传，《薄伽梵往世书》便是其中之一。然而对于这一重要的梵文名著，我国尚无汉译本问世，也鲜有学者专门从事其研究工作，可谓我国梵学领域中一块未开垦的处女地。石海军本可以在这一领域中大有可为，却"壮志未酬身先死"，令人唏嘘不已。

此外，年轻的女梵文学者姜南也出版了《基于梵汉对勘的〈法华经〉语法研究》，该书精彩讲述了梵语《法华经》的语法基本研究，不乏独到见解。此外，不少年轻梵文学者的论著和译著也正在紧锣密鼓地准备出版，内容涵盖佛学、文学、宗教、哲学等梵学领域的各个方面。展望未来，我国的梵学研究必将迎头赶上世界先进水平，获得迅速发展，迎来喜人的丰收季节。

（李南，中国社会科学院亚太与全球战略研究院研究员）

# 牢记主席教导,终身情系非洲

陈公元

20 世纪 60 年代初期,毛泽东主席在一次同非洲外宾谈话时提出:"我们对于非洲的情况,就我来说,不算清楚。应该搞个非洲研究所,研究非洲的历史、地理、社会经济情况。"1960 年 9 月,我从复旦大学新闻系毕业后,分配到中国科学院哲学社会科学学部亚非研究所(现中国社会科学院西亚非洲研究所前身)工作。来所不久,就听当时的所领导传达:我们研究所是遵照毛主席上述指示而建立的。这使我深受教育和鼓舞,为来到这样的研究机构工作而感到自豪,同时也深感责任重大。到所里后,读了一些书,看了大量资料,才知道非洲人民遭受到西方帝国主义和殖民主义长达数百年的血腥侵略和残暴统治,生活在水深火热的苦难岁月中。对殖民主义的憎恨和对非洲人民的同情使我对非洲刮目相看。60 年代风起云涌、如火如荼的非洲民族解放运动令我振奋,给我教育。我终于渐渐地热爱上非洲研究事业。正是毛主席的指示和这厚重的非洲情结,激励我为非洲研究事业献出自己的毕生精力。

## 一 坚持业余写作,刻苦研究非洲

多年来,我一直从事编辑工作。曾积极参与和主持过《亚非译丛》《亚非资料》《西亚非洲资料》《西亚非洲》《非洲动态》《西亚非洲调研》等刊物的创办、编辑、编审和主编工作。我对编辑工作十分敬业,全身心地投入这项工作,晚上经常加班加点审读和修订稿件。我常常想起毛主席的重要指示和殷切期望,胸中常常涌动着非洲情结,总觉得我还应该为非洲研究事业多做一些工作。我下决心在努力做好编辑工作的同时，利用业余时间和节假日，刻苦学习马克思主义基础理论和国际问题知识，逐步提高外语水平，努力锻炼自己的研究能力和写作水平，尝试搞一些科研课题。日复一日，年复一年，坚持不懈。经常工作到深夜一两点，很多次为了搜集资料、查阅外文报刊，或是赶写一篇文章，通宵达旦、一夜不眠地工作。艰苦的劳动终于获得了成果。多年来，我利用业余时间，撰写和整编了100多万字的非洲研究论文和学术资料，撰写、主编了有关非洲问题和中非关系的13本专著，受到国内外事部门和非洲研究学术界的普遍好评。其中，《非洲社会主义新论》一文，获得了学术界的较高评价，被认为"观点新、体系新、启迪深"。《中非友好交往史初探》论述了自中国汉代直到21世纪初期2000多年来中非关系的历史演变和发展状况，被认为是系统、全面研究中非关系、具有一定学术价值的一本书。

## 二　情系非洲学会，努力发挥余热

退休后，我曾先后担任中国非洲问题研究会副会长、会长职务达12年之久，现仍担任该会名誉会长。

我主持召开过两届会员代表大会暨学术年会，组织、主持召开过20多次有关中非关系和非洲问题的学术研讨会；配合"中非合作论坛"撰写了十多篇文章；并积极组织、策划以研究会名义成功举办了有中非著名画家的400多幅作品参展的首届"中非友好画展"，在国内和非洲都产生了深远的影响。

为了适应国际形势的新变化和中非关系的新发展，使研究会更好地坚持正确的政治方向和学术导向，我主持对研究会章程进行修订，界定了新时期中国非洲问题研究会的宗旨是：第一，组织和发挥研究会多学科的综合优势，努力推动"有中国特色的非洲学"的建立和发展；第二，加强研究会与政府部门的合作和联系，努力为党和国家的各项对非工作的开展，提供决策咨询和决策依据；第三，加强研究会与企业和文化界的协作和联系，为促进我国对非贸易工作和文化交流献计献策，牵线搭桥。从而为逐步开创研究会工作的新发展而打下了良好的基础。近年来研究会开展的活动，都深受我国学术界和外事、教育、文化、企业界的欢迎和好评。

为了推动研究会工作的深入发展，提升研究会的学术地位，近年来，在几次学术研讨会的基础上，我先后主编了五年论述新时期中非关系的专题文集，其中40万字的《21世纪中非关系发展战略报告》一书，得到了有关领导同志的好评，并赶在江泽民主席出访非洲前夕出版，由时任中国非洲问题研究会名誉会长、外交部副部长吉佩定同志于2000年4月7日转呈给江泽民主席以及有关领导同志。

2004年，年届七十，我荣幸地被评为"中国社会科学院离退休干部先进个人"，并举办个人生平和学术成果展。这是党组织和院领导对我多年来辛勤劳动的最高奖励。我将永志不忘。

2014年，年届八十，响应院领导号召，我撰写了《老牛明知夕阳短，不用扬鞭自奋蹄——退休20年回眸》一文，刊登在中国社会科学院离退休干部工作局主编的《同心共筑中国梦——中国社会科学院"同心共筑中国梦老有所为展风采"征文集》一书中。这也是我为纪念毛泽东主席发表"建立非洲研究所"重要指示发表55周年的一份献礼。

"黄昏已临近，晚霞尤灿烂"最后，赋诗一首，以表心志：

### 八十抒怀

人生最美夕阳红，
事业有成乐融融。
主席教导永铭记，
党的培养恩情重。


老牛明知暮霭浓，
奋蹄耕耘仍从容。
耄耋宜将剩勇献，
同心共筑"中国梦"！


（陈公元，中国社会科学院西亚非洲研究所编审）

# 《中印文化交流百科全书》的编纂

薛克翘

## 一　缘起

2010年12月，中国总理温家宝访问印度，与印度总理曼莫汉·辛格共同发表《中华人民共和国和印度共和国联合公报》，确定两国专家学者合作编纂《中印文化交流百科全书》。2011年4月，金砖国家领导人第三次会晤在中国海南三亚举行。会晤期间，印度总理曼莫汉·辛格向国家主席胡锦涛提起两国合编《中印文化交流百科全书》的事，引起了胡主席的特别重视。于是，2011年5月10日，中国国家新闻出版总署副署长邬书林与印度外交部副部长普拉赛特联合签署备忘录，就落实两国领导人确定的联合编纂《中印文化交流百科全书》项目达成的协议。国家新闻出版署将有关组织编纂和出版事宜落实到中国大百科全书出版社。

2011年4月，中国大百科全书出版社有关负责同志向亚太所了解情况，寻找能承担该项目的中方主编，经当时副所长孙士海先生推荐，出版社正式委托我出任《中印文化交流百科全书》主编并组织编委会。同时，由中国大百科全书出版社立项并申请出版经费。11月2日，印度外交部联秘苏瑞为首的代表团，成员包括印方项目首席专家尼赫鲁大学邵葆丽博士、印度驻华使馆一等秘书安伯乐先生等，到中国大百科全书出版社与中方人员见面。中方参加者有中国大百科全书出版社社长龚莉、副主编马汝军、人文社科部主任滕振微和我等。双方共同商讨合作事宜。最后商定，中方出版该书的中文版，印方出版英文版。对此次商谈，中国新闻出版网曾予以报道。

**图1  2005 年 8 月，本文作者与黄心川先生在印度大菩提寺的合影**

2012 年 8 月，中方编委会成立。中国大百科全书出版社副主编马汝军和人文社科部主任滕振微代表出版社拜会我院名誉学部委员、前亚太所所长黄心川先生，聘请他为《中印文化交流百科全书》的名誉主编，并倾听他对编纂工作提出的指导意见。亚太院葛维钧和刘建研究员任副主编、编委，参与审定稿工作；亚太院张位均研究员担任编委，并参加全书的校订工作；亚太院朱明忠研究员为该书主要撰稿人之一。社科院宗教所研究员黄夏年、尕藏加也参加编委和撰稿工作。此外，北京大学的有关学者王邦维教授、姚卫群教授、姜景奎教授、陈明教授、叶少勇副教授等也一同参加了编委会并撰稿。

## 二  新尝试新体验

我们这次进行了一些新的尝试，大致可归纳为以下几点。

第一，大胆起用新人。中印文化交流史虽然涉及当今一些热门的研究领域，如佛教、国际政治、国际贸易等，但总体上并不是当今的"显学"，国内和国际的专门人才相对缺乏。

对于这个问题，从一开始就有两种意见。一种意见认为，按照国际上撰写百科全书的惯例，词条都由相关领域最有权威的人士撰写的，因此，我们也应该这样做。另一种意见认为，按照国际惯例来做无疑是正确的。但我们面临的任务涉及两个国家的外交关系，带有一定的政治任务色彩，不容你十年磨一剑。在时间短任务重的情况下，中印两国都很难调集足够的人力。因此，如果按照国际惯例来做，该项目就无法顺利完成。经反复讨论，编委会认为，大胆起用新人是唯一的选择。

所谓新人，主要是指北京大学南亚系刚毕业或在读的博士生和硕士生。他们年轻，缺少学术积累和研究经验，大都未撰写过词条。但另一方面，他们又属于专业人士，至少掌握一至两门印度语言，对印度的了解也超过一般人，其博士和硕士论文也几乎都是填补我国学术空白之作。依靠他们撰写和翻译印方部分词条也并非毫无道理。为提高他们的撰写质量，我们采取了多层把关的做法，既把知识关，也把文字关，做到以老带新，教学相长。事实证明，他们最终很好地完成了词条撰写任务，同时也在实践中得到锻炼和提高。

第二，词条撰写与学术研讨相结合。对于因资料不足而难以撰写的词条，可以利用网络查找资料和线索，这是电子网络时代的方便之门。但另一方面，网络上的材料又常常有鱼目混珠的情况，须谨慎鉴别，稍有不慎便会被引入歧途。贻笑大方事小，流毒后世事大。这就需要具备鉴别的"慧眼"。而人非圣贤，慧眼难能独具，须凝结集体智慧，这就需要"会审"。对于写出以后没有把握的词条，也需要单独提出"公示"，集体讨论后方可决定取舍或修订。凡是吃不准的话宁愿不说，凡是有疑义的地方务必查证核实。

在这方面，北大南亚系参与词条撰写的青年教员和在读研究生们做得比较好。他们是网络高手，获取资料的本领显然要高出老一辈的学者。但另一方面，他们的学术素养和撰写经验显得不足。为弥补不足，我们组织了三个层次的研讨和会审活动。首先，来自北大的编委们将撰稿人分为若干小组，每三四个人为一组。撰稿人将写出的词条拿到小组讨论，这是第一层次。分支学科编委参加审稿，集中本学科所有撰稿人，将典型词条拿出来具体分析，这是第二层次。编委会在分支学科编委初审后，集中会审，这是第三层次。当然，最后还要由主编副主编通读稿件，做到齐清定，才能交给出版社，由出版社的编辑们进行技术处理。

第三，对于历史人物、事件的评价尽量做到客观公正。书中有大量历史人物的词条，特别是一些被人们炒得沸沸扬扬的名人，对他们作客观公正的定位是比较困难的。

例如，著名的印度学研究大家季羡林先生，一度被媒体炒得很热，评价极高，被冠以"国学大师"等多种头衔，季先生本人在世时即提出不同意见，但媒体仍不放松追捧。他晚年因体弱心衰，无力主张，为少数人所挟持、炒作，以致家丑外扬，声誉受污。对季羡林先生这样的人物，我们对其学术、为人均给予客观公允的评价，并充分肯定其在中印文化交流中的地位和作用。对人如此，对于历史事件也是一样，不能带个人感情色彩，不能凭个人好恶去评价一件事。

第四，组织抢救。任何一项工程都会遇到意想不到的难题。《中印文化交流百科全书》的编纂和撰写也是一样。

一位负责中印交通学科的编委长时间交不出稿子，项目已经进行过半，我和出版社的同志给她打过很多次电话催稿，最后连电话都不接了。从一次次的电话中，我们做出判断，这位编委事实上并没有动笔，已经指望不上了。于是，我们终止了与她的合作，开始组织抢救。在抢救过程中，副主编葛维钧、刘建发挥了很大作用，他们甚至取消了节假日的休息，连春节长假也没有休息一天，一心扑在词条撰写上。经过三个月的努力，中印交通部分的词条终于完成了。

# 三　友好的国际合作

与印度学者进行了良好的沟通与合作。应当说，历史上，中印两国高僧合作翻译佛经已是司空见惯，政府赞助佛经翻译也形成常态。今天两国学者再度合作，不仅再现了古代高僧们的合作场景，更带有新时代的学术气息。

2013 年 4 月初，终于迎来了与印度专家在北京见面和研讨的机会。这是中印专家第一次联席会议，会议地点在北京的友谊宾馆。印度来了 4 位专家，首席专家是尼赫鲁大学的邵葆丽（Sabaree Mitra）教授，另外三人为德里大学的玛妲玉（Madhavi Thampi）教授、贝拿勒斯印度大学的卡马尔·希尔（Kamal Sheel）教授和印度国际大学的那济世（Arttatrana Nayak）教授。四个人中有两位是老相识、老朋友，这让我对合作完成任务有了信心。

我与卡马尔·希尔先生相识于 1988 年 1 月。此前，我的恩师北京大学刘国楠先生在贝拿勒斯印度大学讲学，不幸于 1987 年 11 月 29 日因心脏病突发病逝。1988 年 1 月份举行葬礼，我当时在阿格拉进修印地语，接到消息，连夜动身赶过去参加葬礼，并协助师母处理后事。卡马尔·希尔先生当时不满 38 岁，是中文系主任，负责安排葬礼事宜并与我们沟通。在他的努力下，葬礼顺利结束。同年，我曾与卡马尔·希尔先生通信两次，主要内容都是处理刘国楠老师的身后事宜。此后便再无联系。直到 2005 年夏天，我随《走进释迦牟尼》摄制组来到瓦拉纳西，特地到卡马尔·希尔先生家，一是为了采访他的父亲，印度老资格的社会活动家和对华友好人士 A. K. 那拉因先生，二是为了和卡马尔·希尔先生叙旧。回忆起 1988 年初次见面的情景，我们俩都感慨良多。

2006 年，第三届玄奘国际研讨会在成都召开，再次与卡马尔·希尔先生见面，并在峨眉山金顶合影留念。从此，我们就通过电子邮件频繁地交流信息和联络感情。2007 年 7 月，我因撰写《中国印度文化交流史》一书向卡马尔·希尔先生请教，很快就得到了他的答复。2010 年 8 月，卡马尔·希尔先生发来电子邮件，说他下个月将陪同贝拿勒斯印度大学副校长来北京访问，希望我在他们开会之余帮助安排几次活动。我答应了。当时我正在做印度密教方面的研究课题，也请他复印一些有关资料带来。于是，9 月份他如期来华，也为我带来了印度密教方面的宝贵资料，这令我感激不尽。从多年的交往中，我了解到，卡马尔·希尔先生是一位朴实厚道的学者，能有机会与他合作编撰《中印文化交流百科全书》是一件令人深感荣幸的事。事实正是如此，在讨论编纂原则以及双方分工时，他始终和善友好，文质彬彬，从不节外生枝。

我的另一位老熟人是邵葆丽教授。记得第一次见她是在 1995 年，入冬后的一天傍晚，我随北大耿引曾老师去友谊宾馆拜访印度在华工作多年的老专家沈纳兰先生，正好邵葆丽也在沈先生家做客，当时她在北京大学历史系进修，是一位天真活泼的姑娘。1999 年 10 月，我和同事刘建一起出访印度，曾到尼赫鲁大学东亚系访问，当时邵葆丽女士已在尼赫鲁大学任教。这两次相见都比较匆忙，只是留下了一个初步印象，没有过多交谈。2000 年 2 月，我被文化部外联局借调到中国驻印度使馆文化处工作。3 月 10 日，在文化处举办的招待会上，邵葆丽女士和尼赫鲁大学的几位老师一起应邀出席。再次相见，大家都很高兴，并合影留念。没有想到，时隔十余年，还有机会合作编纂百科全书。邵葆丽女士的中文很好，口语尤其见长，无论是讨论问题还是开玩笑，都出口得体，不失分寸，反应机敏。

另外两名印度学者虽然此前从未谋面，但由于他们都懂得中文，都了解中国文化，因而有许多共同语言，相见即是相知。玛姐玉教授是中印经济关系史问题的专家，对有关问题的研究相当深入。而那济世教授则对近现代中印间的人文交流非常熟悉，如数家珍。与他们合作、交流，使我受益匪浅。

中印两国的学者在研究中印文化交流方面各有所长。中国学者中，有从事印度历史、佛教、哲学、科技、文学、艺术等各个领域的学者。从语言上看，中国学者中有通晓藏语的专家，还有熟悉印度语言，如英语、梵语、印地语、孟加拉语、乌尔都语和泰米尔语的专家。由于古代印度人没有记载历史的习惯，印度方面缺乏古代资料，所以，古代的绝大部分词条必须由中国学者撰写。参与合作的印度学者也有自己的长处，他们都有很高的英语水平，而且兼通汉语，双方沟通没有障碍。他们都是研究中国历史文化的专家，尤其对近代以来的中印文化交流和经贸关系十分熟悉，掌握有大量资料。经过双方分工协作、友好协商，最终达到了预期的目的和效果。

## 四 隆重的出版揭幕仪式

经过一年半时间的苦战，又曾与印度专家学者多次研讨，到2014年6月底，《中印文化交流百科全书》中印合作版终于面世了。印度也同时出版了英文版。

《中印文化交流百科全书》的出版，既是当今两国发展外交关系的需要，是两国人民友好交往的需要，也是两国文化交流向更深层次发展的需要。而学术交流正是文化交流向更深层次发展的重要内容。因此，中印两国学者联合编纂这部百科全书，具有多重意义，既是两国文化交流的一项新举措，也是两国学术交流的一次新尝试。是在两国前辈学者研究成果的基础上，再一次检视两国共有的文化宝藏，对两国人民长期文化交流的丰富内容作了一次再梳理、再探讨和再总结。

这中间，当时的中国大百科全书出版社社长龚莉、副主编马汝军、人文社科部主任滕振微、人文社科部副主任王宇，以及编辑们付出了巨大努力。

**图2　《中印文化交流百科全书》（一卷本）书影**

在庆祝和平共处五项原则发表60周年之际，印度副总统安萨里来到北京，参与纪念活动。趁此机会，《中印文化交流百科全书》的出版发布会和揭幕仪式定于2014年6月30日在人民大会堂举行。这天上午，我和副主编葛维钧、刘建二人一起来到中国大百科全书出版社，与出版社社长龚莉女士、副总编马汝军先生和人文社科部主任滕振微先生等会齐后，驱车前往人民大会堂。坐在休息室等候之际，国家新闻出版总署负责人邬书林、中国广电总局局长蔡赴朝等先后来到。然后，我们来到新书展出厅。据说，中国大百科全书出版社的工作人员前一天晚上布置展出厅一直忙到后半夜。

中国国家副主席李源潮和印度副总统安萨里会谈结束后，与两国外交部的官员一起来到新书展出厅，与大家一一握手问候。然后，由广电总局局长蔡赴朝主持揭幕仪式。李源潮副主席和安萨里副总统发表了简短讲话，充分肯定了两国文化合作的成果，盛赞两国人民的友谊。然后，两位领导人共同为两国学者合作编纂的中、英文《中印文化交流百科全书》揭幕。CCTV 的记者全程拍摄了揭幕仪式。中央电视台在当晚的新闻联播节目中播放了相关片段。

## 五　详编本《中印文化交流百科全书》出版

人无完人，书无完书。一卷本《中印文化交流百科全书》也是一样，必定有需要完善和增补的地方，有需要进一步修订的地方。第一，由于这是一个合作项目，双方对百科全书的理念有异，加上时间有限，人员参差，行文难求风格完全一致。第二，最主要的缺憾是，还有大量的人物、书籍、地名，以及名词术语等，该入而未入。这倒不是无意遗漏，而是为及时落实两国首脑的联合声明项目，应印方要求删除了大量条目，又因中途人事变故，不得不忍痛将一些不太重要的人物、著作、术语等搁置下来，留待日后增补。

于是，在完成了一卷本《中印文化交流百科全书》之后，我们又马不停蹄地开始了详编本（两卷本）的编写。这时，我们又遇到了很大的麻烦。一名分支编委虽然领了任务，但事实上没有花力气组织人力，写完的词条很少，尚有 300 余条没有完成。我们不得不再次组织抢救。

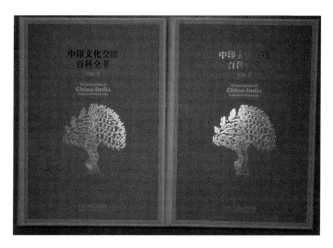

图3　《中印文化交流百科全书》（详编本）书影

由于有了一卷本的基础，加上又及时吸收了部分新人参与撰稿，详编本的撰写还算比较顺利。又经过一年多时间，详编本终于完成，于2015年9月正式出版。详编本的内容更加丰富，词条由一卷本的近800条增加至2159条，插图由一卷本的1310幅增加至2310幅，附录部分又增加了《专有名词对照表》一项。在中国大百科全书出版社有关领导和编辑的努力下，详编本不仅图文并茂，而且装潢精美，适于收藏和查阅。

# 六　学术价值

在梳理史料和已有研究成果方面，我们这次主要做了两件事。

第一，我们对中印文化交流的历史分期作了双方都容易接受的调整，既照顾到中印两国历代王朝的更迭变迁，又照顾到两国历史上的重大事件。

虽然这个历史分期不见得科学合理，但却符合了两国学者的合作需要，对确定全书每个条目的时间坐标起到了重要作用。

第二，我们构建了一个学科分类框架。即根据中印文化交流的具体内容，划分出12个学科分支。它们是：（1）中印物质文化交流分支，主要是从古到今的商品贸易。其中包括动物、植物、矿石等的交流。（2）中印科学技术交流分支，主要包括天文历算、医药和工农业技术等内容。（3）中印佛教交流分支，主要是佛教人物、佛教著作和佛教圣地等。（4）中印哲学交流分支，主要是中印两国在思想领域的相互影响和交流。（5）中印语言学交流分支，其中包括文字学、音韵学、语法学、翻译学、字典学等内容。（6）中印文学交流分支，属于比较文学的范畴，包括人物、作品、体裁、流派等。（7）中印艺术交流分支，包括音乐、舞蹈、绘画、建筑、雕塑、戏剧、摄影、电影等。（8）中印外交往来分支，包括人物和事件等。（9）中印交通往来分支，包括交通路线、通道、重镇、人物、书籍等条目。（10）中印民俗与健身养生交流分支，包括民间信仰、民俗节日，以及健身养生的功法与书籍等条目。（11）现代学术交流分支，包括现代各个学术领域的研究者、重要著作等。（12）其他，收取难以确定归属的条目，如两国重要的博物馆等。

这个学术框架也不见得十分科学合理，但它毕竟展示了一个学科，即中印文化交流史学科的端倪。它是传统的历史学科之下的一个三级分学科，也可以视为新兴的跨文化研究领域的一个分学科。它之所以可称为一个学科，因为它当之无愧。它的内容实在太丰富，几乎涉及人文科学和社会科学的全部领域。

由于有了这样一个学科框架，后来人可以在此基础上继续进行深入研究。既可以写一部更加完善的中印文化交流史，也可以写诸如中印佛教交流史、中印贸易史、中印科技交流史等分学科专著。另外，它也可以成为中外文化交流史的一个参照系而具有借鉴价值。

这部书涉及众多学科，对多个学科的研究都具有参考价值。中印两国都是文明古国，两国间文化交流的历史长达两千多年。中印文化交流除了历史悠久、源远流长之外，还具有多层次、多渠道和内涵丰富的特点：既有民间交流又有政府间交流；既有陆路交流又有海上交流；既有物质文明交流又有精神文明交流。这是中印两国乃至世界人民的宝贵财富。因此，两国文化及其相互影响和交流等历来为国际社会，尤其是学术界广泛关注。在已有成果的基础上，编纂出版《中印文化交流百科全书》，对于印度学、汉学、藏学、佛学、逻辑学、语言学、民俗学、敦煌吐鲁番学、丝路学等诸多领域的研究，都具有很高的学术参考价值，具有很强的历史和现实意义。

除了 12 个分支学科的词条外，书后还附有 11 个附录《中印近现代文化交流大事记》《中华人民共和国政府和印度共和国政府文化合作协定》《中印两国历任元首》《中印两国历任总理》《中印两国历任大使》《中国研究印度的机构》《印度研究中国的机构》《中国研究印度的刊物》《印度研究中国的刊物》《中国学者印度学重要著作一览》《印度学者中国学重要著作一览》，以及三种中外文索引。附图达 1310 余幅。都有一定的资料价值和参考使用价值。

# 七　国内外的反映和评价

首先是媒体的反映。当中央电视台在 6 月 30 日晚新闻联播节目播出消息后，便有一些印度学老前辈给我打电话，询问情况，并予以祝贺。如外文局印地语组负责人陈士樾先生、中国国际广播电台印地语组陈力行先生，他们都已年过八旬，从事中印文化交流工作数十年，对能出版这样一本书感到由衷的欣慰，并对二卷本的编写提出了很中肯的建议。几乎同时,《中华读书报》以整版的篇幅介绍了该书的内容和编纂经过。在了解到该书的内容后,一些高等院校从事印度学教学和科研的老师也纷纷打来电话,如深圳大学前文学院院长郁龙余先生、前青岛大学文学院院长侯传文先生等,在祝贺的同时,也表示希望得到这本工具书,以利于今后的科研和教学。

2015 年 7 月,原印度尼赫鲁大学教授、东亚系主任谭中先生到北京大学参加一个新书发布会,我于 27 日上午去勺园见他,并给他带去一本《中印文化交流百科全书》。谭中先生是谭云山先生的长子。谭云山先生早年与泰戈尔结识,到印度国际大学教书,并为中印文化交流事业奔波于中印之间,成就卓著,被誉为现代玄奘。而谭中先生则在青年时期随父到印度,继承父业,长期从事中印文化交流的工作。他退休后移居美国,但常来中国参加文化活动。鉴于他父子二人对中印文化交流所做的贡献,我们的书中给他们父子二人都列有词条。8 月 3 日,谭中先生看过此书以后,向我表示,该书内容相当丰富,词条的撰写也基本准确可靠,而且装帧精美,算得上一部好工具书。

但遗憾的是,印度方面出版的英文版却遭到一些印度学者的诟病。原因是印方只有四位专家参加撰写和编辑,由于人力不足,大量由中国学者撰写的词条都由印度驻华使馆请中国的翻译公司译成英文,其结果可想而知。而印度专家又无力一一审订,错误难免。

总之,我仍然以为,人无完人,书无完书。我们的工作中出现百密一疏的现象在所难免。我们留给后人的劳动成果,有可学可用之处,但也难免有缺憾,甚至错误。

（薛克翘,中国社会科学院亚太与全球战略研究院研究员）

综　　合

# 中国社会科学院学部委员制度的论证与建立<sup>①</sup>

## 韦莉莉

2006 年 8 月 3 日，中国社会科学院成立文史哲学部、经济学部、社会政法学部、国际研究学部、马克思主义研究学部等五个学部，推选出学部委员和荣誉学部委员，建立中国社会科学院学部委员制度。对此，社会科学界非常关注和关心。本文拟对中国社会科学院学部委员制度的一些相关问题进行历史回顾和现状研究，为学界了解和研究中国社会科学院学部委员制度提供一些历史资料和介绍一些相关情况。

## 一 中国社会科学院历史上对恢复学部委员制度和建立院士制度的多次论证

1955 年中国科学院建立学部委员制度之时，我国最高层次的学术称号制度既包含自然科学，也包括社会科学。1977 年以后，中国社会科学院独立建院，中国科学院学部恢复活动并重新开始增补学部委员，恢复自 1955 年与中国自然科学界共同实行的中国社会科学的学部委员制度，是社会科学界的强烈愿望。随着 1993 年中国科学院学部委员转为院士，1994 年中国工程院成立并选举中国工程院院士，呼吁在社会科学界恢复原有的学部委员制度或建立学部委员制度的问题，就自然地转换成为渴望

① 本文原刊发于《社会科学管理与评论》2009 年第 1 期，原题目为《中国社会科学院学部委员制度相关问题研究》，本次发表根据发展情况稍作修改。本文蒙中国社会科学院学部主席团秘书长何秉孟同志、原院副秘书长单天伦同志提供有关资料，并蒙原文献信息中心主任黄长著研究员核准学部文件翻译中的一些情况，特此表示感谢。

设立中国社会科学院士制度的问题。无论是呼吁恢复和建立社会科学学部委员制度，还是呼吁设立中国社会科学院士制度，自 1977 年中国社会科学院建院以来，在历届院长的领导下，中国社会科学院与社会科学界一起为之开展了大量的工作。据不完全统计，自 1977 年至今，中国社会科学院至少先后八次对恢复学部委员制度和建立院士制度进行过调研和论证，并提出相关的报告和方案。

1. 1980 年：中国社会科学院与国家科委、中国科学院关于建立院士制度的联合论证

1977 年中国社会科学院成立后，根据广大科技工作者要求建立院士制度的愿望，时任中国社会科学院院长的胡乔木和中国科学院院长方毅同志提出"在两个科学院建立院士制度"的意见。1980 年，按照胡乔木、方毅同志的意见，中国社会科学院在梅益同志主持下，与国家科委、中国科学院共同进行研究论证建立院士制度问题。中国社会科学院做了一些调研，召开座谈会，并提出了首批院士候选名单，向胡乔木同志作了汇报。1980 年 8 月，中国社会科学院与国家科委、中国科学院就建立院士制度的问题，共同联名向党中央和国务院呈报了《关于建立院士制度问题的请示报告》。该《请示报告》连同同时呈报的《中国科学院、中国社会科学院院士条例（草案）》，得到了 1980 年 10 月 21 日召开的国务院常务会议的原则同意。国务院常务会议认为，学部委员是一种工作职称，院士是一种终身的最高荣誉称号，在我国建立学部委员制度和院士制度，可以同时存在。这有利于加强学术领导，推动科技事业的发展。同时也是表示国家对科学的重视和对科学工作者的鼓励。会议还指示由两院根据讨论意见修改报告和条例后，上报全国人大常委会审议。据了解，当时由于中国科学院的一些学部委员对实行学部委员制度还是实行院士制度有不同意见，认为学部委员相当院士，不要再搞双重的了。胡乔木同志表示可以暂时放一下。①

2. 1983 年：中国社会科学院牵头，文化部等有关单位参加研究解决建立院士制度问题

1983 年，胡乔木同志就建立中国院士制度问题有一个新的书面批示，

---

① 参见严仁《恢复社会科学学部委员制度势在必行——关于恢复社会科学学部委员制度的调研报告》，《社会科学管理》1993 年第 4 期；1983 年 8 月 26 日中国社会科学院科研办给院党组的报告；院士制联合研究组、国家科委技术局编：《院士制研究》参阅材料（6），1988 年 8 月 19 日。

内容是："考虑提出中国院士制度中包括文学艺术方面的院士（国外如法、苏均有此先例），为此需要研究准备首批名单，请文艺局和文化部共同考虑。名单要从严，宁少毋滥。"根据这一批示，中宣部提议由中国社会科学院牵头，文化部等有关单位参加，着手研究解决建立院士制度问题。中国社会科学院科研办公室在向梅益同志汇报后，受命起草了一份《关于建立院士制度的一些设想（草稿）》。《关于建立院士制度的一些设想（草稿）》相当于《中国社会科学院院士章程》和中国社会科学院现在的《中国社会科学院学部章程》，内容涉及：中国社会科学院建立院士制度的目的、学术荣誉称号的地位、院士的条件、院士的人数、院士产生的办法、院士的任务和权利、院士称号的撤销等。《关于建立院士制度的一些设想（草稿）》还有一个《苏、美、日三国院士简况》的附件，详细介绍了苏、美、日三国院士制度的基本情况。梅益同志指示将《关于建立院士制度的一些设想（草稿）》印发党组同志征求意见，在 9 月提出修改意见，经科研办修改后提交党组讨论。①

3. 1984 年：中国社会科学院与国家科委、中国科学院等有关部门论证提出建立院士制度的方案

1984 年 12 月，中央书记处明确提出"可考虑将科学院学部委员改为院士"的设想，并决定由国家科委牵头，同中国科学院、中国社会科学院等有关部门商量提出方案，报中央批准。1984 年 12 月 17 日的《中央书记处会议纪要》指出："可考虑将科学院学部委员改为院士。院士的人数可由现在的几百人扩大到一千人左右；要提拔一批中青年科技人员当院士；现任学部委员中年龄较大，德高望重的人可以当荣誉院士。院士只表明学术地位，不同行政职务挂钩。请国家科委牵头同中国科学院、中国社会科学院等有关部门商量后提出方案，待批准再办。"②但后来国家科委是如何牵头同中国科学院、中国社会科学院等有关部门商量和提出方案的，以及方案的具体内容如何，目前还缺少历史文献资料加以说明。

---

① 参见严仁《恢复社会科学学部委员制度势在必行——关于恢复社会科学学部委员制度的调研报告》，《社会科学管理》1993 年第 4 期；1983 年 8 月 26 日中国社会科学院科研办给院党组的报告；院士制联合研究组、国家科委技术局编：《院士制研究》参阅材料（6），1988 年 8 月 19 日。

② 参见严仁《恢复社会科学学部委员制度势在必行——关于恢复社会科学学部委员制度的调研报告》，《社会科学管理》1993 年第 4 期；1983 年 8 月 26 日中国社会科学院科研办给院党组的报告；院士制联合研究组、国家科委技术局编：《院士制研究》参阅材料（6），1988 年 8 月 19 日。

4. 1988 年：中国社会科学院与国家科委、中国科学院等有关部门论证提出建立院士制度的方案

1988 年 3 月，在第七届全国人民代表大会第一次会议上，胡克实、王绶琯等 41 位人大代表提出提案，建议在我国实行院士制度。为了弄清院士制度的有关问题及其在我国现行情况下的具体实施办法，根据宋健同志指示，由国家科委牵头，中国科学院、中国社会科学院、国家教委、全国人大常委教科文卫委员会、人事部、国家自然科学基金等单位组成"院士制联合研究组"①，进行关于院士制度的调查研究工作。课题组历时几个月，数易其稿，形成了《关于在我国实行院士制度的研究报告》。为了了解和借鉴世界上有关国家实行院士制的做法，在国家科委国际科技合作局支持下，院士制联合研究组商请我国驻美国、英国、苏联、法国、联邦德国、瑞典、捷克、罗马尼亚、匈牙利、日本、印度等大使馆的科技处，搜集了国外有关院士制方面的大量资料。课题组还设计并印制了调查表，准备就院士的职责、产生办法、人数等，听取全国各方面专家的意见。此时，课题组实际负责人不幸突然逝世，牵头单位再没有委派新的负责人，课题再没有活动，院士制度问题再次搁置。在总体决策不定的情况下，中国科学院根据自己的计划，继续增选学部委员。而社会科学方面，由于没有中央领导的明确支持，恢复学部委员制度工作没有进展。②

5. 1993 年：中宣部委托中国社会科学院对恢复社会科学学部委员制度的有关问题进行调研

1993 年 4 月，中宣部干部局委托中国社会科学院开展对恢复社会科

---

① 院士制联合研究组成员有：马俊如（国家科委基础研究高技术司）、熊衍衡（国家科委基础研究高技术司）、李吉士（中国科学院学术秘书室）、杨安仙（中国科学院政策局）、于志弘（中国科学院国际合作局）、单天伦（中国社会科学院科研局）、王晓君（国家教委科技司）、贾大平（全国人大常委会教科文卫委员会办公室）、尚春博（人事部专家司）、王平（国家科学基金委员会政策司）、沈钟（北京大学自然科学处）、江丕权（清华大学高等教育研究所）。研究组秘书：甘惠勤（北京大学）、张邦瑞（中国计量科学研究院）。参见院士制联合研究组、国家科委基础研究高技术司编《有关国家院士条例汇编》，1989 年 4 月。中国社会科学院单天伦同志参加了这次调研论证工作，并带回了一些简报和资料，这些材料后来成为中国社会科学院研究学部委员制度和院士制度发展历史的重要材料。

② 参见院士制联合研究组、国家科委基础研究高技术司编《有关国家院士条例汇编》，1989 年 4 月；严仁：《恢复社会科学学部委员制度势在必行——关于恢复社会科学学部委员制度的调研报告》，《社会科学管理》1993 年第 4 期，第 17 页。

学学部委员制度相关问题进行调研。院人事教育局承担此项调研课题，组成以单天伦局长为负责人的"恢复社会科学学部委员制度调研"课题组[①]。课题组先后多次召开院内外专家学者座谈会,[②] 对仍健在的社会科学界的原中国科学院学部委员和中国社会科学院部分原一、二级研究员老专家进行访谈，认真听取他们对恢复学部委员制度的意见和建议。课题组还查阅和研究了旧中国"中央研究院"实行院士制度的情况和国外一些主要国家实行院士制度的资料，走访了中国科学院学部联合办公室，对中国科学院学部委员制度发展的历史和现状，特别是原哲学社会科学学部委员制度的历史情况，以及中国科学院的学部建设和发挥学部委员作用情况做了调研。在深入调研和广泛听取多方面意见的基础上，课题组撰写了《恢复社会科学学部委员制度势在必行——关于恢复社会科学学部委员制度的调研报告》，调研报告上报中宣部干部局。

6. 1994 年：中国社会科学院工作会议报告提出，做好设立院士制度的前期准备工作

1993 年 10 月 19 日，国务院第十一次常务会议决定中国科学院学部委员改称院士。1994 年 1 月 6 日，江泽民同志主持中央政治局常务委员会十四届第 46 次会议。会议讨论并原则同意《国家科委、中国科学院关于建立中国工程院的请示报告》。3 月，中国工程院筹备领导小组选出首批中国工程院院士 96 人。6 月 3 日中国工程院成立。[③] 中国社会科学院副院长汝信应邀出席中国工程院成立大会和中国科学院第七次院士大会开幕式。11 月，中国科学院、中国工程院来函，分别聘请和邀请中国社会科学院院长胡绳为中国科学院学部主席团顾问和中国工程院主席团顾问。[④]

在两院建立院士制度形势的鼓舞下，中国社会科学院抓紧进行建立院士制度的相关论证工作。在 1994 年院工作会议上，胡绳院长代表院党组和院务会作工作报告。他指出，1994 年将把"做好设立院士制度的前期

---

① "恢复社会科学学部委员制度调研"课题组负责人为人事教育局局长单天伦，副局长李利以及何清平、韦莉莉、钱伟为课题组成员。

② 韦莉莉：《北京部分著名专家学者谈恢复社会科学学部委员制度》，《社会科学管理》1993 年第 4 期，第 23—26 页。

③ 参见中国工程院网站。

④ 中国社会科学院院史研究室：《院史研究》（1994 年—1998 年），第 2 期（总第 39 期）第 28 页。

准备工作"列为中国社会科学院应集中精力做好的重点工作之一，并把设立院士制度作为提高我国社会科学在国际学术界的声望和地位、实现中国社会科学院的发展战略目标的一项重要措施。①

在1994年国家人事部、财政部下发了《关于增加中国科学院院士津贴的通知》后，为解决社会科学界原中国科学院学部委员的津贴待遇问题，6月5日，中国社会科学院人事教育局就申请学部委员（院士）津贴问题给国家人事部发文请示，并获得批准。

1994年，院党组要求院人事教育局落实院工作会议关于"做好设立院士制度的前期准备工作"，"恢复社会科学学部委员制度调研"课题组在1993年的调研工作的基础上，根据院工作会议精神，由单天伦局长牵头，就建立社会科学院士制度问题做了几项工作：（1）在《恢复社会科学学部委员制度势在必行——关于恢复社会科学学部委员制度的调研报告》的基础上，完成了《关于建立中国社会科学院院士制度的请示》《中国社会科学院院士章程（草案）》《中国社会科学院第一批院士遴选办法》等准备上报中央和国务院的文件的起草工作；（2）提出了院士名额分配和社会科学界第一批院士候选人原则；（3）与社会科学界五大系统的相关部门进行沟通，征询意见建议。

7月29日，院长胡绳主持召开院务会议，审议人事教育局提交的《关于建立中国社会科学院院士制度的报告》②。10月13日，院召开院务会议，听取人事教育局关于院士工作的汇报。③ 建立社会科学院士制度的相关报告和文件起草完成后，经院党组讨论通过。汝信副院长征询中宣部、教育部、中央党校、《红旗》杂志社、解放军总政治部有关领导同志意见，他们都表示支持中国社会科学院建立社会科学院士制度的建议，对中国社会科学院起草的报告和具体实施方案也表示赞同。12月6日，副院长汝信就中国社会科学院制定院士条例的有关情况，向国务院副秘书长

---

① 中国社会科学院院史研究室：《中国社会科学院编年简史》（1977—2007），第286页，社会科学文献出版社2007年5月。

② 中国社会科学院院史研究室：《院史研究》（1994年—1998年），第1期（总第38期）第50页。

③ 中国社会科学院院史研究室：《院史研究》（1994年—1998年），第1期（总第38期）第72页。

刘奇葆作了汇报。①

在中国社会科学院积极论证和与各社科系统、部门进行协商的同时，中宣部干部局在中国社会科学院《恢复社会科学学部委员制度势在必行》的调研报告基础上，广泛听取社会科学界各方面的意见，对中国社会科学院实行院士制度的紧迫性和可行性进行了综合论证，最后形成了《关于建立中国社会科学院院士制度的建议》的报告，并上报有关领导。

7. 2003 年：《中国社会科学院十年发展纲要》提出"着手设立学部委员制度，争取尽快过渡到院士制度"

2003 年，为贯彻党的十六大报告关于重视发展哲学社会科学事业的精神，落实江泽民总书记视察中国社会科学院重要讲话和"一定要办好中国社会科学院"的要求，根据院党组的部署和李铁映院长的指示，成立了以陈佳贵副院长为组长的"发展纲要"编制小组，着手制定《中国社会科学院十年发展纲要》（2003—2010 年）。此纲要以"三五一"发展战略②为主线，以构建"国家理论创新体系"为主要平台，以出精品、出人才为核心，以争创一流研究所为重点，提出中国社会科学院未来十年发展的基本框架。在《发展纲要》中明确提出"着手设立学部委员制度，争取尽快过渡到院士制度"，以此作为加强队伍建设，建成培养和造就一流哲学社会科学研究人才和高素质管理人才的重要基地的具体措施和步骤。

协助陈佳贵副院长起草编制发展纲要工作的院副秘书长何秉孟（政协委员），在 2004 年全国政协会议期间，在有政治局委员吴官正同志出席的社科界别小组会上作了会议发言，详细阐述了《中国社会科学院十年发展纲要》中"着手设立学部委员制度，争取尽快过渡到院士制度"的设想。他指出：院士制度是国际通行的学术制度，目前世界上设立院士制的国家大多把社会科学领域包括在内。1955 年，中国科学院成立学部，

---

① 中国社会科学院院史研究室：《院史研究》（1994 年—1998 年）第 1 期（总第 38 期）第 86 页。

② 关于"三五一"发展战略，其中"三"是建设"三个一批"，即建设一批国际一流的研究所，培养一批享誉海内外的学术"大家"，推出一批对国家重大决策和学科建设具有重要价值的科研成果。"五"是逐步形成"五大中心"，即马列主义、毛泽东思想、邓小平理论和"三个代表"重要思想研究中心，经济改革与发展研究中心，社会主义民主法治与社会发展研究中心，中华文明和社会主义文化研究中心，国际问题理论与国际战略研究中心。"一"是建成"一个基地"，即建成培养和造就一流哲学社会科学人才与高素质管理人才的重要基地。

哲学社会科学学部为四大学部之一。"文化大革命"期间，学部停止活动。"文化大革命"后，中国科学院恢复学部，因哲学社会科学已经独立建院，哲学社会科学学部没有恢复。1990 年国务院在批准中国科学院增选学部委员的 63 号文件中明确指出："关于中国社会科学院学部委员的有关问题，将另行组织调查研究，听取意见，提出办法。"1993 年，中国科学院学部委员制度改为院士制度。哲学社会科学界强烈呼吁尽快批准建立中国社会科学院院士制度。我们认为，目前建立中国社会科学院院士制度的条件基本成熟。如果马上设立院士制度还存在某些困难，可先在中国社会科学院恢复学部委员制度，为今后过渡到院士制度奠定基础。①

8. 2005 年中国社会科学院在向中央政治局做的"5.19"汇报提纲中提出"组建中国社会科学院学部"的设想，2006 年中国社会科学院成立学部，推选出首批学部委员和荣誉学部委员。

2004 年 2 月 11 日，陈奎元院长在院工作会议上提出了认真研究如何构建哲学社会科学创新体系的问题。3 月 1 日，陈奎元院长在院党组会上正式提出，要研究中国社会科学院发展的思路，提出贯彻落实《中共中央关于进一步繁荣发展哲学社会科学的意见》的具体意见，向中央汇报；并就起草工作汇报文件的指导思想、目标任务和基本框架等发表了重要意见。2005 年 1 月至 3 月，李长春、刘云山同志分别两次到中国社会科学院考察和调研，听取中国社会科学院关于构建哲学社会科学创新体系设想的汇报，对社科院向中央汇报的报告提出指导性意见。②

2005 年 5 月 19 日，中国社会科学院党组向中央政治局常委会作了汇报。胡锦涛总书记和中央政治局常委会其他领导听取了社科院工作的汇报，对中国社会科学院今后发展，乃至全国哲学社会科学事业的发展做出重要指示。在学科体系创新方面，报告提出，在学科片的基础上组建本院学部，进一步整合相关学科力量，强化重大综合性研究的组织协调机制。对于中国社会科学院的报告，政治局常委们给予了很高的评价。③

---

① 全国政协委员、中国社会科学院副秘书长何秉孟在全国政协会议上的发言：《贯彻落实〈意见〉精神繁荣发展哲学社会科学》，《中国社会科学院院报》2004 年 3 月 9 日第 1 版。

② 参见《中国社会科学院学部成立大事记》，中国社会科学院办公厅《中国社会科学院学部纪念册》，第 71 页。

③ 《中国社会科学院学部成立大事记》，中国社会科学院办公厅《中国社会科学院学部纪念册》，第 71—72 页。

2005 年 5 月 31 日，中国社会科学院召开贯彻中央政治局常委会议精神大会，院党组就贯彻落实中央会议精神做了具体部署，每项工作都设立了领导小组。为贯彻落实 2005 年院工作会议有关组建学部的精神和院党组的部署，在陈佳贵副院长和黄浩涛副秘书长的领导下，科研局成立了"中国社会科学院组建学部调研"课题组①。课题组的任务是：落实院领导关于"对组建学部进行调研"的指示，以向中央政治局常委会报告中关于"在学科片的基础上组建本院学部，进一步整合相关学科力量，强化重大综合性研究的组织协调机制"的精神为指导，查阅搜集历史文献资料，走访调研相关机构，论证组建学部方案，征询专家学者意见，起草《中国社会科学院学部章程（草案）》和《中国社会科学院学部组建实施办法》，为院党组决策提供依据和参考意见。

课题组自 2005 年 4 月中旬成立起，历时近四个月，经历了走访调研、组建学部方案论证、起草《中国社会科学院学部章程（草案）》和《中国社会科学院学部组建实施办法》三个阶段。课题组先后到中国科学院学部、中国工程院学部、国家自然科学基金委科学部和中央党校教研部进行调研，搜集了大量资料。在此基础上，就"组建学部"方案进行深入讨论，并先后召开三个座谈会，分别征求了院学术咨询委员会部分委员和老专家、研究所部分领导以及科研管理人员的意见。时任陈佳贵副院长、何秉孟秘书长、黄浩涛副秘书长多次听取课题组的汇报，就组建学部的方案提出了重要的指导性意见。课题组经过调研论证和反复酝酿，于 2005 年 7 月中旬完成对组建学部方案的设计和论证。在得到院党组的批准后，根据党组的意见，于 8 月初完成了对《中国社会科学院学部章程（草案）》和《中国社会科学院学部组建实施办法》的起草工作，并提交北戴河院暑期工作会议讨论。

在 2005 年 8 月完成有关文件的起草工作至 2006 年 8 月成立学部的一年当中，根据院党组的要求，《中国社会科学院学部章程（草案）》又经过多次讨论和修改，征询各方面专家学者的意见，包括一些法学专家的意见。人事教育局起草了《中国社会科学院首批学部委员、荣誉学部委员推选办法（草案）》。2005 年 10 月、11 月，院党组先后通过了《中国社

---

① "中国社会科学院组建学部调研"课题组在黄浩涛副秘书长的直接领导下，由时任科研局副局长吴尚民任课题组组长，科研局张国春、刘晖春、韦莉莉、毕芙蓉为课题组成员。

会科学院学部章程（草案）》和《中国社会科学院首批学部委员、荣誉学部委员推选办法（草案）》，决定组建文史哲学部、经济学部、社会政法学部、国际研究学部、马克思主义研究学部五个学部。①

2005 年 12 月，中国社会科学院召开动员大会，各研究所推荐提名学部委员候选人并进行公开投票。2006 年 6 月，推选工作小组拟订了初选名单，院党组讨论通过了候选人名单。2006 年 7 月，推选委员会投票推选出 47 名学部委员和 95 名荣誉学部委员。2006 年 8 月 1 日，院务会批准了推选委员会选举的结果。②

2006 年 8 月 3 日上午，中国社会科学院召开学部成立大会。陈奎元院长出席大会并发表讲话，冷溶副院长主持会议。李慎明副院长宣读《中国社会科学院关于成立学部的决定》。江蓝生副院长宣读《中国社会科学院关于首批学部委员的决定》和《中国社会科学院关于授予荣誉学部委员的决定》。陈佳贵副院长作《关于中国社会科学院首批学部委员、荣誉学部委员产生情况的说明》。至此，中国社会科学院完成了学部委员制度的建立。

**图1　中国社会科学院在社科礼堂举行学部成立大会（1）**

---

① 《中国社会科学院院报》2006 年 8 月 8 日。
② 中国社会科学院办公厅：《中国社会科学院学部纪念册》，第 2 页。

**图2　中国社会科学院在社科礼堂举行学部成立大会（2）**

**图3　中国社会科学院首批学部委员合影**

**图4 中国社会科学院首批荣誉学部委员合影**

8月3日下午，召开第一次学部委员大会预备会议，副院长、学部委员陈佳贵主持会议。经全体学部委员举手表决，我院学部主席团成员产生①。在随后召开的主席团会议上，冷溶当选为学部主席团主席。同时，主席团任命何秉孟为主席团秘书长。院召开第一次学部委员大会。副院长、学部主席团主席冷溶作《中国社会科学院学部工作报告》，副院长、学部委员陈佳贵作关于《中国社会科学院学部章程（草案)》的说明。受学部主席团委托，副院长、学部委员江蓝生主持会议。第一次学部委员大会选举产生各学部主任、副主任。《中国社会科学院学部章程（草案)》经学部委员大会讨论获得通过。根据学部委员大会提出的意见，在做出进一步的修改后，中国社会科学院学部主席团第二次全体会议审议通过了《中国社会科学院学部章程》，并于2006年10月11日以中国社会科学院文件形式正式向社会颁布。②

---

① 学部主席团成员11人，为（按姓氏笔画排序）：王家福、刘国光、汝信、江蓝生、冷溶、李京文、张蕴岭、陈佳贵、林甘泉、郝时远、程恩富。

② 《中国社会科学院学部章程》〔（2006）社科研字20号〕。

**图5　中国社会科学院第一次学部委员大会**

# 二　中国社会科学院学部委员
# 制度与中国院士制度比较

中国社会科学院组建学部、推选学部委员，是落实中共中央《关于进一步繁荣发展哲学社会科学的意见》和2005年"5·19"中央政治局常委会议精神的一项重大举措，这是中国社会科学院建院29年的一件大事，也是中国哲学社会科学学术制度的建设和发展的一件大事。建立符合中国国情和适合中国社会科学院实际的社会科学学部制度，将有利于健全和完备我国科学发展的学术制度，有利于强化党和国家以及中国社会科学院对哲学社会科学的学术领导，有利于加强社会科学自身的学术制度和管理机制的规范化和制度化，有利于发挥专家学者的学术作用和调动广大社会科学工作者的积极性，对于繁荣和发展我国的哲学社会科学事业，对于中国社会科学院在新的历史时期的发展，对于构建中国社会科学院的哲学社会科学创新体系，都将产生深远的影响。

第一，中国社会科学院成立学部，是院构建新时期科研管理体制、提高学术水平与创新能力的一项重大改革。院党组在《汇报提纲》中指出，组建学部的目的在于"在学科片基础上组建本院学部，进一步整合相关学科力量，强化重大综合性研究的组织协调机制"。成立学部，赋予学部在学术和科研上相应的组织协调权限，为加强院的学术领导，整合院的学术资源，促进跨学科、多学科的综合研究，强化重大综合性研究的组织协调机制等方面，提供了管理制度、体制和机制上的保证，是院构建新时期科研管理制度的重要创新。

第二，建立学部委员制度，是中国社会科学院建立培育学术大师机制和科研人员激励机制的一项重大改革。中国社会科学院作为国家社会科学的最高学术机构与综合研究中心，建院以来，承担了大量与党和国家发展密切相关的重大研究项目和重要研究任务，在基础理论研究和应用对策研究方面做出了重要贡献。在这样一个国家级的学术研究机构里，没有完备的培养学术大师的机制，不利于优秀人才的成长，也不利于促进哲学社会科学事业的发展。

第三，中国社会科学院建立学部委员制度的根本目的，是在马克思主义指导下，繁荣和发展我国的哲学社会科学事业。我国建设中国特色社会主义的实践，要求哲学社会科学领域做出理论上的贡献，通过理论创新，不断推进改革开放和社会主义现代化建设进程。学部的建立、学部委员和荣誉学部委员的推举，得到中央领导的支持，这不仅表明党和国家以及对中国社会科学院工作和发展的关心和支持，更反映出党和国家对哲学社会科学发展的关心和厚望。我们应更加振奋精神，站在新的起点上，潜心学术研究，扎实开展工作，积极探索理论创新，承担起党和国家交给我们的繁荣发展哲学社会科学的使命，努力构建哲学社会科学创新体系，把中国社会科学院建设成为以马克思主义为指导的人才荟萃、学科布局合理、体制完善、机制灵活、在国际上有广泛影响、在国内位居前列的哲学社会科学研究机构。

那么，目前中国社会科学院的学部委员制度与我国现行的院士制度还有哪些区别呢？我们将《中国社会科学院学部章程》① 与《中国科学院院士章程》② 进行比较，同时参考《中国社会科学院学部委员增选工作实施

---

① 《中国社会科学院学部章程》（2016 年修订）。

② 《中国科学院院士章程》（2014 年修订）。

细则》①《中国科学院院士增选工作实施细则》②，用以考察中国社会科学院学部委员制度与中国现行的院士制度之间的差别。比较两个章程我们可以看到，两个章程在总体内容上是大体一致的，但其中的一些差别也是明显的，其差别主要有三个方面。一是，行文形式上的差别。两个章程的主要内容和行文结构是基本相同，只是《中国科学院院士章程》是以院士为标题的章程，《中国社会科学院学部章程》是以学部为标题的章程，因此各章内容的顺序略有差别。《中国科学院院士章程》各章的安排为：院士、院士的产生、外籍院士的产生、学部、院士大会、常设领导机构、出版物和经费、附则。《中国社会科学院学部章程》各章的安排顺序为：总则、学部、学部委员大会及学部主席团、学部委员、办事机构与经费、附则。二是，由于哲学社会科学与自然科学学科的不同特点而产生的一些文字表述上的差别。三是，与我国现行的院士制度相比存在的实质性的差别，由此带来的一些程序和表述上的不同。

由于中国社会科学院的学部委员制度建立是院内部的科研制度改革，与建立哲学社会科学界的院士制度仍还有相当一段的距离，这种实质性的差别是不可避免的。其差别主要有以下几点。

第一，荣誉称号性质的不同。无论是中华人民共和国历史上的中国科学院学部委员，还是今天的中国科学院院士、中国工程院院士、中国社会科学院学部委员，其称号都为终身荣誉，但其称号的性质是不同的。中国科学院学部委员以及中国科学院院士是国家设立的科学技术方面的最高学术称号；中国工程院院士是国家设立的工程科学技术方面的最高学术称号；中国社会科学院学部委员是中国社会科学院的最高学术称号。

第二，学部职能性质的差别。《中国科学院院士章程》对学部性质职责的规定是：中国科学院学部，是国家在科学技术方面的最高咨询机构。《中国社会科学院学部章程》的规定是：中国社会科学院学部，是院党组领导下的学术指导、学术咨询和科研协调机构。从《中国科学院院士章程》和《中国社会科学院学部章程》各自关于学部履行的具体职能来看，除了两者都要完成学部主席团、全体学部委员/院士大会决定的各项任务和其他需要学部组织协调的工作外，前者更侧重和更强调其活动是受国家

---

① 《中国社会科学院学部委员增选工作实施细则》（2016 年修订）。

② 《中国科学院院士增选工作实施细则》（2018 年修订）。

委托的学术指导、学术咨询、学术评议、学术交流等活动；而后者则更强调受院委托开展和组织本院内的各种学术指导、学术咨询、学术评议、学术仲裁，对国家决策、哲学社会科学发展提供智力支持和意见建议，以及主办全国性和国际性学术交流活动等。

第三，学部结构层次的差别。中国科学院学部和院士制度的组织机构较为复杂，层次较多。中国社会科学院学部委员制度，目前只分为学部委员大会、学部主席团、各学部三个层次，其中在学部主席团和各学部当中，不再有组织机构划分。中国科学院与中国社会科学院学部在组织结构上的差别主要有以下几点。一是学部主席团内设执行委员会。中国科学院学部主席团由中国科学院院长、负责学部工作的副院长、各学部主任、各专门委员会主任和经院士大会选举产生的若干名成员组成。学部主席团内设执行委员会，执行院士大会和主席团的决议，领导学部工作。执行委员会由主席团执行主席、负责学部工作的副院长、各学部主任和各专门委员会主任组成。中国科学院学部聘请中国工程院院长、中国社会科学院院长、中国科学技术协会主席、国家自然科学基金委员会主任和若干政府部门的负责人，为主席团顾问，列席主席团会议。二是主席团下设若干委员会，负责领导学部的咨询评议、学术工作、科学普及、科学教育、科学道德建设等工作。中国科学院学部主席团下设 4 个委员会：学部科学道德建设委员会、学部咨询评议工作委员会、学部学术与出版工作委员会、学部科学普及与教育工作委员会。三是各学部内设学部常务委员会。各学部分别从本学部的院士中，选举产生若干名常务委员，组成学部常务委员会，负责本学部的工作。

第四，候选人推选范围和程序的区别。中国科学院院士和中国社会科学院学部委员都不受理本人申请。候选人推荐选举途径是略有不同的三种途径，其中尤其在候选人的范围及推选单位的范围上是不相同的。面向全国范围候选人选的推荐和全国学术团体的推荐，是其根本特点和区别。《中国科学院院士章程》规定：在科学技术领域做出系统的、创造性的成就和重大贡献，热爱祖国，学风正派，具有中国国籍的研究员、教授或同等职称的学者、专家（含居住在香港、澳门特别行政区和台湾省以及侨居他国的中国籍学者、专家），可被推荐并当选为中国科学院院士。中国科学院院士候选人通过以下三个途径推荐：一是院士推荐。每次增选，每位院士最多推荐 3 名候选人。获得 3 名或 3 名以上院士推荐，且至少有 2

名院士所在学部与该候选人被推荐的学部相同方为有效。65 周岁以上的候选人需要 6 名或 6 名以上院士推荐，且至少有 4 名院士所在学部与该候选人被推荐的学部相同方为有效。院士受常委会委托推荐新兴和交叉学科候选人不占院士个人推荐名额。二是学术团体推荐。学术团体是指中国科学技术协会具有推荐资质的全国学会。中国科协按中国科学院学部设置组成推荐委员会。各委员会成员不少于 11 人，必须是从事科学技术研究工作的具有研究员、教授或同等职称的学者专家。推荐委员会进行会议评审并进行无记名投票，在规定的名额内获得赞同票超过投票人数二分之一的为推荐人选。三是学部主席团推荐。学部主席团可根据院士队伍建设需要，采取特别推荐机制推荐院士候选人。各学部常委会组织本学部院士对有效候选人进行通信评审和会议评审，分别产生初步候选人和正式候选人，最后选举出终选候选人建议人选。本学部院士对正式候选人进行无记名投票，获得赞同票不少于投票人数三分之二的候选人，按照本学部增选名额（含特别名额），根据得票数依次产生本学部终选候选人建议人选。全体院士终选投票实行等额、无记名投票，获得赞同票数超过有效票数二分之一的候选人当选。《中国社会科学院学部章程》规定：中国社会科学院学部委员候选人为具有正高级专业技术职务的中国社会科学院在职专家学者。学部委员候选人通过以下三种途径推荐：一是学部委员直接推荐。每次增选，每位学部委员推荐候选人不超过 2 名；每名候选人需获得 3 名或 3 名以上学部委员提名，其中至少 2 名为本学部的学部委员。二是由中国社会科学院各研究所和作为研究实体的研究中心推荐。三是由院党组推荐。学部委员增选工作的一般程序包括学部委员、院属单位提名，学部委员候选人评委会评审及推荐，公示及院外专家评鉴，学部委员大会评审及选举。按学部组成的学部委员候选人评审委员会，是以社科院研究系列正高级专业技术资格评审委员会为基础，各学部的学部委员为相应评审委员会的当然人选。学部委员正式候选人，须在本学部的评审委员会中获得三分之二及以上赞同票，且在其他学部评审委员会中总票数超过二分之一赞同票。学部委员增选工作办公室将每位有效候选人的有关材料委托院外 5名专家进行学术评鉴。院外专家一般为高等学校、科研机构同一学科的资深教授或资深研究员、二级教授或二级研究员。学部委员大会为选举学部委员的法定组织形式。参加评审和投票的学部委员人数，必须达到全体学部委员人数的三分之二及以上方为有效。学部委员大会按照增选总额、各学部增选名额，以无记名方式进行投票，获得三分之二及以上赞同票的候选人当选。

第五，有无外籍院士的区别。中国科学院推选外籍院士始于 1994 年。现在的《中国科学院院士章程》对外籍院士的标准及选举程序有一系列的规定：对中国科学技术事业做出重要贡献，在国际上具有很高学术地位的外国籍学者、专家，可被推荐并当选为中国科学院外籍院士（简称外籍院士）。外籍院士对中国科学技术发展和中国科学院学部工作有建议权；可应邀出席中国科学院学部组织的有关会议和学术活动；可获得中国科学院学部赠送的有关出版物。外籍院士不享有对院士候选人和外籍院士候选人的推荐权；不享有选举权和被选举权。外籍院士在取得中国国籍后，可直接转为院士或资深院士，并享有同等义务、权利及有关待遇。选举外籍院士，每两年进行一次。每次选举，每位院士推荐 1 名候选人，获得不少于 5 名院士的推荐为有效。外籍院士由全体院士实行无记名投票选举，其选举工作与院士增选工作同年进行。参加投票选举的院士人数，应超过院士总人数的二分之一，获得赞同票不少于投票人数三分之二的候选人当选。《中国社会科学院学部章程》没有涉及外籍学部委员的推选问题。

第六，对老年委员（院士）的称呼和年龄规定略有不同。为了维护老年院士的身体健康，中国科学院在院士中实行资深院士制度，对年满80 周岁的院士授予中国科学院资深院士（简称资深院士）称号。资深院士继续享有院士的义务与权利，并享有资深院士津贴，但不担任院士大会常设领导机构成员和各学部常务委员会成员等领导职务，不参加对院士候选人、外籍院士候选人的推荐和选举工作，自由参加院士会议。中国社会科学院规定：学部委员年满 70 周岁退休，一般不再担任学部的领导职务，一般不再参加对学部委员候选人的推荐和选举等工作，可自愿参加学部的其他各项活动。符合学部委员条件的离退休老专家，在职专家中年满 80周岁、不担任行政职务但符合学部委员条件者，由中国社会科学院授予荣誉学部委员称号。荣誉学部委员为终身荣誉。

第七，学部工作机构上的差别。中国科学院、中国工程院学部主席团的办事机构分别为独立的学部工作局。中国社会科学院的学部工作局目前与科研局合署办公，一个机构两块牌子。

虽然中国社会科学院学部委员制度和规定与我国现行的院士制度还有

着很大的距离，存在很大的差异。但就其章程的具体规定而言，这种制度规定上的差别，客观地反映了现阶段中国社会科学学术制度建设的现实状况，也是根据中国社会科学院发展的具体实际制定的。我们认为，目前颁布的《中国社会科学院学部章程》的各项条款，是积极务实的，也是恰当合理的和具有可操作性的。

## 三　中国社会科学院学部委员制度<br>相关用语和学部章程的翻译

中国社会科学院学部常用语英译工作和《中国社会科学院学部章程》的英文翻译工作，是中国社会科学院学部成立后立即着手进行的两项工作。这两项工作不仅是为了满足和适应各个学部和学部委员开展国际学术交流的需要，也考虑到中国社会科学院学部委员制度未来发展的要求，能够与世界各国的学术称号制度相适应，较好地向世界介绍和展示哲学社会科学学术大家。客观地讲，由学术交流的国际化趋势和世界学术称号制度的相互认同性等因素所决定，中国社会科学院学部常用语的英译和《中国社会科学院学部章程》的英文翻译工作，是中国社会科学学部委员制度构建中的一项重要工作。

### （一）中国社会科学院学部常用语英译工作

2006 年 8 月 3 日第一次学部委员大会结束后，根据学部委员大会和学部主席团的要求，8 月 4 日下午，学部主席团秘书长何秉孟主持召开学部常用语英译专家会议，就学部、学部委员等常用语的英文翻译问题进行商议。遵照何秉孟秘书长"查询国内外相关文献资料，参考国内外科学院相关提法，尽快翻译学部常用语"的指示，语言学家、文献信息中心原主任黄长著研究员在互联网上查阅了大量国内外相关文献资料，同时查阅了他参加过的一些国际会议的相关资料，参考了美国、欧洲、日本、韩国等国的相应提法，特别参考了俄罗斯科学院、中国科学院和中国台湾"中央"研究院同样情况的表述，在此基础上提出了《学部常用语英译名》的初稿。会上，专家们对《学部常用语英译名》（初稿）的译文进行了认真细致的讨论，逐一对《学部常用语英译名》（初稿）中的译文进行了认真细致的研究，对有的译法还展开了热烈的讨论。其中重点讨论的问题有三个：

第一，关于"学部"的译法。

专家讨论的焦点之一是"中国社会科学院学部"总称和各分学部的翻译，是用同一个词语，还是用不同词语表述。专家们对 Division、Department、Commission、Committee、Council、Board 等相关的英文词汇的差别和用法，一一进行斟酌和推敲，一致认为用 Division 翻译社科院学部比较合适。中国科学院和俄罗斯科学院各学部现在的译名就是用 Division。

关于中国社会科学院学部总称如何翻译，专家们进行了深入热烈的讨论。最初有专家提出用 Commission 或 Committee 作为学部总称，用来表示与各具体学部（Division）的不同。经反复讨论，特别是在认真研读《中国社会科学院学部章程》（试行）和《中国社会科学院关于成立学部的决定》等文件后，专家们逐步达成了一致意见，认为，用 Divisions（Academic Divisions）这样的复数形式表示中国社会科学院学部的总称，是恰当的，符合社科院学部是由各分学部构成的实际情况，可以避免用 Commission 或 Committee 之后可能出现的误解，即误认为社科院在各个学部之上还存在一个独立的机构，搞不清这样的机构与各学部和学部主席团的关系。同时，也可以和中国科学院学部总称的译法相一致。在使用中，表示中国社会科学院学部时用 Academic Divisions，即 Academic Divisions（AD）of the Chinese Academy of Social Sciences（CASS），缩写为 CASSAD。表示各具体学部时用 Academic Division，即文史哲学部为 Academic Division of Philosophy，Literature and History，经济学部为 Academic Division of Economics，社会政法学部为 Academic Division of Social，Political and Legal Studies，国际研究学部为 Academic Division of International Studies，马克思主义研究学部为 Academic Division of Marxist Studies。

第二，关于"学部委员"的译法。现有国内外相关院士的英文表述有：Member、Academician、Fellow 等。与会专家一致认为用 Member 来表述学部委员是最为恰当的。其理由有四点：一是用 Member 表述院士这是国际通行用法。二是历史上中国科学院"学部委员"的英文译名就是 Member。现在，中国科学院"院士"的英文译名与学部委员相同，同样是 Member。这既是我们使用 Member 的依据，又能与学部委员制度的进一步发展的未来相吻合。三是 Academician 的用法，国际上明确指院士，目前中国社会科学院学部委员不是院士，不便使用。且 Academician 一词现

在略显陈旧，目前在国际上通用性较差，多是用来区别一般性成员时作为
标志性的名称使用，如台湾"中央研究院"的院士：Member（Academi-
cian），就是用 Academician 来注释和标志 Member 是院士。四是 Member
在含义上略低于 Academician。在实际使用中，不少情况下两词可以交替
使用。专家们认为，目前我们用 Member 翻译学部委员比较合适。以后在
实行院士制度后，也可以采取在 Member 后面加（Academician）的方式，
以示是院士和学部委员的区别。最终确定中国社会科学院学部委员的全称
为 Member of the Chinese Academy of Social Sciences，简称为 Academy Mem-
ber 和 CASS Member；中国社会科学院荣誉学部委员的全称为 Honorary
Member of the Chinese Academy of Social Sciences，简称为 Honorary Academy
Member 和 Honorary CASS Member。

　　第三，关于"社会政法学部"的译法。在各学部的译法问题上，如
何翻译"社会政法学部"是专家讨论的重点问题之一。开始专家对"社
会政法学部"的翻译采取的是逐词直译的方法，即 Academic Division of
Sociology，Politics and Law。讨论中，一些专家认为用 Academic Division of
Social，Political and Legal Studies 表述社会政法学部较为合适。其中的 So-
cial Studies 和 Political Studies 在国际上更为常用，且 Social Studies 内容较
为广泛，在一定程度上弥补了社会政法学部中文名称中缺少民族学、人类
学、新闻学等学科的不足。

　　会后，"社会政法学部"的英译名在 2006 年暑期工作会议上又征求
了社会政法学部主任和各相关研究所的意见，他们对"社会政法学部"
的英译名提出进一步的修改意见。经学部主席团讨论同意，"社会政法学
部"的英译名为："Academic Division of Law，Social and Political Studies"。

　　经过反复推敲和认真讨论，社科院专家还对中国社会科学院学部、各
分学部、学部委员、荣誉学部委员、学部主任副主任、学部工作局、学部
委员大会、学部主席团、学部主席团成员、学部主席团秘书长、学部章程
（试行）、学部工作报告，以及学部委员、荣誉学部委员是中国社会科学
院最高学术称号、为终身荣誉等 14 个方面的学部常用语英译名达成基本
一致的意见。

　　根据院里多次讨论意见，专家们又对《学部常用语英译名》做了进
一步的修订，而后又征求了学部委员和学部主任的意见，经过中国社会科
学院学部主席团批准后，2006 年 10 月 20 日《中国社会科学学部常用语

英译名》向社会发布。

## （二）《中国社会科学院学部章程》英文翻译工作

根据学部主席团指示，学部工作局组织院内专家对《中国社会科学院学部章程》进行英文翻译工作。《中国社会科学院学部章程》翻译工作，首先由文献中心原主任黄长著研究员进行英文翻译。2008 年 1 月，学部工作局组织院内专家组对《学部章程》英译初稿进行讨论，提出修改意见。会后，黄长著吸收专家们的意见，对英文译稿进行了修改。之后，又委托外文局的几位中外专家对《学部章程》英译稿进行了审阅。2月，学部工作局召集《学部章程》翻译专家组第二次会议，对中外专家的修改意见进行讨论，对《学部章程》英译稿进行定稿。会议结束后，黄长著根据第二次专家组会议的讨论意见，完成了《学部章程》英译稿的最终定稿工作，并报学部主席团批准。

## （三）《中国社会科学院学部常用语英译名》修订工作

由于外国专家对《中国社会科学院学部章程》英文翻译提出了一些审阅意见，也由于自 2006 年 8 月学部成立以来学部的有些情况发生了变化，在《中国社会科学院学部章程》（英文版）定稿后，学部工作局于2006 年 10 月 20 日发布的《中国社会科学院学部常用语英译名》[①] 需要据此做一些修订。2008 年 2 月，在第二次《学部章程》翻译专家组会议上，专家们根据《中国社会科学院学部章程》（英文版）的定稿，对 2006 年发布的《中国社会科学院学部常用语英译名》进行了部分修订。修订之处主要有以下几点：

1. 关于"中国社会科学院学部"的翻译。其简称由 Academic Division（s）修改为 CASS Academic Division（s）或 Academic Division（s）。

2. 关于"社会政法学部"的翻译。原来的翻译是：Academic Division of Law，Social and Political Studies。专家组根据国外英文文献的习惯用法和外文局中外专家的意见，恢复最初的译法为：Academic Division of Social，Political and Legal Studies。

3. 关于各学部的翻译。原来各学部的翻译为"中国社会科学院某学

---

① 《中国社会科学院学部常用语英译名》［社科（2006 研字 88 号）]。

部”，现省略了“中国社会科学院”。

4. 关于“学部委员、荣誉学部委员是中国社会科学院的最高学术称号，为终生荣誉”。由 CASS membership and honorary CASS membership are the highest academic titles in the Chinese Academy of Social Sciences, and both enjoy a life-time honor，修改为 CASS membership and honorary CASS membership are the highest academic titles in the Chinese Academy of Social Sciences and a life-long honor。

5. 关于“中国社会科学院学部工作局”。由 General Office of Academic Divisions 修改为 Bureau of CASS Academic Divisions。

6. 新增加了两条学部常用语的英译：（1）中国社会科学院学部是院务会议领导下的学术指导、学术咨询和科研协调机构。即 CASS Academic Divisions are organizations for academic guidance, consultancy and scientific research coordination under the leadership of the Academy Board Meeting。（2）学部工作局与科研局合署办公。即 The Bureau of Academic Divisions and the Bureau of Scientific Research Management work together as one integrated office。

2008 年 2 月，《中国社会科学院学部章程》（英文版）《学部常用语参考英译》（修订）获学部主席团批准。6 月，中国社会科学院学部工作局将《中国社会科学院学部章程》、《中国社会科学院学部章程》（英文版）、《学部常用语参考英译》（修订）汇集成册，下发中国社会科学院学部委员、荣誉学部委员以及所属研究所、职能局。

（韦莉莉，中国社会科学院科研局原学术秘书，
中国社会科学院信息情报研究院研究员）

# 社科 MPA 从五大体系建设入手，致力于打造中国顶级的 MPA 教育品牌

吕　静

现代意义上的公共行政与公共管理的研究与教育始于 20 世纪初的西方，我国则从 20 世纪 80 年代开始恢复和重建的。经过近 40 年的发展，我国高校大量开设了公共管理本科专业，特别是设置了公共管理一级学科和公共管理硕士（MPA）专业学位研究生教育的启动之后，已经成为培养该领域研究生人数最多的国家之一。中国社会科学院学（研究生院）MPA 教育中心是其中重要的办学机构之一（以下简称"社科 MPA"），社科 MPA 创建于 2004 年，是中国社会科学院学（研究生院）复杂 MPA 专业学位教育的专门教学机构，以培养高层次、复合型、应用型人才为目的，负责 MPA 教育的招生、教学、管理和建设等所有相关工作。在多年的教学管理中，社科 MPA 脚踏实地、勇于创新，提出了加强以提高领导能力为核心的五大体系建设，探索出了一条独特的公共管理硕士（MPA）专业学位研究生教育的培养模式和发展道路。

## 一　加强以提高领导能力为核心的实用性课程设置体系建设

中国社会科学院大学 MPA 教育中心的指导思想，是"打造品牌、办出特色"，战略发展目标是建设国内一流的 MPA 专业学位教育与党政干部人才培养基地。目前，我国大多数 MPA 学院都开设了体现复合型要求

的课程，为了提高教学质量，克服教学中的短板，教育中心提出加强以提高领导能力为核心的实用性课程设置体系建设。

**图 1　中国社会科学院大学（研究生院）MPA 教育中心到香港浸会大学交流**

一是坚持以有用、有趣、有益、有理的"四有"为导向，调整、提高和优化课程设置。（1）"有用"是指实用性，MPA 课程设置的第一位的要求就是实用性。需要对课程内容进行精选和提炼，努力做到课程设置的实用性。针对 MPA 研究生教育的专业特点，重新梳理课程内容，探索哪些知识是学员们应该掌握的，哪些内容是可以提升他们的实际操作能力的。（2）"有趣"是指在授课内容上增强趣味性，提高吸引力。在授课方法上提倡灵活性和多样性，活跃课堂气氛，便于学员的理解和接受。（3）"有益"是指注重授课效果的持久性，课程内容即所传授的知识和理论能经得起实践的检验，以便为研究生们提供持续的智力支持。（4）"有理"是指授课内容的理论性强，在有用、有趣、有益的基础上，要注意授课内容的理论性及其系统性，要有一定的理论支撑和理论高度。

**图2 社科MPA走进山东**

二是改进课程设置，提出分"两步走"的课程设置的改革模式。MPA教育是一种应用型的专业学位，应该突出实践导向和能力导向。过去存在着单一的学术型学位教育的问题，缺乏实用性的操作技能，有学校的学员反映学了《公共管理学》不懂管理，学了《公共政策分析》不会决策，等等，在学习过程中出现听不懂、记不住、用不上的"三不会"状况。社科MPA在办学过程中认识到，要以实践导向和能力导向为课程设置创新的切入点，全面调整课程设置，提高和优化课程体系。在实施过程中分为两步：第一步，对现有课程进行全面的深入研究，在努力提高各门课程质量的基础上，打造系列精品课程。这项工作的关键词是"调整、提高、优化"，即调整和提高现有课程内容的实用性，淘汰部分脱离实用性的课程，优化和增加实用性强，提高实践能力的课程。第二步，新增能力训练系列课程，围绕着增加实用性和提高领导力的关键环节，借鉴国内外该学科教育的成功经验，进行课程调整和课程设置。这项工作的关键词是"聚焦、实操、管用"，设计开发的课程主要聚焦培养学员们的能力导向，课程内容便于学习和实操，学习训练后获得的办法能在工作中直接运用。

三是社科MPA成立"课程质量提升专项工作小组"，由教学管理人员和任课教师一起，对各门课程进行督查和改进。（1）通过深入的调查研究，全面改进现有课程。根据教育部公共管理类学科教学指导委员会关于课程设置的统一要求，结合世情、国情、党情、民情，结合招收学员的具体特点，结合公共管理教育的本土化和实操化的实际需求，共安排必修课 14 门课程。其中，核心基础课 7 门、专业方向必修课 4 门、选修课 3 门。此外，还安排一定数量的讲座、社会实践活动等。（2）逐步修改和完善各门课程的教学大纲，细化各门课程的核心内容。针对公共管理学科的范围、主题和内容的发展变化，相关教材的方方面面也在不断地更新。社科 MPA 对教材内容的取舍，逻辑结构的构建，知识体系的布局，授课学时的确定，等等，进行了认真梳理，努力做到理论内容的前沿性、知识结构的系统性、问题分析的合理性、事件解决的可操作性。（3）探索开设新的突出能力导向的实训课程，目前，已经开设的实训课程有目标管理、时间管理、公共演说、情绪压力管理、效能管理和学习管理等。由中心管理团队的老师主讲，效果良好，得到学员们的一致好评。（4）重视公共管理学科建设。该教育中心重新组建"学科建设部"，加大公共管理学科建设的力度和投入，制定学科发展建设规划，投入大量的人力和物力，着力主抓案例教学，精心编辑案例。目前已经撰写和编辑案例 37 篇，其中 9 篇用于教学，4 篇入选中国公共管理案例库。同时，派专人整理搜集公共管理素材、公共管理故事。在今后的教学工作中，将有更多的鲜活、真实、接地气的案例出现在教学中，促进教育中心教学质量的提高与发展。

## 二　加强培养以提高领导能力为核心的实战性师资队伍体系建设

社科 MPA 拥有自主招生资格，招生工作连续多年名列全国前列，研究生学员来自全国各地。同时。社科 MPA 在干部培训方面，与人力资源和社会保障部、解放军总后勤部、文化部、团中央、中华全国供销总社、北京市委组织部、杭州市人事局等多家中央和地方单位合作，开展各种层次的干部培训，为全国众多的党政机构、企事业单位"量身定制"各种类型、各种层次的培训班，是中高端党政干部培训项目的重要平台。为了满足各种类型的教育需求，课程内容是否符合学员期待、授课教师是否令学员满意。在教学过程中，教师起着主导作用。师资的质量直接决定着授课质量，决定着教育质量和培养效果。而社科 MPA 在师资力量方面具有得天独厚的优势。

**图3 首届公共管理案例大赛**

一是社科 MPA 拥有聘请和整合中国社会科学院相关所（局）教师资源的优势，可以聘请中国社会科学院的该领域的著名专家学者担任我们的教师。同时，可以广泛吸收高层次政府管理人员参加研究生的培养工作。这些教师掌握着现代公共管理学科的前沿知识，具备着公共管理学科研究的世界眼光和先进水平，是一支学术实力雄厚、认真负责的指导教师队伍。经过多年的努力，MPA 教育中心已经建立起一支拥有丰富教学经验、深受学生欢迎的教师队伍，拥有学术指导教师、社会实践导师和授课教师三支师资队伍，拥有众多享誉国内外的众多知名学者和司（局）级领导干部实践导师。这些重要的教师资源为我们培养和造就高层次、复合型的公共管理和公共政策研究人才奠定了雄厚的师资力量。

二是改进课程内容中缺乏实用性的问题，提出"三结合"的授课模式。由于 MPA 专业学位教育的教师虽然有很高的理论造诣，但往往缺乏公共管理的实践经验，授课内容过于学术化，使课程内容缺乏实用性。原因在于：一是授课师资多数来自学术性、研究型的专家；二是目前我国 MPA 办学院校目前的老师考核标准主要是学术导向、科研导向，使授课教师缺乏提升实用性内容的动力；三是授课教师缺少在公共领域实践、调研、挂职锻炼的机会。因此，为了解决教师偏重学术化的倾向，我们对教师提出了"三结合"的教学要求，即理论与实践相结合、知识理论传授与能力训练相结合、教师单向传授和学员主动学习相结合。其中，理论与实践相结合、知识理论传授与能力训练相结合是对"有益、有用"的具体化，实现教师单向传授和学生主动学习相结合，则需要课程变得"有趣"，需要学生的主动参与和自我管理能力训练。几年过去了，教育中心形成了一整套推进教师提高教学质量的具体操作方法，使教师沿着实用性的轨迹前行，目前这一教学模式的探索和尝试已经初见成效，在 MPA 教育培养中发挥着至关重要的作用。

**图 4　研究生院 MPA 班合影**

三是鼓励教师运用科学的研究方法，采用丰富多样的教学形式，以提高教学效果。教师在授课过程中注重公共管理方法的讲授与应用。例如：（1）首推案例分析法，它是公共管理学科的重要的研究方法和教学形式。案例分析法是指针对已经发生的公共管理事件，站在客观公正的立场上，说明事件的前因后果或来龙去脉，再现与事件相关人、物及其他要素等，做出恰如其分的解读和评价。（2）实践抽象法是通过分析公共管理人员在社会实践过程中，如何进行实际操作，如何发现和确立问题，如何收集信息，如何分析问题，选择解决问题的最优方案，从而摸索出公共管理中的规律性，是从实践中来，到实践中去，循环往复，寻求发展的方法。
（3）实体分析法是将公共管理的主体即公共组织，如政府公共部门、非营利组织、准政府组织等作为一个实体看待，重点分析实体中存在和发展的特点、条件、环境、规律、问题等各种因素，合理地制定出公共管理的方案和措施，提高公共管理的效率。（4）系统分析法是从事物的整体出发，着眼于整体事物中的部分、层次、功能、结构等，采用辩证方法研究事物的各种要素的性质及其相互关系，从细节中把握整体。（5）比较分析法是指研究对象与相关事物的比较研究，如从纵向的比较法，阐明历史演进过程中的特点、内容、功能等；如横向比较法，阐明各个地区、各个省份、各个国家、各个党派之间的关系等，从中发现公共管理中的特色和优势，择优去劣，为我所用。（6）综合研究法是指从多学科、多角度、多侧面地认识事物，强调各个学科之间的取长补短，相互补充，综合运用其他学科的好的方法，解决公共管理中出现的问题。特别是到了研究生阶段，跨学科学习，拓展学员们的视野尤为重要。此外，在教学过程中，在授课方式上下功夫，力争把讲授模式、案例分析、课堂讨论、模拟原生态等各种教学方法有机地融合在一起，提高教师授课的吸引力，使学员们从教学中有所收获。

**图 5　研究生院 MPA 班合影**

四是重视教师的培养工作，组建领导力研习营和领导力实训督导团，建立一支高水平的教学人员和教学管理人员互助合作的队伍。

（1）组建领导力研习营（简称"研习营"）。2015 年 6 月，教育中心组建了领导力研习营，主要是由具有较高学术造诣的，较强授课能力的教师，各学科中的青年学术骨干，组成的跨学科、跨专业的专家学者团队。目的是为拥有共同的理想信念的老师搭建一个平台，大家在一起相互磋商、理论研讨、经验分享、课程开发等活动，达到共同提升的目的。其主要职能：一是定期开展学习与探讨。研习营的专家授课团队围绕着以提高领导能力为核心的研讨主题，研讨交流相关的授课内容，畅谈如何上好实用性的提高领导能力的训练课程。"研习营"自成立以来，已经顺利举办了多次研讨会，取得了预期的效果。每学期召开三到五次，分享经验、交流心得，形成了领导力课程教学、课堂大众传播、教材配套等一整套成果，并落实到各个教学班的具体实践中。二是全面优化课程，提高师资水平，特别是重点培养中青年教师骨干，全面提升授课质量。"研习营"的核心成员主要来自授课团队，此举团结凝聚并推动了师资体系建设。仅2015 年一年，我们就安排教师参加全国 MPA 教指委培训十余次。

（2）组建领导力实训督导团（简称"督导团"），主要是以教育中心的优秀员工为主体组成。主要任务是根据各门课程的具体要求，对教师授课进行监督、检查、评估、指导和帮助，旨在加强对教学工作的全面管理，以保障教师授课目的顺利实现。因此，督导团是保障教学工作健康发展的维护者，是监督教学管理顺利实施的重要力量。根据 2012 年教育部《教育督导条例》，结合教育中心的具体教学工作实际，我们确定了督导团的主要职能：一是监督职能是核心职能，目的是准确有效地了解和把握教师在教学内容、教学方法、教学时间等方面是否按照教学大纲的要求进行讲授，是否顺利圆满地完成教学工作。二是反馈职能是在教师讲课之后，要了解和征求听课的学员们的反应，并作为重要信息收集入库。反馈不是简单的传声筒，而是根据教学的目的、要求、原则、程序和方法，获取第一手材料；经过采集、鉴别、筛选、整理和制作，提出需要改进的意见和建议，如教师的教学任务是否完成，还存在着什么样的问题，哪些方面需要加强；再向教育中心的领导汇报，使领导者耳聪目明，运筹帷幄，指挥若定，做出正确决策；然后，再把反馈信息传递给教师和教学管理人员，以达到改进教学工作，提高教学质量的目的。可见，充分发挥督导的反馈职能尤为重要。例如，教育中心开发了增强学员们的领导力的实训课程，这门课主要围绕着提高各种领导能力而展开的，对学员们进行实用技能的训练。首先要加强专家团队关于增强领导力的实训课程和实操课程的培养，采取讲授与训练相结合的教学模式，在课堂上给同学们充分实操的机会，通过讲授—实操—评估—反馈等环节，提升学员的领导力能力的培养。

# 三　加强以提高领导能力为核心的
# 综合评估体系建设

社科 MPA 的办学道路是坚持把深入研究探索 MPA 教育经验及其发展规律作为一项日常性的工作任务，通过学习借鉴国内外的先进经验，在总结中国 MPA 研究生教育规律和办学特点的基础上，逐步探索具有中国社会科学院大学特色的办学道路。教育评估是衡量我们工作中的重要环节，它有一套完整的理论体系和检测方法，其功能是多种多样的，主要有导向功能、改进功能和鉴定功能。导向功能是指评价目标一定要有方向性和客观性，通过评价的引导可以明确办学方向和奋斗目标；改进功能是指通过教学评估及时调节、矫正和改进教学内容和教学方式，不断地完善和提高教学过程、教育方案和教育结果；鉴定功能是指对教学效果进行价值判断，通过比较和筛选做到优中取优，服务于教学实践。为此，教育中心注重加强以提高领导能力为核心的综合评估体系建设。

一是建立以学员、班主任和课程负责人为主体的综合评估体系。教学评估亦称教学评价，是依据一定的教育目标，利用现代化的教育统计和教育测量手段，对教育对象进行价值判断的过程。从现代教育管理和发展趋势来看，积极开展教育评价，对于提高教学和教学管理的质量具有重要作用。教育中心的三个评估主体各有侧重，学员们的评估是最主要的评估指标，占评估得分的 70%；负责教学管理的班主任评估占 15%，主要侧重对教师的课程准备、授课情况、作业批改等方面进行测评；课程负责人即教学辅助人员的评估占 15%，他们专门了解评估该门课程的教学质量，侧重授课内容是否适合公共管理学生特点，是否达到了"四有"和"三结合"的要求等。

二是加强学员们参与体系建设。教师在过去的教学中，往往存在着单向的传授和灌输的现象，没有采取实际的操作和训练的"实操项目"。如同学习游泳，只让学员们听懂理论指导，理解动作要领，而没有让学员"下水游泳"一样，忽视了学员们在学习中的主动参与环节，存在着被动地、机械地接受教育的现象。为此，教育中心在建议教师改进课程内容和授课方式的基础上，积极鼓励学员们参与教学活动，通过课前演讲、读书分享会、建立领导力提升档案等方法，调动其学习的主动性。经过不断地努力探索和实践，目前对学员们的参与学习的积极性的调动已经形成良性循环系统。（1）开展学前教育活动。教育中心首先从强化学员的入学教育、端正学习态度入手，通过进行公共精神的探讨、教学管理制度介绍、认知自我、了解领导者的资质、重塑领导者的修炼模式等几个方面，帮助学员们尽快进入学习角色，做好领导力提升目标的准备。（2）建立"领导力提升档案"，这是目标管理能力的体现，帮助学员们认识到目标对个人成长的重要作用，包括每学期的学习目标、读书计划（必读书、扩展阅读、泛读）、自我管理能力提升计划（沟通与表达、时间、情商等）、自我展示计划、社会实践计划和锻炼计划等方面。学员入学后，为了让学员们能够充分利用好教学时间，让每一个学员填写每学期的领导力提升档案。每学期末，学员们要对本学期各项计划的执行进行总评，记录下本学期最大的收获和遗憾、学习与工作结合的感悟。（3）开展课前演讲活动，帮助学生提高综合能力。演讲主题要求围绕自我管理、公共管理热点问题探讨。由班委排出一学期的轮流演讲表，每天上课前有一名学生进行演讲分享，有两名学生就演讲主题进行点评，课前演讲活动从一开始的 8 分钟逐渐要求至 5 分钟、3 分钟，并要求学员们脱稿演讲、准备 PPT 等。（4）开展读书分享会活动，帮助学员们阅读经典和优秀图书、分享读书感悟、交流心得体会。通过阅读不同主题的书籍，交益友、去无知、表见解、取精华。这一活动贯穿教学的始终，激发学生们积极参与学习活动的热情。我们明显感受到了学员们的变化，他们主动学习的意识增强了，每学期期末都主动询问下学期课程的推荐教材，每个人都利用工作之余，加大了阅读量，丰富了教学内容。

三是加强对课程内容与教师资源的动态调整。综合评估体系设立的目的是掌握教学效果，依据教学效果对教育中心开设的各门课程和授课教师进行评估。（1）每门课程结束后会形成一个评估报告，一周内将课程评估结果反馈给任课教师，作为下一步的改进依据，督促教师在下次授课前进行改进工作。（2）评估结果是奖励和惩罚的依据。对评估结果较好的授课老师，会依据评估分数高低评选年度优秀授课老师，并在毕业典礼上对优秀任课教师进行表彰。对评估结果不太好的老师，如果不能根据评估反馈意见有效改进，则实行动态调整，今后将不再继续聘用。（3）今后还可以考虑依据评估结果给教师发放鼓励课酬，对于评估授课效果好的老师，在现行课酬标准的基础上，增发一部分授课酬金酬劳，专门作为评估优秀的鼓励。可见，综合教学评估是实现教学及教学管理的科学化，促进教学及教学管理改革，实现促进教学及教学管理改革的整体优化，提高教学质量及教学管理水平，提高办学效益的重要措施。

# 四　加强以提高领导能力为核心的管理人员成长体系建设

MPA 教育中心管理机制始终把制度化、科学化和规范化作为可持续发展以及品牌建设的基石，从招生录取到学生管理，从师资选择到教学评估，从导师选聘到论文指导，已经形成了一整套有效的科学的教学及教学管理的模式。一个组织的成长壮大有两个关键性因素，一是客户的成长；二是员工的成长。教育中心的目标是对教育中心的管理团队提出了更有挑战性的要求，使组织能力、沟通能力、自我管理能力等上升到更高的台阶。因此，教育中心从 2014 年起就明确把员工的成长提到议事日程，致力于打造最具成长性的 MPA 教育管理团队。今后我们的路还很漫长，面对的挑战和困难也很多，需要全体 MPA 的工作人员齐心协力、携手奋进。

一是加强学习，提高教育中心员工们的思想觉悟和理论水平。（1）开设内训讲座，提升员工的组织能力、沟通能力、公开演讲能力等。内训讲座主要有三种形式：一是主题式内训，征集主题，提前拟好内训主题，参与人从不同方面主讲一个主题，结合工作中的实际问题，如执行力、目标管理、沟通方式、时间管理等。二是角色式内训，根据职位划分，管理人员和执行人员从自身岗位角色出发，拟定主题内训。如部门主任可以选择团队管理、团队合作、组织能力等为培训主题，主管、助理可以选择沟通协调、高效、执行力等为培训主题。三是团队式内训，侧重提升员工组织能力、团队配合能力等。大家自由结合组成团队，自选主题，采取团队主讲的方式。两人或两人以上组成一个团队，自行分工，选择切合实际的主题,每个团队的成员都必须参与主讲。此外,对某些具体的工作难点进行集中学习和研讨。(2)好书分享内训,在教育中心读书分享会的基础上,保持每月固定举办读书日,倡导每位工作人员,每学期至少作一次公开的读书分享;建议每位工作人员,每学期推荐两本好书,建立好书推荐榜,每学期更新一次榜单,鼓励大家多读书、读好书。(3)业务技能交流式内训,采取"请进来,走出去"的方法,学习其他学校先进的教学管理方法,参加外校的公开课、交流研讨会;教育中心还举办了专业技能的学习活动,提升员工们的专业知识与技能技巧。例如,2013 年,教育中心组织员工赴清华大学公共管理学院参观学习。2015 年 10 月,邀请社科院人事教育局阮林处长为我中心员工讲解如何高效办会。多次举办班主任工作交流会,探讨如何完善班主任工作。(4)实施实训讲师成长计划。教育中心鼓励员工们走上讲台,逐步成为 MPA 课堂上的组织者、引领者、督促者。为此,教育中心在创新开发"领导力课程"时,积极鼓励员工参与课程开发与授课环节。例如,"领导力课程"系列中的"领导力实训及导学课程",中心已经有三名员工以公共演说、时间管理、目标管理三个主题为授课导学,学生们反映良好。

二是有序妥善地安排中心教育的员工们的自主学习。(1)教育中心提醒员工做好时间管理,利用缝隙时间主动学习。自主学习通过阅读书籍、电子读物、学习视频、专业讲座等便捷的、实用的学习渠道,加强自身修养。对于通过自主学习成长较快的员工,教育中心将授予"成长之星"称号。教育中心每学期举办一次"成长之星"评选会,选出一名成长之星,并由该"成长之星"作经验交流分享。这是对员工成长的肯定,也是激励大家成长的动力。(2)互联网线上的自主学习。教育中心将学习活动拓展到互联网上,目前有成长词库(资料分享,建立学习资料库)、微互动(学习分享,传递正能量)、岗位宝典(工作经验分享,快速解决工作中存在的常见问题)等多种形式的线上学习活动。在此基础上,结合目前微课盛行,教育中心拟加大鼓励员工利用缝隙时间通过在线课程学习,积极发挥骨干员工的模范带头作用。

三是设立中心教育员工的成长考核机制。为了更好引导员工们的自主学习,教育中心将自我成长纳入工作目标和工作考核中。在目前实施的绩效考核中,将员工自我成长作为必须考核的部分。员工根据自己的实际情况,按年度、月度制订成长计划,到期末总结成长情况,并按考核标准予以考评，从考评结果来看可以客观地体现员工们自主学习的效果。同时，考评结果将引导员工们对自己成长情况进行反思与改进。学习方式的多样化目标是要提升教学管理团队的实际工作能力，打造最具成长性的 MPA 教育管理团队，最终目标是做中国顶级的 MPA 教育。

# 五　加强以提高领导能力为核心的品牌宣传体系建设

2014 年年初，MPA 教育中心提出"培养具有公共精神的高效领导者"的培养使命，办出具有中国特色、体现中国风格的本土化、实战化的管理教育模式。2015 年，教育中心明确提出两大发展目标，一是把 MPA 教育中心打造成为中国顶级的 MPA 专业学位教育机构；二是把 MPA 教育中心的管理团队打造成全国 MPA 教育领域顶级的专业团队。2016 年，教育中心聚焦在品牌宣传，加强以提高领导能力为核心的品牌宣传体系建设。目前，教育中心在各种媒介上宣传自己的教育品牌，构成了辐射面广的对外宣传体系。

一是建立教育中心的门户网站（www. cassmpa. cn），充分展示 MPA 教育中心的实力和形象，让国内外了解中心的发展状况、专业优势、师资优势、办学质量，以提升教育中心的知名度。互联网的发展，改变了品牌传播的方式，如何顺势而为，得到事半功倍的品牌传播的效果，一直是教育中心思考的问题。互联网思维的核心是"用户思维"，所以，教育中心在对外传播途径中栏目及内容的设计方面，都是从学员的角度考虑，最大程度上为学员提供有帮助的信息。

二是建立教育中心的微信公众平台。有助于精准营销，给关注者推送文字、图片、视频、语音，以及相关内容的设计，有效吸引潜在群体。采用了吸引人的写作手法，让读者有兴趣读下去，如问答的写法，既增加了点击量，也易于转发。

三是创办教育中心的电子报。2010 年创刊制作，至今已经成功编辑并发送电子报 39 期。教育中心的电子报主要由"中心新闻、教学动态、学科建设、培训之窗、名师名家、学员风采"六大栏目构成，努力做到及时、准确、客观地发布中心各类动态信息，以"终身服务学员"为理念，促进中心品牌建设，增进教育中心与导师、学员、合作单位之间的交流,真正发挥交流沟通的桥梁作用。

四是建立教育中心的微信群和 QQ 群。微信是移动互联网时代的最大的、最畅通的媒体,要充分利用其便捷、迅速、广泛等特性,加强教育中心与学员、教师之间的沟通和联络,在教育中心教师的指导下,学员又自发建立社科 MPA 校友群、读书兴趣群等,方便了大家的联络和学习。

五是建立教育中心的短信平台。短信平台是由研究生院网络中心统一管理和制作的,是中国移动、联通、电信等电信集团直接提供的短信端口,实现与互联网的连接,实现与客户指定号码进行短信批量发送和自定义发送的平台。短信发送直接发到手机上,具有很强的针对性和实效性。同时,短信平台通讯录按照每月两期的频率,为校友和在校学员推送推荐图书。

六是建立教育中心的画册及形象片。教育中心的画册和形象片起着展示和沟通桥梁的作用,是教育中心整体实力的体现。通过创意和设计将文字与图片以静态或动态的形式,展现在目标人群和潜在客户面前,多维度的、立体的展示教育中心的文化、理念、优势和品牌形象。新设计印制的画册及形象片传递我们提升学员领导力的理念,及社科 MPA 的发展路径。

(吕静,中国社会科学院研究生院教授)

# 如歌的岁月　难忘的年华

## ——参加 20 世纪五六十年代全国民族大调查琐记

### 周用宜

1956 年，根据毛泽东主席关于开展少数民族社会历史调查的指示，在全国人大民委主持下，先后有数以千计的人员，分为 16 个组，奔赴各少数民族地区进行了前后持续 8 年的社会历史大调查。这次调查内容之广泛，对象之众多，队伍之庞大，时间之长久，成果之丰富，在历史上都是空前的。大调查不仅获得了丰富的资料，形成了一系列丰硕成果，即约上亿字的《民族问题五种丛书》；同时培养了将一生献给中国少数民族研究和教学的基础队伍，为中国民族学研究打下了坚实的基础。

我于 1957 年考入中央民族学院（今中央民族大学）历史系，有幸于 1959 年、1960 年两次参加新疆调查组的工作。在社会实践中，我们深入牧区、农村，与哈萨克、塔吉克、维吾尔、回等少数民族实行同吃、同住、同劳动，获得了许多书本上学不到的知识，更重要的是，树立了为民族工作奉献一生的决心和信念。

60 年过去了，当年参加调查的前辈都已仙逝，健在的老师不多了，连我同窗的学友，有的也离开了我们。当时年龄最小的、只有 19 岁的我，现已步入耄耋之年。当年那激情的岁月，那在艰苦的环境下的锻炼与收获，那与少数民族间建立的友谊，那师长对我们的关心、爱护仍历历在目，刻骨铭心。

# 第一次进疆（1959年3月—1960年1月）

## （一）长途跋涉到新疆

1959年3月，参加新疆组调查的中央民院师生从北京乘坐快车到兰州，换火车到柳园，再前行就没有铁路了。我们只能坐运输的卡车继续西行。汽车上只有一层帆布篷，四面透风，座位就是自己的行李包。行李整齐地排成四行。老师坐前排，我与赵德安同学坐在左边最后一排。尽管已是"全副武装"，皮大衣、皮帽子、大围巾和齐膝的毡靴，但仍感到寒风刺骨。一路上歌声、笑声不断。每到一个宿营地，大家都挤在一间大土坯屋里，各自打开行李，没有床，有的连炕都没有，席地而卧。凌晨五六点钟，又赶紧打好行李包，开始新的行程。三天后，才到达乌鲁木齐，掐指一算，离开北京已经整整10天啦！

途中经过达坂城印象最深。西部歌王王洛宾的《达坂城的姑娘》会令人联想到当地维吾尔族姑娘的美丽动人。我们都希望经过这里时，一睹维吾尔族姑娘的风采。3月的新疆仍是冰天雪地，大风呼啸。"达坂"在维吾尔语中有"风口"的意思。正巧快到达冰达坂时，汽车上有的帆布间的连线缝隙拉大了。司机怕在停车修篷时把大家冻坏，于是加速开车。寒风刺骨，打在脸上钻心的疼痛。这时赵德安把原垫着防颠的棉猴迅速撤出，蒙在我俩脸上，两眼一片漆黑。过了冰达坂睁眼一看，汽车已停在平坦的戈壁滩，连个行人的影子都未见到。在领教了达坂的风沙后，我们对新疆自然环境的恶劣有了切身的感受，有了进一步做好克服困难的思想准备。

## （二）为编写三套丛书搜集资料

新疆调查组承担着《三套丛书》中自治区境内维吾尔、哈萨克、柯尔克孜、塔吉克、塔塔尔、乌兹别克、锡伯等族的史志工作和多个自治地方的写作任务。同时，要为其他组提供有关蒙古、回等族的资料。任务繁重艰巨。撰写工作正以"大跃进"的速度紧锣密鼓进行。经几年的努力，各卷执笔人基本完成了大部分的章节，只是资料匮乏，急需补充。

我们这批新来的1957届学生刘志霄、赵德安、罗庶长、马贤能、周用宜的主要工作就是广泛搜集历史和现状资料，充实书稿。记忆中，到自治区图书馆、档案馆的次数最多。我们摘抄了自1936年创刊以来的《新疆日报》，按历史、政治、经济、文化、教育、风俗习惯等分类，供撰稿人使用。为配合完成"与邻国领土争端问题"的任务，我们到机关查阅档案，从税务部门查找征税地名，并以此为依据，证明该地隶属中国新疆。为补充文化艺术章，我和赵德安去军区文工团请编导介绍《塔吉克打馕舞》的创作过程。我俩都喜爱文艺，还借来录音机记谱……为了解自治区牧业政策的制定，请自治区制定政策的领导，详尽介绍"慎重稳进""牧工牧主两利"政策制定的由来与执行情况，收益颇丰。

### （三）第一次下牧区调查

《哈萨克族简史简志》编写过程中，缺少"人民公社"材料。1959年六七月间，赵德安、马贤能和我来到乌鲁木齐南山人民公社做调查。

这里是个多民族聚居的农牧区。汉、回族多在农区，哈萨克族占人口的比例在20%左右，居住在辽阔的牧场上从事牧业生产。公社办公室在马路旁的土坯房内。地上铺满了麦秆，可供席地而卧时当褥子。公社干部中多是回汉族，语言沟通没问题。我们摘抄了公社的各种统计表格，发现哈萨克族资料很少，于是公社安排我们参加牧区干部会。

一大早出发，骑马赶到目的地时已是中午时分。南山风景如画。远望雪峰高耸，山峦起伏。蓝天白云下，林木葱葱。当我们围坐在野花遍地、绿茵茵的草地上，津津有味地品尝鲜奶熬大米粥时，突然天边一片乌云，狂风大作，接着是一场鹅毛大雪。过去只在《窦娥冤》中听说过"六月雪"，今天算是领教了。好在下雪时间不长，大家还在兴奋地谈笑之中，大雪就停止了。在队部除抄录一些生产数据外，重点调查了牧区教育，参观了中学物理、化学实验室，为书写"文教卫生"章提供了一些资料。遗憾的是，在"大跃进"的形势下，普遍存在浮夸风和共产风，牧业增产的数字与实际数字相差太远，致使有的数据无法引用。

民族学的主要任务，通俗地说，就是采用实地调查的方法，研究各民族的现状及其历史发展规律，研究各民族的衣食住行，并对各民族进行对比研究。在南山最大的收获是深入"阿吾勒"与牧民打成一片的体会，以及直观牧民生活习俗，从而增加民族学的感性认识。我住在一家祖孙三代的白色帐篷里。男劳动力去夏牧场放牧、割草，家中有大妈、大嫂和两个孩子。我特喜欢那胖乎乎、红脸蛋的小女孩。调查劳动之余，我用简单的维吾尔语与她们交流。大妈50多岁，穿灯芯绒连衣裙，着自制皮靴，戴白色十字绣红色图案盖头。我夸她图案漂亮，绣功好。她高兴地边抚摸着我的长辫子，边说："克孜（姑娘），你是北京来的?"我回答："是的。"她又亲切地拉着我的手，连声道："甲克森（哈萨克语'好'的意思）。"从她的目光中，我体会到这位老人对国家的热爱之情。

### （四）调查塔吉克族

1959年10月—1960年1月初，塔吉克族分组在南疆对塔吉克族做了一次较全面的调查。

10月初，在肖之兴组长带领下，民院老师李进、陈桂兰，新疆调查组玉素甫、帕泰木、罗庶长和我一行，乘客车从乌鲁木齐出发，到南疆调查。清晨赶路，晚上就宿于沿途的焉耆、轮台、库车、阿克苏、阿图什等地，到达喀什。新疆属大陆性气候，"早穿棉袄午穿纱"，温差很大，沿途冷热无常；有时饥渴难忍。肖之兴晕车很厉害，却把靠前的座位让给他人，自己坐在最后一排。坐在他身旁的我，看着他强忍痛苦，故作镇静自如状，实在让人感动。正是有他这样吃苦在前的领导，才保证了塔吉克组团结协作，较好地完成了调查编写任务。

**图1　在柯尔克孜族学者安尼瓦尔先生家采访时与其家人合影**

塔吉克族主要分布在自治县塔什库尔干、莎车、皮山、泽普等地。当时人口不足1万人。塔什库尔干屹立在帕米尔高原，地势险要，地处边陲，是中华人民共和国成立后新建的高原城。县平均海拔在3000—5000

米，有几十座终年积雪的高山。1958 年，人民解放军克服重重艰险，才修通了近 300 里的公路。我们一行乘坐邮车，从喀什出发，沿途经高山峡谷，在石山中凿出的狭窄公路上盘旋，时而经过陡直的峭壁，走过万丈悬崖。高山上滚动下来的巨石常常挡住去路。到达海拔 4000 多米的苏巴什达坂时，由于氧气不足，大家感到头部剧痛，观景的兴致没有了，歌声停止了。这时，李进老师给每人一块水果糖来缓解高原反应。这是一颗吃到的最甜的暖心糖。时隔一个甲子，吃糖的细节仍让我记忆犹新。

到达目的地后，自治县的领导为我们开展工作做好了充分准备。县档案资料任我们借阅，下乡时提供乘骑等方便。虽然条件较艰苦，有高原反应，但我们夜以继日地工作。县城里虽有电灯，可是照明时间短，晚 9 点以后，只能用从乌鲁木齐带去的装有大电池的灯照明。灯光很弱，看字较为吃力，我们仍按照"当日调查，当日整理"的要求，完成调查报告的整理工作，并讨论第二天的调查提纲。

**图 2　参加《当代中国》民族工作书稿讨论会后与编委会成员合影（右二黄光学，右五伍精华，右六陈欣）**

调查组召开了一次座谈会，邀请塔吉克族中的知名人士出席，征求对《塔吉克族史志（初稿）》的意见，与会者着节日盛装，兴高采烈。记忆最深的是，有位鹤发银须的长者深情地说："共产党来了，我们做了国家的主人，政府为我们修公路、办学校。去年雪灾时，给我们送来牲畜，发放粮食，帮我们渡过难关。现在又写出我们民族的第一本历史书……"老人右手置胸前敬礼。这发自内心的、对党和国家的感恩之情及对本民族文化的尊重、热爱之情，深深教育感动了我，也加固了我一辈子从事民族工作的决心。

1959 年 12 月，调查分组来到莎车县西南，离县城 28 公里的恰热克区扎热甫夏提（意为"快乐的金水河"）塔吉克族乡。全乡分为 6 个村，总面积 50 平方公里，耕地约 1.5 万亩，分水浇地和戈壁滩地。地多人少，居住分散。塔吉克族人口 970 余人，占全乡人口的 47.8％，是 300 年前后从塔什库尔干、什克南和瓦罕等地迁来的，由西向东延伸，在周围广大维吾尔族农村中逐渐形成"大分散，小集中"的格局。

来到民族乡，首先看到的是人民公社化后的新变化。乡里盖了办公室、大会议室、食堂、小学、幼儿园、妇幼院和小卖部。新的土坯房整齐地排列在公路旁不远处。虽比不上高楼大厦气派，也让当地干部群众引以为荣，看到了农村发展的新面貌。

**图 3　在云南大理喜洲镇周村考察扎染工艺**

大调查是个艰苦的过程。一个月中，除参加几次修水渠的劳动外，我们访问了恰热克公社书记，民族乡正副书记、正副乡长和熟悉本乡历史的20 余位老人，整理出调查报告 17 份。了解了民族乡的基本概况，本乡塔吉克族的来源与历史，重点调查了中华人民共和国成立前后的生产方式，社会经济的发展，民族关系的主流、今昔变化，以及塔吉克族文化艺术、风俗习惯、宗教信仰，有的内容还对塔吉克族和维吾尔族做了比较研究。遗憾的是，我们组有 3 位女同志，却没有对妇女问题做过调查和思考；对被调查者没有做个人基本资料记录。

当时正是大兴水利工程的季节。午后，我们多次与社员一道挥起坎土曼挖水渠，到井边提水。这里生活条件十分艰苦。记忆中，一个月内没吃过干粮，更别说白面馕了。天天都吃乌玛什，即玉米面糊加盐和恰麻古（苤蓝）。近年我审一本关于塔吉克族现状与发展的书稿，得知随着农业生产方式转型，产业结构调整，提出创新思路，发展经济作物，这里盛产的苤蓝，已作为经济作物种植，而不是只作为食用的蔬菜。从中可知，今日民族乡的塔吉克族生活已大大改善。

调查工作结束了，在即将离开的前夕，民族乡为我们举办了一次别开生面的麦西来甫（麦西来甫是维吾尔族人民集取乐、品行教育、聚餐为一体的民间娱乐活动）。一个风和日丽的下午，在一片较大的空地上，乡亲们盛装打扮来欢送我们。姑娘们穿红戴绿，肩披五颜六色的方巾。维吾尔族姑娘戴各种漂亮帽子，有十字绣的小花帽，有羔皮圆帽，两鬓插朵大红花。塔吉克族妇女带着遮住额头的绣花圆帽，长长的发辫上缀着珠子，两绺短发留鬓角，直挂耳前，欧罗巴人种的白细皮肤，衬着浓浓的长眉和眼线，眼睛大而有神，漂亮极了！塔吉克族男子着装与维吾尔族大同小异，穿对襟外套，系手绣图案的花腰带。老爷爷着自制的不挂布面的皮大衣，厚重保暖。巴郎子（小男孩）在舞场内顽皮地打闹，梳着多条辫子的克孜走过来拉着我们的手……引人注目的是坐在广场旁边的乐队。我一眼就看到了塔吉克族特有的纳依，一种用鹰翅骨做成的约 20 公分长、管直径 1.5 公分的笛子。最常用的乐器是达甫（手鼓），它节奏鲜明、铿锵有力。玉素甫老师向我们一一介绍琳琅满目的弹拨乐和打击乐。一个乡的乐器如此丰富多样，蕴藏着十分深厚的文化底蕴。

麦西来甫由民族乡书记主持。另有乡长和几位白须长者站在主席台。书记连唱带说地开场白，道出了乡亲们的友好情谊，肖之兴组长讲话，盛情地表达出我们的感谢。接着，我们以当年最流行的歌舞《人民公社亚克西》曲调填词，由陈桂兰老师领唱，表演小合唱："金水河翻波浪，照耀着戈壁和田庄……"表达我们与乡亲们难舍难分的心情。唱毕，乐队齐奏一曲"散板民歌"，接着奏起欢快的歌舞曲，人们尽兴地跳着独舞、双人舞、群舞，我们也参与到欢快的人群中，边学边舞，亲切交谈。舞场上尘土飞扬，欢乐的人群兴致不减，直至暮色降临。

从莎车回喀什后，调查组对喀什城区各派出所做人口调查。从人口数据中，了解分析各民族人口分布数字、人口迁徙、职业等特点。工作结束不久便返回北京。

# 第二次进疆（1960年3月—1961年1月）

由于编写《三套丛书》的需要，1960年3月初，中央民院历史系1956、1957级的同学重返原各调查组，再次参加《三套丛书》的工作。

## （一）边干边学当校对

当时，新疆组所承担的各史志简编和调查报告手写的初稿基本完成。接下来的任务是打出校稿，装订成书，征求意见，定稿付印。我们的主要工作是继续补充资料和做书稿校对工作。没人做过校对，不懂校对程序和方法，大家就边干边学。用得最多的方法是"读校"，一人读原稿，一人对照校稿，两人交换，发现漏校再重复一遍，这样反复多次后，交撰稿人核定。在校对中探索出一个人将原稿与校对稿一字字、一行行校对，效果更好，于是又采用了这种方法。尽管如此烦琐，大家都不厌其烦，乐此不疲，完成了任务。

## （二）参加秋收劳动

"以粮为纲，扩大粮食种植面积"，是当时各公社的主要任务，牧区也不例外。1960年新疆木垒哈萨克自治县麦子丰产，自治区抽调了不少干部参加秋收，我也参加了一个多月的抢收。我们一行坐着六根棍（简易的用六根较粗木棍拼成的四轮轻便马车），带上简便的行李。公社赶上羊群，供每日挤奶熬奶茶用；马车驮着麻袋里装着的馕向目的地出发啦！一路歌声笑语。最悦耳的要算哈萨克族男女青年的即兴对唱。虽然听不懂对唱的内容，但年轻人的乐观情绪，敏捷的思路，诗歌的语言天赋给我留下了难忘的记忆。

到达地头，金色麦浪滚滚，一望无际，浇过水的麦穗长势喜人。我们挥镰开割，有时还与牧民展开竞赛。但是遇到在不宜种粮的戈壁上新开垦的麦地时，真让人发怵。麦子不到 1 尺高，麦穗不足 5 寸长，舍弃可惜，只得坐在地上连根拔起。估计撒下的种子比产出的麦粒还要多呢！

劳动一天就餐后，把褥子铺在戈壁上倒头就睡。由于温差大，时热时冷，加上羊群常从身边经过，闹得大家不得安宁。好在在下雪前将麦子收割完毕，完成了抢收任务。

### （三）大师教诲受用无穷

在主管行政事务和业务工作的侯方若主任安排下，为民院学生安排了基础专业讲座。请组内专家答疑史志中的问题，介绍治学方法；请自治区部门负责人讲有关政策；还请组内老师介绍新疆概况以及学习维吾尔文字和会话等。通过学习，不仅增进了专业知识，也加深了对新疆的热爱之情。

印象最深的、终身受益的是请著名民族史、西域史专家冯家升教授谈学习方法。冯先生指出：学生要博览群书，增加知识面。要多到图书馆，一是查阅书目；一是走进馆内看书架上的图书。看看书架上有哪些专家学者写了哪些著作，并仔细翻阅书的目录，学习篇章布局，增强逻辑思维的能力。他特别强调要"手勤"。每个人的记忆是有限的。因此，一定要多做学习笔记和卡片。虽说当时调查组不许个人有"小仓库"，调查报告的原始记录、草稿，哪怕是一张纸片都要上交，给回忆调查组的工作带来了不少遗憾，但是我从此养成了做记录，记笔记的良好习惯，直至今日。特别是先生关于多跑图书馆了解图书信息的做法，对于我当编辑后，从事策划选题，识别图书的学术价值等方面都是十分有裨益的。

### （四）第一次听党课

1960 年 7 月 1 日，负责调查组党务的侯方若主任为调查组成员讲党课。侯主任曾留学日本，学美术，加入了共产党。抗日战争时期参加八路军，后从事对日军的策反工作。他严于律己，关心别人，大家对他十分尊重。讲党课时，他首先论述了党的性质，强调共产党员要为共产主义事业奋斗终生，把一切献给党。接着，以大量事实，介绍在党领导下所取得的辉煌成就。特别强调革命和建设的成果来之不易，是千百万革命烈士用鲜血和生命换来的。革命斗争是残酷的。"今天和你在一起，明天就有可能牺牲。"这句话对我影响最深。今天，我们应珍惜和平年代的幸福，要用艰苦的劳动、卓越的成就，去实现理想，应努力争取成为一名共产党员。于是我第一次向党组织递交了入党申请书，朝着共产党员的方向努力。

参加新疆社会历史调查组的工作仅仅两年，却使我终身受益。在社会实践中锻炼，给了我们增长才干的机会。通过大调查，获得了大量第一手民族学的丰富知识，加深了对新疆各民族人民的热爱，培养了我对少数民族文化的尊重以及为少数民族事业服务一生的信念。尽管像20世纪五六十年代的大调查可能不会再现，但民族学工作者深入基层、深入实际进行田野调查的方法以及刻苦潜心研究的精神是永远值得提倡的学风。

（周用宜，中国社会科学出版社编审）